Die Privatisierung des Bauleitplanverfahrens und der Einsatz von Mediation in den Beteiligungsverfahren

Verfassungs- und Verwaltungsrecht unter dem Grundgesetz

Herausgegeben von
Paul Kirchhof, Edzard Schmidt-Jortzig, Rainer Wahl

Band 28

PETER LANG
Frankfurt am Main · Berlin · Bern · Bruxelles · New York · Oxford · Wien

Bernd Köster

Die Privatisierung des Bauleitplanverfahrens und der Einsatz von Mediation in den Beteiligungsverfahren

PETER LANG
Europäischer Verlag der Wissenschaften

Die Deutsche Bibliothek - CIP-Einheitsaufnahme

Köster, Bernd :

Die Privatisierung des Bauleitplanverfahrens und der Einsatz von Mediation in den Beteiligungsverfahren / Bernd Köster. - Frankfurt am Main ; Berlin ; Bern ; Bruxelles ; New York ; Oxford ; Wien : Lang, 2002

(Verfassungs- und Verwaltungsrecht unter dem Grundgesetz ; Bd. 28)

Zugl.: Freiburg (Breisgau) Univ., Diss., 2001

ISBN 3-631-38861-6

D 25

ISSN 0175-1425

ISBN 3-631-38861-6

www.peterlang.de

Meinen Eltern

PUBLIC ADMINISTRATION HAS SEEN MANY FASHIONS COME AND GO, OFTEN FUN, SOMETIMES INSTRUCTIVE, RARELY LONG-LIVED.

R.A.W. Rhodes, 2000

VORWORT

Die vorliegende Arbeit wurde im Oktober 2000 abgeschlossen und von der Rechtswissenschaftlichen Fakultät der Albert-Ludwigs-Universität Freiburg im Breisgau im Sommersemester 2001 als Inaugural-Dissertation angenommen. Für die Veröffentlichung konnte Literatur im Fußnotenapparat noch bis zum August des Jahres 2001 berücksichtigt werden.

Mein Dank gilt an erster Stelle meinem Doktorvater und akademischen Lehrer Herrn Prof. Dr. Rainer Wahl – nicht nur für die wohlwollende Betreuung der Arbeit, sondern auch für die in jeder Hinsicht lehrreiche Zeit als wissenschaftlicher Mitarbeiter an seinem Lehrstuhl. Durch seine freundliche und offene Art hat er dort eine stets angenehme Arbeitsatmosphäre geschaffen, die auch der wissenschaftlichen Zusammenarbeit der Kollegen untereinander sehr förderlich war und ist.

Herrn Prof. Dr. Thomas Würtenberger schulde ich Dank für die zügige Erstellung des Zweitgutachtens.

Schließlich sei den Freunden und Kollegen Katrin Hölting, LL.M., Christof Häfner, Michael Kubiciel und Dietmar Hönig für ihre jederzeitige Hilfe und Unterstützung gedankt. Meinen Eltern, die mich umfassend und großzügig unterstützt haben, widme ich diese Arbeit.

Berlin, im August 2001 *Bernd Köster*

GELEITWORT

Schon in der Vergangenheit haben Gemeinden häufig private Planungsbüros in die Erstellung ihrer Bauleitpläne eingeschaltet. Größere rechtswissenschaftliche Aufmerksamkeit hat diese Praxis zunächst nicht gefunden. In den letzten Jahren ist die in vielen Verwaltungszweigen geübte Praxis der Einbeziehung privater Dritter in die Verwaltungsvorgänge unter dem neuen Begriff der funktionalen Privatisierung zusammengefaßt und im Umfeld des viel größeren Trends des modernen Verwaltungsrechts neu bewertet worden. Allenthalben will die Verwaltung die Enge der eigenen Kapazitäten überwinden und sich zugleich mit den spezifischen Vorteilen des privaten und privatwirtschaftlichen Handelns ergänzen und verstärken. Diese Entwicklung hat im Baurecht mit der Kodifizierung des Vorhaben- und Erschließungsplans kräftig begonnen und sich mit der Ausdifferenzierung besonderer städtebaulicher Verträge fortgesetzt – kein Wunder, daß die Einschaltung von Privaten in die Aufstellung der Bauleitplanung und die Einbeziehung Dritter in die Konsensbildungs- und Konfliktentscheidungsverfahren durch die Mediation ins Blickfeld der Rechtspolitik geriet.

Was dann im neuen § 4 b BauGB normiert wurde, ist, gemessen an dieser vorangegangen Diskussion, wenig und wenig gehaltvoll. Weil aber die vorhandene Praxis umfangreich ist, ergibt sich ein beträchtlicher Bedarf an rechtlicher Strukturierung, dem sich die Arbeit von Bernd Köster widmet. Mit ihrer Themenstellung behandelt sie eine Reihe von wichtigen Tendenzen in Rechtspolitik, Gesetzgebung und Verwaltungsreform, dies aber in striktem Bezug auf die ausdrücklichen Regelungen der §§ 4 b, 11 und 12 BauGB. Dadurch hat die Arbeit eine feste Mitte.

Die Problemkreise der Arbeit betreffen zum einen das US-amerikanische Konzept der Mediation und seine Übertragbarkeit ins deutsche Bauleitplanverfahren. Zum zweiten geht es um das Nutzungs- und Problempotential anderer Varianten mediativer Verfahren in der bauleitplanerischen Praxis. Zum dritten und in der Hauptsache widmet sich die Arbeit der rechtlichen Konturierung der Einbeziehung Privater in das Bauleitplanverfahren, was mit der Frage nach den Grenzen der Privatisierung nach § 4 b BauGB zusammenfällt. Zum vierten geht es um die Reichweite der Neuerung (deklaratorische oder eigenständige Bedeutung). Eingebettet sind die Erörterungen in die allgemeine Diskussion über die Privatisierung, den Wandel der Steuerungsmittel und Handlungsformen.

Dreh- und Angelpunkt für mehrere Fragestellungen und Lösungen ist die Analyse und das Hervorheben des hoheitlichen Charakters der Bauleitplanung. Im Hinblick darauf, daß es konkret immer wieder darauf ankommt, an welchen Teilen und Teilvorgängen der Bauleitplanung Private beteiligt werden können, wird diese Analyse auf die verschiedenen einzelnen Verfahrenselemente der Bauleitplanung bezogen. Hier liegt der Kern der Arbeit, und deshalb wird sowohl beim

städtebaulichen Vertrag wie auch beim Bauleitplanungsverfahren danach gefragt, welche Aufgaben oder Teilaufgaben auf den Privaten übertragen werden dürfen und welche davon ausgeschlossen sind. Ausführlich werden die verfassungsrechtlichen und einfachgesetzlichen Grenzen der Privatisierung nach § 4 b BauGB dargelegt. In den Mittelpunkt wird die Verantwortung der Gemeinde gerückt und diese im einzelnen entfaltet. Die Hinzuziehung Privater zu Bauleitplanverfahren i.S.v. § 4 b BauGB ist daher nur im Wege der Verwaltungshilfe zulässig; von einer rechtlichen Verantwortungsteilung zwischen Gemeinde und privatem Dritten kann nicht die Rede sein. Zu Recht fällt der Blick auf das Problem, wie die Gemeinden die notwendige Steuerungsfähigkeit gegenüber dem Privaten erhalten kann. Nicht zuletzt dabei wird deutlich, daß eine Einschaltung Privater nicht ohne rechtliche Anstrengungen zu erhalten ist.
Beim Mediationsverfahren, einem weiteren Schwerpunkt, erörtert Köster besonders die aus deutscher Sicht maßgebliche Eigenart des US-amerikanischen Vorbilds, daß im Mediationsverfahren verbindliche Entscheidungen getroffen werden können. Es überrascht nicht, daß für die deutsche Praxis abgemilderte Varianten diskutiert werden und die dabei erhofften Wirkungen wie der Akzeptanz- und Partizipationsverstärkung, der Verfahrensbeschleunigung und des Objektivitätsgewinns erörtert werden. In diesem Gesamtzusammenhang ist der Hinweis darauf wichtig, daß bei der BauGB-Novellierung ein offensichtliches Spannungsverhältnis zwischen verschiedenen Zielsetzungen bestand, daß nämlich einerseits die Bürgerbeteiligung gestärkt und andererseits die Kooperation mit privaten Investoren verstärkt werden sollte. Es ist ein Vorzug der Arbeit, daß dieses Spannungsverhältnis nicht aus dem Auge verloren wird, sondern der Konflikt zwischen den verschiedenen Zielen gesehen und bearbeitet wird. Köster hat es verstanden, die umfangreiche, in den Sozialwissenschaften und der Verwaltungswissenschaft z.T. ausufernde Diskussion über Kooperation, städtebauliche Verträge, Mediation und verstärkte Bürgerbeteiligung zu rezipieren und vor allem die zugrundeliegenden Ansätze darzulegen.

Freiburg im Breisgau, im Dezember 2001 *Prof. Dr. R. Wahl*

INHALTSVERZEICHNIS

Erster Teil: Die Verfahrensprivatisierung im Bauplanungsrecht vor dem Hintergrund aktueller Entwicklungen des Verwaltungsrechts

§ 1 Problemaufriß und Gang der Untersuchung

A. Problemaufriß

Nach dem Bauordnungsrecht[1] gerät nun auch das Bauplanungsrecht in zunehmendem Maße unter den Einfluß einer Verlagerung von Verfahren aus der Verwaltung in den privaten Sektor. Unter dem Schlagwort „Verfahrensprivatisierung" erfährt diese Tendenz gegenwärtig Hochkonjunktur. Der Gesetzgeber kommt mit der Ermöglichung zunehmender Verfahrensprivatisierung der rechtspolitischen Forderung nach stärkerer Nutzung privater Eigenverantwortung sowie Einbeziehung verwaltungsexternen Sachverstands nach[2]. Als konkrete Umsetzung dieser Forderungen im Bauplanungsrecht ist die Entwicklung des städtebaulichen Vertrags sowie des vorhabenbezogenen Bebauungsplans (vormals Vorhaben- und Erschließungsplan) zu verzeichnen. Diesen Instrumenten kooperativer Bauleitplanung wird durch die Entwicklungen des Investitionserleichterungs- und Wohnbaulandgesetzes (Inv-WoBaulG)[3] und des Bau- und Raumordnungsgesetz 1998 (BauROG 1998)[4] teilweise die „diplomatische Anerkennung"[5] bescheinigt, teilweise werden vertragliche Regelungen euphorisch als die neue „Wunderwaffe"[6] der Zukunft gefeiert. Als einem generell gewandelten Verwaltungsverständnis entgegenkommend[7] nimmt Kooperation seit geraumer Zeit einen hohen Stellenwert ein und ist geradezu zur Zauberformel geworden[8]. Im Städtebaurecht ist daher – durch das

---

1 Dazu zuletzt ausführlich *Scholz*, Privatisierung im Baurecht, Berlin 1997; *Gnatzy*, Verfahrensliberalisierung im Bauordnungsrecht der Länder, Berlin 1999.

2 Vgl. nur die Forderungen des Sachverständigenrats „Schlanker Staat" in seinem Abschlußbericht, S. 59 ff. sowie der Unabhängigen Expertenkommission zur Vereinfachung und Beschleunigung von Planungs- und Genehmigungsverfahren, Rdnr. 231.

3 Gesetz zur Erleichterung von Investitionen und Bereitstellung von Wohnbauland v. 22.4.1993 (BGBl. I S. 466).

4 Gesetz zur Änderung des BauGB und zur Neuregelung des Rechts der Raumordnung v. 18.8.1997 (BGBl. I S. 2081). Zur Entstehungsgeschichte und den Vorarbeiten ausführlich *Wagner*, DVBl. 1996, 704 ff.; *Felten*, Die Novellierung des Baugesetzbuchs, S. 60 ff.

5 *Schmidt-Eichstacdt*, BauR 1996, 1.

6 *Stüer*, Handbuch des Bau- und Fachplanungsrechts, 1. Aufl. 1997, Rdnr. 968.

7 *Schmidt-Aßmann/Krebs*, Rechtsfragen städtebaulicher Verträge, 2. Aufl., S. 111 f.; *Bunzel*, in: ders./Hecker/Lau/Müller-Jökel/Schaber, Neuerungen im Baugesetzbuch 1998, S. 14.

8 Froessler/Selle (Hrsg.), Auf dem Weg zur sozial und ökologisch orientierten Erneuerung?, S. 131.

BauROG 1998 weiter gestärkt – zutreffend von einer „Rechtsentwicklung von der imperativen zur kooperativen Städtebaupolitik“[9] die Rede. Diese Trendwende von der einseitig-hoheitlichen zur in weiten Teilen mit dem Vorhabenträger abgestimmten konsensuellen Planung wird durch neue gesetzgeberische Ansätze weiter aufgewertet[10]. Auch gesetzestechnisch wird die zunehmende Bedeutung kooperativer Handlungsformen im Bauplanungsrecht hervorgehoben: So widmet die neue Fassung des BauGB der „Zusammenarbeit mit Privaten; vereinfachtes Verfahren“ einen eigenen (vierten) Abschnitt[11]. Den inhaltlichen Wandel der Planung kennzeichnen auch neue Begrifflichkeiten: *Public Private Partnership*, Planungsmanagement und -marketing fördern das Entstehen gänzlich neuer Berufsbilder wie das des „City-Managers“[12].

Der seit geraumer Zeit offensichtliche politische Wille, Private stärker in das Bauleitplanverfahren einzubeziehen[13], findet seinen Niederschlag auch in der letzten Novelle des BauGB: Die neu eingefügte Regelung des § 4b BauGB nennt nunmehr ausdrücklich die Möglichkeit der Gemeinde, Dritte in das Bauleitplanverfahren einzuschalten[14]. Nicht zuletzt aufgrund des überaus knappen und wenig konkreten Wortlauts wirft diese Neuerung jedoch auch

---

9 So der gleichnamige Beitrag von *Stich* in: Streich/Kötter (Hrsg.), FS Borchardt, S. 285 ff. Vgl. ferner *ders.*, WiVerw. 1999, 22 ff.; *ders.*, DVBl. 1997, 317; *Hill*, Der Städtetag 1998, 5 (6); *Stüer*, DVBl. 1995, 649; *Battis*, ZfBR 1999, 240 (242); *Ohms*, BauR 2000, 983 (983 f.).

10 *Battis*, Öffentliches Baurecht und Raumordnungsrecht, S. 11; *Oldiges*, Baurecht, in: Steiner (Hrsg.), Besonderes Verwaltungsrecht, S. 485 (525); *Felten*, Die Novellierung des Baugesetzbuchs 1998, S. 178; *Rothe*, Die Aufstellung von Bauleitplänen, Rdnr. 340.

11 *Battis*, Öffentliches Baurecht und Raumordnungsrecht, S. 68 spricht in diesem Zusammenhang von einer programmatischen Aufwertung der Zusammenarbeit mit Privaten. So auch *Grigoleit*, DV 33 (2000), 79 (94).

12 Dessen Aufgabe ist insbesondere die Entwicklung und Umsetzung eines ganzheitlichen strategischen Konzepts für eine Stadt oder Region, an dem der öffentliche und private Sektor partnerschaftlich zusammenwirken, vgl. *Hermani*, Städtische Klinkenputzer zwischen allen Stühlen. City-Manager müssen viel Überzeugungsarbeit leisten / Mittler zwischen Politik, Wirtschaft und Bürgern, in: FAZ Nr. 295 v. 19.12.1998, S. 51. Damit steht dieses Berufsbild in deutlich erkennbarer Nähe zu dem des Mediators, so auch *Gans*, Mediation, S. 41.

13 Vgl. nur den vom Bundesministerium für Wirtschaft 1994 herausgegebenen Leitfaden zur Einbeziehung Privater bei kommunalen Planungsleistungen. Ferner *Bunzel*, in: ders./Hecker/Lau/Müller-Jökel/Schaber, Neuerungen im Baugesetzbuch 1998, S. 16; *Maslaton*, Privatisierungstendenzen im Baurecht unter besonderer Berücksichtigung des Vorhaben- und Erschließungsplans, in: Hoffmann-Riem/Schneider (Hrsg.), Verfahrensprivatisierung im Umweltrecht, S. 125 (145); *Stüer*, DVBl. 1997, 1201 (1206); *Spannowsky/Krämer*, UPR 1998, 44 (50).

14 Im vollständigen Wortlaut lautet § 4b BauGB: „Die Gemeinde kann insbesondere zur Beschleunigung des Bauleitplanverfahrens die Vorbereitung und Durchführung von Verfahrensschritten nach §§ 3 bis 4a einem Dritten übertragen.“

zahlreiche Probleme auf. So stellt sich die Frage nach der Person des ominösen Dritten: Hier wird zu klären sein, ob dieser auch Vorhabenträger und Investor sein kann und wenn ja, inwiefern sich dessen Einschaltung überhaupt noch mit den Grundsätzen rechtsstaatlicher Abwägung vereinbaren läßt. Unklar stellen sich auch die rechtlichen Grenzen der Einbeziehung Dritter in das Planaufstellungsverfahren dar. Ob § 4b BauGB eine Beleihung Privater beabsichtigt, ist ebenso umstritten wie deren generelle Zulässigkeit im Bauleitplanverfahren. Schließlich hat die Neuregelung die Diskussion um Mediation (wieder) entfacht. Diesbezüglich wird zu zeigen sein, ob sich diese Konfliktbehandlungsmethode im Recht der Bauleitplanung nutzbar machen bzw. sogar in das gängige Verfahren integrieren läßt oder ob es hierzu wesensverändernder Modifikationen bedarf. Unklar ist schließlich auch die Ausgestaltung des rechtlichen Verhältnisses zwischen Verwaltung und dem von ihr eingesetztem Mediator[15]. Schon hier zeigt sich, daß § 4b BauGB sicherlich nicht nur interpretations*fähig*[16], sondern vielmehr interpretations*bedürftig*[17] ist: Eine Neuregelung, der „einige Sprengkraft"[18] beizumessen ist, wird nicht nur Chancen bieten, sondern auch Risiken und Nebenwirkungen beinhalten.

Public Private Partnership wird daher nicht mehr nur einseitig als dem zunehmende Bedeutung gewinnenden Kooperationsgedanken entgegenkommend begrüßt. Die Klassifizierung der jüngsten Entwicklungen des Bauplanungsrechts unter der Devise „Städteplanung als Deal?"[19] wird zwar vorsichtshalber noch mit einem Fragezeichen versehen, jedoch lassen sich in der allgemeinen Begeisterung für *Public Private Partnership* in der Städteplanung zunehmend auch dissonante Zwischentöne ausmachen. Die fortschrei-

[15] Für Mediation allgemein *Schneider*, VerwArch. 87 (1996), 38 (45); speziell für § 4b BauGB *Beaucamp*, DVBl. 1998, 886 (887).

[16] *Zilleßen*, Konsens 1998, 24 (25).

[17] *Reidt*, NVwZ 1998, 592. Hiervon zeugt auch der in Relation zur Regelung des § 4b BauGB erhebliche Umfang seiner Erläuterung in dem Muster-Einführungserlaß zum Bau- und Raumordnungsgesetz 1998. Diese Erläuterungen wurden von der Fachkommission „Städtebau" der Arbeitsgemeinschaft der für das Bau-, Wohnungs- und Siedlungswesen zuständigen Minister der Länder (ARGEBAU) gemeinsam mit den kommunalen Spitzenverbänden erarbeitet und anschließend von den zuständigen Landesministerien mit landesspezifischen Modifikationen den mit dem Vollzug des Baugesetzbuchs befaßten Stellen zur Erleichterung einheitlicher Anwendung an die Hand gegeben.

[18] *Stüer*, DVBl. 1997, 1201 (1206). Ähnlich *Reidt*, BauR 1998, 909 (914 f.): § 4b BauGB ist „in hohem Maße problematisch"; *Schmidt-Eichstaedt*, BauR 1998, 899 (904): „die Gefahr der Fehldeutungen ist offenbar" und *Stollmann*, NuR 1998, 578, der der Regelung „beachtliche rechtsdogmatische Tiefe" beimißt.

[19] So der Titel des (unveröffentlichten) Vortrags von *Roters* auf der Veranstaltung „Stadtplanung in öffentlich-privater Partnerschaft", durchgeführt vom Institut für Städtebau der Deutschen Akademie für Städtebau und Landesplanung am 26.5.1999 in Berlin. Mit derselben Tendenz äußert sich *Grigoleit*, DV 33 (2000), 79 ff. zum „Problem der Kommerzialisierung kommunaler Gemeinwohlkonkretisierung".

tende Kooperation sieht sich der Kritik ausgesetzt, daß die Bauleitplanung auf diesem Wege – unter Verlust rechtsstaatlich ausgerichteter Handlungsformen – weithin zum Verhandlungs- oder sogar Handelsobjekt zwischen den Gemeinden einerseits sowie den Grundstückseigentümern, Investoren und Projektentwicklern andererseits verkomme[20]. Verstärkt wird diese Tendenz durch den zur Stärkung der kommunalen Planungshoheit vorgenommenen grundsätzlichen Verzicht auf das Anzeigeverfahren für Bebauungspläne (§ 10 BauGB a.F.) zum 1.1.1998. Dieser weckt Befürchtungen, die Vorschriften zur Planaufstellung würden nun endgültig zu bloßen Ordnungsvorgaben „degradiert", gegen die die Gemeinde sanktionslos verstoßen könne[21].

Kooperative Steuerungsmittel, insbesondere der städtebauliche Vertrag fördern die Gefahr des Mißbrauchs hoheitlicher Befugnisse, den Kritiker in der Praxis schon erkennen zu können glauben[22]. Auch der vorhabenbezogene Bebauungsplan sieht sich als „Gratwanderung zwischen notwendiger Kooperation und unzulässiger subjektiver Abwägungssperre"[23] starker Kritik ausgesetzt[24]. Bereits in der Ausarbeitung der Planentwürfe durch den Vorhabenträger liegt die Gefahr selektiver, asymmetrischer Interessendarstellung und -verarbeitung sowie materieller Präjudizierung und Einengung der Entscheidungsoptionen – und damit der Desavouierung des gesetzlichen Verfahrens,

---

[20] *Stich*, UPR 1997, 121 (125); *Spannowsky*, Grenzen des Verwaltungshandelns durch Verträge und Absprachen, S. 358; *Stollmann*, WiVerw 2000, 126 (127 f.). *Schoch*, Public Private Partnership, in: Erichsen (Hrsg.), Kommunale Verwaltung im Wandel, S. 101 (114) hält es allgemein für sachgerecht, daß die „mitunter anzutreffende Euphorie zu Public Private Partnership mit einer gewissen Portion juristischer Skepsis konfrontiert wird." „Kritische Wachsamkeit" fordert *Kahl*, DÖV 2000, 793 (801).

[21] Von diesen Befürchtungen in der Richterschaft berichten *Stüer/Hermanns*, DVBl. 1998, 766 (769). Ebenso *Stollmann*, UPR 1997, 9 (11); *ders.*, NuR 1998, 578. Die Abschaffung des Anzeigeverfahrens führt ferner zur zunehmenden Abhängigkeit kleinerer Gemeinden von externer Beratung, vgl. *Lüers*, DVBl. 1998, 433 (441). Dementsprechend kontrovers war diese Änderung im Gesetzgebungsverfahren: Die Expertenkommission zur Novellierung des Baugesetzbuchs hat sich in ihrem Bericht (Rdnr. 236 ff.) ausführlich damit auseinandergesetzt und sich gegen einen Verzicht auf diese Form präventiver Rechtmäßigkeitskontrolle ausgesprochen. Auch das Votum der Teilnehmer am Planspiel zur BauGB-Novelle fiel uneinheitlich aus, vgl. *Bunzel/Lau/Löhr/Schäfer*, Planspiel „BauGB-Novelle 1997", S. 66 ff.

[22] So *Erbguth/Witte*, DVBl. 1999, 435; *v. Brünneck*, Gemeindliche Ortsplanung (Bauleitplanung) und Eigentum, in: Bauer u.a. (Hrsg.), Entwicklungstendenzen des Allgemeinen Verwaltungsrechts und des Städtebaurechts, S. 270 (274 f.). Auch *Battis*, ZfBR 1999, 240 berichtet von zunehmender Skepsis gegenüber Kooperation im Städtebau.

[23] *Stüer*, in: Hoppenberg (Hrsg.), Handbuch des öffentlichen Baurechts, B Rdnr. 1071. So auch allgemein für vertragliche Kooperation in der Bauleitplanung *Schmidt-Aßmann/Krebs*, Rechtsfragen städtebaulicher Verträge, 2. Aufl., S. 82 f.; *Fickert*, Die Bauleitplanung, Rdnr. 210 f.

[24] *Felten*, Die Novellierung des Baugesetzbuchs 1998, S. 197; *Burgi*, Funktionale Privatisierung und Verwaltungshilfe, S. 134 f.; *Osterloh*, VVDStRL 54 (1995), 204 (238); *Trute*, DVBl. 1996, 950 (962, Fn. 137); *Schulze-Fielitz*, DVBl. 1994, 657 (666 f.).

das hier leicht zum rein formalen Ritual degenerieren kann. Es besteht die Gefahr, daß die eigentliche Abwägung durch die zielgerichtete Abwägungsvorbereitung demokratisch nicht legitimierter Dritter vorgenommen wird[25] und die Gemeinde so aus der ihr zugedachten planenden Funktion in die originär den Gerichten zukommende bloß noch rechtmäßigkeitskontrollierende Funktion gedrängt wird[26]. Nüchtern wird daher auch konstatiert, mit der Verwendung der Rechtskonstruktion des vorhabenbezogenen Bebauungsplans trete die Gemeinde ihre Planungshoheit weitgehend an den Vorhabenträger ab[27]. In Konsequenz spricht *Erbguth*[28] diesem Instrument sogar die Systemkompatibilität mit der durch originäre Abwägung gekennzeichneten Bauleitplanung ab und warnt vor den im vorhabenbezogen Bebauungsplan angelegten Gefahren der „Inselplanung" und des Mißbrauchs des vertraglichen Instrumentariums.

Kommunale Planung ist grundsätzlich durch ihren Angebotscharakter und die damit einhergehende Angewiesenheit auf private Investoren bei der Planumsetzung gekennzeichnet[29]. Die Tatsache, daß eine effektive städtebauliche Planung nur im Gespräch zwischen Gemeinde und Investor zu erreichen ist[30], führt mehr und mehr zur Aufhebung der Trennung und Trennbarkeit zwischen Planung und Planverwirklichung[31]. Angebotsplanung im Sinne der Ausweisung eines Baugebietes ohne konkrete Kenntnis von Bauabsichten wird zunehmend durch einzelfallbezogene, privat initiierte und kommunal kontrol-

---

[25] *Maslaton*, Privatisierungstendenzen im Baurecht unter besonderer Berücksichtigung des Vorhaben- und Erschließungsplans, in: Hoffmann-Riem/Schneider (Hrsg.), Verfahrensprivatisierung im Umweltrecht, S. 125 (131).

[26] *Koch*, (Verfahrens-)Privatisierung im öffentlichen Baurecht, in: Hoffmann-Riem/Schneider (Hrsg.), Verfahrensprivatisierung im Umweltrecht, S. 170 (184); *Schneider*, Kooperative und konsensuale Formen administrativer Entscheidungsprozesse, in: Schenk u.a. (Hrsg.), Vom Hoheitsstaat zum Konsensualstaat, S. 82 (94 f.); *Grigoleit*, DV 33 (2000), 79 (94 f.).

[27] *v. Nicolai*, Vorhabenbezogener Bebauungsplan, in: v. Nicolai/Wagner/Wecker, Verträge des Baugesetzbuchs, S. 73 (123).

[28] *Erbguth*, VerwArch 89 (1998), 189 (208 ff.); ähnlich *Felten*, Die Novellierung des Baugesetzbuchs 1998, S. 179.

[29] *Koch*, (Verfahrens-)Privatisierung im öffentlichen Baurecht, in: Hoffmann-Riem/Schneider (Hrsg.), Verfahrensprivatisierung im Umweltrecht, S. 170 (172); *Schneider*, VerwArch. 87 (1996), 38 (41).

[30] *Gaentzsch*, BauGB, D Rdnr. 24; *Koch*, (Verfahrens-)Privatisierung im öffentlichen Baurecht, in: Hoffmann-Riem/Schneider (Hrsg.), Verfahrensprivatisierung im Umweltrecht, S. 170 (172); *Krautzberger*, Städte- und Gemeinderat 1993, 44 (45).

[31] *Loomann*, NJW 1996, 1439; *Erbguth*, VerwArch. 89 (1998), 189 (192); *Brohm*, Öffentliches Baurecht, § 7 Rdnr. 8; *Krebs/Schmidt-Aßmann*, Rechtsfragen städtebaulicher Verträge, S. 82; *Kirsch*, Public Private Partnership, S. 61 ff.; *Wagner*, Allgemeine städtebauliche Verträge nach § 11 BauGB, in: v. Nicolai/Wagner/Wecker, Verträge des Baugesetzbuchs, S. 15 (21); *Grziwotz*, DVBl. 1994, 1048 (1050).

lierte Projektplanung ergänzt oder sogar ersetzt[32]. Ursache ist die Investitionsabhängigkeit vieler Gemeinden, die zu einem Wandel im Kräfteverhältnis zwischen Öffentlicher Hand und (potentiellem) Investor geführt hat. Letzterer erscheint immer mehr als „neue Lichtgestalt und moderner Heilsbringer"[33], dem weitgehende Konzessionen an seine Planvorstellungen zu machen sind, um ihn zu den dringend benötigten Investitionen zu veranlassen. Damit erhalten kapitalkräftige private Investoren wachsenden Einfluß auf die städtebaulichen Planungen und gefährden das Letztentscheidungsrecht der gewählten kommunalen Vertretungskörperschaft[34], so daß auch schon vom „Zeitalter des ‚Investorenstädtebaus'"[35] die Rede ist. Selektive Interessenverarbeitung im Verfahren der Bauleitplanaufstellung und ein Ausverkauf von Hoheitsrechten[36] lassen die Gemeinwohlorientiertheit städtebaulicher Planungen gegenüber den egoistischen Interessen ökonomisch starker und medial wirkungsvoller Investoren tendenziell ins Hintertreffen geraten[37]. Die Befürchtung der Kommunen, von ihnen finanziell und fachlich überlegenen Investoren „über den Tisch gezogen" zu werden, wächst; teilweise wird in dem Trend zur Ökonomisierung des Rechts im Städtebau bereits eine Gefahr für die demokratische Grundordnung gesehen[38]. Droht also das „Public Private Dictatorship"?

---

[32] *Battis/Krautzberger/Löhr*, NVwZ 1997, 1145 (1156); *Bunzel/Coulmas/Schmidt-Eichstaedt*, Städtebauliche Verträge, S. 17; *Gronemeyer*, in: ders. (Hrsg.), BauGB, § 11 Rdnr. 1; *Oldiges*, Baurecht, in: Steiner (Hrsg.), Besonderes Verwaltungsrecht, S. 485 (525); *Spannowsky*, GewArch 1998, 362 (372); *ders./Krämer*, UPR 1998, 44 (51); *Erbguth*, VerwArch 89 (1998), 189 (191); *Kirsch*, Public Private Partnership, S. 61 ff.; *Löhr*, in: Battis/Krautzberger/Löhr, BauGB, § 11 Rdnr. 1; *Dürr*, Baurecht, Rdnr. 16; *Felten*, Die Novellierung des Baugesetzbuchs 1998, S. 57 f.; *Grigoleit*, DV 33 (2000), 79 (92 f.); *Stollmann*, WiVerw 2000, 126 (127).

[33] *Hien*, Bemerkungen zum städtebaulichen Vertrag, in: Berkemann u.a. (Hrsg.), FS Schlichter, S. 129 (131).

[34] *Hendler*, Gemeindliche Ortsplanung (Bauleitplanung) und private Investitionen, in: Bauer u.a. (Hrsg.), Entwicklungstendenzen des Allgemeinen Verwaltungsrechts und des Städtebaurechts, S. 245 (249). Bundesamt für Bauwesen und Raumordnung (Hrsg.), ExWoSt-Informationen zum Forschungsfeld „Zentren" Nr. 20.5-6, S. 7. Dies kritisierte auch ein Antrag der Abgeordneten *Wilhelm*, *Eichstädt-Bohlig* und der Fraktion Bündnis 90/Die Grünen, Für ein soziales und ökologisches Städtebau- und Raumordnungsrecht, BT-Drs. 13/6384, S. 8 im Gesetzgebungsverfahren zum BauROG 1998.

[35] *Spannowsky*, GewArch 1998, 362 (363).

[36] *Loomann*, NJW 1996, 1439 ff. Vgl. auch *Koch*, (Verfahrens-)Privatisierung im öffentlichen Baurecht, in: Hoffmann-Riem/Schneider (Hrsg.), Verfahrensprivatisierung im Umweltrecht, S. 170 (183).

[37] *Bunzel*, in: ders./Hecker/Lau/Müller-Jökel/Schaber, Neuerungen im Baugesetzbuch 1998, S. 14; *Grigoleit*, DV 33 (2000), 79 (80).

[38] So *Löhr*, in: Battis/Krautzberger/Löhr, BauGB, § 11 Rdnr. 2.

B. Gang der Untersuchung

Nicht zuletzt um das Vertrauen der Planungsbetroffenen in eine neutrale, gemeinwohlbezogene Planung zu erhalten, erscheint es dringend erforderlich, nicht nur das Potential kooperativer Bauleitplanung, sondern auch deren rechtliche Grenzen zu klären[39]. Dazu beizutragen ist Zielsetzung dieser Arbeit, die dabei wie folgt vorgehen wird.
Da das Baurecht in vielerlei Hinsicht allgemein festzustellende Wandlungstendenzen des Öffentlichen Rechts reflektiert – als traditionelles Referenzgebiet sogar in besonderem Maße –, ist es zunächst angebracht, diese in einem ersten Teil darzustellen. Die Wandlungserscheinungen, auf die eingegangen werden wird, bilden den rechtspolitischen Hintergrund, vor dem die neueren Entwicklungen im Recht der Bauleitplanung zu sehen sind. Ihre Darstellung erleichtert es daher, fachgebietsspezifische Veränderungsprozesse in den entsprechenden Gesamtzusammenhang zu setzen.

Anschließend soll im zweiten Teil das Verfahren der Bauleitplanaufstellung unter besonderer Berücksichtigung der dort vorgesehenen Beteiligungsverfahren in Entwicklung und Funktion kurz skizziert werden. Da es den Gegenstand der hier untersuchten Privatisierung bildet, erscheint dies notwendig, um sich die mit einer Einbindung Privater in das Verfahren verbundenen Chancen aber auch Gefahren für die Bauleitplanung zu vergegenwärtigen. Um aufzeigen zu können, inwieweit es durch die letzte BauGB-Novelle zu einer Konsolidierung oder Erweiterung der Privatisierung des Bauleitplanverfahrens gekommen ist, ist weiterhin auf die bereits vorgefundenen Möglichkeiten und Praktiken einzugehen. Dabei ist herauszustellen, wem im Zusammenhang mit den Instrumenten kooperativer Bauleitplanung welche Tätigkeiten zur Wahrnehmung übertragen werden und wie diese Übertragung rechtlich zu klassifizieren ist. Ferner wird die durch das BauROG 1998 in das Baugesetzbuch integrierte Regelung des § 4b BauGB, Dreh- und Angelpunkt der aktuellen Privatisierungsdiskussion im Recht der Bauleitplanung, näher vorgestellt. Eine erste Darstellung der mit dieser interpretationsbedürftigen Neuregelung verbundenden Problemfelder wird das Bedürfnis nach (Rechts-)Klarheit in der Diskussion um Ausmaß und Modalitäten einer Einbindung Privater in die Bauleitplanung deutlich hervortreten lassen.

Im dritten Teil wird das Konzept der Mediation als ein Modus der Verfahrensprivatisierung im Rahmen des § 4b BauGB in Entwicklung, Struktur und Zielsetzung dargestellt. Eine Beschreibung der Voraussetzungen eines erfolg-

---

[39] In diesem Sinne *Kirsch*, Public Private Partnership, S. 81, die feststellt, unter dem mit viel Phantasie ausgebildeten immer neuen Vertragsvarianten beginne alsbald schwankender Boden, sowie *Brohm*, Öffentliches Baurecht, § 7 Rdnr. 16, der die rechtsstaatlichen Sicherungen für die zunehmend beliebtere Kooperation durch Vertrag für „noch kaum entwickelt" hält. So auch allgemein für die Verfahrensprivatisierung *Gusy*, Privatisierung als Herausforderung an Rechtspolitik und Rechtsdogmatik, in: ders. (Hrsg.), Privatisierung von Staatsaufgaben, S. 330 (349).

versprechenden Einsatzes von Mediation dient der begrifflichen Eingrenzung dieses Phänomens, die vor dem Hintergrund der vorherrschenden Begriffsvielfalt dringend geboten erscheint. Nach ersten Erwägungen zur grundsätzlichen Kompatibilität des dargelegten Mediationskonzepts mit dem deutschen Öffentlichen Recht sollen Überlegungen zur Nutzbarmachung speziell im Bauplanungsrecht angestellt werden. Dazu wird auf spezifische Charakteristika dieses Rechtsgebiets einzugehen sein.

Der vierte Teil konzentriert sich auf die rechtlichen Probleme der Verfahrensprivatisierung im Bauplanungsrecht unter besonderer Berücksichtigung von Mediation. Hier werden verfassungsrechtlich vorgegebene Grenzen sowie deren Konkretisierung auf einfachgesetzlicher Ebene aufgezeichnet. Eingegangen wird auf die rechtlich vorgegebene Verantwortungszuweisung für die Aufgabe und das Verfahren der Bauleitplanung sowie auf die demokratie- und rechtsstaatlichen Vorgaben für die Einschaltung Privater in das Bauleitplanverfahren. Von diesen rechtlichen Vorgaben aus wird auf die Notwendigkeit von im einzelnen zu beschreibenden Anforderungen an eine Kooperation mit Verwaltungsexternen geschlossen. Ebenfalls im vierten Teil läßt sich dann die Frage nach der Vereinbarkeit des zuvor vorgestellten Mediationskonzepts mit dem Verfahren zur Aufstellung der Bauleitpläne zusammenfassend beantworten.

Abschließend werden im fünften Teil Schlüsse für die Nutzung eines relativierten Konzepts von Mediation im Zusammenhang mit dem Verfahren zur Aufstellung von Bauleitplänen gezogen. Mit einer Darstellung der für den Einsatz mediativer Verfahren geeigneten äußeren Planungssituation sowie Verfahrensstadien der Bauleitplanung werden Möglichkeiten ihrer Anwendung in der Verwaltungspraxis aufgezeigt. Dabei wird auch auf die denkbaren Organisationsformen des in die Bauleitplanung eingebundenen Mediators unter näherer Beleuchtung ihrer spezifischen Vor- und Nachteile eingegangen. Ebenfalls behandelt werden hier die praktischen Schwierigkeiten, auf die die Nutzung mediativer Verfahren in der bauleitplanerischen Verwaltungspraxis stößt. Dies sind insbesondere die Furcht vor Machtverlusten auf kommunaler Seite, die Problematik der Finanzierung mediativer Verfahren und die Möglichkeit des Rückgriffs auf qualifizierte Mediatoren. Schließlich soll ein kurzer Ausblick die Aussichten einer (Weiter-)Verbreitung von Mediation bzw. mediativen Verfahren im Öffentlichen Recht außerhalb der Bauleitplanung beleuchten.

§ 2 Von der „Krise der Staatlichkeit“ zum Wandel der Steuerungsmittel und Handlungsmodi

Das deutsche Öffentliche Recht befindet sich in einem dramatischen Wandlungsprozeß[40]. In den letzten Jahren läßt sich einer überbordenden Literatur zur Reform bzw. Modernisierung des Verwaltungsrechts[41] eine wachsende Unzufriedenheit mit den vorherrschenden Zuständen entnehmen. Basierend auf einer ökonomischen Analyse des Rechts[42], die Rechtspolitik nach ökonomischer Effizienz ausrichtet, wird die Insuffizienz des Verwaltungshandelns insbesondere unter dem von *Mayntz u.a.*[43] geprägten Schlagwort des „Vollzugsdefizits der Verwaltung“ konstatiert. Programmatische Vorschläge wie Kosten- und Leistungsrechnung, Budgetierung, *Benchmarking, Controlling, Outsourcing* und *Contracting-out* kündigen vom Einzug betriebswirtschaftlichen Denkens und Handelns in die moderne Verwaltung – einzig vor dem *Going public* scheint man noch zurückzuschrecken. Ein *New Public Management*[44] im Sinne einer Orientierung der Verwaltung an betriebswirtschaftlichen Grundsätzen ist international in aller Munde und führt auch in Deutschland zum Einsatz neuer Steuerungsinstrumente und -modelle[45], die dem Bürger erklärtermaßen mehr Partizipation sowie eine Markt- und Serviceorientierung zu bieten beabsichtigen[46]. Eine veränderte Erwartungshaltung zeigt sich auch im Wandel der gesellschaftlichen Vorstellung von Verwaltung; so wird das Verwaltungsverfahren heute vielfach als behördliche

---

40 *Hoffmann-Riem*, DÖV 1997, 433; *ders.*, Verfahrensprivatisierung als Modernisierung, in: ders./Schneider (Hrsg.), Verfahrensprivatisierung im Umweltrecht, S. 9 ff.; *Schulte*, Schlichtes Verwaltungshandeln, S. 1 ff.

41 Jüngst Schmidt, VerwArch 91 (2000), 149 ff.; *Wollmann*, DV 32 (1999), 345 ff.; *Wallerath*, VerwArch 88 (1997), 1 f.; *König*, DÖV 1997, 265 jeweils mit zahlreichen Nachweisen.

42 Dazu zuletzt *Schwintowski*, JZ 1998, 581; *Eidenmüller*, Effizienz als Rechtsprinzip, Tübingen 1995; *Oettele*, DV 32 (1999), 291 ff.

43 *Mayntz u.a.*, Vollzugsprobleme der Umweltpolitik, Stuttgart 1978. Aus neuerer Zeit vgl. die umfassenden Nachweise bei *Schulte*, Schlichtes Verwaltungshandeln, S. 3.

44 Dazu *Wewer*, Vom Bürger zum Kunden? Beteiligungsmodelle und Verwaltungsreform, in: Klein/Schmalz-Bruns (Hrsg.), Politische Beteiligung und Bürgerengagement in Deutschland, S. 448 (467); *Wollmann*, DV 32 (1999), 345 (346 ff.); *Budäus*, Public Management, Berlin 1995; Damkowski (Hrsg.), Moderne Verwaltung in Deutschland: Public Management in der Praxis, Stuttgart 1998; *Greiving*, NWVBl. 1999, 46 ff.; *König*, DÖV 1995, 349 ff.; kritisch *Lüder*, DÖV 1996, 93 ff.

45 Herausragende Bedeutung hat das sog. „Neue Steuerungsmodell“ der Kommunalen Gemeinschaftsstelle für Verwaltungsvereinfachung erlangt. Vgl. dazu Bogumil/Kißler (Hrsg.), Verwaltungsmodernisierung und lokale Demokratie. Risiken und Chancen eines neuen Steuerungsmodells für die lokale Demokratie, Baden-Baden 1997 sowie *Klages*, AfK 34 (1995), 203 ff.

46 *Bruns/Mohnen*, VR 1999, 2 (3).

Dienstleistung aufgefaßt[47], die der Bürger als „Kunde“ in Anspruch nimmt. Daraus resultiert ein Bemühen der öffentlichen Verwaltung um „Kundenorientierung“ selbst dann, wenn es sich um Zwangsleistungen mit Monopolcharakter handelt, der Bürger also gerade nicht Kunde der Verwaltung ist[48]. Eine Veränderung des Verwaltungsbewußtseins tritt z.B. in Bürgerbefragungen, Öffentlichkeitsarbeit und der Schaffung allzuständiger Bürgerämter, in denen dem Bürger das gesamte „Leistungsspektrum“ der Verwaltung zur kundenfreundlichen Nutzung offensteht, deutlich zu Tage. Demonstriert wird eine Abkehr vom Verwaltungsalltag, der gelegentlich von der Einstellung „Das einzige, was stört, ist der Kunde“ geprägt wurde. Auch im Bauplanungs- und Bauordnungsrecht tritt die hoheitliche Eingriffsverwaltung gegenüber einem an den Wünschen des Betroffenen ausgerichteten Projektmanagement zurück[49].

Eine teilweise dramatische Verschlechterung der finanziellen Verfassung der öffentlichen Haushalte konfrontiert einzelne kommunale Gebietskörperschaften mit der Unfähigkeit, ihre gesetzlich vorgeschriebenen Aufgaben noch wahrzunehmen. Wirtschaftliche Rezession und der durch die europäische Währungsunion (mit)bedingte Sparzwang haben sich zu einem konkreten Leidensdruck verdichtet, der allerdings oftmals auch Voraussetzung dafür ist, im politischen Bereich Veränderungsvorhaben überhaupt anzustoßen. Hinzu tritt der beständig wachsende Umfang von Staatsaufgaben, der in eine Überforderung des Staats zu münden droht, da eine grundlegende Revision bislang ausgeblieben ist[50]. Zu (immer wieder) neu zu erschließenden Rechtsgebieten wie z.B. dem Umwelt- und Technikrecht und der durch die zunehmend undeutlicher werdende Abgrenzbarkeit von Gemeinwohl- und Partiku-

[47] *Pitschas*, BayVBl. 2000, 97 ff.; *Hoffmann-Riem*, DVBl. 1996, 225 (227 f.); *ders.*, DÖV 1997, 433 (437); *Benz*, Kooperativer Staat? Gesellschaftliche Einflußnahme auf staatliche Steuerung, in: Klein/Schmalz-Bruns (Hrsg.), Politische Beteiligung und Bürgerengagement in Deutschland, S. 88 (97); *Gronemeyer*, Deregulierung und Entbürokratisierung aus der Sicht der Anwalts- und Beratungspraxis, in: Stober (Hrsg.), Deregulierung im Wirtschafts- und Umweltrecht, S. 59 (65); *Wallerath*, VerwArch. 88 (1997), 1 (8). Dieses neue Verwaltungsverständnis fordert auch die Unabhängige Expertenkommission zur Vereinfachung und Beschleunigung von Planungs- und Genehmigungsverfahren in ihrem Bericht Investitionsförderung durch flexible Genehmigungsverfahren, Rdnr. 219 und 221 sowie der Sachverständigenrat „Schlanker Staat“ (Hrsg.), Abschlußbericht, S. 36.

[48] Auf diesen Umstand verweisen zutreffend *König/Haßelmann*, VR 1998, 410 (414).

[49] *Offele*, Bauplanungs- und Bauordnungsrecht, in: Hill (Hrsg.), Verwaltungshandeln durch Verträge und Absprachen, S. 90 (105).

[50] *Ellwein/Hesse*, Der überforderte Staat, S. 24; Sachverständigenrat „Schlanker Staat“ (Hrsg.), Abschlußbericht, S. 44 ff.; *Hoffmann-Riem*, Öffentliches Recht und Privatrecht als wechselseitige Auffangordnungen – Systematisierung und Entwicklungsperspektiven, in: ders./Schmidt-Aßmann (Hrsg.), Öffentliches Recht und Privatrecht als wechselseitige Auffangordnungen, S. 261 (265 f.).

larinteressen[51] bedingten Relativierung der Gemeinwohlverantwortung des Staats tritt eine veränderte Erwartungshaltung gegenüber dem Staat: Sie beschränkt sich nicht mehr auf die Abwehr akuter Gefahren, sondern bezieht die präventive Verhinderung als zukunftsgerichtetes Ziel mit ein. Dies setzt vorausschauende Planung – häufig im Ungewißheitsbereich –, Risikokalkulation und neue Verfahren der Entscheidungsvorbereitung voraus, die ohne gesellschaftliche Konsensbildung nicht funktionsfähig wären[52]. Im Recht der Bauleitplanung ist das in § 1 Abs. 5 Satz 1 BauGB neu verankerte Prinzip der Nachhaltigkeit, welches den erhaltsichernden Umgang mit der Lebensumwelt unter gerechtem Ausgleich ökologischer, ökonomischer sowie sozialer Belange verlangt, nur ein Zeichen dafür, daß vorausschauendes – eben nachhaltiges – Handeln wachsende Bedeutung erlangt hat. Durch diese Informationsabhängigkeit der Verwaltung[53] relativiert sich ihre Bedeutung: Sie wird zu einem Akteur unter vielen, bestenfalls zum Koordinator der Akteure und Aktionen[54].

Die genannten Defizite staatlicher Verwaltung sowie die Erkenntnis begrenzter Steuerungskraft imperativen Verwaltungshandelns[55] führen zu einem Wandel der Staatsfunktion[56] und dem Versuch einer Neubestimmung der Rolle des Staates[57]. Daß dabei Unsicherheiten bestehen, legen bereits die Titel der einschlägigen Literatur eindrucksvoll nahe: Formulierungen wie „Abschied vom Staat – Rückkehr zum Staat?"[58] oder „Zur Neubeleuchtung der Staatsdiskussion: Entzauberung des Staats oder „Bringing the state back

51 *Grimm*, Der Staat in kontinentaleuropäischer Funktion, in: Voigt (Hrsg.), Abschied vom Staat – Rückkehr zum Staat?, S. 27 (49). Allgemein wird eine zunehmende Auflösung der tradierten Dichotomie von Staat und Gesellschaft konstatiert, vgl. *Schulte*, Schlichtes Verwaltungshandeln, S. 3 f.; *Brohm*, Sachverständige Beratung des Staates, in: HStR, Bd. II, § 36 Rdnr. 36.

52 *Hesse*, Aufgaben einer Staatslehre heute, in: Ellwein u.a. (Hrsg.), Jahrbuch zur Staats- und Verwaltungswissenschaft 1987, S. 55 (69 f.); *Ellwein/Hesse*, Der überforderte Staat, S. 149.

53 Hierzu umfassend *Brohm*, Sachverständige Beratung des Staates, in: HStR, Bd. II, § 36 Rdnr. 1 ff.

54 *Voigt*, Des Staates neue Kleider, S. 21 f. und 33.

55 Dazu *Krebs*, VVDStRL 52 (1993), 248 (254).

56 *Stelkens*, in: Stelkens/Bonk/Sachs, VwVfG, Einleitung Rdnr. 25; *Grimm*, Der Staat in kontinentaleuropäischer Funktion, in: Voigt (Hrsg.), Abschied vom Staat – Rückkehr zum Staat?, S. 27 (49 f.); *Hesse*, Verhandlungslösungen und kooperativer Staat, in: Hoffmann-Riem/Schmidt-Aßmann (Hrsg.), Konfliktbewältigung, Bd. I, S. 99 ff.; *Burgi*, Funktionale Privatisierung und Verwaltungshilfe, S. 5 ff.

57 *Hoffmann-Riem*, DVBl. 1996, 225; *ders.*, Verhandlungslösungen und Mittlereinsatz im Bereich der Verwaltung: Eine vergleichende Einführung, in: ders./Schmidt-Aßmann (Hrsg.), Konfliktbewältigung, Bd. I, S. 13 (28 f.).

58 Voigt (Hrsg.), Abschied vom Staat – Rückkehr zum Staat?, Baden-Baden 1993. Vgl. auch *Schuppert*, DÖV 1995, 761 ff.

in?“[59] lassen alles andere als eine klare Linie beim Versuch der Bewältigung der Problematik erkennen. Hier tritt das Bedürfnis nach Innovation deutlich klarer hervor als die Methoden ihrer Umsetzung[60]. Auch die neuere Gesetzgebung reflektiert diese Unsicherheit: Während das Genehmigungsverfahrensbeschleunigungsgesetz[61] ebenso wie die Planungsbeschleunigungsgesetze[62] eine Beschleunigung des Verfahrens über den Abbau von Verfahrenspositionen zu erreichen suchen[63], scheint das BauROG 1998 Verfahrensbeschleunigung und Stärkung der Bürgerbeteiligung für miteinander vereinbar zu halten. Die Beschneidung von Beteiligungsrechten wird überwiegend als den gewünschten Beschleunigungseffekt verfehlend angesehen[64], da Protest so lediglich aus dem Verfahren heraus auf die Straße verlagert werde.

Deutlich wird jedoch, daß mit dem Wandel von Funktion und Aufgabe des Staates ein Wandel der Mittel, mit denen ihnen nachgekommen werden soll, einhergeht. Hinter der textlich häufig nur punktuell geänderten Fassade der geltenden allgemeinen und besonderen Verwaltungsgesetze steht oftmals ein tiefgründiger tatsächlicher und rechtlicher Wandlungsprozeß der Dogmatik des Öffentlichen Rechts[65]. Auffällig ist zum einen ein Wandel vom autoritären, bei der Problemlösung nach den Grundsätzen „entscheiden – bekanntgeben – verteidigen“ vorgehenden zum kooperativen Staat[66], der sich um Ak-

---

[59] *Schuppert*, Der Staat 28 (1989) 91 ff.

[60] So auch *Stelkens*, in: Stelkens/Bonk/Sachs, VwVfG, § 1 Rdnr. 101; *ders.*, NVwZ 1995, 325 (331).

[61] Gesetz zur Beschleunigung von Genehmigungsverfahren v. 12. 9. 1996 (BGBl. I S. 1354). Vgl. dazu *Bonk*, NVwZ 1997, 320 ff.; *Schmitz/Wessendorf*, NVwZ 1996, 955 ff.

[62] Gesetz zur Beschleunigung der Planungen der Verkehrswege in den neuen Ländern sowie im Land Berlin v. 16.12.1991 (BGBl. I S. 2174); Gesetz zur Vereinfachung der Planungsverfahren für Verkehrswege v. 17.12.1993 (BGBl. I S. 2123); Gesetz zur Erleichterung von Investitionen und der Ausweisung und Bereitstellung von Wohnbauland v. 22.4.1993 (BGBl. I S. 466). Vgl. dazu *Wagner/Baumheier*, Planungsbeschleunigung – Möglichkeiten und Grenzen legislativer und administrativer Ansätze zur Beschleunigung der Planungsverfahren für Infrastruktur- und private Vorhaben, in: Kormann (Hrsg.), Aktuelle Fragen der Planfeststellung, S. 39 (45 ff.).

[63] Hierzu und zur verfassungsrechtlichen Kritik an diesen Folgen der Beschleunigungsgesetzgebung *Isensee*, Rechtsstaat – Vorgabe und Aufgabe der Einung Deutschlands, in: HStR, Bd. IX, § 202 Rdnr. 195 f.; ferner *Erbguth*, JZ 1994, 477 (479 ff.); *Troja*, ZfU 1997, 317 (322 f.).

[64] *Brohm*, NVwZ 1991, 1025 (1028); *Erbguth*, NVwZ 1992, 551.

[65] *Schulze-Fielitz*, Kooperatives Recht im Spannungsfeld von Rechtsstaatsprinzip und Verfahrensökonomie, in: Dose/Voigt (Hrsg.), Kooperatives Recht, S. 225 (246); *ders.*, DVBl. 1994, 657 (667).

[66] Der Begriff geht zurück auf *Ritter*, AöR 104 (1979), 389 ff. und erlebt gegenwärtig in der neueren Literatur eine Renaissance. Vgl. nur *Benz*, Kooperative Verwaltung, Baden-Baden 1994; Dose/Voigt (Hrsg.), Kooperatives Recht, Baden-Baden 1995; Voigt (Hrsg.), Der kooperative Staat: Krisenbewältigung durch Verhandlung?, Baden-Baden 1995; *Treutner*, Verhandlungsstaat oder kooperativer Staat?, Neubiberg 1999; *Schrader*,

zeptanz seiner Entscheidungen bemüht[67]; zum anderen führt die zunehmende Einebnung des Über-/Unterordnungsverhältnisses zwischen Staat und Bürger[68] dazu, Verantwortung von der Verwaltung auf die Gesellschaft zu verlagern. Letzteres geschieht weniger in rechtlicher als in faktischer Weise und häufig vor dem Hintergrund, daß kaum zu bewältigende Altlasten und unübersehbare Wirkungszusammenhänge im Umwelt- und Technikrecht drohen, Legitimationsverluste entstehen zu lassen, wenn der Staat eine umfassende Verantwortung reklamiert, der er nicht gerecht werden kann[69]. Eine unter Nachhaltigkeitsgesichtspunkten vollzogene Planung der Lebensumwelt stellt sich eben als derart komplex dar, daß eine hierfür alleinige Verantwortung beanspruchende, obrigkeitlich geprägte Vorgehensweise zum Scheitern verurteilt ist. Folge ist, daß administratives Handeln zunehmend mit Unsicherheit belastet wird[70], wodurch sich die Prämisse jeden Handelns der Verwaltung, nämlich aufgrund ihrer Sachnähe am besten zur Entscheidung geeignet zu sein, zunehmend kritischer Hinterfragung ausgesetzt sieht[71]. Konsensuelles Handeln impliziert hier die Legitimität staatlichen Handelns, dessen rationale Begründung brüchig zu werden droht[72].

DÖV 1990, 326; *Schulze-Fielitz*, DVBl. 1994, 657 ff.; *Ritter*, Recht als Steuerungsmedium, in: Grimm (Hrsg.), Wachsende Staatsaufgaben – sinkende Steuerungsfähigkeit des Rechts, S. 69 (73 ff.); *Hesse*, Verhandlungslösungen und kooperativer Staat, in: Hoffmann-Riem/Schmidt-Aßmann (Hrsg.), Konfliktbewältigung, Bd. I, S. 97 ff.; *Schmidt-Aßmann*, Das Allgemeine Verwaltungsrecht als Ordnungsidee, S. 26 ff. und 111; *Trute*, Vom Obrigkeitsstaat zur Kooperation, in: Hendler u.a. (Hrsg.), Rückzug des Ordnungsrechts im Umweltschutz, S. 13 ff.; Schenk u.a. (Hrsg.), Vom Hoheitsstaat zum Konsensualstaat: Neue Formen der Kooperation zwischen Staat und Privaten, Tübingen 1996.

67 *Schulze-Fielitz*, Der Leviathan auf dem Wege zum nützlichen Haustier?, in: Voigt (Hrsg.), Abschied vom Staat – Rückkehr zum Staat, S. 95 (105); Dose/Voigt (Hrsg.), Kooperatives Recht, S. 18; *Ritter*, Recht als Steuerungsmedium, in: Grimm (Hrsg.), Wachsende Staatsaufgaben – sinkende Steuerungsfähigkeit des Rechts, S. 69 (73 ff.); *Würtenberger*, Konfliktlösung durch Akzeptanz-Management, in: Zilleßen u.a. (Hrsg.), Die Modernisierung der Demokratie, S. 72 (74); *Krebs*, VVDStRL 52 (1993), 248 (253 ff.).

68 *Voigt*, Des Staates neue Kleider, S. 75; Würtenberger, Die Akzeptanz von Verwaltungsentscheidungen, S. 55 f.

69 *Trute*, DVBl. 1996, 950 (955); *Röhl*, DV, Beiheft 2/1999, S. 33 (53 f.); *Schmidt*, Konsens 1999, 290 (291); *Hoffmann-Riem*, Konfliktmittler in Verwaltungsverhandlungen, S. 9; *ders.*, AöR 115 (1990), 400 (417).

70 *Ladeur*, VerwArch 86 (1995), 511 (517 f.); *Erichsen*, in: ders. (Hrsg.), Allgemeines Verwaltungsrecht, § 32 Rdnr. 1.

71 *Wahl*, Privatisierung im Umweltrecht, in: Gusy (Hrsg.), Privatisierung von Staatsaufgaben, S. 260 (289); *Trute*, Vom Obrigkeitsstaat zur Kooperation, in: Hendler u.a. (Hrsg.), Rückzug des Ordnungsrechts im Umweltschutz, S. 13 (14 f.).

72 *Schneider*, VerwArch. 87 (1996), 38 (47); *Hoffmann-Riem*, Öffentliches Recht und Privatrecht als wechselseitige Auffangordnungen – Systematisierung und Entwicklungs-

Der sich nach dieser kurzen Bestandsaufnahme darstellende status quo sollte jedoch nicht zur Resignation veranlassen; vielmehr gilt es, die vielbeschworene „Krise als Chance" zu nutzen. Zur Abwehr des drohenden „Verwaltungsinfarkts"[73] werden verschiedene Therapievorschläge gemacht, die im folgenden der Übersichtlichkeit halber den bedeutendsten Symptomen zugeordnet werden sollen – wohl wissend, daß diese sich teilweise überschneiden, ergänzen und gegenseitig bedingen. Eingegangen werden soll zunächst auf die im Zusammenhang mit der Finanzkrise der öffentlichen Hände zu sehende Privatisierung (dazu unter A) sowie die Zunahme der gesellschaftlichen Komplexität und den Versuch ihrer Bewältigung durch die Stärkung von Kooperationsmodellen (dazu unter B). Ferner wird der Wandel des Staat-Bürger-Verhältnisses und die Stärkung bürgerschaftlicher Eigenverantwortlichkeit beschrieben (dazu unter C) und schließlich auf die im Zuge der Globalisierung des Wettbewerbs stattfindende Beschleunigung von Planungs- und Genehmigungsverfahren eingegangen (dazu unter D). Bei diesen zu schildernden Phänomenen handelt es sich zwar jeweils für sich gesehen nicht um revolutionäre Neuerungen, sie sind in der Verwaltungsrealität vielmehr seit langem zu beobachten; dennoch erfahren sie gegenwärtig eine Konjunktur, die es gerechtfertigt erscheinen läßt, von einem tendenziellen Wandel der Staatlichkeit zu sprechen.

A. Finanzkrise und Privatisierung

Nach einem Jahrhundert der Aufgabenzentralisation und -konzentration beim sozialen Interventionsstaat droht dessen akute Überforderung[74]. Der Staat ist an die Grenzen seiner Leistungsfähigkeit gestoßen. Privatisierung vormals ausschließlich öffentlicher Aufgaben scheint nunmehr zwingende Notwendigkeit, um der finanziellen Überlastung der öffentlichen Haushalte wirksam entgegentreten zu können. Jedoch sind Privatisierungen nicht nur wirtschaftlich, sondern auch politisch bedingt. Deregulierung[75], Privatisierung und „Schlanker Staat" sind im Staat-Markt-Verhältnis die (Polit-)Schlagworte der 90er Jahre und führen dazu, daß sich die Privatisierungsdiskussion in immer

---

perspektiven, in: ders./Schmidt-Aßmann (Hrsg.), Öffentliches Recht und Privatrecht als wechselseitige Auffangordnungen, S. 261 (274).

[73] *Kostka*, DV 26 (1993), 87.

[74] *Di Fabio*, VVDStRL 56 (1997), 233 (239 f.); *Schulze-Fielitz*, Kooperatives Recht im Spannungsfeld von Rechtsstaatsprinzip und Verfahrensökonomie, in: Dose/Voigt (Hrsg.), Kooperatives Recht, S. 225 (244); Sachverständigenrat „Schlanker Staat" (Hrsg.), Abschlußbericht, S. 7 ff. Vgl. auch *Ellwein/Hesse*, Der überforderte Staat, Baden-Baden 1997.

[75] Verstanden als umfassender Sammelbegriff für Liberalisierung, Privatisierung, Subsidiarität, Entstaatlichung und Stärkung von Eigenverantwortung, vgl. zum Begriff *Stober*, Dimensionen der Deregulierung, in: ders. (Hrsg.), Deregulierung im Wirtschafts- und Umweltrecht, S. 1.

neuen und weiterreichenden Facetten und Begrifflichkeiten darstellt[76]. Daß es sich dabei um eine allgemeine Reaktion auf die zunehmende Komplexität einer sich ständig verändernden Umwelt handelt, zeigt das *outsourcing* in der freien Wirtschaft als Parallele zur Privatisierung im öffentlichen Sektor[77]. Der Privatisierungsboom hat inzwischen ein eigenständiges Momentum entfaltet: „Die magischen Kräfte, die das Stichwort Privatisierung freisetzt, lassen sich nicht mehr allein rational auf ökonomischer bzw. juristischer Ebene erklären, sie sind bereits atmosphärischer und psychologischer Natur“[78].

In ihrer Entwicklung wurde die Privatisierungsdiskussion zunächst von dem grundlegenden Dualismus formelle Privatisierung – materielle Privatisierung beherrscht. Mit formeller (auch Organisations-, formaler oder unechter) Privatisierung wird nicht mehr gekennzeichnet als der Regimewechsel bei der Aufgabenerfüllung; statt in öffentlich-rechtlicher Organisationsform wird die Aufgabe künftig vom Staat in Privatrechtsform (AG oder GmbH) wahrgenommen[79]. Der Begriff der materiellen (auch echten) Privatisierung bezeichnet dagegen das Phänomen, daß eine vormals öffentlich angebotene Leistung vollständig aus dem Bereich öffentlicher Verwaltung ausgegliedert und privaten Wirtschaftssubjekten zur eigenständigen Wahrnehmung überlassen wird[80]. In der Erkenntnis, daß mit diesem einfachen Dualismus die komplexe Privatisierungswirklichkeit nur unzureichend abgebildet werden kann[81] und die kategoriale Entgegensetzung von entweder staatlicher oder privater Aufgabenwahrnehmung die Diskussion nicht weiterführen wird, beherrschen Misch- und Zwischenformen der bisherigen Begriffe nicht länger nur die Verwaltungsrealität, sondern zunehmend auch die mit deren Aufarbeitung befaßte Verwaltungswissenschaft. Bedeutung erlangte dabei insbesondere der Begriff der funktionalen (auch funktionellen) Privatisierung, der die unter Wahrung der Aufgabenzuständigkeit und -verantwortung der öffentlichen

---

76 Vgl. *Stelkens/Schmitz*, in: Stelkens/Bonk/Sachs, VwVfG, § 1 Rdnr. 101 ff.

77 *Wahl*, Privatisierung im Umweltrecht, in: Gusy (Hrsg.), Privatisierung von Staatsaufgaben, S. 260 (289); *Burgi*, Funktionale Privatisierung und Verwaltungshilfe, S. 1 f.

78 *Schoch*, Rechtsfragen der Privatisierung von Abwasserbeseitigung und Abfallentsorgung in: Ipsen (Hrsg.), Privatisierung öffentlicher Aufgaben, S. 63 (66).

79 *v. Arnim*, Rechtsfragen der Privatisierung, S. 17; *Schoch*, DVBl. 1994, 962; *Di Fabio*, JZ 1999, 585 (588); *Stelkens/Schmitz*, in: Stelkens/Bonk/Sachs, VwVfG, § 1 Rdnr. 104 ff.; *Peine*, DÖV 1997, 353 (354).

80 *v. Arnim*, Rechtsfragen der Privatisierung, S. 17; *Schoch*, DVBl. 1994, 962 (963); *Di Fabio*, JZ 1999, 585 (588); *Stelkens/Schmitz*, in: Stelkens/Bonk/Sachs, VwVfG, § 11 Rdnr. 109 ff.; *Peine*, DÖV 1997, 353 (354).

81 *Schuppert*, Jenseits von Privatisierung und „schlankem“ Staat“: Vorüberlegungen zu einem Konzept von Staatsentlastung und Verantwortungsteilung, in: Gusy (Hrsg.), Privatisierung von Staatsaufgaben, S. 72 (75).

Verwaltung vorgenommene Übertragung des Aufgaben*vollzugs* auf ein Privatrechtssubjekt, das dann als Verwaltungshelfer agiert, kennzeichnet[82].

Im systematischen Umfeld dieser letztgenannten Privatisierungskategorie – teils auch nur als eine Spielart derselben eingestuft[83] – findet sich die sog. Verfahrensprivatisierung[84]. Da es sich bei der Verfahrensprivatisierung – wenn auch nur begrifflich – um eine relativ neue Erscheinungsform der Privatisierung handelt[85], bedarf es zunächst einer näheren Klärung des Begriffsverständnisses, die sich an typischen Erscheinungsformen dieses Phänomens orientieren soll. Unter Verfahrensprivatisierung ist z.B. die Verlagerung bestimmter behördlicher Maßnahmen durch verfahrensentlastende Eigenbeiträge in die Verantwortung des Antragstellers, der Einsatz behördlich bestellter Projektmanager oder privater Verfahrensmittler, die Übertragung von Prüfungsaufgaben auf Private oder die Beteiligung privater Gutachter und Sachverständiger bei Planungsaufgaben zu verstehen[86]. Charakteristisch für die Verfahrensprivatisierung ist dabei, daß die hoheitliche Natur der wahrgenommenen Aufgabe unberührt bleibt und anstelle von behördeneigenem Personal Private tätig werden, ohne daß der Behörde ihre gesetzliche Verantwortung für die Erfüllung der hoheitlichen Aufgabe genommen wird[87].

Wie weit die behördliche Entlastung im einzelnen reichen muß, damit von einer Verfahrensprivatisierung gesprochen werden kann, ist umstritten. Für *Hoffmann-Riem*[88] beispielsweise liegt keine Verfahrensprivatisierung vor, wenn die materielle Aufgabe bei der Verwaltung bleibt, es also für die Verwaltung zu einer rechtlich relevanten Änderung nicht kommt. Dennoch erkennt auch er wegen der faktischen Wirkungen dieser Konstellation eine funktionale Nähe zur Verfahrensprivatisierung an. Weiterhin bestehen unter-

---

82 *Schoch*, DVBl. 1994, 962 (963); *Di Fabio*, JZ 1999, 585 (588 f.).; *Stelkens/Schmitz*, in: Stelkens/Bonk/Sachs, VwVfG, § 1 Rdnr. 114 ff.

83 So z.B. *Voßkuhle*, Gesetzgeberische Regelungsstrategien der Verantwortungsteilung zwischen öffentlichem und privatem Sektor, in: Schuppert (Hrsg.), Jenseits von Privatisierung und „schlankem" Staat, S. 47 (59).

84 Umfassende Behandlung erfährt die Verfahrensprivatisierung in dem von Hoffmann-Riem/Schneider herausgegebenen Tagungsband „Verfahrensprivatisierung im Umweltrecht", Baden-Baden 1996.

85 *Koch*, (Verfahrens-)Privatisierung im öffentlichen Baurecht, in: Hoffmann-Riem/Schneider (Hrsg.), Verfahrensprivatisierung im Umweltrecht, S. 170 (171) spricht von einem neuen „Schlagwort, das begriffliche Schärfe erst noch gewinnen muß."

86 *Bonk*, in: Stelkens/Bonk/Sachs, VwVfG, § 1 Rdnr. 29; *Hoffmann-Riem*, DVBl. 1996, 225 (227); *Schuppert*, Jenseits von Privatisierung und „schlankem Staat": Vorüberlegungen zu einem Konzept von Staatsentlastung durch Verantwortungsteilung, in: Gusy (Hrsg.), Privatisierung von Staatsaufgaben, S. 72 (77).

87 *Peine*, Verfahrensprivatisierung in der Verkehrswegeplanung, in: Hoffmann-Riem/Schneider (Hrsg.), Verfahrensprivatisierung im Umweltrecht, S. 95 (102).

88 *Hoffmann-Riem*, DVBl. 1996, 225 (227).

schiedliche Auffassungen darüber, ob der Begriff der Verfahrensprivatisierung nur die Privatisierung von Verfahren im Sinne des § 9 VwVfG, d.h. solcher, die auf Erlaß eines Verwaltungsakts oder Abschluß eines öffentlichrechtlichen Vertrags gerichtet sind, erfaßt oder ob einem weiteren Verständnis entsprechend auch andere Verfahren innerhalb der öffentlichen Verwaltung, z.B. das zur Aufstellung eines Bauleitplans, erfaßt werden[89].

Die begrifflichen Vorklärungen abschließend ist noch der im Städtebaurecht mit Verfahrensprivatisierung oftmals synonym verwendete Begriff *Public Private Partnership* vorzustellen. Dieser umschreibt die Kooperation öffentlicher und privater Akteure bei der Verwirklichung städtebaulicher Projekte, die auf (verbindlich) ausgehandelten Vereinbarungen und Verträgen, aber auch auf dem Zusammenschluß in einer gemischtwirtschaftlichen Gesellschaft beruhen kann[90]. Der Begriff *Public Private Partnership* erfreut sich ebenso wie der der Verfahrensprivatisierung zunehmender Beliebtheit und – da beide keine klar faßbaren Konzepte bezeichnen – inflationärer Verwendung als „Modewort".

Der fließende Übergang der Verfahrensprivatisierung zu den geläufigen Kategorien der Privatisierung[91] sowie die begriffliche Weite von *Public Private Partnership* relativieren den Erkenntniswert dieser Begriffe und wecken Zweifel an dem Nutzen einer immer weiter fortschreitenden Begriffsaufspaltung. Man sieht sich versucht, diesen quer zu den bisherigen Strukturen der Privatisierungsdiskussion laufenden Begriffen die dogmatische Verwertbarkeit abzusprechen[92]. Im weiteren Verlauf dieser Arbeit sollen sie daher dem weitesten Verständnis entsprechend verwendet werden.

Im Rahmen des BauROG 1998 spielte die desolate wirtschaftliche Konstitution der Kommunen eine bedeutende Rolle bei den Überlegungen zu Festigung und Ausbau der Möglichkeiten der Zuhilfenahme privaten Kapitals und Know-hows für städtebauliche Aufgaben[93]. Politisches Ziel ist die Begrenzung des finanziellen Aufwands für kommunale Planungsaktivitäten durch

---

89 Vgl. *Schmidt-Preuß*, VVDStRL 56 (1997), 160 (168).

90 *Heinz/Scholz*, Public Private Partnership im Städtebau, S. 21.

91 *Wahl*, Privatisierung im Umweltrecht, in: Gusy (Hrsg.), Privatisierung von Staatsaufgaben, S. 260 (284); *Hoffmann-Riem*, DVBl. 1996, 225 (226); *Schmidt-Preuß*, VVDStRL 56 (1997), 160 (168 Fn. 20).

92 So *Burgi*, Funktionale Privatisierung und Verwaltungshilfe, S. 434; *ders.*, NVwZ 2001, 601 (602); *Schoch*, Public Private Partnership, in: Erichsen (Hrsg.), Kommunale Verwaltung im Wandel, S. 101 (103); *Di Fabio*, JZ 1999, 585 (590).

93 *Felten*, Die Novellierung des Baugesetzbuchs 1998, S. 71.

Einbeziehung Privater[94]; die Verfahrensprivatisierung nach dem neu geschaffenen § 4b BauGB beabsichtigt die weitere Umsetzung dieses Ziels.

B. Zunahme der gesellschaftlichen Komplexität und Stärkung von Kooperationsmodellen

Die abnehmende Steuerungsfähigkeit des Rechts führt zum Bedeutungszuwachs alternativer, kooperativer Steuerungsmodelle. Die tradierten Verfahrensgrundsätze sehen sich der Kritik ausgesetzt, den heutigen Anforderungen an die Konfliktbewältigung in komplexen technischen und gesellschaftlichen Situationen nicht mehr gerecht zu werden[95]. Komplexe Situationen und unbestimmte rechtliche Determinierung zwingen die Verwaltung zur Kooperation auf allein nicht zu bewältigenden Aufgabenfeldern[96]. Die wachsende Komplexität bedingt einen steigenden Bedarf an Information. Mit der Zunahme der zu berücksichtigenden Informationen und der wachsenden Komplexität der Wirklichkeit kann die Informationsverarbeitungskapazität des Staates – gerade in Zeiten der Knappheit öffentlicher Mittel – nicht immer Schritt halten[97]; hier wird integrative Kooperation zur Notwendigkeit[98]. In Kooperationsprozessen wird gegenseitiges Verständnis gefördert, das Lerneffekte und Verhaltensänderungen bewirken kann[99]. Privaten wird Einblick in Planungsprozesse, Verfahrensabläufe sowie politische Strukturen vermittelt, wodurch

---

[94] Vgl. die vom Bundesministerium für Raumordnung, Bauwesen und Städtebau herausgegebene Broschüre „Kostensenkung bei der Erschließung und Bereitstellung von Wohnbauland“, S. 3.

[95] *Lankau*, Konsens 1999, 18 (19); *Lahl*, DV 25 (1992), 241; *Hoffmann-Riem*, AöR 115 (1990), 400 (402); *Erichsen*, in: ders. (Hrsg.), Allgemeines Verwaltungsrecht, § 32 Rdnr. 1.

[96] *Schulze-Fielitz*, Kooperatives Recht im Spannungsfeld von Rechtsstaatsprinzip und Verfahrensökonomie, in: Dose/Voigt (Hrsg.), Kooperatives Recht, S. 225 (227 f.); *Preussner*, in: Henssler/Koch (Hrsg.), Mediation in der Anwaltspraxis, § 12 Rdnr. 52; *Zilleßen*, Die Modernisierung der Demokratie im Zeichen der Umweltproblematik, in: ders. u.a. (Hrsg.), Die Modernisierung der Demokratie, S.17 (27 f.); *Benz*, Kooperative Verwaltung, S. 306 f., *Hill*, DVBl. 1993, 973 (975); *Henneke*, DÖV 1997, 768 (773 f.); *Benz*, DV 23 (1990), 83 (86); *Bulling*, DÖV 1989, 277 (278); *Hoffmann-Riem*, Verhandlungslösungen und Mittlereinsatz im Bereich der Verwaltung: Eine vergleichende Einführung, in: ders./Schmidt-Aßmann (Hrsg.), Konfliktbewältigung, Bd. I, S. 13 (28 ff.).

[97] *Kostka*, DV 26 (1993), 87; *Voigt*, Des Staates neue Kleider, S. 117.

[98] *Voigt*, Des Staates neue Kleider, S. 93; *Schmidt-Aßmann*, Das Allgemeine Verwaltungsrecht als Ordnungsidee, S. 28; *Hendler*, Gemeindliche Ortsplanung (Bauleitplanung) und private Investitionen, in: Bauer u.a. (Hrsg.), Entwicklungstendenzen des allgemeinen Verwaltungsrechts und des Städtebaurechts, S. 245 (246 f.); Sachverständigenrat „Schlanker Staat“ (Hrsg.), Abschlußbericht, S. 173 ff; Bundesministerium für Verkehr, Bau- und Wohnungswesen (Hrsg.), Stadt – Planung – Akteure, S. 89.

[99] *Heinz/Scholz*, Public Private Partnership im Städtebau, S. 16; *Hill*, Dialoge über Grenzen – Kommunikation bei Public Private Partnership –, in: ders. (Hrsg.), Dialoge über Grenzen, S. 11 (14 ff.).

sich die Einsicht fördern läßt, die Verwaltung handele nicht aus bloßer Willkür, sondern in Bindung an rechtliche Vorgaben und politische Sachzwänge. Die aktive Einsicht in die Funktionsweise von Staatlichkeit weckt Verständnis für Verzögerungen und wirkt der Stellung überzogener Forderungen entgegen. Der Wandel des Staat-Bürger-Verhältnisses hat auch Einfluß auf das Verfahren, in dem zunehmend alternative Steuerungsformen und Handlungsmodi, seien sie kooperativer, kommunikativer oder konsensueller Art, zur Geltung kommen. Wurde seit dem Mülheim-Kärlich Beschluß des BVerfG[100] die Bedeutung des Verfahrens für den Rechts- und Interessenschutz betont und die Verfahrensposition des Bürgers gestärkt, so reflektiert der heutige Trend zu kooperativen Verfahren eine bemerkenswerte – gegenläufige – Tendenz: Kooperative Verfahren dienen der Information der Verwaltung, der Gewähr von Sachrichtigkeit und Effizienz ihres Handelns, der Schonung ihrer Ressourcen und ihrem Bemühen um Akzeptanz. Das Verfahren entfaltet nicht länger nur Bedeutung für den Bürger, sondern auch der Bürger wird bedeutsam für das Verfahren. Der hiermit zu verzeichnende Wandel reflektiert eine bereichsweise festzustellende Umkehr des Kräfteverhältnisses zwischen Staat und Privaten – insbesondere im Städtebaurecht[101]. Der vormals so bedrohliche Leviathan wandelt sich zum „nützlichen Haustier“[102]. Die Ausweitung von Kooperationsmodellen, insbesondere vertraglicher Übereinkünfte, ist Folge dieses Wandels: Der Private erscheint gegenüber der öffentlichen Hand keineswegs mehr generell in besonderem Maße schutzbedürftig, so daß die Schutzfunktion von Verfahren fast zum Nebenziel wird. Kooperatives und konsensuelles Verwaltungshandeln gewinnen wachsende Bedeutung als Alternativen zur einseitig-hoheitlichen Gesetzesimplementation; interaktiv-kooperatives Verwaltungshandeln ist unter dem Begriff des Kooperationsprinzips nunmehr – zumindest im Umweltrecht – als eigenständiges Rechtsprinzip anerkannt[103].

---

[100] BVerfG, Beschl. v. 20.12.1979 – BVerfGE 53, 30.

[101] Allgemein *Schmidt-Aßmann*, Das Allgemeine Verwaltungsrecht als Ordnungsidee, S. 17. Speziell für das Baurecht *Löhr*, in: Battis/Krautzberger/Löhr, BauGB, § 11 Rdnr. 2 f.; *Battis/Krautzberger/Löhr*, NVwZ 1997, 1145 (1157); *Spannowsky*, GewArch 1998, 362 (363); *Battis*, ZfBR 1999, 240 (241); *Grigoleit*, DV 33 (2000), 79 (80).

[102] *Denninger*, Der gebändigte Leviathan, S. 29; *Schulze-Fielitz*, Der Leviathan auf dem Wege zum nützlichen Haustier?, in: Voigt (Hrsg.), Abschied vom Staat – Rückkehr zum Staat, S. 95 ff.

[103] BVerfG, Urt. v. 7.5.1998 – BVerfGE 98, 83 (98 ff.); *Rengeling*, Das Kooperationsprinzip im Umweltrecht; *Kloepfer*, Umweltrecht, § 4 Rdnr. 45; *Lübbe-Wolff*, NuR 1989, 295 (296); Jüngst *Di Fabio*, NVwZ 1999, 1153 ff. In Konsequenz sieht der Professorenentwurf zum – in der politischen Abstimmung mittlerweile allerdings gescheiterten – Umweltgesetzbuch mit § 6 UGB-AT eine gesetzliche Verankerung dieses Prinzips vor. Bei *Battis*, Öffentliches Baurecht und Raumordnungsrecht, S. 85 ist nunmehr auch von einem „städtebaulichen Kooperationsprinzip“ die Rede. Ebenso *Kahl*, DÖV 2000, 793.

Neben dem Umweltrecht zählt das Städtebaurecht zu den Rechtsgebieten, auf denen die Praxis den Wandel zu einem kooperativem Verhalten am deutlichsten reflektiert[104]. Aufgrund der gemeinsamen Angewiesenheit des Umwelt- und Baurechts auf Kooperation ist im Zusammenhang mit letzterem Rechtsgebiet nunmehr weitergehend sogar von einem Kooperations*gebot* bzw. einer Kooperations*verpflichtung* die Rede[105]. Auf die höhere Akzeptanz, Praktikabilität und Effizienz einvernehmlicher Lösungsmodelle hat das BauROG 1998 mit deren weiterer Aufwertung reagiert, so daß nunmehr in der Bauleitplanung bereits ein Vorrang konsensueller Instrumente gegenüber einseitig-hoheitlichem Handeln angenommen wird[106]. Städtebauliche Investitionsvorhaben werden zunehmend in enger Kooperation von öffentlichen und privaten Akteuren gemeinsam initiiert und/oder durchgeführt (*Public Private Partnership*)[107]. Sie sind typische Ausprägung eines verstärkten Übergangs der Politik-, Planungs- und Verwaltungskultur von einem vormals überwiegend hoheitlich-hierarchischen zu einem stärker kooperativ-partnerschaftlichen Interaktions- und Verfahrensmodus[108].

Die Einbindung des Bürgers in exekutive Funktion stellt sich als ein Mittel zur Bewältigung zunehmender gesellschaftlicher Komplexität dar[109], zeigt

---

[104] *Kirsch*, Public Private Partnership, S. 1; *Kahl*, DÖV 2000, 793 (802); *Schuppert*, Jenseits von Privatisierung und „schlankem“ Staat: Vorüberlegung zu einem Konzept von Staatsentlastung durch Verantwortungsteilung, in: Gusy (Hrsg.), Privatisierung von Staatsaufgaben, S. 72 (77); *Grziwotz*, Jus 1998, 1113, so auch *Battis*, ZfBR 1999, 240.

Die hohe Bedeutung von Kooperation im Städtebaurecht spiegelt auch der Bericht der Expertenkommission zur Novellierung des Baugesetzbuchs wider, der sich mit der „Kooperation zwischen Bürger und Verwaltung“ als einem von fünf eigenständigen Problemfeldern befaßt.

[105] *Battis*, Öffentliches Bau- und Raumordnungsrecht, S. 67 ff.

[106] *Ohms*, BauR 2000, 983 (984).

[107] *Heinz/Scholz*, Public Private Partnership im Städtebau, Berlin 1996; *Kirsch*, Public Private Partnership, Köln 1997; Budäus/Eichhorn (Hrsg.), Public Private Partnership, Baden-Baden 1997; *Böhm*, Öffentlich-private Partnerschaften in der kommunalen Stadtentwicklung, Frankfurt/M. 1999; *Schoch*, Public Private Partnership, in: Erichsen (Hrsg.), Kommunale Verwaltung im Wandel, S. 101 ff.; *Battis/Krautzberger/Löhr*, NVwZ 1997, 1145 (1156); *Heinz/Steinfort*, Der Städtetag 1995, 238 ff.; *Heinz*, AfK 37 (1998), 210 ff.; *Tettinger*, DÖV 1996, 764 ff.; *Große-Wilde*, NWVBl. 1994, 165 f.; *Krautzberger*, Städte- und Gemeinderat 1993, 44 ff.; *Franckenstein*, UPR 2000, 288 ff.

[108] *Hoffmann-Riem*, DÖV 1997, 433 (435); *Peine*, Öffentliches Baurecht, Rdnr. 121; *Krautzberger*, in: Ernst/Zinkahn/Bielenberg, BauGB, § 6 BauGBMaßnG Rdnr. 2 ff. In diesem Sinne auch BVerwG, Urt. v. 4.2.1966 – BVerwGE 23, 213 (215 f.), wo die wachsende Bedeutung vertraglichen Handelns der öffentlichen Hand als der „im modernen Rechtsstaat gegenüber obrigkeitsstaatlichen Vorstellungen völlig geänderten rechtlichen Stellung des früher lediglich als Verwaltungsobjekt betrachteten Bürgers Rechnung [tragend]“ gewürdigt wird.

[109] *Kostka*, DV 26 (1993), 87 (108); *Würtenberger*, Die Akzeptanz von Verwaltungsentscheidungen, S. 42 f.; *Zilleßen*, Mediation als neue Form der Partizipation – eine demokratietheoretische Einordnung der Umweltmediation, in: Pelikan (Hrsg.), Mediations-

aber auch, daß komplexere Sachumstände zur angemessenen Bewältigung die Bereitstellung komplexerer Verfahren verlangen[110]. Auch wenn Vorschläge zum Einsatz innovativer kooperativer, insbesondere kommunikativer Steuerungselemente im Bauplanungsrecht nicht neu sind, so läßt sich doch eine zunehmende Bereitschaft zur tatsächlichen Umsetzung und Nutzung dieser Methoden verzeichnen. Die wachsende Abhängigkeit von der wirtschaftlichen Entwicklung sowie das unvollständige Wissen über Ursachen und Folgen neuer Technologien fördern die Tendenz, einen immer größeren Kreis gesellschaftlicher Probleme zum Gegenstand öffentlicher Auseinandersetzung zu machen[111]. Damit wird auch eine soziale Veränderung vollzogen: Dem Bürger soll im Wege einer über das gesetzlich vorgeschriebene Verfahren hinausgehenden Partizipation die selbstbewußte, sachkundige Gestaltung seiner unmittelbaren Lebensumwelt ermöglicht werden, was eine partielle Rückübertragung von Verantwortung in den gesellschaftlichen Raum darstellt[112]. Bürgerbeteiligung erlangt so wieder eine wachsende Bedeutung. Während noch in der jüngeren Vergangenheit der Befund lautete, die Bürgerbeteiligung im Bauleitplanverfahren sei oft nicht mehr als eine routinemäßige Pflichtleistung mit Alibicharakter[113], dokumentieren Städte heute nicht ohne Stolz Planungsvorhaben, bei denen die von ihnen vorgenommene Bürgerbeteiligung

---

verfahren, S. 29 (33 ff.); *Hoffmann-Riem*, Verfahren, in: Böhret/Hill (Hrsg.), Ökologisierung des Rechts- und Verwaltungssystems, S. 114 (118) spricht von der „Komplexitätsverarbeitung durch Teilprivatisierung der Verfahrensverantwortung".

[110] *Schmitt Glaeser*, Die Position der Bürger als Beteiligte im Entscheidungsverfahren gestaltender Verwaltung, in: Lerche/Schmitt Glaeser/Schmidt-Aßmann, Verfahren als staats- und verwaltungsrechtliche Kategorie, S. 35 (38); *Wahl*, VVDStRL 41 (1982), 151 (180); *Wagner/Baumheier*, Planungsbeschleunigung – Möglichkeiten und Grenzen legislativer und administrativer Ansätze zur Beschleunigung der Planungsverfahren für Infrastruktur- und private Vorhaben, in: Kormann (Hrsg.), Aktuelle Fragen der Planfeststellung, S. 39 (62).

[111] *Schneider*, VerwArch. 87 (1996), 38 (46).

[112] Ganz in diesem Zeichen steht die Gemeinsame Erklärung von Bundespräsident *Rau* und der drei ehemaligen Bundespräsidenten *Herzog*, *v. Weizsäcker*, *Scheel* anläßlich der 50. Wiederkehr der Wahl des ersten Bundespräsidenten am 12.9.1949, veröffentlicht in: Presse- und Informationsamt der Bundesregierung (Hrsg.), Bulletin Nr. 54, S. 565 f. Dort fordern die Unterzeichner von sämtlichen staatlichen Institutionen die Förderung der verantwortungsbereiten Bürgergesellschaft durch Nutzbarmachung des am Gemeinwohl orientierten gesellschaftlichen Engagements der Bürger. Ebenso der Antrag der Fraktionen SPD, CDU/CSU, Bündnis 90/Die Grünen und F.D.P. auf Einsetzung einer Enquete-Kommission „Zukunft des Bürgerschaftlichen Engagements", BT-Drs. 14/2351, der bürgerschaftliches Engagement als „unverzichtbare Bedingung für den Zusammenhalt der Gesellschaft" würdigt. In dieselbe Richtung zielte bereits der Abschlußbericht des Sachverständigenrats „Schlanker Staat", S. 199 ff.

[113] Deutscher Ausschuß für die Europäische Kampagne zur Stadterneuerung (Hrsg.), Planen mit dem Bürger, S. 8; Bundesministerium für Raumordnung, Bauwesen und Städtebau (Hrsg.), Praxis der Gemeinden bei der Beteiligung der Bürger an der Bauleitplanung, S. 6.

weit über das gesetzlich geforderte Mindestniveau hinausgeht. Neue Verfahrensmodelle spiegeln die gesellschaftliche Fortentwicklung wider und vollziehen damit den Verfassungsauftrag der Verwirklichung einer dialogorientierten, streitigen Demokratie[114].

C. *Wandel des Staat-Bürger-Verhältnisses und Stärkung bürgerschaftlicher Eigenverantwortlichkeit*

Die Modifizierung des Staatsverständnisses durch die zu verzeichnende Einebnung des Hierarchieverhältnisses zwischen Staat und Bürger führt zu einer weitgehenden Einbindung Betroffener und gesellschaftlicher Interessenträger in Prozesse der Entscheidungsfindung[115]. Die Ausübung staatlicher Herrschaft liegt heute weniger in punktuellen, imperativen Kontakten, sondern in langfristigen, interaktiven Begegnungen, die Einsehbarkeit vermitteln wollen, um Eigenverantwortung zu stärken[116]. Der Staat trifft auf ein generell steigendes bürgerschaftliches Engagement, das ihn zu einem verstärkten Bemühen um Legitimation, Transparenz und Akzeptanz veranlaßt. Der Bedeutungszuwachs kommunikativer Kooperationsmodelle trägt dabei dem Verständnis Rechnung, daß der Dialog zwischen Verwaltung und Bürger dem grundgesetzlichen Verständnis von der Stellung des Bürgers im Staat entspreche[117]. Nicht zuletzt bedingt durch den Anstieg des allgemeinen Bildungsniveaus in der Gesellschaft versteht sich der Bürger gegenüber Politik und Verwaltung nicht mehr als Untertan, sondern erwartet die Berücksichtigung seiner Interessen und verlangt selbstbewußt mehr Mitsprache. Im Zuge steigenden Partizipationsbewußtseins und allgemeiner Ablehnung oktroyierter Entscheidungen[118] findet sich der rechtspolitische Wille, dem mündigen Bürger die Möglichkeit zum produktiven Miteinander mit der Verwaltung zu eröffnen. Umsetzung

---

[114] *Proksch*, Konsens 1998, 7 (8).

[115] *Maurer*, Allgemeines Verwaltungsrecht, § 15 Rdnr. 15; *Schmidt-Aßmann*, Verwaltungsverfahren, in: HStR, Bd. III, § 70 Rdnr. 4. *Hill*, DVBl. 1993, 973 faßt diese neuartigen Handlungsweisen der Verwaltung, seien es Regionalkonferenzen, runde Tische, Planungszellen oder Mediation treffend unter dem Begriff „integratives Verwaltungshandeln“ zusammen.

[116] *Schmidt-Aßmann*, Verwaltungsverfahren, in: HStR, Bd. III, § 70 Rdnr. 4; *Hoffmann-Riem*, Ermöglichung von Flexibilität und Innovationsoffenheit im Verwaltungsrecht, in: ders./Schmidt-Aßmann (Hrsg.), Innovation und Flexibilität des Verwaltungshandelns, S. 9 (21 ff.); *Preussner*, in: Koch/Henssler (Hrsg.), Mediation in der Anwaltspraxis, § 12 Rdnr. 52; *Schmidt-Preuß*, VVDStRL 56 (1997), 160 (162).

[117] BVerfG, Beschl. v. 10.5.1977 – BVerfGE 45, 297 (335); BVerfG, Beschl. v. 20.12.1979 – BVerfGE 53, 30 (75 f.). Insofern ist auch vom kommunikativen Staat die Rede, vgl. *Stelkens*, in: Stelkens/Bonk/Sachs, VwVfG, Einleitung Rdnr. 31.

[118] *Zilleßen*, Die Modernisierung der Demokratie im Zeichen der Umweltproblematik, in: ders. u.a. (Hrsg.), Die Modernisierung der Demokratie, S. 17 (28 f.); *ders.*, Mediation als neue Form der Partizipation – eine demokratietheoretische Einordnung der Umweltmediation, in: Pelikan (Hrsg.), Mediationsverfahren, S. 29 (37 ff.); *Brohm*, NVwZ 1991, 1025 (1028).

fand dieses rechtspolitische Ziel auch in der Novelle zum Baugesetzbuch, die ausdrücklich eine Aufwertung der Bürgerbeteiligung nach § 3 BauGB beabsichtigte[119]. Dies wird zunächst dadurch verdeutlicht, daß die stark kritisierte Regelung des § 2 Abs. 2 des Maßnahmengesetzes zum Baugesetzbuch (BauGBMaßnG)[120], derzufolge bei Bebauungsplänen zur Deckung eines dringenden Wohnbedarfs von der Durchführung der frühzeitigen Bürgerbeteiligung abgesehen werden konnte, nicht in das novellierte Baugesetzbuch übernommen wurde[121]. Auch im Rahmen des vorhabenbezogenen Bebauungsplans gelten nunmehr die allgemeinen Regelungen zur Bürger- und Trägerbeteiligung; die in § 7 Abs. 3 BauGBMaßnG vorgesehenen Einschränkungen wurden ebenfalls nicht übernommen. Das Beteiligungsrecht aus § 3 Abs. 2 BauGB, das dem Bürger die Möglichkeit zur Äußerung von Anregungen und Bedenken zu den ausgelegten Bauleitplanentwürfen einräumt, wurde zwar dem Wortlaut nach auf das Vorbringen von Anregungen beschränkt. Entgegen der zunächst naheliegenden Vermutung ist eine materielle Einschränkung damit jedoch gerade nicht verbunden, vielmehr sollte dem Bürger verstärkt seine *aktive* und *positive* Mitwirkung im Planungsprozeß verdeutlicht werden. Gleichzeitig wollte der Gesetzgeber dem Verwaltungsverständnis vom Bürger als „Bedenkenträger“, der sich gegenüber der planenden Gemeinde in einer Abwehrposition befindet, entgegenwirken[122].

---

[119] *Lüers*, ZfBR 1997, 231 (237); *Wagner*, BauR 1997, 709 (710). Vgl. Bericht des Ausschusses für Raumordnung, Bauwesen und Städtebau zu dem Gesetzesentwurf der Bundesregierung – BT Drs. 13/6392 – Entwurf eines Gesetzes zur Änderung des Baugesetzbuches und zur Neuregelung des Rechts der Raumordnung (Bau- und Raumordnungsgesetz 1998 – BauROG) u.a., BT Drs. 13/7589, S. 15. Eine weitere Aufwertung des Bürgerbeteiligungsverfahrens liegt in der Aufgabe der Beschränkung der Beteiligung im vereinfachten Verfahren nach § 13 Nr. 2 BauGB auf die betroffenen Eigentümer. Hier sind nunmehr die betroffenen Bürger und damit ein erheblich erweiterter Beteiligtenkreis genannt, vgl. hierzu *Bielenberg*, in: ders./Krautzberger/Söfker, BauGB, Rdnr. 147. Nicht weit genug ging die im Gesetzesentwurf vorgesehene Bürgerbeteiligung dagegen der PDS sowie Bündnis 90/Die Grünen, die im Gesetzgebungsverfahren entsprechende Änderungsanträge einbrachten, vgl. BT-Drs. 13/7642 sowie BT-Drs. 13/7670, S. 17 f.

[120] Maßnahmengesetz zum Baugesetzbuch; Art. 2 des Gesetzes zur Erleichterung des Wohnungsbaus im Planungs- und Baurecht sowie zur Änderung mietrechtlicher Vorschriften (Wohnungsbau-Erleichterungsgesetz – WoBauErlG) v. 17.5.1990 (BGBl. I S. 926).

[121] Zur Kritik an § 2 Abs. 2 BauGBMaßnG *Schmidt-Eichstaedt/Metscher*, Verfahrenserleichterungen und Präklusionsregelungen nach § 2 BauGBMaßnG, S. 24 ff. Auch die Expertenkommission zur Novellierung des Baugesetzbuchs sprach sich in ihrem Bericht (Rdnr. 179) gegen eine Übernahme in das novellierte Recht aus.

[122] So der Bericht des Ausschusses für Raumordnung, Bauwesen und Städtebau zu dem Gesetzesentwurf der Bundesregierung – BT Drs. 13/6392 – Entwurf eines Gesetzes zur Änderung des Baugesetzbuches und zur Neuregelung des Rechts der Raumordnung (Bau- und Raumordnungsgesetz 1998 – BauROG) u.a., BT Drs. 13/7589, S. 15. Ob dies durch einfache „Sprachkosmetik“ erreicht werden kann, erscheint jedoch zumindest

Im Vergleich zur Ausgangsstellung der Partizipationsdebatte der 70er Jahre hat sich die Interessenlage gewandelt, teilweise sogar verkehrt: Es ist nicht mehr nur der Bürger, der Beteiligung an politischen und administrativen Entscheidungen sucht, auch von öffentlicher Seite liegt das Bestreben vor, den Bürger stärker in die Verantwortung zu nehmen und ihn zu gesellschaftlicher Mitarbeit zu veranlassen, um so der um sich greifenden Politikverdrossenheit zu begegnen. Auch hängt der Erfolg sowie die materiellrechtliche Richtigkeit politisch-administrativer Steuerungsprozesse immer enger von der Mitwirkung der jeweils Entscheidungsbetroffenen ab[123]. Studien und Umfragen neueren Datums wissen nicht mehr nur von einer hohen Bereitschaft zu bürgerschaftlichem Engagement zu berichten, sondern auch von Tendenzen – insbesondere auf kommunaler Ebene –, dieses Potential mittels einer über gesetzlich vorgeschriebene Beteiligung hinausreichenden Verfahrensgestaltung zu erschließen und damit zur Förderung und Erneuerung der Demokratie beizutragen[124]. Legitimationsverluste der Politik und die allgemein vorherrschende Politikverdrossenheit verlangen die staatliche Förderung der aktiven eigenverantwortlichen Bürgergesellschaft. Als Potential zur Aktivierung und (Re-)Vitalisierung der Bürgergesellschaft bietet sich die gesteigerte Nutzung unkonventioneller Beteiligungsformen wie z.B. Mediation an[125].

Berücksichtigt man bei der Förderung gesellschaftlichen Engagements das seit neuerem hierfür angeführte Argument, auf diese Weise auch einen Beitrag zur Bewältigung der Finanzkrise der öffentlichen Haushalte zu leisten[126],

---

zweifelhaft. Kritisch auch *Bunzel*, in: ders./Hecker/Lau/Müller-Jökel/Schaber, Neuerungen im Baugesetzbuch 1998, S. 32; Schlichter/Stich (Hrsg.), Berliner Schwerpunkte-Kommentar, § 3 Rdnr. 5.

[123] *Zilleßen*, Die Modernisierung der Demokratie im Zeichen der Umweltproblematik, in: ders. u.a. (Hrsg.), Die Modernisierung der Demokratie, S. 18; *Hill*, DVBl. 1993, 973 (980); *Schulze-Fielitz*, DVBl. 1994, 657 (658 f.); *Schoch*, Der Verwaltungsakt zwischen Flexibilität und Stabilität, in: Hoffmann-Riem/Schmidt-Aßmann (Hrsg.), Flexibilität und Innovationsoffenheit des Verwaltungsrechts, S. 199 (222 ff.); *Ellwein/Hesse*, Der überforderte Staat, S. 149.

[124] *Klages*, Engagement und Engagementpotential in Deutschland, in: Aus Politik und Zeitgeschichte, B 38/98 v. 11.9.1998, 29 ff. stellt als Ergebnis der von der Robert-Bosch-Stiftung unterstützten und von der Fritz-Thyssen-Stiftung vom Forschungsinstitut für öffentliche Verwaltung bei der Deutschen Hochschule für Verwaltungswissenschaften durchgeführten Surveys „Wertewandel und bürgerschaftliches Engagement 97" ein im internationalen Vergleich überdurchschnittlich hohes gesellschaftliches Engagement der Deutschen fest. Ferner konnte der Survey ein erhebliches, noch brachliegendes Engagementpotential der Bundesbürger ermitteln.

[125] *Leif*, Unkonventionelle Beteiligungsformen und die Notwendigkeit der Vitalisierung der Bürgergesellschaft, in: Aus Politik und Zeitgeschichte, B 38/98 v. 11.9.1998, 12 (16 ff.); *Ellwein/Hesse*, Der überforderte Staat, S. 48 f.

[126] Dazu *Leif*, Unkonventionelle Beteiligungsformen und die Notwendigkeit der Vitalisierung der Bürgergesellschaft, in: Aus Politik und Zeitgeschichte, B 38/98 v. 11.9.1998, 12 (17); *Klages*, Engagement und Engagementpotential in Deutschland, ebd. S. 29.

so zeigt sich die enge Verflechtung der in diesem Abschnitt vorgestellten Krisensymptome und Therapievorschläge.

D. Globalisierung des Wettbewerbs und Planungs- und Genehmigungsbeschleunigung

Globaler, aber auch regionaler und interkommunaler Wettbewerb der Standorte fordert die zügige Durchführung von Verfahren zur Realisierung umworbener Vorhaben[127]; Zeitdauer, Aufwand und Risiken von Planungs- und Genehmigungsentscheidungen sind als wesentliche, oftmals entscheidende Wettbewerbsfaktoren anerkannt[128]. Die deutsche Einigung wirkt als „Katalysator für Beschleunigungs- und Vereinfachungsmaßnahmen“[129] fort, die wiederum ganz im Dienste der Erleichterung und Beschleunigung von Investitionen stehen. Auch stellt der europäische Binnenmarkt einen wesentlichen Impuls zur stärkeren wirtschaftlichen Orientierung der Städtebaupolitik dar. Eine im europäischen Vergleich überdurchschnittlich lange Planaufstellungsdauer bedeutet einen erheblichen Nachteil, da Standortentscheidungen zugunsten der Länder ausfallen werden, in denen wirtschaftliche Entscheidungen kalkulierbar, gerichtsfest, mit hinreichender Akzeptanz und vor allem auch zügig umsetzbar sind.

Auch wenn speziell für das deutsche Baurecht kaum davon ausgegangen werden kann, daß es im internationalen Wettbewerb einen Standortnachteil darstellt[130], so ist die gesetzgeberische Aktivität der neueren Zeit dennoch von dem Bemühen um Verfahrensvereinfachung und -beschleunigung getragen. Dieses ist nach neuerem Verständnis sogar verfassungsrechtlich vorgezeichnet[131]. Damit soll auch dem Ruf deutscher Behörden, nicht nur besonders gründlich, sondern auch langsam zu arbeiten, demonstrativ entgegengewirkt und ein Beitrag zur Imageförderung des Standorts Deutschland geleistet werden. Der Frage, ob deutsche Planungs- und Genehmigungsverfahren im inter-

---

[127] Detailliert zum internationalen Standortwettbewerb, Bundesministerium für Wirtschaft (Hrsg.), Investitionsförderung durch flexible Genehmigungsverfahren, Bericht der unabhängigen Expertenkommission zur Vereinfachung und Beschleunigung von Planungs- und Genehmigungsverfahren, Rdnr. 100 ff. Ferner *Bullinger*, JZ 1994, 1129 ff.; *Schlichter*, DVBl. 1995, 173 ff. (Zwischen)bilanzierend Ziekow (Hrsg.), Beschleunigung von Planungs- und Genehmigungsverfahren, Berlin 1998.

[128] *Schmidt-Kötters*, Verfahrensprivatisierung als Element innovativer Gesetzgebungspolitik – Vorstellungen der von der Bundesregierung eingesetzten Beschleunigungskommission am Beispiel des Immissionsschutzrechts, in: Hoffmann-Riem/Schneider (Hrsg.), Verfahrensprivatisierung im Umweltrecht, S. 31 (47 f.).

[129] *Hien*, Bemerkungen zum städtebaulichen Vertrag, in: Berkemann u.a. (Hrsg.), FS Schlichter, S. 129 (131).

[130] *Schmidt-Eichstaedt*, DÖV 1995, 969 (973); *Scharmer*, ZfBR 1993, 52 (53).

[131] *Bullinger*, JZ 1993, 492 (493 f.).

nationalen Vergleich tatsächlich länger dauern[132], soll hier nicht nachgegangen werden; feststeht, daß es vor diesem Hintergrund zu umfassenden Reformbemühungen gekommen ist. Die Fülle der zum Thema „Beschleunigung von Planungs- und Genehmigungsverfahren“ erarbeiteten Vorschläge ist kaum mehr zu überschauen[133]. Das gesetzgeberische Bemühen um Investitionserleichterung und Deregulierung durch Verfahrensstraffung und -beschleunigung hat mittlerweile kaum noch ein Rechtsgebiet ausgelassen[134].

Auch bei der Novellierung des BauGB standen Erwägungen zur Standortsicherung ganz vorne an[135]. Zügige und übersehbare Planungsverfahren sowie eine übersichtliche und einfache Gestaltung von Verfahren und Instrumenten sind die Zielsetzungen des BauROG 1998[136] und stellen dies in die Tradition gesetzgeberischer Aktivität zur Sicherung des Standorts Deutschland, so daß auch hier von einem „Standortgesetz“ gesprochen werden kann[137].

Die Globalisierung zeitigt jedoch nicht nur unter Wettbewerbsaspekten Veränderungen auf nationaler Ebene. Die nationale Gesetzgebung wird zuneh-

---

[132] Selbst der Bericht der unabhängigen Expertenkommission zur Vereinfachung und Beschleunigung von Planungs- und Genehmigungsverfahren, Rdnr. 004 und 123 f. gibt an, hierfür keine konkreten Nachweise gefunden zu haben. Zweifelnd an der Bedeutung der Dauer deutscher Verfahren für die Standortentscheidung eines Investors auch *Steinbeiß-Winkelmann*, Verfassungsrechtliche Vorgaben und Grenzen der Verfahrensbeschleunigung, in: Ziekow (Hrsg.), Beschleunigung von Planungs- und Genehmigungsverfahren, S. 201 (203 f.).

[133] Einen umfassenden Überblick bietet *Schmidt-Kötters*, Verfahrensprivatisierung als Element innovativer Gesetzgebungspolitik – Vorstellungen der von der Bundesregierung eingesetzten Beschleunigungskommission am Beispiel des Immissionsschutzrechts, in: Hoffmann-Riem/Schneider (Hrsg.), Verfahrensprivatierung im Umweltrecht, S. 31 (36 f.).

[134] Zu nennen sind insbesondere das Verkehrswegeplanungsbeschleunigungsgesetz v. 16.12.1991 (BGBl. I S. 2174); das Gesetz zur Beschleunigung und Vereinfachung immissionsschutzrechtlicher Genehmigungsverfahren v. 9.10.1996 (BGBl. I S. 1498); das Genehmigungsverfahrensbeschleunigungsgesetz v. 12.9.1996 (BGBl. I S. 1354); das Planungsvereinfachungsgesetz v. 17.12.1993 (BGBl. I S. 2123) sowie das Investitionserleichterungs- und Wohnbaulandgesetz v. 22.4.1993 (BGBl. I S. 466). Zu den Beschleunigungsgesetzen vgl. Wagner/Baumheier, Planungsbeschleunigung – Möglichkeiten und Grenzen legislativer und administrativer Ansätze zur Beschleunigung der Planungsverfahren für Infrastruktur- und private Vorhaben, in: Kormann (Hrsg.), Aktuelle Fragen der Planfeststellung, S. 39 ff.

[135] Vgl. Bundesministerium für Raumordnung, Bauwesen und Städtebau (Hrsg.), Bericht der Expertenkommission zur Novellierung des BauGB, Rdnr. 172; *Stüer*, in: Hoppenberg (Hrsg.), Handbuch des öffentlichen Baurechts, B Rdnr. 12; *Wagner*, DVBl. 1996, 704 (707).

[136] Vgl. die Begründung zum Entwurf eines Gesetzes zur Änderung des Baugesetzbuchs und zur Neuregelung des Rechts der Raumordnung (Bau- und Raumordnungsgesetz 1998 – BauROG), BT Drs. 13/6392, S. 1 und 31.

[137] So *Pschera*, Die Gemeinde 1998, 464.

mend auch von internationalen Bemühungen um die Lösung globaler Probleme geprägt; die Verankerung des bereits genannten Nachhaltigkeitsprinzips im neuen Baugesetzbuch ist nur ein Beispiel[138]. Auch die auf der an Habitat II anknüpfenden Weltkonferenz URBAN 21 in Berlin im Juli 2000 behandelten Themen – namentlich die Verwirklichung lokaler demokratischer Verantwortung, die Stärkung bürgerschaftlichen Engagements sowie die Bildung von Partnerschaften zwischen dem öffentlichen und privaten Sektor einerseits und der Verwaltung und den verschiedenen Gruppen der Zivilgesellschaft andererseits – zeigen, daß auch von dieser Seite aus maßgebliche Impulse auf die beschriebene Entwicklung zu erwarten sind.

[138] Der Begriff der Nachhaltigkeit („*sustainable development*") geht zurück auf die Agenda der 2. Konferenz über menschliche Siedlungen (Habitat II), Kapitel II, § 29, abgedruckt in: Bundesministerium für Raumordnung, Bauwesen und Städtebau (Hrsg.), Zweite Konferenz der Vereinten Nationen über menschliche Siedlungen im Juni 1996 in Istanbul, Bonn 1997.

Zweiter Teil: Privatisierung des Bauleitplanverfahrens – Innovation oder Konsolidierung der kommunalen Praxis?

Die vorstehende Darstellung der Umbruchprozesse im Öffentlichen Recht hat ergeben, daß sich auch das Bauplanungsrecht zahlreichen und vielschichtigen Ansätzen der Modernisierung und Innovation ausgesetzt sieht, die den Hintergrund der letzten Novellierung des Baugesetzbuchs bilden. Bevor hier näher auf eine besondere Ausprägung dieses Wandels, die Verfahrensprivatisierung insbesondere durch Mediation, eingegangen wird, soll im folgenden kurz das Bauleitplanverfahren als solches in Ablauf, Entwicklung und Funktion dargestellt werden (dazu unter § 3). Anschließend wird auf die traditionellen Formen der (Verfahrens-)Privatisierung eingegangen (dazu unter § 4), bevor eine nähere Beleuchtung des neuen § 4b BauGB dessen Intention, Konzeption und die damit verbundenen Problemfelder vorstellt (dazu unter § 5).

§ 3 Das Verfahren zur Bauleitplanaufstellung unter besonderer Berücksichtigung der Beteiligungsverfahren

Im deutschen Verwaltungsrecht läßt sich zunächst ganz allgemein ein fortlaufender Bedeutungszuwachs von Verfahren verzeichnen[1]. Maßgeblicher Auslöser dieser Entwicklung war der Mülheim-Kärlich Beschluß des BVerfG[2] mit dem Hinweis auf die Multifunktionalität von Verfahren: Neben der Informationsvermittlung und damit der Verwaltungseffizienz dient es ganz wesentlich auch dem Grundrechtsschutz der Betroffenen.

Ausgehend von der gesicherten Erkenntnis, daß das formelle Recht, also das Organisations- und Verfahrensrecht, immer dann eine gesteigerte Bedeutung erlangt, wenn es an einem durch gesetzliche Konditionalprogramme eng determinierten Gesetzesvollzug der Verwaltung fehlt[3], liegt der hohe Stellenwert des Verfahrens in der Bauleitplanung offen auf der Hand: Die vage inhaltliche Determination des § 1 Abs. 5 BauGB eröffnet der planenden Gemeinde aufgrund der Vielzahl unbestimmter Rechtsbegriffe eine weite Gestaltungsfreiheit, die durch ein detailliert kodifiziertes Verfahren begrenzt

---

1 Statt vieler *Schoch*, DV 25 (1992), 21 (27 ff.); *Schulze-Fielitz*, Kooperatives Recht im Spannungsfeld von Rechtsstaatsprinzip und Verfahrensökonomie, in: Dose/Voigt (Hrsg.), Kooperatives Recht, S. 225 (239 f.).

2 BVerfG, Beschl. v. 20.12.1979 – BVerfGE 53, 30 (62 ff.). Dazu *Blümel*, Grundrechtsschutz durch Verfahrensgestaltung, in: ders. (Hrsg.), Frühzeitige Bürgerbeteiligung bei Planungen, S. 23 ff.

3 *Holznagel*, Konfliktlösung durch Verhandlungen, S. 181 ff. Für das Organisationsrecht *Schmidt-Aßmann*, Verwaltungsorganisationsrecht als Steuerungsressource, in: Hoffmann-Riem/Schmidt-Aßmann (Hrsg.), Verwaltungsorganisationsrecht als Steuerungsressource, S. 9 (31). Für das Verfahrensrecht *Brohm*, Öffentliches Baurecht, § 15 Rdnr. 5; *Hoffmann-Riem*, DVBl. 1996, 225 (229); *ders.*, VVDStRL 40 (1982), 187 (218 f.); *Burgi*, Funktionale Privatisierung und Verwaltungshilfe, S. 372.

wird, welches damit auch als formelle Sicherung der materiellen Planungsfreiheit zu verstehen ist[4]. Die Entscheidung über den Erlaß eines Bebauungsplans ist in ein bestimmtes „mit zahlreichen Sicherungen ausgestaltetes (Rechtsetzungs-)Verfahren verwiesen, um zu gewährleisten, daß der weitgehend der planerischen Gestaltungsfreiheit der Gemeinden überantwortete Bebauungsplan den rechtsstaatlichen (Minimal-)Anforderungen einer angemessenen Abwägung und eines hinreichend durchschaubaren Verfahrensgangs gerecht wird"[5].

A. Der Verfahrensablauf

Das Verfahren zur Aufstellung der Bauleitpläne stellt sich in der zeitlichen Abfolge der einzelnen Verfahrensschritte – vereinfacht[6] – wie folgt dar.

Die Initiative zur Eröffnung des Verfahrens kann von der Verwaltung, der Bürgerschaft, der kommunalen Vertretungskörperschaft oder einem Investor ausgehen. Das rechtsförmliche Planaufstellungsverfahren wird regelmäßig durch den Planaufstellungsbeschluß der kommunalen Vertretungskörperschaft eröffnet. Im folgenden kommt es entweder durch das Planungsreferat der Verwaltung oder durch beauftragte private Planer nach vorangehender umfassender Erhebung des Abwägungsdatenmaterials zur Erarbeitung eines Planentwurfs, ggf. auch mit Alternativvorschlägen.

Über diese Entwürfe sind die Bürger auf einer ersten Stufe der Beteiligung (frühzeitige Bürgerbeteiligung, § 3 Abs. 1 BauGB) zu unterrichten, wobei ihnen Gelegenheit zur Äußerung und Erörterung zu geben ist. Dies kann nur in den nunmehr deutlich reduzierten Ausnahmefällen des § 3 Abs. 1 Satz 2 Nr. 1 oder Nr. 2 BauGB unterbleiben. Ebenfalls frühzeitig sind die Stellungnahmen der Träger öffentlicher Belange, deren Aufgabenbereich durch die Planung berührt wird, einzuholen.

Auf Grundlage der in den Beteiligungsverfahren gewonnenen Informationen wird nunmehr ein beschlußfähiger Planentwurf ausgearbeitet, der Gegenstand der zweiten Stufe der Bürgerbeteiligung in einem rechtsförmlichen Verfahren (förmliche Bürgerbeteiligung, § 3 Abs. 2 und 3 BauGB) ist. Die bereits genannte Beteiligung der Träger öffentlicher Belange kann zeitgleich mit der förmlichen Bürgerbeteiligung stattfinden (§ 4 Abs. 1 Satz 2 BauGB). Für den Regelfall sieht § 3 Abs. 2 Satz 3 BauGB jedoch eine Benachrichtigung der Träger über den Beginn der förmlichen Bürgerbeteiligung mit dem Ziel vor,

---

[4] Insofern spricht *Oldiges*, Baurecht, in: Steiner (Hrsg.), Besonderes Verwaltungsrecht, S. 485 (505) vom „rechtsstaatliche[n] Defizit der verminderten gesetzlichen Determination der planerischen Entscheidung", die es durch das Verfahren zu kompensieren gelte.

[5] BVerwG, Urt. v. 1.2.1980 – DVBl. 1980, 686 (688); *Bielenberg*, in: Ernst/Zinkahn/Bielenberg, BauGB, § 2 Rdnr. 78.

[6] Ausführlich *Taft/Wallraven-Lindl*, Das Verfahren zur Aufstellung eines Bebauungsplans, Berlin 1998.

auch ihnen die Überprüfung der Berücksichtigung ihrer Belange im Planentwurf zu ermöglichen. Dieses Ziel ist logischerweise nur erreichbar, wenn erste Stellungnahmen der Träger bereits vor Beginn der förmlichen Bürgerbeteiligung eingeholt wurden. Daher ist auch für die Trägerbeteiligung regelmäßig von einem zweistufigen Verfahren auszugehen[7].

Die in den Beteiligungsverfahren vorgebrachten Anregungen und Bedenken werden anschließend von der planausarbeitenden Stelle geprüft und führen ggf. zu Modifizierungen des Planentwurfs, wodurch eine erneute Durchführung der Beteiligungsverfahren erforderlich wird. Über die nicht berücksichtigten Anregungen und Bedenken sowie den Planentwurf selbst entscheidet abschließend die kommunale Vertretungskörperschaft. Der Flächennutzungsplan bedarf nach § 6 Abs. 1 BauGB grundsätzlich der anschließenden Genehmigung durch die höhere Verwaltungsbehörde, für den Bebauungsplan gilt dies nur in den Ausnahmefällen des § 10 Abs. 2 BauGB. Den Abschluß des förmlichen Verfahrens bildet die Bekanntgabe der Genehmigung oder für den Fall, daß eine solche nicht mehr erforderlich ist, die Bekanntgabe des Beschlusses des Bebauungsplans.

B. Die Beteiligungsverfahren

Im Gegensatz zum Regelfall des Verwaltungsverfahrens im Sinne des VwVfG beschränkt sich das Verfahren zur Aufstellung der Bauleitpläne nicht auf eine einmalige Anhörung Beteiligter, sondern beruht ganz wesentlich auf der fortgesetzten Interaktion zwischen Verwaltung und den von der Planung im weitesten Sinne Betroffenen. Dies sind neben den Bürgern (§ 3 BauGB) die Träger öffentlicher Belange (§ 4 BauGB) und neuerdings auch die Gemeinden und Träger öffentlicher Belange der Nachbarstaaten (§ 4a BauGB). Die Sachverhaltsermittlung und die Beteiligungsverfahren der §§ 3-4a BauGB – die letztlich auch einen wesentlichen Bestandteil der Sachverhaltsermittlung darstellen[8] – bilden den Kern des Bauleitplanverfahrens und stehen damit auch im Zentrum der zu untersuchenden Privatisierung. Unter diesem Gesichtspunkt erscheint es daher hilfreich, sich zunächst Entstehung und Funktionen der Beteiligungsverfahren zu vergegenwärtigen.

---

[7] *Battis*, in: ders./Krautzberger/Löhr, BauGB, § 3 Rdnr. 15 und § 4 Rdnr. 2; *Bielenberg*, in: Ernst/Zinkahn/Bielenberg, BauGB, § 4 Rdnr. 40; *Taft/Wallraven-Lindl*, Das Verfahren zur Aufstellung eines Bebauungsplans, S. 43; *Stüer*, in: Hoppenberg (Hrsg.), Handbuch des öffentlichen Baurechts, Rdnr. 460.

[8] Dazu sogleich unter II 1.

I. Entwicklung der Beteiligungsverfahren

Die Regelung zur Bürgerbeteiligung in ihrer heutigen zweistufigen Ausformung geht zurück auf den mit der BBauG-Novelle 1976 geschaffenen § 2a BBauG[9] und steht in engem Zusammenhang mit der damaligen Tendenz zur „Demokratisierung der Planung". Von Beginn an stieß die Aufwertung der Bürgerbeteiligung nicht nur auf Zustimmung. Durch ihr Potential, das Planaufstellungsverfahren zu verzögern, sah sie sich unter dem Aspekt der Gefährdung von Verfahrenseffizienz auch Kritik ausgesetzt, die Ursache der bis in die Gegenwart anhaltenden wechselvollen Entwicklung dieses Verfahrens ist. Ausprägungen dieser Entwicklung waren insbesondere die Relativierung des Wirkungsgehalts der seit dem BauGB 1987 nunmehr in § 3 BauGB verorteten Beteiligungsvorschriften durch die Fehlerregelungen der §§ 214-216 BauGB sowie die im Zuge der §§ 2 Abs. 2, 7 Abs. 3 BauGBMaßnG vorgenommene Unterordnung der Bürgerbeteiligung unter aktuelle Beschleunigungsbestrebungen. Die letzte Novelle zum Baugesetzbuch hingegen anerkennt ausdrücklich den hohen Stellenwert der Bürgerbeteiligung in der kommunalen Praxis[10] und beabsichtigt eine nachhaltige Aufwertung des Verfahrens nach § 3 BauGB[11]. Gesetzestechnisch stellt sich diese Vorschrift als eine bewußt offene Regelung dar, die der Gemeinde ein weites Verfahrensermessen bei der Ausgestaltung insbesondere der frühzeitigen Bürgerbeteiligung beläßt[12]. Insofern läßt sich auch vom Experimentiercharakter der Norm sprechen[13], der eine anlaß- und situationsbezogene Verfahrensausgestaltung ebenso wie Reaktionen auf gesellschaftliche Veränderungen erlaubt, um damit einer „Ritualisierung des Verfahrens"[14] entgegenzuwirken.

---

[9] Ausführlich zur Entstehungsgeschichte des § 2a BBauG *Battis*, in: ders./Krautzberger/ Löhr, BauGB, 3. Aufl., § 3 Rdnr. 2.

[10] So der Bericht zu den Ergebnissen der Rechtstatsachen- und Wirkungsforschung bezüglich der neuen und geänderten städtebaulichen Vorschriften, BT Drs. 13/5489, S. 9 unter Bezugnahme auf *Schmidt-Eichstaedt/Metscher*, Verfahrenserleichterungen und Präklusionsregelungen nach § 2 BauGB-MaßnahmenG, S. 168 f.; *Battis/ Krautzberger/Löhr*, NVwZ 1997, 1145 (1149 f.).

[11] Dazu oben unter § 2 C.

[12] *Stüer*, in: Hoppenberg (Hrsg.), Handbuch des öffentlichen Baurechts, B Rdnr. 468; *Fackler*, BayVBl. 1993, 353 (356); *Fickert*, Die Bauleitplanung, Rdnr. 120 ff.

[13] *Peine*, Öffentliches Baurecht, Rdnr. 168; *Schrödter*, in: Schrödter, BauGB, § 3 Rdnr. 14. Dieser kommt im Baurecht den Vorschriften zur Bürgerbeteiligung seit jeher zu, vgl. Hoppe, in: Ernst/Hoppe, Das öffentliche Bau- und Bodenrecht, Rdnr. 225 und Deutscher Ausschuß für die Europäische Kampagne zur Stadterneuerung (Hrsg.), Planen mit dem Bürger, S. 8 f. zu § 2a BBauG sowie Battis, Partizipation im Städtebaurecht, S. 208 zu den Partizipationsvorschriften des Städtebauförderungsgesetzes.

[14] Auf diese Gefahr verweisen *Gusy*, ZfU 1990, 353 (354) und *Renn/Oppermann*, „Bottom-up" statt „Top-down" – Die Forderung nach Bürgerbeteiligung als (altes und neues) Mittel zur Lösung von Konflikten in der räumlichen Planung, in: Ritter (Hrsg.),

Die Beteiligung der Träger öffentlicher Belange wurde mit dem BauGB 1987 in der selbständigen Norm des § 4 BauGB geregelt, war jedoch auch schon zuvor vorgesehen. Ebenso wie bei der Bürgerbeteiligung ist auch im Rahmen des § 4 BauGB die Verfahrensausgestaltung nicht konkret geregelt, sondern dem Ermessen der Gemeinde überantwortet. Zu maßgeblichen Modifizierungen der Trägerbeteiligung ist es durch die Regelungen des Inv-WoBaulG, insbesondere zur Frist bei der Abgabe der Stellungnahme, zur Möglichkeit der Präklusion verspäteten Vorbringens sowie zur Möglichkeit, die Trägerbeteiligung im Rahmen eines Anhörungsverfahrens durchzuführen, gekommen[15]. Das BauROG 1998 hat Teile dieser Modifizierungen in den neuen § 4 BauGB überführt und damit zu einer erheblichen Erweiterung dieser Vorschrift geführt.

Ein wirkliches Novum ist das im BauROG 1998 erstmals vorgesehene Verfahren der grenzüberschreitenden Unterrichtung der Gemeinden und Träger öffentlicher Belange (§ 4a BauGB). Im Zuge der europäischen Integration und der gesteigerten Bewußtwerdung der überregionalen Bedeutung von Planung ist nunmehr eine Abstimmung mit den Gemeinden und Trägern öffentlicher Belange der Nachbarstaaten vorgesehen, und zwar in Form der Unterrichtung (§ 4a Abs. 1 BauGB) und Konsultation (§ 4a Abs. 2 BauGB). Da beides nur auf Grundlage der formellen Gegenseitigkeit und der materiellen Gleichwertigkeit vorgesehen ist, entstehen keine einseitigen Verpflichtungen nach Maßgabe des deutschen Rechts. Bedeutung wird dieses Verfahren erst nach Ausfüllung durch bilaterale Absprachen erhalten, sein Funktionieren in der Praxis muß sich daher erst noch erweisen[16]. Ein förmliches Beteiligungsverfahren stellt § 4a BauGB ausweislich der Gesetzesbegründung nicht dar[17].

II. Funktionen der Beteiligungsverfahren

Für das Beteiligungsverfahren nach § 3 BauGB sind die Funktionen nach wie vor umstritten[18]. Ursache dieses Streits sind die unterschiedlichen Auffassungen von der verfassungsrechtlichen Verankerung der Bürgerbeteiligung, die

---

Stadtökologie, S. 257 (276). Frühere Studien haben gezeigt, daß sich diese Gefahr häufig bereits realisiert hat, vgl. die Nachweise unter § 2 B, Fn. 113.

15 Vgl. im einzelnen *Bielenberg*, in: Ernst/Zinkahn/Bielenberg, BauGB, § 4 Rdnr. 43 ff.

16 So auch Schlichter/Stich (Hrsg.), Berliner Schwerpunkte-Kommentar, § 4a Rdnr. 2.

17 Begründung zum Entwurf eines Gesetzes zur Änderung des Baugesetzbuchs und zur Neuregelung des Rechts der Raumordnung (Bau- und Raumordnungsgesetz 1998 – BauROG), BT Drs. 13/6392, S. 46 f.

18 Grundlegend *Battis*, Partizipation im Städtebaurecht, S. 60; *Hendler*, Die bürgerschaftliche Mitwirkung an der städtebaulichen Planung, S. 47 ff. Ferner *Fackler*, BayVBl. 1993, 353; *Friege* in: Gronemeyer (Hrsg.), BauGB, § 3 Rdnr. 1; *Schrödter*, in: Schrödter, BauGB, § 3 Rdnr. 3.

dabei Rechtsstaats- und Demokratieprinzip unterschiedlich gewichten oder sogar ein Ausschlußverhältnis zwischen beiden annehmen[19].

Die nachfolgende Darstellung beschränkt sich angesichts der Multifunktionalität[20] der Beteiligungsverfahren auf die inzwischen anerkannten wichtigsten Funktionen, ohne damit Anspruch auf Vollständigkeit zu erheben.

1. Informations- und Effektivierungsfunktion

Gemeinsamer Zweck der Beteiligungsverfahren nach §§ 3, 4 BauGB ist es zunächst, das Informationsdefizit der planenden Gemeinde hinsichtlich der in die Abwägung einzustellenden privaten (§ 3 BauGB) und öffentlichen (§ 4 BauGB) Belange möglichst gering zu halten und ihr damit eine effektive Planung zu ermöglichen[21]. Durch die Aktivierung vorhandener Orts- und Sachkenntnis und ihre Bündelung zu Synergieeffekten werden der Verwaltung eine Fülle abwägungsrelevanter und kommunalpolitischer Informationen zugetragen[22]. Die Beteiligungsverfahren tragen damit der Komplexität der Planungsaufgabe Rechnung, die eine alleinige Bewältigung durch die Verwaltung ausschließt. Diese befindet sich in einer Situation der Informationsabhängigkeit, da das planungsrelevante Wissen zumindest auch beim Bürger liegt, ohne dessen Mitwirkung ihr eine angemessene Aufgabenerfüllung nicht möglich ist[23]. In dieser Situation wird Kooperation zur verfassungsrechtlichen Pflicht[24].

---

19 *Blümel*, Grundrechtsschutz durch Verfahrensgestaltung, in: ders. (Hrsg.), Frühzeitige Bürgerbeteiligung bei Planungen, S. 23 ff.; *ders.*, „Demokratisierung der Planung" oder rechtsstaatliche Planung?, in: Schnur (Hrsg.), FS Forsthoff, S. 9 (23 ff.); *Battis*, in: ders./Krautzberger/Löhr, BauGB, § 3 Rdnr. 3 f.

20 *Hendler*, Die bürgerschaftliche Beteiligung an der städtebaulichen Planung, S. 47 ff. unterscheidet allein für das Verfahren der Bürgerbeteiligung zwischen sieben Funktionen. Im einzeln nennt er eine Emanzipations-, Legitimations-, Integrations-, Rationalisierungs-, Effektivierungs-, Rechtsschutz- und Kontrollfunktion.

21 *Gaentzsch*, in: Schlichter/Stich (Hrsg.), BK zum BauGB, § 4 Rdnr. 2; *Stüer*, in: Hoppenberg (Hrsg.), Handbuch des öffentlichen Baurechts, B Rdnr. 451; *Dürr*, Baurecht, Rdnr. 43.

22 *Gaentzsch*, in: Schlichter/Stich (Hrsg.), BK zum BauGB, § 3 Rdnr. 3; *Hoppe*, in: Hoppe/Grotefels, Öffentliches Baurecht, § 5 Rdnr. 88.

23 Allgemein *Brohm*, DVBl. 1994, 133 (139); *v. Danwitz*, DVBl. 1993, 422 (425 f.). Speziell zum (Bau-)Planungsrecht *Battis*, Partizipation im Städtebaurecht, S. 44; *Offele*, Bauplanungs- und Bauordnungsrecht, in: Hill (Hrsg.), Verwaltungshandeln durch Verträge und Absprachen, S. 90 (105); *Krebs*, VVDStRL 52 (1993), 248 (255); *Schulze-Fielitz*, Kooperatives Recht im Spannungsfeld von Rechtsstaatsprinzip und Verfahrensökonomie, in: Dose/Voigt (Hrsg.), Kooperatives Recht, S. 225 (240); *ders.*, DVBl. 1994, 657 (664).

24 *Schulze-Fielitz*, DVBl. 1994, 657 (665).

2. Rechtsschutzfunktion

Für die Bürgerbeteiligung kommt durch die Möglichkeit des Einzelnen, bereits im Verwaltungsverfahren Interessen und Rechte geltend zu machen, ferner eine (vorgelagerte) Rechtsschutzfunktion hinzu[25]. Eine Anrufung der Gerichte kommt dagegen oftmals zu spät, im übrigen können Planungs- und Abwägungsentscheidungen dort nicht voll überprüft werden. Schließlich bietet die Beschreibung seiner Anregungen und Bedenken sowie die Prüfung, ob diesen durch die Plan(üb)erarbeitung Rechnung getragen wurde, dem Bürger die Möglichkeit, den Erfolg eines Normkontrollverfahrens abzuschätzen[26].

Teilweise wird unter Berufung auf den Mühlheim-Kärlich Beschluß des BVerfG die Rechtsschutzfunktion bis zur Annahme eines subjektiv-öffentlichen Rechts auf Mitwirkung in der förmlichen Bürgerbeteiligung nach § 3 Abs. 2 BauGB gesteigert[27]. Dies solle verhindern, daß das Beteiligungsverfahren nur zur Wahrung des äußeren Scheins unter Vernachlässigung seiner materiellen Bedeutung durchgeführt wird. Diese Auffassung hat sich jedoch (bislang) nicht durchzusetzen vermocht[28].

3. Demokratiefunktion

Schließlich kommt dem Verfahren der Bürgerbeteiligung auch erkennbar eine demokratische Funktion zu[29]. Dies zeigt schon der partizipative Charakter des

---

[25] *Erbguth/Wagner*, Bauplanungsrecht, Rdnr. 159; *Gaentzsch*, in: Schlichter/Stich (Hrsg.), BK zum BauGB, § 3 Rdnr. 3; *Kirchmeier*, Rechtliches Gehör in der Bauleitplanung, in: Lenz (Hrsg.), FS Gelzer, S. 77.

[26] *Stüer/Rude*, DVBl. 1999, 210 (215).

[27] *Battis*, Öffentliches Baurecht und Raumordnungsrecht, S. 87; *ders.*, in: ders./Krautzberger/Löhr, BauGB, § 3 Rdnr. 4; *Brohm*, Öffentliches Baurecht, § 15 Rdnr. 19; *Fackler*, Verfassungs- und verwaltungsrechtliche Aspekte eines Individualanspruchs auf Bauleitplanung, S. 116 f.; *ders.*, BayVBl. 1993, 353 ff. Dabei wird nach der Art der Betroffenheit differenziert: Ein subjektiv-öffentliches Recht auf Bürgerbeteiligung folge nur für diejenigen, die über die Außerachtlassung des § 3 BauGB hinaus die Möglichkeit eines (Grund-)Rechtsverstoßes geltend machen können, für die sich also die Beteiligung nach § 3 BauGB als Betroffenen- und nicht lediglich als Interessen- oder Popularbeteiligung darstellt.

[28] *Gaentzsch*, in: Schlichter/Stich (Hrsg.), BK zum BauGB, § 3 Rdnr. 3; *Stüer*, in: Hoppenberg (Hrsg.), Handbuch des öffentlichen Baurechts, B Rdnr. 466. Die Rechtsprechung lehnt auch nach dem Mühlheim-Kärlich Beschluß des BVerfG ein subjektiv-öffentliches Recht aus § 3 BauGB weiterhin ab, vgl. BVerwG, Beschl. v. 3.8.1982 – DVBl. 1982, 1096. Der dabei gezogene Rückschluß, ein subjektiv-öffentliches Recht nach § 3 BauGB kollidiere mit § 2 Abs. 3 BauGB geht freilich insofern fehl, als daß damit lediglich ein Leistungsanspruch auf Planungsverfahren, nicht jedoch ein Abwehranspruch gegenüber verfahrensfehlerhafter Durchführung ausgeschlossen werden soll.

[29] *Gaentzsch*, in: Schlichter/Stich (Hrsg.), BK zum BauGB, § 3 Rdnr. 3; *Hoppe*, in: Hoppe/Grotefels, Öffentliches Baurecht, § 5 Rdnr. 75. So schon für die Partizipationsvorschriften des Städtebauförderungsgesetzes *Battis*, Partizipation im Städtebaurecht, S. 23 ff.

§ 3 BauGB, der eine Beteiligung nicht an die (mögliche) Verletzung subjektiv-öffentlicher Rechte knüpft, sondern den Beteiligtenkreis denkbar weit zieht. Dies ist als Ausgleich für die fundamentalen Auswirkungen des Planens und Bauens auf die Situation und Entwicklung der konkreten Lebensverhältnisse und die unmittelbare Lebensumwelt der örtlichen Gemeinschaft zu verstehen – Auswirkungen, deren sich auch der Bürger zunehmend bewußt geworden ist. Die Bauleitplanung als das rechtsstaatlichen Anforderungen am weitestgehenden Rechnung tragende Planungsverfahren reflektiert diese Bedeutung von Planung mit einer im Vergleich zu anderen Planungsverfahren fast schon mustergültigen Einbindung der Planungsbetroffenen in den Planungsprozeß. Auch ohne die nicht vorgesehene Entscheidungsbefugnis der Bürger kann man deren Mitwirkung an der Bauleitplanung zur Gestaltung der Angelegenheiten der örtlichen Gemeinschaft daher zutreffend als Form unmittelbarer Demokratie bezeichnen[30], das BVerwG spricht hier von der „demokratischen Komponente des Bauleitplanverfahrens“[31].

C. Bedeutung und Stellenwert des Bauleitplanverfahrens für das Planungsergebnis

Das Abwägungsgebot des § 1 Abs. 6 BauGB als das zentrale Gebot rechtsstaatlicher Planung setzt für die abwägende Entscheidung zwischen privaten und öffentlichen Belangen zunächst deren umfassende Ermittlung voraus. Eine dem Abwägungsgebot genügende Planung kann nur entwickelt werden, wenn die in die Abwägung einzustellenden Belange sorgfältig ermittelt worden sind. Was dabei „nach Lage der Dinge“[32] in die Abwägung einzustellen ist, läßt sich jedoch seinerseits nicht gänzlich ohne Abwägung – nämlich über die Erheblichkeit des Belangs nach Lage der Dinge – beantworten[33]. Die Erheblichkeit wiederum wird maßgeblich durch das Plankonzept induziert, das damit bereits eine Präjudizierung des Verfahrensergebnisses darstellt. Insofern ist die Informationsermittlung und -auswertung nie allumfassend, sondern stets selektiv. Bereits auf dieser Ebene sind – verstärkt durch Faktoren wie Zeitdruck, knappe Kapazitäten und schwache finanzielle Ressourcen – prognostizierende und evaluierende Tätigkeiten gefordert, wodurch der

---

30 *Finkelnburg/Ortloff*, Öffentliches Baurecht, Bd. I, S. 48. Ähnlich *Taft/Wallraven-Lindl*, Das Verfahren zur Aufstellung eines Bebauungsplans, S. 35: „Stück gelebter Demokratie“ sowie *Walcha*, Wege zu partnerschaftlicher Projektentwicklung, in: ders./Hermanns (Hrsg.), Partnerschaftliche Stadtentwicklung, S. 136 (159).

31 BVerwG, Urt. v. 5.7.1974 – BVerwGE 45, 309 (318). Ähnlich BVerfG, Beschl. v. 9.12.1987 – BVerfGE 77, 288 (300).

32 So die Terminologie des BVerwG, Urt. v. 12.12.1969 – BVerwGE 34, 301 (309). Dazu *Hoppe*, DVBl. 1977, 136 ff.

33 *Sendler*, (Un)erhebliches zur planerischen Gestaltungsfreiheit, in: Berkemann u.a. (Hrsg.), FS Schlichter, S. 55 (71 f.); *Wahl*, Die Einschaltung privatrechtlich organisierter Verwaltungseinrichtungen in den Straßenbau, in: Blümel (Hrsg.), Einschaltung Privater beim Verkehrswegebau, S. 24 ff. (41 f.).

Standpunkt des Handelnden eine das Verfahrensergebnis vorprägende Bedeutung erlangt: Bereits die Zusammenstellung des Abwägungsmaterials wird von einem subjektiven Moment der Gestaltungsfreiheit beherrscht[34]. Dies geschieht auf zwei Ebenen: Auf der abstrakten Ebene ist zunächst festzulegen, welche der insbesondere in § 1 Abs. 5 BauGB genannten Belange abwägungserheblich sind, auf einer zweiten konkreten Ebene sind dann die im Planungsgebiet vorliegenden Umstände unter die abstrakten Begriffe zu subsumieren. Die planerische Gestaltungsfreiheit der Gemeinde erschöpft sich dabei eben nicht im Gewichten und Abwägen, sondern erfaßt den vorausgehenden Erkenntnisvorgang insofern, als bereits dort der interpretatorische Prozeß der Einschätzung bestimmter Belange als wesentlich für die Planung stattfindet. Zutreffend werden daher bereits das Zusammenstellen des Abwägungsmaterials, das Einstellen von Belangen sowie ihre Gewichtung und Bewertung allgemein als Vorgang der planerischen Abwägung mit unmittelbarem Einfluß auf das Abwägungsergebnis anerkannt[35]. Verfahren und Ergebnis städtebaulicher Planungen sind untrennbar miteinander verbunden, durch das Verfahren selbst werden Inhalte entwickelt bzw. fortentwickelt[36].

Im besonderen gilt dies auch für die beschriebenen Beteiligungsverfahren. Wenn § 3 Abs. 1 BauGB die *Erörterung* der Ziele und Zwecke der Planung vorsieht, so weist dies schon begrifflich die frühzeitige Bürgerbeteiligung eben nicht als einseitige Entgegennahme von Abwägungsmaterial, sondern als bereits auf Umfang und Inhalt der Abwägung Auswirkungen entfaltende Kommunikation aus. Für die Beteiligung der Träger öffentlicher Belange zeigt sich die Relevanz des Verfahrens für das Verfahrensergebnis in der vorgelagerten Entscheidung darüber, welche Träger durch die Planung in ihrem Aufgabenbereich berührt werden und daher gem. § 4 Abs. 1 BauGB zu beteiligen sind. Mit der Auswahl der zu beteiligenden Träger wird ebenfalls eine maßgebliche Entscheidung hinsichtlich des für relevant gehaltenen Abwägungsmaterials getroffen, deren Trennung vom eigentlichen Abwägungsvorgang als künstlich erscheinen muß. Besonders deutlich wird der Stellenwert der Trägerbeteiligung auch durch den Wortlaut des § 2 Abs. 2 BauGB, der im

---

34 *Zuck*, Das Recht des Bebauungsplans, B Rdnr. 106; *Sendler*, (Un)erhebliches zur planerischen Gestaltungsfreiheit, in: Berkemann u.a. (Hrsg.), FS Schlichter, S. 55 (71 f.); *Hoppe/Beckmann*, DVBl. 1987, 1249 (1250).

35 *Krautzberger*, in: Battis/Krautzberger/Löhr, BauGB, § 1 Rdnr. 96; *v. Nicolai*, Vorhabenbezogener Bebauungsplan, in: ders./Wagner/Wecker, Verträge des Baugesetzbuchs, S. 73 (123). Für die Verkehrswegeplanung ebenso *Wahl*, DVBl. 1993, 517 (523); *Peine*, Verfahrensprivatisierung in der Verkehrswegeplanung, in: Hoffmann-Riem/Schneider (Hrsg.), Verfahrensprivatisierung im Umweltrecht, S. 95 (110); *Steinberg*, Staatliche Gewährleistungen bei privatisierten Verkehrswegeplanungen – Diskussionsbeitrag, ebd., S. 116 (120 f.); *Rehme*, Einbeziehung Privater in den Verkehrswegebau, in: Stüer (Hrsg.), Verfahrensbeschleunigung, S. 230 (243 f.).

36 *Krautzberger*, in: Ernst/Zinkahn/Bielenberg, BauGB, § 12 Rdnr. 89; *Spannowsky*, DÖV 1996, 1017 (1022).

Hinblick auf die dem Planungsträger benachbarten Gemeinden *lex specialis* zur allgemeinen Regelung der Trägerbeteiligung nach § 4 BauGB ist[37]: Wenn die Bauleitpläne benachbarter Gemeinden aufeinander *abzustimmen* sind, wird ersichtlich eine über die bloß formelle Beteiligungspflicht hinausgehende materielle Interaktion zwischen den Gemeinden gefordert. Den Stellungnahmen der Nachbargemeinden kommt ein besonderes Gewicht zu; sie dienen nicht lediglich der Information, sondern dem Austarieren unterschiedlicher Interessen gleichberechtigter Gemeinden[38]. Ziel dieser Beteiligung ist die Annäherung der Ansichten über die Relevanz bestimmter Umstände für die Abwägung an einander, womit denknotwendig schrittweise Vorentscheidungen für die abschließende Abwägung verbunden sind[39].

Bedeutsam sind in diesem Zusammenhang schließlich die von der Rechtsprechung für beide förmlichen Beteiligungsverfahren entwickelten – an materielle Präklusionsregeln heranreichenden – Mitwirkungslasten der Beteiligten. Im Rahmen der Bürgerbeteiligung nicht rechtzeitig vorgetragene und für die Gemeinde anders nicht erkennbare Belange unterliegen dem Risiko, daß ihre Berücksichtigung in der Abwägung zulässigerweise entfällt, wenn sie nicht offensichtlich sind und sich dem Planer deswegen geradezu aufdrängen[40]. Insoweit ist der Bürgerbeteiligung erheblicher Einfluß auf die Beachtlichkeit eines Belangs in der Abwägung beizumessen[41]. Dasselbe gilt für das Verfahren der Trägerbeteiligung, wo es zur Präklusion kommt, wenn die Belange der

---

37 *Bielenberg*, in: Ernst/Zinkahn/Bielenberg, BauGB, § 2 Rdnr. 65.

38 *Kirchhof*, Die Optimierung der Beteiligung der Träger öffentlicher Belange an Bauleitplanungsverfahren, S. 60.

39 So für die gleichgelagerte Konstellation in der Verkehrswegeplanung in den neuen Bundesländern, wo die Abstimmung mit den Trägern öffentlicher Belange der privaten Deutsche Einheit Fernstraßenplanungs- und Baugesellschaft mbH (DEGES) übertragen ist *Wahl*, DVBl. 1993, 517 (523); *Stehlin*, Einschaltung privatrechtlich organisierter Verwaltungseinrichtungen in die Verkehrswegeplanung, S. 161 ff.

40 BVerwG, Urt. v. 9.11.1979 – BVerwGE 59, 87 (103 f.); BVerwG, Urt. v. 13.9.1985 – NVwZ 1986, 740 (741). Damit wird die Geltendmachung eigener Belange für den Bürger zur Obliegenheit, *Schrödter*, in: Schrödter, BauGB, § 3 Rdnr. 6; *Battis*, in: ders./Krautzberger/Löhr, BauGB, § 3 Rdnr. 16; *Bielenberg*, in: Ernst/Zinkahn/Bielenberg, BauGB, § 3 Rdnr. 2.

Im Anschluß an diese Rechtsprechung wird in der Literatur ein Verfassungsgebot der individuellen Unterrichtung planungsbetroffener Grundstückseigentümer erwogen, so *Kirchmeier*, Rechtliches Gehör in der Bauleitplanung, in: Lenz (Hrsg.), FS Gelzer, S. 77 ff. Ein solches erweist sich jedoch schon aufgrund der Unschärfe des Begriffs der „Planungsbetroffenheit" als gänzlich unpraktikabel. Zur Unmöglichkeit der klaren Abgrenzung zwischen Rechtsbetroffenen-, Interessenten- und Popularbeteiligung vgl. *Schmitt Glaeser*, Die Position der Bürger als Beteiligte im Entscheidungsverfahren gestaltender Verwaltung, in: Lerche/Schmitt Glaeser/Schmidt-Aßmann, Verfahren als staats- und verwaltungsrechtliche Kategorie, S. 35 (53 ff.).

41 *Battis*, Öffentliches Baurecht und Raumordnungsrecht, S. 88; *Brohm*, Öffentliches Baurecht, § 15 Rdnr. 17.

Träger nicht innerhalb der gesetzten Frist vorgebracht werden. Zwar ist auch diese Präklusion wiederum nur eine eingeschränkte, da sie nicht für solche Belange gilt, die der Gemeinde bekannt sind oder hätten bekannt sein müssen oder für die Rechtmäßigkeit der Abwägung von Bedeutung sind (§ 4 Abs. 3 Satz 2 BauGB). Dennoch besteht auch hier die Möglichkeit, daß Belange außen vor bleiben, deren Kenntnis die Planung im Ergebnis hätte beeinflussen können.

Damit bleibt festzuhalten, daß die Ausgestaltung des entscheidungsvorbereitenden Verwaltungsverfahrens von maßgeblicher Bedeutung für den Entscheidungsinhalt ist[42] und jede Verfahrensänderung notwendig auf die Qualität der Entscheidung rückwirkt[43]. Dies gilt umso mehr, je weniger das Normprogramm durch konkrete, materielle Vorgaben vorgeprägt ist. Verfahrens- und Organisationsrecht lassen sich hier nicht scharf vom materiellen Recht trennen. Die Zusammengehörigkeit und Interdependenz der einzelnen Verfahrensschritte zählen zu einem Grundphänomen der Planung[44] und erschweren die Trennung zwischen schlichtem und hoheitlichem Verwaltungshandeln, zwischen Abwägungsvorbereitung und Abwägungsentscheidung[45]. Deutlich ausmachen lassen sich lediglich die Endpole auf der Skala vom schlichten Verwaltungshandeln wie der objektiv-wissenschaftlichen Methoden folgende Datenerhebung (z.B. über Verkehrsaufkommen) bis zum obrigkeitlich-hoheitlichen Verwaltungshandeln wie dem abschließenden Ratsbeschluß; zwischen diesen Polen ist der Übergang fließend. Dennoch ist eine Trennung geboten, um das Überschreiten der Grenze zur unzulässigen faktischen Beleihung – offensichtliche Gefahr einer jeden (Teil-)Privatisierung des Verfahrens – zu vermeiden. Weder der Gemeinde noch dem Investor kann an einer Planung in der Grauzone des (verfassungs-)rechtlich Bedenklichen sowie an einem Vollzug in Unsicherheit über ihre Gerichtsfestigkeit gelegen sein. Im

---

[42] *Schuppert*, Einflußnahme auf die Verwaltung durch Bürgerbeteiligung und kollektive Interessenwahrnehmung, in: Hoffmann-Riem (Hrsg.), Bürgernahe Verwaltung?, S. 279 (280); *Schulze-Fielitz*, DVBl. 1994, 657 (662); *Brohm*, DVBl. 1990, 321 (326). Ausdrücklich für das Bauleitplanverfahren *ders.* Öffentliches Baurecht, § 15 Rdnr. 5 f.; *Krebs*, VerwArch 72 (1981), 49 (53); *Burgi*, DV 33 (2000), 183 (205).

[43] *Hoffmann-Riem*, DVBl. 1996, 225 (228).

[44] *Söfker*, in: Ernst/Zinkahn/Bielenberg, BauGB, § 1 Rdnr. 19; *Wahl*, DVBl. 1993, 517 (523); *ders.*, Die Einschaltung privatrechtlich organisierter Verwaltungseinrichtungen in den Straßenbau, in: Blümel (Hrsg.), Einschaltung Privater beim Verkehrswegebau S. 24 (43).

[45] BVerwG, Urt. v. 5.7.1974 – BVerwGE 45, 309 (324); *Wahl*, DVBl. 1993, 517 (521 ff.); *Rehme*, Einbeziehung Privater in den Verkehrswegebau, in: Stüer (Hrsg.), Verfahrensbeschleunigung, S. 230 (244); *Stehlin*, Einschaltung privatrechtlich organisierter Verwaltungseinrichtungen in die Verkehrswegeplanung, S. 175 ff.; *Köchling*, Verfahrensprivatisierung bei Standortsuche und Planfeststellungsbeschlüssen für Deponien, in: Hoffmann-Riem/Schneider (Hrsg.), Verfahrensprivatisierung im Umweltrecht, S. 201 (206); *Burgi*, Funktionale Privatisierung und Verwaltungshilfe, S. 136 und 372.

folgenden ist daher herauszustellen, inwieweit es im Bauleitplanverfahren zur Ausübung hoheitlichen Handelns kommt. Relevant ist dies insbesondere für die Frage nach den rechtlichen Modalitäten einer Delegation der Durchführung von Verfahrensschritten an Private. Kann die Möglichkeit bzw. Notwendigkeit einer Beleihung im Bauleitplanverfahren allein schon deshalb ausgeschlossen werden, weil Private – wie einstimmig anerkannt – von obrigkeitlich-hoheitlichen Beschlüssen der Gemeinde fernzuhalten sind, oder kommt es nicht schon vor dem Ratsbeschluß zur Ausübung (schlicht-)hoheitlicher Tätigkeit, aufgrund derer eine Beleihung in Betracht zu ziehen ist?

D. Hoheitlicher Charakter von Verfahren(selementen) in der Bauleitplanung

Für den Begriff des schlicht-hoheitlichen Handelns ist in Literatur und Rechtsprechung eine vorherrschende Begriffsunschärfe bis hin zur Begriffsverwirrung konstatiert worden[46]. Einen überzeugenden Ansatz zur bereichsspezifischen Systematisierung hat *Stehlin*[47] für das Fernstraßenplanungsrecht dargelegt: Dabei wird Hoheitsverwaltung zunächst grundsätzlich in obrigkeitlich-hoheitliches Handeln und schlichtes Verwaltungshandeln i.w.S. untergliedert. Im Bereich des letzteren wird weiter differenziert zwischen schlicht-hoheitlichem Handeln und schlichtem Verwaltungshandeln i.e.S. Schlicht-hoheitliches Handeln zeichne sich dabei durch eine besondere Nähe zum obrigkeitlich-hoheitlichen Handeln aus, indem es dieses unmittelbar vorbereite bzw. seinen Inhalt teilweise vorwegnehme – eine Qualität, die dem schlichten Verwaltungshandeln i.e.S. nicht beizumessen sei. Auch wenn dieser Ansatz die Möglichkeit einer trennscharfen Grenzziehung zwischen schlichtem Verwaltungshandeln i.e.S. und schlicht-hoheitlichem Handeln nicht bieten kann[48], soll ihm im folgenden bei der Qualifizierung der Rechtsnatur der Handlungen im Rahmen der Durchführung des Bauleitplanverfahrens gefolgt werden.

Wegen des grundsätzlich hoheitlichen Charakters der *Durchführung* des Verwaltungsverfahrens[49] sowie der soeben dargelegten eminenten Bedeutung der Verfahrensgestaltung für den Inhalt des Ergebnisses handelt es sich bei der Sachverhaltsermittlung und den Beteiligungsverfahren als förmlichen Verfah-

---

[46] *Schulte*, Schlichtes Verwaltungshandeln, S. 17 ff.; *Stehlin*, Einschaltung privatrechtlich organisierter Verwaltungseinrichtungen in dic Verkehrswegeplanung, S. 69.

[47] *Stehlin*, Einschaltung privatrechtlich organisierter Verwaltungseinrichtungen in die Verkehrswegeplanung, S. 122 ff.

[48] *Stehlin*, Einschaltung privatrechtlich organisierter Verwaltungseinrichtungen in die Verkehrswegeplanung, S. 123 f.

[49] *Brohm*, DVBl. 1990, 321 (326); *ders.*, NVwZ 1991, 1025 (1032); *Osterloh*, VVDStRL 54 (1995), 204 (238 f.).

rensschritten um hoheitliches Handeln[50], präziser um schlicht-hoheitliches Handeln im Sinne der Kategorisierung *Stehlins*. Den einzelnen Elementen des Verfahrens kommt zwar nicht die für obrigkeitlich-hoheitliches Handeln typische direkte Bewirkung eines Rechtserfolgs zu, sie stellen sich jedoch aufgrund der aufgezeigten unmittelbaren (Möglichkeit zur) präjudizierenden Vorwirkung auf diesen als schlicht-hoheitliche Tätigkeit dar. Dies gilt zunächst für die Entscheidung über die Durchführung des vereinfachten Verfahrens nach § 13 BauGB. Auch die Anhörungs- und Erörterungsverfahren, insbesondere deren inhaltliche Ausgestaltung sowie Leitung sind als schlicht-hoheitliches Handeln einzustufen[51]. Bei der Beteiligung der Träger öffentlicher Belange gilt dasselbe für die Entscheidung über die Betroffenheit des Aufgabenbereichs eines Trägers und die damit einhergehende Festlegung des Kreises der zu beteiligenden Träger, ferner die Möglichkeit der Fristverlängerung für deren Äußerungen sowie insbesondere jede materielle Abstimmung der Planung[52].

Es bleibt an dieser Stelle festzuhalten, daß nicht erst der abschließende Ratsbeschluß über die Planaufstellung hoheitlichen Charakter trägt, sondern auch schon die Durchführungshandlungen im Aufstellungsverfahren als (schlicht-)hoheitliche Tätigkeit zu klassifizieren sind. Da Gegenstand einer Beleihung nicht nur obrigkeitlich-hoheitliche Kompetenzen, sondern auch solche schlicht-hoheitlicher Art sein können[53], erscheint in Konsequenz auch eine Beleihung Privater im Bauleitplanverfahren möglich. Eine solche liegt vor, wenn eine Privatperson mit der hoheitlichen Wahrnehmung bestimmter Verwaltungsaufgaben betraut wird. Sie bleibt dabei zwar statusmäßig Privatrechtssubjekt, kann jedoch in begrenztem Umfang selbständig und im eigenen

---

[50] *Bielenberg*, in: Ernst/Zinkahn/Bielenberg, BauGB, Vorb §§ 1-13 Rdnr. 30; *ders.*, in: Battis/Krautzberger/Söfker, BauGB, Rdnr. 119; *Felten*, Die Novellierung des Baugesetzbuchs 1998, S. 169 für die förmlichen Beteiligungsverfahren; *Seidel*, Privater Sachverstand und staatliche Garantenstellung im Verwaltungsrecht, S. 108 ff.

[51] Allgemein Bundesministerium für Wirtschaft (Hrsg.), Bericht der Unabhängigen Expertenkommission zur Vereinfachung von Planungs- und Genehmigungsverfahren, Rdnr. 283. Speziell für das Genehmigungs- und Planfeststellungsverfahren *Holznagel*, Mediation im Verwaltungsrecht, in: Breidenbach/Henssler (Hrsg.), Mediation für Juristen, S. 147 (157); *Hoffmann-Riem*, Konfliktmittler in Verwaltungsverhandlungen, S. 50; *Gaßner/Holznagel/Lahl*, Mediation, S. 66; *Schulze-Fielitz*, Konfliktmittlung bei Verhandlungen und Verwaltungsverfahren, in: Hoffmann-Riem/Schmidt-Aßmann (Hrsg.), Konfliktbewältigung, Bd. II, S. 55 (62 f.); *Wahl*, DVBl. 1993, 517 (525); *Stehlin*, Einschaltung privatrechtlich organisierter Verwaltungseinrichtungen in die Verkehrswegeplanung, S. 157 f.

[52] Für die Abstimmung mit den Trägern öffentlicher Belange bei der Verkehrswegeplanung ebenso *Wahl*, DVBl. 1993, 517 (523); *Stehlin*, Einschaltung privatrechtlich organisierter Verwaltungseinrichtungen in die Verkehrswegeplanung, S. 161 ff.

[53] *Stelkens/Schmitz*, in: Stelkens/Bonk/Sachs, VwVfG, § 1 Rdnr. 231; *Stehlin*, Einschaltung privatrechtlich organisierter Verwaltungseinrichtungen in die Verkehrswegeplanung, S. 62 mit umfassenden Nachweisen.

Namen hoheitlich handeln und ist insofern Verwaltungsträger[54]. Hingegen gilt für den Verwaltungshelfer, daß er die Verwaltungsbehörde bei der Durchführung bestimmter Verwaltungsaufgaben unterstützt, dabei aber nicht selbständig tätig wird, sondern Hilfstätigkeiten im Auftrag und nach Weisung der Behörde wahrnimmt[55], während die grundsätzliche Zuständigkeit, Verantwortung und Weisungsbefugnis bei dem Verwaltungsträger verbleibt. Maßgebliches Kriterium der Differenzierung zwischen diesen beiden Formen der Einbindung Privater in die Verwaltungstätigkeit ist also der untergeordnet unterstützende Charakter der Tätigkeit des Verwaltungshelfers, der in seinem Handeln unselbständig und weisungsabhängig einen Teilbeitrag mit funktionalem Bezug zu einer Verwaltungsaufgabe erbringt, weshalb auch von „unselbständiger Verwaltungshilfe" gesprochen wird[56].

Sofern die genannten (schlicht-)hoheitlichen Tätigkeiten Privaten zur voll- und eigenständigen Wahrnehmung übertragen werden sollen, bedarf es für diesen Vorgang somit einer Beleihung und der damit einhergehenden Notwendigkeit einer besonderen gesetzlichen Ermächtigung[57].

---

[54] *Maurer*, Allgemeines Verwaltungsrecht, § 23 Rdnr. 56; *Peine*, DÖV 1997, 353 (360 f.); *Stober*, Allgemeines Wirtschaftsverwaltungsrecht, § 40 I; *Stelkens/Schmitz*, in: Stelkens/Bonk/Sachs, VwVfG, § 1 Rdnr. 231 ff.

[55] *Maurer*, Allgemeines Verwaltungsrecht, § 23 Rdnr. 60; *Stober*, Allgemeines Wirtschaftsverwaltungsrecht, § 40 II; *Peine*, DÖV 1997, 353 (357); *Burgi*, Funktionale Verwaltungshilfe und Privatisierung, S. 153 ff.

[56] *Burgi*, Funktionale Privatisierung und Verwaltungshilfe, S. 154.

[57] So für die Durchführung von Anhörungs- und Erörterungsterminen Bundesministerium für Wirtschaft (Hrsg.), Bericht der Unabhängigen Expertenkommission zur Vereinfachung von Planungs- und Genehmigungsverfahren, Rdnr. 283; *Brohm*, DVBl. 1990, 321 (326 f.); *Osterloh*, VVDStRL 54 (1995), 204 (238 f.); *Hoffmann-Riem*, Konfliktmittler in Verwaltungsverhandlungen, S. 50; *Schulze-Fielitz*, Der Konfliktmittler als verwaltungsverfahrensrechtliches Problem, in: Hoffmann-Riem/Schmidt-Aßmann (Hrsg.), Konfliktbewältigung, Bd. II, S. 55 (62 f.); *Burgi*, Funktionale Privatisierung und Verwaltungshilfe, S. 138; *Seidel*, Privater Sachverstand und staatliche Garantenstellung im Verwaltungsrecht, S. 252.

In der Verkehrswegeplanung wird unter eben diesem Aspekt die Abstimmung mit den Trägern öffentlicher Belange sowie die Durchführung der Erörterungstermine mit den Betroffenen durch die private DEGES für unzulässig gehalten, vgl. *Wahl*, DVBl. 1993, 517 (523); *Stehlin*, Einschaltung privatrechtlich organisierter Verwaltungseinrichtungen in die Verkehrswegeplanung, S. 186 ff.; *Peine*, Verfahrensprivatisierung in der Verkehrswegeplanung, in: Hoffmann-Riem/Schneider (Hrsg.), Verfahrensprivatisierung im Umweltrecht, S. 95 (110.). So auch ausdrücklich für die Abstimmung mit den Trägern öffentlicher Belange im Rahmen des § 4b BauGB *Schmidt-Eichstaedt*, Die Einschaltung Dritter in das Bauleitplanverfahren, in: Ziekow (Hrsg.), Bauplanungsrecht vor neuen Herausforderungen, S. 131 (139).

§ 4 Traditionelle Privatisierungsmöglichkeiten im Bauleitplanverfahren

Bevor vor diesem Hintergrund auf die mit der Neuregelung des § 4b BauGB verbundenen Problemfelder eingegangen werden wird, sind im folgenden die bereits geläufigen Formen der Kooperation zwischen Privaten und der Öffentlichen Hand im Bereich der Bauleitplanung in ihrer Entwicklung und Tragweite vorzustellen. Nur in direkter Gegenüberstellung mit diesen Kooperationsmodellen läßt sich beurteilen, ob § 4b BauGB eine Innovation oder lediglich eine Konsolidierung der kommunalen Praxis darstellt.

Auf die gewachsene und wachsende Bedeutung von Kooperation im Städtebau wurde bereits eingegangen[58]; bemerkenswert an dieser Entwicklung ist, daß sie durch gesetzgeberische Tätigkeit weniger entwickelt als vielmehr „aufgefangen" wurde: Gesetzliche Neuregelungen im Bauleitplanverfahren greifen oftmals lediglich die ohnehin gängige Praxis auf[59], um sie vom „Odium der schlichten Unzulässigkeit" zu befreien[60], während sich die Praxis selbst zum Zeitpunkt des Inkrafttretens der letzten Novelle bereits weiter fortentwickelt hat. Gesetzgeberische Tätigkeit dient hier seltener der Fortentwicklung und Veränderung als vielmehr der Konsolidierung und Absicherung der rechtlichen Praxis. Das positive Recht vollzieht oftmals lediglich Entwicklungen des informellen Verwaltungshandelns in der Verwaltungsrealität nach[61], um faktische Zustände auch de jure abzudecken und damit zur Überwindung der Kluft zwischen normativem Anspruch und Verwaltungsrealität beizutragen. In der neueren Zeit lassen sich verstärkt vorsichtige, schrittweise Kodifizierungen von Kooperationsmodellen beobachten, die Präzisierungen nur zaghaft und nach umfassender rechtsgutachterlicher Vorbereitung und Begleitung vornehmen[62], um die im Fluß befindliche Entwicklung nicht zu

---

[58] Oben unter § 1 A sowie § 2 B, C.

[59] So für die §§ 6, 7 BauGBMaßnG *Hoppe*, in: Hoppe/Grotefels, Öffentliches Baurecht, § 5 Rdnr. 191; *Birk*, VwBlBW 1994, 3 (4); *ders.*, Die städtebaulichen Verträge nach BauGB 98, Rdnr. 280; *Hien*, Bemerkungen zum städtebaulichen Vertrag, in: Berkemann u.a. (Hrsg.), FS Schlichter, S. 129 (131); *Oerder*, NVwZ 1997, 1190; *Krautzberger*, in: Ernst/Zinkahn/Bielenberg, BauGB, § 6 BauGB-MaßnG Rdnr. 19.

[60] *Birk*, VwBlBW 1994, 130 (136) zur Legitimierung des städtebaulichen Vertrags durch das BauGBMaßnG. Im selben Zusammenhang spricht *Schmidt-Eichstaedt*, BauR 1996, 1 von der „diplomatischen Anerkennung" des Instituts des städtebaulichen Vertrags.

[61] Dazu *Brohm*, DVBl. 1994, 133. Für die BauGB-Novelle *Felten*, Die Novellierung des Baugesetzbuchs 1998, S. 38.

[62] Hier ist insbesondere zu nennen *Schmidt-Aßmann/Krebs*, Rechtsfragen städtebaulicher Verträge, Bonn 1988. Zur umfassenden wissenschaftlichen Begleitung der letzten BauGB-Novelle vgl. den Bericht zu den Ergebnissen der Rechtstatsachen- und Wirkungsforschung bezüglich der neuen und geänderten städtebaulichen Vorschriften, BT Drs. 13/5489. Für Gesetzesnovellen zum BauGB ist es ferner Usus, daß die Praxistauglichkeit reformierter oder neuer Vorschriften vor der Gesetzesverabschiedung in einem Planspiel getestet wird, in dem ausgewählten Gemeinden der Gebrauch des neuen Instrumentariums ermöglicht wird.

hemmen. Diese Kodifizierungen bezwecken nicht zuletzt, die Gemeinden zum konsequenten Gebrauch dieser neuen Instrumentarien zu ermuntern und sind damit Ursache der heutigen herausragenden praktischen Bedeutung dieser Handlungsformen[63]. Als Musterbeispiele dieser Entwicklung sind der städtebauliche Vertrag und der vorhabenbezogene Bebauungsplan zu nennen, die zur Erprobung zeitlich und zunächst auch räumlich begrenzt eingeführt (§§ 6, 7 BauGBMaßnG) und aufgrund positiver Erfahrungen in der Praxis[64] in ausführlicherer Form in das Dauerrecht (§§ 11, 12 BauGB) überführt wurden. Diese Entwicklung trägt dem sprunghaften Bedeutungszuwachs vertraglicher Regelungen im Zusammenhang mit der Bauleitplanung Rechnung und stellt der ursprünglich angebotsorientierten Grundkonzeption des Baugesetzbuchs erste gesetzliche Ausprägungen eines kooperativen Planungsmodells unter stärkerer Integration privater Eigeninteressen zur Seite[65].

A. Generelle Einschaltung Privater in das Bauleitplanverfahren

Die Möglichkeit der vorbereitenden Zuhilfenahme Privater bei der Bauleitplanung fand bereits in § 2 Abs. 3 Satz 2 BBauG[66] Erwähnung, womit jedoch nur an eine (unterstützende) technische Ausarbeitung der Bauleitpläne durch private Architekten, Städteplaner oder andere fachlich geeignete Personen gedacht war[67]. In das Baugesetzbuch wurde die Regelung nur aufgrund ihres unstrittig zulässigen Gehalts nicht übernommen[68]. Daß es auch ohne gesetzliche Regelung nicht bei einer Unterstützung auf lediglich technischer Ebene geblieben ist, zeigt eindrucksvoll das umfangreiche Spektrum der auf Private

---

63 *Oerder*, NVwZ 1997, 1190; *Krautzberger*, in: Ernst/Zinkahn/Bielenberg, BauGB, § 11 Rdnr. 4; *Quaas*, in: Schrödter, BauGB, § 11 Rdnr. 1; ARGEBAU (Hrsg.), Muster-Einführungserlaß zum Investitionserleichterungs- und Wohnbaulandgesetz, 10.1.

64 So die Begründung zum Entwurf eines Gesetzes zur Änderung des Baugesetzbuchs und zur Neuregelung des Rechts der Raumordnung (Bau- und Raumordnungsgesetz 1998 – BauROG), BT Drs. 13/6392, S. 38 unter Verweis auf den Bericht der Expertenkommission zur Novellierung des Baugesetzbuchs, Rdnrn. 139 und 157. *Wagner*, GewArch 1995, 231 spricht von einem „wahren Boom des städtebaulichen Vertrages" in der Praxis, der alle Erwartungen übertreffe; *Wahl*, VVDStRL 52, (1993), 333 – Diskussionsbeitrag vom „Siegeszug der verwaltungsrechtlichen Verträge in den neuen Ländern", insbesondere auf dem Gebiet des Planungs- und Städtebaurechts; *Lüers*, DVBl. 1998, 433 (445) hält den städtebaulichen Vertrag und vorhabenbezogenen Bebauungsplan für „aus der kommunalen Planungspraxis nicht mehr wegzudenken".

65 *Grigoleit*, DV 33 (2000), 79 (92).

66 § 2 Abs. 3 BBauG lautete: „Die Landesregierungen können durch Rechtsverordnung Stellen bestimmen, die verpflichtet sind, auf Antrag der Gemeinden Bauleitpläne auszuarbeiten. Das Recht der Gemeinde, andere fachlich geeignete Personen zu beauftragen, bleibt unberührt."

67 *Battis*, in: ders./Krautzberger/Löhr, BBauG, § 2 Rdnr. 8.

68 Schlichter/Stich (Hrsg.), Berliner Schwerpunkte-Kommentar, § 4b, Rdnr. 1; *Gaentzsch*, in: Schlichter/Stich (Hrsg.), BK zum BauGB, § 2 Rdnr. 7; *Finkelburg/Ortloff*, Öffentliches Baurecht, Bd. I, S. 150.

übertragbaren Leistungen in der Honorarordnung für Architekten und Ingenieure (HOAI)[69]. So umfaßt das Leistungsbild zum Flächennutzungsplan nach § 37 Abs. 2 Nr. 3 HOAI das Vorbereiten, Durchführen und Auswerten der Verfahren der Bürgerbeteiligung nach § 3 Abs. 1 und 2 BauGB sowie das Durchführen der Beteiligung der Träger öffentlicher Belange. Für das Leistungsbild zum Bebauungsplan nennt § 40 Abs. 2 Nr. 3 HOAI das Mitwirken an der Beteiligung der Träger öffentlicher Belange sowie das Mitwirken an der frühzeitigen Beteiligung der Bürger nach § 3 Abs. 1 BauGB. Auffällig ist zum einen, daß sowohl der Wortlaut (*Durchführen* statt *Mitwirken*) als auch das beschriebene Leistungsspektrum es nahelegen, für das Verfahren zur Aufstellung eines Flächenutzungsplans weitergehende Möglichkeiten der Einbeziehung Privater anzunehmen, als für das Verfahren zur Aufstellung eines Bebauungsplans. Zum anderen suggeriert die Formulierung des § 37 Abs. 2 Nr. 3 HOAI, daß dem Privaten mit dem Durchführen der Beteiligungsverfahren – also eben nicht bloß dem Vorbereiten oder Mitwirken hieran – diese Aufgabe vollständig und zur eigenständigen Wahrnehmung übertragen wird. Der Wortlaut darf jedoch nicht darüber hinwegtäuschen, daß die HOAI eine solche „Privatisierung" der Beteiligungsverfahren nicht ermöglicht. Private sind an den Beteiligungsverfahren lediglich als Auftragnehmer der Gemeinde beteiligt, so daß es sich der Sache nach nicht um eine förmliche Verfahrensbeteiligung handelt, sondern um interne Hilfestellung für die Verwaltung, die dem Privaten lediglich eine unterstützende, überwiegend beratende Funktion zumißt[70]. Um den lediglich vorbereitenden bzw. unterstützenden Charakter der Leistungen Privater im Rahmen der Beteiligungsverfahren nach dem BauGB zu verdeutlichen, ist daher zutreffender von der *Mitwirkung* Privater an diesen Verfahren zu sprechen[71].

Zur Mitwirkung im Bauleitplanverfahren zählen neben der Ausarbeitung von Planentwürfen beispielsweise auch die Datenerhebung und -analyse einschließlich der technischen Aufbereitung von Entscheidungsgrundlagen, die Errichtung von Datenbanken und Materialübersichten (sog. Data Mediation[72]). Ferner sind zu nennen die Aufbereitung, Zusammenstellung und

---

[69] Honorarordnung für Architekten und Ingenieure v. 13.12.1990 in der Bekanntmachung v. 4.3.1991 (BGBl. I S. 533). Bei der HOAI handelt es sich um eine Rechtsverordnung der Bundesregierung.

[70] *Korbion*, in: Hesse u.a. (Hrsg.), Honorarordnung für Architekten und Ingenieure, Kommentar, § 37 Rdnr. 11 f. und § 40 Rdnr. 10.

[71] Bundesministerium für Wirtschaft (Hrsg.), Leitfaden zur Einbeziehung Privater bei kommunalen Planungsleistungen, S. 10; *Maslaton*, Privatisierungstendenzen im Baurecht unter besonderer Berücksichtigung des Vorhaben- und Erschließungsplans, in: Hoffmann-Riem/Schneider (Hrsg.), Verfahrensprivatisierung im Umweltrecht, S. 125 (129 f.); *Korbion*, in: Hesse u.a. (Hrsg.), Honorarordnung für Architekten und Ingenieure, Kommentar, § 37 Rdnr. 11 f. und § 40 Rdnr. 10.

[72] *Battis*, in: ders./Krautzberger/Löhr, BauGB, § 4b, Rdnr. 4; *Friege*, in: Gronemeyer (Hrsg.), BauGB, § 4b Rdnr. 4.

Versendung der Unterlagen, zu denen die Träger öffentlicher Belange Stellung nehmen sollen[73], sowie die Organisation – teilweise auch Moderation – des Termins der Erörterung mit den Bürgern und die Auslegung der Entwürfe[74]. Schließlich gehört auch die Vorbereitung der planerischen Abwägung durch Aufbereitung und Vorbewertung des Materials aus den Beteiligungsverfahren bis hin zur Vorbereitung von Beschlußvorlagen für den Gemeinderat hierher[75].

B. Spezialgesetzliche Einschaltung Privater in das Bauleitplanverfahren: Der städtebauliche Vertrag

I. Entwicklung

Verträge haben auf dem Gebiet des Städtebaurechts seit jeher zum Handlungsinstrumentarium der Verwaltung gezählt[76] und sind dem kodifizierten Baurecht bereits seit dem BauGB 1987 bekannt. Dessen § 124 Abs. 2[77] enthielt zwar eine – im Zusammenhang mit der langjährigen generellen Umstrittenheit des Verwaltungsvertrags zu sehende – außerordentlich zurückhaltende Regelung[78]. Dennoch bestärkte die Regelung die Kommunen in der Nutzung dieses Instruments und trug damit nachhaltig zu dessen anhaltender Popularität bei. Zur Beschleunigung der weiteren Entwicklung kam es im Zusammenhang mit der Herstellung der deutschen Einheit. In Erfüllung der mit dem Staatsvertrag begründeten Verpflichtung zur Schaffung von dem Baugesetzbuch entsprechenden Rechtsgrundlagen schuf die DDR 1990 die Bauplanungs- und Zulassungsverordnung (BauZVO)[79]. Da Kenntnis der langjährigen westdeutschen Rechtsentwicklung und Rechtsprechung zum städtebaulichen Vertrag in der DDR nicht vorausgesetzt werden konnte, hatten die Regelungen des § 54 Abs. 1 Nr. 2 BauZVO zu diesem Instrument eine der westdeut-

---

[73] *Erbguth/Wagner*, Bauplanungsrecht, Rdnr. 309d; *Wagner*, BauR 1997, 709 (717); *Stollmann*, NuR 1998, 578 (580).

[74] *Wagner*, BauR 1997, 709 (716); *Stollmann*, NuR 1998, 578 (580).

[75] *Reidt*, NVwZ 1998, 592; *Bunzel*, in: ders./Hecker/Lau/Müller-Jökel/Schaber, Neuerungen im Baugesetzbuch 1998, S. 42; *Stich*, Verträge zwischen Gemeinden und privaten Vorhabenträgern nach dem neuen Bundesbaurecht, in: Kormann (Hrsg.), Das neue Bundesbaurecht, S. 9 (19).

[76] *Schmidt-Aßmann/Krebs*, Rechtsfragen städtebaulicher Verträge, Bonn 1988; *Spannowsky*, Grenzen des Verwaltungshandelns durch Verträge und Absprachen, S. 352 ff.

[77] § 124 BauGB 1987 lautete:

„(1) Die Gemeinde kann die Erschließung durch Vertrag auf einen Dritten übertragen.

(2) Die Zulässigkeit anderer Verträge, insbesondere zur Durchführung von städtebaulichen Planungen und Maßnahmen, bleibt unberührt."

[78] *Krautzberger*, in: Ernst/Zinkahn/Bielenberg, BauGB, § 6 BauGB-MaßnG Rdnr. 2.

[79] Verordnung zur Sicherung einer geordneten städtebaulichen Entwicklung und der Investitionen in den Gemeinden (Bauplanungs- und Zulassungsverordnung – BauZVO) v. 20.6.1990 (GBl. DDR I S. 739).

schen Kodifizierung unbekannte Detailtiefe. Zwar wurde die BauZVO mit dem Einigungsvertrag kurz darauf wieder aufgehoben und durch das BauGB ersetzt, jedoch bestimmte § 246a Abs. 1 Satz 1 Nr. 11 BauGB 1990 in der Fassung des Einigungsvertrags für die neuen Bundesländer das Fortgelten des § 54 Abs. 1 Nr. 2 BauZVO anstelle des bereits genannten § 124 Abs. 2 BauGB. Mit dem BauGBMaßnG als Bestandteil des Inv-WoBaulG kam es dann 1993 zur Vereinheitlichung der Rechtslage für die gesamte Bundesrepublik: Der stark an § 54 BauZVO orientierte § 6 BauGBMaßnG ersetzte die Regelung des § 124 Abs. 2 BauGB in den alten Bundesländern und die der §§ 246a Abs. 1 Satz 1 Nr. 11 BauGB, 54 BauZVO in den neuen Bundesländern. In der Formulierung wählte er dabei die nunmehr geläufige deskriptive Aufzählung, die eine Systematisierung der Vertragstypen nach Bauplanungs-, Baureifmachungs-, Baurealisierungs- und Folgelastenverträgen ermöglicht[80]. Den vorläufigen Schlußpunkt in der Entwicklung des städtebaulichen Vertrags bildet das BauROG 1998, mit dem die Regelung des § 6 BauGBMaßnG, die ohne legislatives Tätigwerden zum 31.12.1997 ausgelaufen wäre, nunmehr in das BauGB (§ 11) integriert wurde[81]. Dabei ist es zwar zu redaktionellen Straffungen und Klarstellungen gekommen, materiell ist die Regelung hingegen im wesentlichen unverändert geblieben[82].

Für die hier behandelte Problematik der Einschaltung Privater in das Bauleitplanverfahren stellt sich daher die Frage, inwieweit der Bauplanungsvertrag, der die Vorbereitung und Durchführung städtebaulicher Maßnahmen durch Externe zum Gegenstand hat, schon bisher zur Übertragung der oben als schlicht-hoheitlich gekennzeichneten Tätigkeiten auf Private genutzt wurde.

---

80 So die Terminologie nach *Birk*, VwBlBW 1994, 3 (4); *ders.*, Die neuen städtebaulichen Verträge, Rdnr. 63 ff.; ihm folgend *Hoppe*, in: Hoppe/Grotefels, Öffentliches Baurecht, § 5 Rdnr. 170; *Brohm*, Öffentliches Baurecht, § 7 Rdnr. 11. Die Terminologie bei der Systematisierung ist jedoch keineswegs einheitlich.

81 § 6 Abs. 1 BauGBMaßnG lautete: „Die Gemeinde kann einem Dritten durch Vertrag die Vorbereitung und Durchführung städtebaulicher Maßnahmen nach dem Baugesetzbuch [...] übertragen oder hierüber andere Vereinbarungen treffen. Gegenstand eines städtebaulichen Vertrags können [...] Maßnahmen, die notwendig sind, damit Baumaßnahmen durchgeführt werden können, und die Ausarbeitung der erforderlichen städtebaulichen Planungen sein."

§ 11 Abs. 1 Satz 2 BauGB lautet: „Gegenstände eines städtebaulichen Vertrags können insbesondere sein:
1. die Vorbereitung oder Durchführung städtebaulicher Maßnahmen durch den Vertragspartner auf eigene Kosten; dazu gehören [...] vorbereitende Maßnahmen sowie die Ausarbeitung der städtebaulichen Planungen; die Verantwortung der Gemeinde für das gesetzlich vorgesehene Planaufstellungsverfahren bleibt unberührt".

82 Entwurf eines Gesetzes zur Änderung des Baugesetzbuchs und zur Neuregelung des Rechts der Raumordnung (Bau- und Raumordnungsgesetz 1998 – BauROG), BT Drs. 13/6392, S. 50; ARGEBAU (Hrsg.), Muster-Einführungserlaß zum Bau- und Raumordnungsgesetz 1998, 2.4.4.1.; *Bunzel/Coulmas/Schmidt-Eichstaedt*, Städtebauliche Verträge, S. 15.

II. Übertragbarer Aufgabenumfang

Zunächst ist in den Vorschriften zum städtebaulichen Vertrag (§§ 6 Abs. 1 Satz 2 BauGBMaßnG, 11 Abs. 1 Satz 2 Nr. 1 BauGB) die Möglichkeit der Ausarbeitung der städtebaulichen Planungen durch Private nunmehr wieder ausdrücklich genannt. Dementsprechend sind auch die erforderlichen Vorarbeiten wie Datensammlung und -analyse, Marktanalysen, Verkehrsgutachten, Gutachten im Zusammenhang mit der naturschutzrechtlichen Eingriffsregelung etc. auf Private übertragbar[83].
Auch hier bleibt die Tätigkeit Privater jedoch nicht auf rein vorbereitende Handlungen beschränkt. Bereits die Vorschriften zum städtebaulichen Vertrag ermöglichen dem Wortlaut nach die Einschaltung Privater auch bei der *Durchführung* städtebaulicher Maßnahmen, also auch bei einzelnen Verfahrensschritten der Bauleitplanung. Dabei ist jedoch umstritten, ob es auch möglich ist, förmliche Verfahrensschritte innerhalb des Planaufstellungsverfahrens, insbesondere die Beteiligungsverfahren nach §§ 3, 4 BauGB, Privaten zu übertragen.

Von Teilen der Literatur wird dies – wenn auch in unterschiedlichem Ausmaß – ohne weiteres für möglich gehalten[84]; teilweise wird zwar die Übertragung hoheitlicher Maßnahmen ausgeschlossen, die Durchführung der Beteiligungsverfahren jedoch aufgrund eines zu engen Verständnisses vom hoheitlichen Handeln nicht hierunter gefaßt[85].

Hieran werden jedoch insbesondere unter zwei Aspekten Bedenken angemeldet: Zum einen tendiert man – wie oben[86] gezeigt zutreffend – dazu, die Durchführung der Beteiligungsverfahren als hoheitliche Tätigkeit zu klassifizieren, die nur im Wege der Beleihung auf Private übertragbar ist; gleichzeitig

---

[83] *Krautzberger*, in: Ernst/Zinkahn/Bielenberg, BauGB, § 6 BauGB-MaßnG Rdnr. 110; *Stich*, in: Schlichter/Stich (Hrsg.), BK zum BauGB, § 6 BauGB-MaßnG Rdnr. 28.

[84] *Schmidt-Eichstaedt*, Städtebaurecht, S. 368 hält es für zulässig, daß Private die Durchführung einzelner Verfahrensschritte wie die Bürgerbeteiligung ganz übernehmen und geht in BauR 1998, 899 (901) – unzutreffend – sogar von der Unstrittigkeit der Zulässigkeit dieser Praxis aus. Zu Recht erfährt die Aussage Relativierung dann in *Schmidt-Eichstaedt*, Die Einschaltung Dritter in das Bauleitplanverfahren, in: Ziekow (Hrsg.), Bauplanungsrecht vor neuen Herausforderungen, S. 131 (132). *Birk*, VwBlBW 1994, 3 (5) hält die Durchführung der frühzeitigen Bürgerbeteiligung und die Anhörung der Träger öffentlicher Belange durch Private im Auftrag und in Vollmacht der Gemeinde für möglich.

[85] *Gronemeyer*, in: ders. (Hrsg.), BauGB, § 11 Rdnr. 23; *Stich*, UPR 1997, 121 (124 f.); *ders.*, Die Rechtsentwicklung von der imperativen zur kooperativen Städtebaupolitik, in: Streich/Kötter (Hrsg.), FS Borchardt, S. 285 (292). Bemerkenswerterweise trifft *Stich* diese Kategorisierung an anderer Stelle allerdings nur für die Durchführung der Trägerbeteiligung und der *frühzeitigen* Bürgerbeteiligung. Zur *förmlichen* Bürgerbeteiligung fehlen Ausführungen, vgl. *Stich*, in: Schlichter/Stich (Hrsg.), BK zum BauGB, § 6 BauGB-MaßnG Rdnr. 27 f.; *ders.*, DVBl. 1997, 317 (322).

[86] Unter § 3 D.

wird die Eignung der Vorschriften zum städtebaulichen Vertrag als Grundlage einer Beleihung in Zweifel gezogen[87]. Zum anderen ist fraglich, ob die Gemeinde eine Planung, die Private durch ein Tätigwerden in so erheblichem Umfange mitbestimmt haben, überhaupt noch in der gesetzlich geforderten Eigenverantwortlichkeit vorgenommen hat. Überwiegend wird daher angenommen, es sei nicht möglich, solche durch Gesetz der Gemeinde vorbehaltene Verfahrensschritte mittels städtebaulichen Vertrags auf Private zu übertragen und sie so aus der gesetzlichen Verantwortung der Gemeinde herauszunehmen[88]. Hoheitliche Befugnisse können von der Gemeinde nicht zur eigenständigen Wahrnehmung auf Private übertragen werden[89]. Dies gilt insbesondere für die hoheitlichen Aufgaben der (abschließenden) Sachverhaltsaufklärung sowie die Leitung des Erörterungstermins; Private sind hier auf die Mithilfe bei der Durchführung beschränkt[90], da für die Übertragung gesetzlich vorgeschriebener Anhörungsverfahren auf Private die erforderliche gesetzliche Grundlage fehlt[91]. Soweit sie beispielsweise Stellungnahmen und Anregungen annehmen oder Erörterungen durchführen, handelt es sich dabei lediglich um informelle Verfahrensweisen bzw. interne Zu- oder Vorarbeiten[92].

---

[87] Für § 6 BauGBMaßnG *Pietzcker*, Verfahrensprivatisierung und staatliche Verfahrensverantwortung, in: Hoffmann-Riem/Schneider (Hrsg.), Verfahrensprivatisierung im Umweltrecht, S. 284 (293 f. und 307 f.).

[88] Bundesministerium für Raumordnung, Bauwesen und Städtebau (Hrsg.), Bericht der Expertenkommission zur Novellierung des BauGB, Rdnr. 144; *Krautzberger*, in: Ernst/Zinkahn/Bielenberg, BauGB, § 6 BauGB-MaßnG Rdnr. 33 f.; *ders.*, ebd., § 11 Rdnrn. 30 und 124; *Pietzcker*, Verfahrensprivatisierung und staatliche Verfahrensverantwortung, in: Hoffmann-Riem/Schneider (Hrsg.), Verfahrensprivatisierung im Umweltrecht, S. 284 (293 f.); *Maslaton*, Privatisierungstendenzen im Baurecht unter besonderer Berücksichtigung des Vorhaben- und Erschließungsplans, in: Hoffmann-Riem/Schneider (Hrsg.), Verfahrensprivatisierung im Umweltrecht, S. 125 (127 ff.); *Reidt*, NVwZ 1998, 592 (593), der jedoch in Fn. 24 gleichzeitig die gegenteilige – und als rechtswidrig bewertete – Handhabung in der Praxis konstatiert. Der Tendenz nach auch *Bunzel*, in: ders./Hecker/Lau/Müller-Jökel/Schaber, Neuerungen im Baugesetzbuch 1998, S. 103.

[89] Bundesministerium für Wirtschaft (Hrsg.), Leitfaden zur Einbeziehung Privater bei kommunalen Planungsleistungen, S. 10.

[90] Für die Bauleitplanung *Wagner*, GewArch 1995, 231 (234), der darauf verweist, daß der Private grundsätzlich nur als Erfüllungsgehilfe der Gemeinde tätig werden könne.

Für die Planfeststellung *Holznagel*, Mediation im Verwaltungsrecht, in: Breidenbach/Henssler (Hrsg.), Mediation für Juristen, S. 147 (157); *Gaßner/Holznagel/Lahl*, Mediation, S. 66; *Brohm*, DVBl. 1990, 321 (326); *Hoffmann-Riem*, Konfliktmittler in Verwaltungsverhandlungen, S. 50.

[91] Bericht der Bundesregierung über die Möglichkeiten einer weiteren Beschleunigung und Vereinfachung der immissionsschutzrechtlichen Genehmigungsverfahren v. 28.2.1994, BT-Drs. 12/6923, S. 20; Sachverständigenrat „Schlanker Staat" (Hrsg.), Abschlußbericht, S. 175 f.; *Brohm*, DVBl. 1990, 321 (327 f.); *Hoffmann-Riem*, Konfliktmittler in Verwaltungsverhandlungen, S. 50.

[92] *Krautzberger*, in: Ernst/Zinkahn/Bielenberg, BauGB, § 6 BauGB-MaßnG Rdnr. 33 f.

Als solche sind ebenfalls zulässig die technische Vorbereitung, Unterstützung der Durchführung und Protokollierung von Bürger- oder Trägerbeteiligungen – also lediglich mitwirkende Tätigkeit[93].

C. Spezialgesetzliche Einschaltung Privater in das Bauleitplanverfahren: Der vorhabenbezogene Bebauungsplan

I. Entwicklung

Im Zusammenhang mit der bereits genannten BauZVO kam es parallel mit der Kodifizierung des städtebaulichen Vertrags (§ 54 BauZVO) zur Schaffung eines neuen, eigenständigen Instruments des Städtebaurechts, dem Vorhaben- und Erschließungsplan (§ 55 BauZVO). Auch diese Regelung war zunächst auf die neuen Bundesländer beschränkt (§ 246a Abs. 1 Satz 1 Nr. 6 BauGB) und wurde erst 1993 in fortentwickelter Form in das BauGBMaßnG überführt (dort § 7). Mit dem BauROG 1998 wurde die Regelung unter Umbenennung des Instruments in „vorhabenbezogener Bebauungsplan" in den § 12 BauGB übernommen – ein nicht unumstrittenes Vorgehen[94]. Mit der Umbenennung sollte klargestellt werden, daß es sich nicht lediglich um ein dem Bebauungsplan in Funktion und Wirkung nahestehendes Planungsinstrument[95], sondern vielmehr um einen regelmäßigen Bebauungsplan handelt, für den nunmehr auch das oben dargestellte Verfahren zur Planaufstellung gilt[96]. Damit sollte nicht zuletzt die Bedeutung der Beteiligungsverfahren auch bei der kooperativen Projektplanung im Rahmen des vorhabenbezogenen Bebauungsplans herausgestellt werden[97].

---

[93] *Oerder*, NVwZ 1997, 1190 (1191); *ders.*, BauR 1998, 22 (25); *Franckenstein*, UPR 2000, 288 (291).

[94] Der Antrag der Abgeordneten *Wilhelm*, *Eichstädt-Bohlig* und der Fraktion Bündnis 90/Die Grünen, Für ein soziales und ökologisches Städtebau- und Raumordnungsrecht, BT-Drs. 13/6384, S. 24 f. kritisiert den Vorhaben- und Erschließungsplan als einseitig auf den Investor bezogenes Planungsinstrument und spricht sich gegen eine Übernahme in das Dauerrecht aus. Zur Kritik am vorhabenbezogenen Bebauungsplan siehe bereits oben unter § 1 A.

[95] So noch für die Regelung des § 7 BauGBMaßnG *Brohm*, Öffentliches Baurecht, 1. Aufl., § 7 Rdnr. 25. Ähnlich *Krautzberger*, in: Ernst/Zinkahn/Bielenberg, BauGB, § 7 BauGBMaßnG Rdnr. 2 „Kombination von Elementen der Bauleitplanung mit jenen eines städtebaulichen Vertrags" und *v. Nicolai*, Vorhabenbezogener Bebauungsplan, in: ders./Wagner/Wecker, Verträge des Baugesetzbuchs, S. 73 (74) „Satzungsinstrument sui generis".

[96] Kritisch hierzu *Erbguth*, VerwArch 89, (1998), 189 (202 ff., insbesondere 209): „Die gesetzliche Einordnung des vorhabenbezogenen Bebauungsplans in den Bereich der durch originäre Abwägung nach § 1 Abs. 6 BauGB gekennzeichneten Bauleitplanung ist [...] verfehlt."

[97] Bericht des Ausschusses für Raumordnung, Bauwesen und Städtebau zu dem Entwurf eines Gesetzes zur Änderung des Baugesetzbuchs und zur Neuordnung des Rechts der

§ 12 Abs. 1 BauGB nennt die drei das Instrument des vorhabenbezogenen Bebauungsplans konstituierenden Elemente: Es sind dies der vorhabenbezogene Bebauungsplan selbst, der Vorhaben- und Erschließungsplan sowie der Durchführungsvertrag. Der mit der Gemeinde abzustimmende Vorhaben- und Erschließungsplan muß das beabsichtigte Vorhaben mit der Regelungsdichte eines qualifizierten Bebauungsplans konkret beschreiben, da er unter Umständen einziger Bestandteil des vorhabenbezogenen Bebauungsplans sein kann. Im Durchführungsvertrag verpflichtet sich der Vorhabenträger zur Durchführung der Vorhaben- und Erschließungsmaßnahmen innerhalb einer bestimmten Frist sowie im Regelfall auch zur Übernahme der dabei anfallenden Kosten. Vorhabenträger und Gemeinde können in dem Vertrag weitere Verpflichtungen eingehen. Auf der Grundlage des Vorhaben- und Erschließungsplans sowie des Durchführungsvertrags beschließt die Gemeinde abschließend den vorhabenbezogenen Bebauungsplan als Satzung.

II. Übertragbarer Aufgabenumfang

Zunächst liegt die Ausarbeitung der städtebaulichen Planung einschließlich der hierzu erforderlichen Vorarbeiten in der Hand des Investors. Mit dem Durchführungsvertrag kann der Vorhabenträger optional in die weitergehende Vorbereitung oder Durchführung von Verfahrensschritten eingebunden werden. Da der Durchführungsvertrag selbst als städtebaulicher Vertrag zu qualifizieren ist[98], ist der übertragbare Aufgabenumfang hier nicht anders zu beurteilen als beim städtebaulichen Vertrag. Demnach sind nach überwiegender Ansicht auch im Rahmen des vorhabenbezogenen Bebauungsplans die formellen Beteiligungen der Gemeinde vorbehalten[99].

§ 5 Die Neuregelung des § 4b BauGB

Hat die Bestandsaufnahme für die Situation vor der letzten BauGB-Novelle bereits eine umfassende Einbindung Privater in die Bauleitplanung gezeigt, so ist im folgenden zu erörtern, ob und inwiefern § 4b BauGB einer noch weitergehenden Privatisierung den Weg bereitet.

Raumordnung (Bau- und Raumordnungsgesetz 1998 – BauROG), BT Drs. 13/7589, S. 15.

[98] *Krautzberger*, in: Ernst/Zinkahn/Bielenberg, BauGB, § 12 Rdnr. 91; *Grziwotz*, Jus 1999, 245 (246); *Erbguth*, VerwArch 89 (1998), 189 (196); *Wagner*, Allgemeine städtebauliche Verträge nach § 11 BauGB, in: v. Nicolai/Wagner/Wecker, Verträge des Baugesetzbuchs, S. 15 (18).

[99] Für § 7 BauGBMaßnG *Krautzberger*, in: Ernst/Zinkahn/Bielenberg, BauGB, § 6 BauGB-MaßnG Rdnr. 34; *ders.*, ebd., § 7 BauGB-MaßnG Rdnr. 107.

A. Die Intention der Neuregelung

Die mit dem BauROG 1998 eingeführte Regelung des § 4b BauGB reflektiert einen generellen Wandel des Planungsverständnisses und ist damit vor dem Hintergrund der oben[100] geschilderten allgemeinen Entwicklungen des Verwaltungsrechts zu sehen. Neben der Stärkung des Kooperationsprinzips im Städtebaurecht[101] dient sie ausweislich ihres Wortlauts „insbesondere zur Beschleunigung des Bauleitplanverfahrens“[102]. Schon die Formulierung impliziert, daß es mit dem Bestreben um Beschleunigung nicht sein Bewenden hat: Hinzu kommt die Erwartung, mittels Entlastung personeller und sachlicher Verwaltungsressourcen die Kosten gemeindlicher Planungsaktivitäten zu senken[103] sowie eine Steigerung der Akzeptanz städtebaulicher Planungen zu bewirken[104].

B. Die strukturelle Konzeption der Neuregelung und der Meinungsstand zu ihren Problemdimensionen

Bei § 4b BauGB handelt es sich um eine denkbar offene Regelung, mit der der Gesetzgeber die nähere Klärung der Möglichkeiten und Grenzen – wie schon zuvor beim städtebaulichen Vertrag – der Praxis und der Rechtsprechung zuweist. Rechnet man die Norm der „experimentellen Gesetzgebung“ zu, die für die Erprobung von Mediation im deutschen Öffentlichen Recht seit langem gefordert wird[105], so erklärt sich die offene Formulierung vor dem

---

[100] Oben unter § 2.

[101] *Lüers*, DVBl. 1998, 433 (444); *Battis/Krautzberger/Löhr*, NVwZ 1997, 1145 (1151); *Wagner*, DVBl. 1997, 704 (707); *Felten*, Die Novellierung des Baugesetzbuchs 1998, S. 178.

[102] Während das Gros der Rechtsanwender bei einer so knappen Regelung wie dem § 4b BauGB jede sinnerhellende Erläuterung erfreut zur Kenntnis nehmen dürfte, wird die ausdrückliche Nennung des Gesetzesziels dagegen – wohl eher fernliegend – auch als „Ausdruck des tiefen Misstrauens der Legislative behördlichem Handeln gegenüber“ interpretiert, so *v. Nicolai*, Vorhabenbezogener Bebauungsplan, in: ders./Wagner/Wecker, Verträge des Baugesetzbuchs, S. 73 (122 f.).

[103] Entwurf eines Gesetzes zur Änderung des Baugesetzbuchs und zur Neuordnung des Rechts der Raumordnung (Bau- und Raumordnungsgesetz 1998 – BauROG), BT Drs. 13/6392, S. 47. Zu diesem Aspekt der Einbeziehung Privater in das Bauleitplanverfahren bereits Bundesministerium für Wirtschaft (Hrsg.), Leitfaden zur Einbeziehung Privater bei kommunalen Planungsleistungen, S. 4.

[104] Bericht des Ausschusses für Raumordnung, Bauwesen und Städtebau zu dem Entwurf eines Gesetzes zur Änderung des Baugesetzbuchs und zur Neuordnung des Rechts der Raumordnung (Bau- und Raumordnungsgesetz 1998 – BauROG), BT Drs. 13/7589, S. 16.

[105] Für die experimentelle Erprobung von Mediation im deutschen Öffentlichen Recht haben sich schon frühzeitig ausgesprochen *Passavant*, DÖV 1987, 516 (523); *Hoffmann-Riem*, Konfliktmittler in Verwaltungsverhandlungen, S. 34 ff.; *ders.*, AöR 115 (1990), 400 (434); *Holznagel*, Konfliktlösung durch Verhandlungen, S. 286 f. In diese Richtung

Hintergrund des Bedürfnisses nach der Eröffnung von Spielräumen. Die wünschenswerte Klärung der schon nach alter Rechtslage umstrittenen Grenzen der Einbindung Privater in die Bauleitplanung[106] ist dagegen weiterhin ausgeblieben. Damit birgt § 4b BauGB auch ein gewisses Gefahrenpotential in sich, das sowohl im Planspiel zur BauGB-Novelle[107] als auch im Gesetzgebungsverfahren[108] bereits zu einer kontroversen Bewertung der Regelung geführt hat. Verwiesen wurde auf die hohe Bedeutung der Mittlerfunktion der *Verwaltung* zwischen Bürgern, Trägern öffentlicher Belange und der Politik für die Akzeptanz und das Vertrauen in die Planung sowie auf das dem Einsatz *Privater* immanente Potential zur Gefährdung des objektiven Gemeinwohls. Ferner berücksichtige die Neuregelung nicht, daß immer sorgfältig abzuwägen sei, welche Verfahrensschritte von Privaten übernommen werden können, so daß sie die Gefahr berge, zum unreflektierten Gebrauch dieses Verfahrensansatzes und damit zu Fehlern zu verleiten. Vor diesem Hintergrund wurde teilweise die Befürchtung geäußert, daß § 4b BauGB mehr schade als nütze. Die Regelung läßt Unklarheiten und Unsicherheiten erwarten, die auch zu grundsätzlichen Vorbehalten der Gemeinden gegenüber der Verwendung neuer Instrumentarien führen können. Dies gilt insbesondere für den vertraglichen Regelungen gegenüber besonders sensiblen Vorgang der Abwägung[109].

Bei der näheren Klärung der Bedeutung der Neuregelung wird zu berücksichtigen sein, daß gesetzgeberische Neuregelungen im Bauplanungsrecht – wie angesprochen – oftmals nur die ohnehin vorherrschende Praxis nachvollzie-

---

geht auch der Antrag der Abgeordnete *Schütz u.a.* zur Beschleunigung von Planungs- und Genehmigungsverfahren im Umweltbereich v. 9.12.1992, BT-Drs. 12/3948, S. 7.

Erforderlich sei eine möglichst offene Experimentierklausel mit der erforderlichen „Ermunterungsfunktion, die die Verwaltung und andere Beteiligte zu ungewöhnlichen Aktivitäten anregen kann.", so *Schulze-Fielitz*, Der Konfliktmittler als verwaltungsverfahrensrechtliches Problem, in: Hoffmann-Riem/Schmidt-Aßmann (Hrsg.), Konfliktbewältigung, Bd. II, S. 55 (65).

Die Unabhängige Expertenkommission zur Vereinfachung und Beschleunigung von Planungs- und Genehmigungsverfahren hat 1994 in ihrem Bericht (Rdnr. 284) Vorschläge zur Erprobung des US-amerikanischen Konzepts der Mediation im deutschen Öffentlichen Recht aufgegriffen.

106 *Krebs*, Baurecht, in: Schmidt-Aßmann (Hrsg.), Besonderes Verwaltungsrecht, 4. Abschn., Rdnr. 113; *Erbguth*, VerwArch 89 (1998), 189 (196).

107 *Bunzel/Lau/Löhr/Schäfer*, Planspiel „BauGB-Novelle 1997", S. 64 f.

108 Von der Fraktion Bündnis 90/Die Grünen wurde im Gesetzgebungsverfahren die Streichung des § 4b BauGB beantragt, vgl. den Bericht des Ausschusses für Raumordnung, Bauwesen und Städtebau zu dem Gesetzesentwurf der Bundesregierung – Drs. 13/6392 – Entwurf eines Gesetzes zur Änderung des Baugesetzbuchs und zur Neuregelung des Rechts der Raumordnung u.a., BT Drs. 13/7589, S. 16.

109 Prägnant *Birk*, Verträge als Möglichkeit der Problembewältigung in der Bebauungsplan-Abwägung, in: Berkemann u.a. (Hrsg.), FS Schlichter, S. 113: „Vertrag und Abwägung präsentieren sich in Literatur und Rechtsprechung [...] als ein Paar, wie Feuer und Wasser!"

hen, § 4b BauGB also möglicherweise lediglich zu den Neuregelungen des BauROG 1998 zählt, deren Innovationsgehalt sich kurz und prägnant mit „Neu – aber nichts Neues“[110] umschreiben läßt. So weisen denn auch die Gesetzesbegründung[111] sowie Teile der Literatur[112] der Regelung lediglich Klarstellungsfunktion und die Intention zu, nur den stärkeren Gebrauch eines schon bisher zulässigen Instruments bewirken zu wollen. Für diesen Fall entfaltet die Regelung als gesetzliche Legitimation der vorherrschenden Kooperation zwischen Verwaltung und Privaten nur verwaltungspsychologische, nicht jedoch auch verwaltungsrechtliche Bedeutung und kann als faktische, nicht jedoch rechtliche Änderung der bisherigen Praxis gewertet werden[113].

Es erscheint aber keinesfalls gesichert, daß die Bedeutung des § 4b BauGB sich auf klarstellende Funktion beschränkt; die Einschätzungen gehen hier weit auseinander: Schließlich wird von berufener Stelle festgestellt, mit Eingang der Privatisierung in das bislang hoheitlich ausgestaltete Verfahrensrecht betrete der Gesetzgeber „rechtliches Neuland“[114].

Um der Verfahrensprivatisierung nach § 4b BauGB den für die in vielem parallel laufende Teilprivatisierung der Verkehrswegeplanung durch die DEGES erhobenen Vorwurf, es handele sich dabei um eine „(rechts)systematisch nicht aufbereitete [...] Maßnahme“[115], zu ersparen, soll im folgenden zu einer solchen Aufbereitung durch die Klärung von Möglichkeiten und Grenzen der Einschaltung Privater in das Bauleitplanverfahren beigetragen werden. Dabei läßt sich hinsichtlich des inhaltlichen Regelungsgehalts des § 4b BauGB zwischen drei Zielen differenzieren[116]:

---

[110] So *Schmidt-Eichstaedt*, Städtebaurecht, S. 154 zur „Neuregelung“ des § 4 Abs. 2 BauGB, demzufolge sich die Träger öffentlicher Belange mit Einwendungen auf ihren Aufgabenbereich zu beschränken haben.

[111] Entwurf eines Gesetzes zur Änderung des Baugesetzbuchs und zur Neuregelung des Rechts der Raumordnung (Bau- und Raumordnungsgesetz 1998 – BauROG), BT Drs. 13/6392, S. 47.

[112] *Lüers*, ZfBR 1997, 231 (237); *ders.*, DVBl. 1998, 433 (444); *Battis*, in: ders./Krautzberger/Löhr, BauGB, § 4b Rdnr. 1; *Krautzberger*, in: Ernst/Zinkahn/Bielenberg, BauGB, § 11 Rdnr. 126; *Stollmann*, NuR 1998, 578 (579); *Schmidt-Eichstaedt*, BauR 1998, 899 (904); *Meißner*, Baugesetzbuch 1998, S. 59; *Spannowsky/Krämer*, UPR 1998, 44 (50). Apodiktisch daher das Urteil von *Jäde*, in: ders./Dirnberger/Weiss, BauGB, BauNVO, § 4b Rdnr. 1: „überflüssige Regelung“; ähnlich *Fickert*, BauR 1997, 947 (949); *v. Nicolai*, Das neue Baugesetzbuch, S. 170.

[113] So *Brohm*, Öffentliches Baurecht, § 15 Rdnr. 2.

[114] *Wagner*, BauR 1997, 709 (721). Der im Bundesministerium für Verkehr, Bau- und Wohnungswesen als Regierungsdirektor tätige Verfasser war an der Einfügung des § 4b BauGB in den Gesetzesentwurf maßgeblich beteiligt.

[115] *Schoch*, DVBl. 1994, 962 (975 f.).

[116] So ARGEBAU (Hrsg.), Muster-Einführungserlaß zum Bau-und Raumordnungsgesetz 1998, 2.4.4.1.; *Stüer*, in: Hoppenberg (Hrsg.), Handbuch des öffentlichen Baurechts, B Rdnr. 493; *Gierke*, in: Brügelmann, BauGB, § 4b.

- der Legitimierung der Privatisierung der Vorbereitung von Verfahrensschritten,
- der Ermöglichung der Privatisierung der Durchführung von Verfahrensschritten und
- der Förderung der Konfliktbehandlungsmethode der Mediation.

Während die Trennung von Verfahrensvorbereitung und Verfahrensdurchführung schon in der Konzeption des § 4b BauGB selbst angelegt ist, wird der Begriff der Mediation zwar weder im Gesetz noch in der Gesetzesbegründung ausdrücklich genannt. Letztere verweist jedoch auf den Bericht der Unabhängigen Expertenkommission zur Vereinfachung und Beschleunigung von Planungs- und Genehmigungsverfahren (Rdnr. 284), der sich dort mit dem US-amerikanischen Konzept der Mediation befaßt. Dementsprechend rechnet auch die sich mit der Neuregelung auseinandersetzende Literatur in weiten Teilen die Ermöglichung bzw. Förderung von Mediation zum Gesetzeszweck des § 4b BauGB[117].

In dieser Konzeption des § 4b BauGB sind drei wesentliche Problemfelder angelegt: Der Umfang der auf Private übertragbaren Aufgaben, die Person des Privaten – von § 4b BauGB nur als Dritter bezeichnet – sowie die Möglichkeit der Implementation von Mediation im Bauplanungsrecht. Während die ersten beiden Problemfelder im folgenden näher beleuchtet werden sollen, wird das Konzept der Mediation und die Aussichten seiner generellen Nutzbarmachung im Bauleitplanverfahren im dritten Teil ausführlich behandelt.

I. Das Problemfeld des übertragbaren Aufgabenumfangs

1. Verfahrensvorbereitung

Was die Einbeziehung Privater in die Verfahrensvorbereitung anbelangt, wurde bereits festgestellt, daß diese seit jeher üblich und zulässig ist. Insofern stellt § 4b BauGB keine materielle Neuregelung dar; auch zur *rechtlichen* Legitimierung der bisher üblichen Praxis in diesem Umfang bedarf es der Neuregelung nicht, da es sich vorliegend lediglich um Verwaltungshilfe handelt,

---

[117] *Battis/Krautzberger/Löhr*, NVwZ 1997, 1145 (1151); *Erbguth/Wagner*, Bauplanungsrecht, Rdnr. 309b; *Battis*, in: ders./Krautzberger/Löhr, BauGB, § 4b Rdnrn. 2 ff.; *Bunzel*, in: ders./Hecker/Lau/Müller-Jökel/Schaber, Neuerungen im Baugesetzbuch 1998, S. 16 f. und 41 ff.; *Brohm*, Öffentliches Baurecht, § 10 Rdnr. 4; *Rothe*, Die Aufstellung von Bauleitplänen, Rdnr. 341; *Preussner*, in: Henssler/Koch (Hrsg.), Mediation in der Anwaltspraxis, § 12 Rdnr. 74 ff.; *Zilleßen*, Konsens 1998, 24 (25); *Stollmann*, NuR 1998, 578 (579); *ders.*, WiVerw 2000, 126 (134); *Holznagel*, Jura 1999, 71 (75); *Fiedler*, Der Städtetag 1998, 686 (687); *Wagner*, BauR 1997, 709 (715 f.).

So auch ARGEBAU (Hrsg.), Muster-Einführungserlaß zum Bau- und Raumordnungsgesetz 1998, 2.4.4.1.

Restriktiver geht *Burgi*, Funktionale Privatisierung und Verwaltungshilfe, S. 139, insbesondere Fn. 181 vor, der § 4b BauGB nicht als Anwendungsbeispiel einer Mediation, sondern lediglich eines Projektmanagements klassifiziert.

die im Unterschied zur Beleihung keiner gesetzlichen Grundlage bedarf[118]. Demnach hat § 4b BauGB hinsichtlich der Verfahrensvorbereitung lediglich deklaratorische Bedeutung: Er verdeutlicht den Gemeinden die Rechtmäßigkeit der Einschaltung Privater in die Verfahrensvorbereitung und will den stärkeren Gebrauch dieses Instruments anregen[119].

2. *Verfahrensdurchführung*

Umstritten ist dagegen, ob die zweite Alternative des § 4b BauGB, die Übertragung der Durchführung von Verfahrensschritten im Bauleitplanverfahren auf Private, eine Erweiterung der bisherigen Möglichkeiten zur Verfahrensprivatisierung darstellt. Das Planspiel zur BauGB-Novelle zeigte eine im Verwaltungsalltag vom Ausmaß her sehr unterschiedliche Einbindung Privater in die Aufgaben der Bauleitplanung und kam dementsprechend zu kontroversen Beurteilungen darüber, ob § 4b BauGB Innovationsgehalt besitzt[120].

Auch in der Literatur fällt das Urteil unterschiedlich aus: Von weiten Teilen[121] wird der Gesamtregelung des § 4b BauGB lediglich Klarstellungsfunktion beigemessen und eine Erweiterung des Umfangs der schon bisher übertragbaren Kompetenzen auch nach der zweiten Alternative nicht angenommen.

Andere sehen in der Neuregelung des § 4b BauGB eine Erweiterung der Privatisierungsmöglichkeiten im Bauleitplanverfahren[122]. Die zweite Alternative des § 4b BauGB ermögliche erstmals auch die Durchführung förmlicher Verfahrensschritte durch Private, also insbesondere die Durchführung der Bürger- und Trägerbeteiligung[123]. Die Expertenkommission zur Novellierung des Baugesetzbuchs hatte eine so weitgehende Einschaltung Privater in das Bauleitplanverfahren für die alte Rechtslage abgelehnt und insofern einen klarstellenden gesetzlichen Hinweis gefordert[124]. Da diese Empfehlung vom Ge-

---

118 *Reidt*, NVwZ 1998, 592; *Bielenberg*, in: Ernst/Zinkahn/Bielenberg, BauGB, §§ 1-13 Vorb Rdnr. 29; *ders.*, in: ders./Krautzberger/Söfker, BauGB, Rdnr. 118 f.

119 ARGEBAU (Hrsg.), Muster-Einführungserlaß zum Bau- und Raumordnungsgesetz 1998, 2.4.4.1.; Stollmann, NuR 1998, 578 (579).

120 *Bunzel/Lau/Löhr/Schäfer*, Planspiel „BauGB-Novelle 1997“, S. 65.

121 Vgl. die Nachweise unter § 5 B, Fn. 112.

122 *Bielenberg*, in: Ernst/Zinkahn/Bielenberg, BauGB, § 2 Rdnr. 63 und §§ 1-13 Vorb Rdnr. 30; *ders.*, in: ders./Krautzberger/Söfker, BauGB, Rdnrn. 93 und 119; *Wagner*, BauR 1997, 709 (715); *Reidt*, NVwZ 1998, 592; *Bunzel*, in: ders./Hecker/Lau/Müller-Jökel/Schaber, Neuerungen im Baugesetzbuch 1998, S. 16 f. und 41 f.; *Erbguth/Wagner*, Bauplanungsrecht, Rdnr. 308.

123 *Bielenberg*, in: ders./Krautzberger/Söfker, BauGB, Rdnrn. 93 und 119; *ders.*, in: Ernst/Zinkahn/Bielenberg, §§ 1-13 Vorb Rdnr. 30; *Reidt*, BauR 1998, 909 (915); *Bunzel*, in: ders./Hecker/Lau/Müller-Jökel/Schaber, Neuerungen im Baugesetzbuch 1998, S. 16 f. und 41 f.

124 Bundesministerium für Raumordnung, Bauwesen und Städtebau (Hrsg.), Bericht der Expertenkommission zur Novellierung des BauGB, Rdnr. 144. Auch *Stüer*, DVBl.

setzgeber jedoch bei der Neufassung der §§ 3, 4 BauGB nicht aufgegriffen wurde, liegt in der Tat die Vermutung nahe, daß auch die Durchführung der Beteiligungsverfahren privatisierungsfähig gemacht werden sollte. Wenn diese Tätigkeiten, wie oben[125] gezeigt, als hoheitlich einzuordnen sind, gelangt man in Konsequenz zu dem Ergebnis, daß die Übertragung der Durchführung von Verfahrensschritten nach § 4b 2. Alt. BauGB eine Beleihung darstellt[126]. Auch der Wortlaut des § 4b BauGB scheint dies zu suggerieren: Wenn dort vom *Übertragen* von Verfahrensschritten die Rede ist, scheint dies die vollständige Vergabe eines Verfahrensschrittes an einen Privaten und damit die Aufhebung der Beschränkung auf unselbständige Hilfstätigkeit nahezulegen. Schließlich wird von den Befürwortern der Ermöglichung einer Beleihung angeführt, zur bloßen Verwaltungshilfe hätte es der Schaffung einer gesetzlichen Grundlage nicht bedurft und dem Gesetzgeber könne unterstellt werden, daß er nicht Überflüssiges habe regeln wollen[127].

Überwiegend wird eine Beleihung im Rahmen des § 4b BauGB jedoch abgelehnt[128]. Diese Ansicht beruft sich auf den eindeutigen Wortlaut der Gesetzesbegründung, demzufolge hoheitliche Befugnisse von der Übertragungsmöglichkeit des § 4b BauGB nicht erfaßt werden[129]. Dem Einwand, § 4b BauGB

1995, 649 (656) hätte sich eine gesetzliche Klarstellung dahingehend gewünscht, daß es durch die Einbindung Privater in die Bauleitplanung nicht zur Aushebelung der förmlichen Beteiligungsverfahren kommen darf.

[125] Oben unter § 3 D.

[126] *Reidt*, NVwZ 1998, 592; *ders.*, BauR 1998, 909 (915); *Friege*, in: Gronemeyer (Hrsg.), BauGB, § 4b Rdnr. 6; *Seidel*, Privater Sachverstand und staatliche Garantenstellung im Verwaltungsrecht, S. 253. *Schrödter*, in: Schrödter, BauGB, § 4b BauGB Rdnr. 2 hält diese Auslegung zumindest dem Wortlaut nach für möglich, lehnt sie jedoch im Ergebnis ab. Inkonsequent geht *Wagner*, BauR 1997, 705 (715 ff.) vor, der das Überschreiten der „Grenze von der unselbständigen Verwaltungshilfe zur eigenständigen Durchführung gesetzlich geregelter Verfahrensschritte" feststellt, eine Rechtsgrundlage für die Übertragung der Durchführung von Verfahrensschritten aufgrund des Gesetzesvorbehalts daher für zwingend erforderlich hält, den Dritten aber dennoch lediglich als Verwaltungshelfer und nicht als Beliehenen qualifiziert.

[127] *Friege*, in: Gronemeyer (Hrsg.), BauGB, § 4b Rdnr. 1. Ähnlich *Reidt*, NVwZ 1998, 592.

[128] *Stollmann*, NuR 1998, 578 (580); *ders.*, Öffentliches Baurecht, § 6 Rdnr. 25; *Wagner*, BauR 1997, 709 (715); *Franckenstein*, UPR 2000, 288 (290); *Erbguth/Wagner*, Bauplanungsrecht, Rdnr. 265a; *Rothe*, Die Aufstellung von Bauleitplänen, Rdnr. 342; *Battis/Krautzberger/Löhr*, BauGB, NVwZ 1997, 1145 (1151); *Löhr*, in: Battis/Krautzberger/Löhr, § 11 Rdnr. 6; *Schrödter*, in: Schrödter, BauGB, § 4b Rdr. 3; *Lüers*, ZfBR 1997, 231 (237); ARGEBAU (Hrsg.), Muster-Einführungserlaß zum Bau- und Raumordnungsgesetz 1998, 2.4.4.2.

[129] Entwurf eines Gesetzes zur Änderung des Baugesetzbuchs und zur Neugestaltung des Rechts der Raumordnung (Bau- und Raumordnungsgesetz 1998 – BauROG), BT Drs. 13/6392, S. 47. Ebenso der Bericht des Ausschusses für Raumordnung, Bauwesen und Städtebau zu dem Entwurf eines Gesetzes zur Änderung des Baugesetzbuchs und zur

könne nicht lediglich der Verwaltungshilfe dienen, da der Gesetzgeber damit eine Rechtsgrundlage geschaffen habe, der es nicht bedurft hätte, wird mit dem Argument entgegengetreten, daß eine Kodifizierung der ohnehin gängigen Praxis nicht überflüssig sein muß, sondern aus rechtspolitischen Gründen sehr wohl ihre Berechtigung haben kann. So hat auch die Expertenkommission zur Novellierung des Baugesetzbuchs ausdrücklich darauf hingewiesen, daß es sich bei der Kodifizierung der gängigen Praxis um eine legitime gesetzgeberische Vorgehensweise handelt[130], die die Rechtssicherheit fördert[131] und damit den tatsächlichen Gebrauch neuer Instrumentarien in der Verwaltungspraxis anregt.
An dieser Stelle soll es genügen, die Problematik der rechtlichen Klassifizierung des Handelns Privater in der Bauleitplanung als solche aufzuzeigen. Welche Lösungsansätze sich dem Verfassungsrecht und seiner einfachgesetzlichen Konkretisierung entnehmen lassen, bleibt der genaueren Analyse im vierten Teil vorbehalten.

II. Das Problemfeld der Person des Dritten

Von der Frage nach dem privatisierungsfähigen Aufgabenumfang und den rechtlichen Modalitäten der Einbindung Privater (Beleihung oder Verwaltungshilfe) streng zu unterscheiden ist die Frage nach der Person des Privaten. Während – praktisch als Pendant zur Einschaltung der DEGES in die Verkehrswegeplanung – die Übertragung der Verfahrensvorbereitung und/oder -durchführung auf eine privatrechtlich organisierte gemeindliche Gesellschaft nur vereinzelt und lediglich am Rande erwogen wird[132], ist um die Einschaltung des Vorhabenträgers in die Verfahrens*durchführung* in der Literatur ein lebhafter Streit entbrannt: Die Betrauung des – zu zügiger Vorhabenrealisierung fraglos besonders motivierten – Vorhabenträgers mit der Durchführung von Verfahrensschritten wird teilweise im Hinblick auf den Gesetzeszweck der Verfahrensbeschleunigung für in besonderem Maße zielführend gehalten und daher für zulässig erklärt[133]. Von der wohl überwiegenden Ansicht wird auf die Gefahr dieser Konstellation für eine neutrale, gemeinwohlorientierte Bauleitplanung verwiesen und die Übertragung der Durchführung von Ver-

---

Neuordnung des Rechts der Raumordnung (Bau- und Raumordnungsgesetz 1998 – BauROG), BT Drs. 13/7589, S. 16.

[130] Bundesministerium für Raumordnung, Bauwesen und Städtebau (Hrsg.), Bericht der Expertenkommission zur Novellierung des Baugesetzbuchs, Rdnr. 139.

[131] So für die Kodifizierung des städtebaulichen Vertrags *Birk*, VwBlBW 1994, 3 (4); *Hien*, Bemerkungen zum städtebaulichen Vertrag, in: Berkemann u.a. (Hrsg.), FS Schlichter, S. 129 (131).

[132] *Stüer*, in: Hoppenberg (Hrsg.), Handbuch des öffentlichen Baurechts, B Rdnr. 493; *Stollmann*, NuR 1998, 578 (579); *Wagner*, BauR 1998, 709 (715).

[133] *Dürr*, Baurecht, Rdnr. 55; *Busse/Grziwotz*, Der Vorhaben- und Erschließungsplan, Rdnr. 304; *Schmidt-Eichstaedt*, BauR 1998, 899 (901 f.); *Stollmann*, NuR 1998, 578 (580); *ders.*, WiVerw 2000, 126 (134 f.); *Steinfort*, Baugesetzbuch für Planer, S. 23.

fahrensschritten auf den Vorhabenträger nachdrücklich abgelehnt[134] oder doch zumindest für bedenklich erklärt[135].

§ 6 Ergebnis

Bei der Aufstellung der Bauleitpläne geht das Verfahren weit über die traditionell „dienende“ Funktion im Sinne einer Instrumentalisierung hinaus und entfaltet spezifische Relevanz für ein optimiertes materiell-rechtlich richtiges Verfahrensergebnis: Hier dient nicht nur das Verfahren dem Bürger, sondern auch der Bürger dem Verfahren. Zutreffend läßt sich daher die Vorschrift zur förmlichen Bürgerbeteiligung als eine „nur vordergründig formelle Norm“[136] kennzeichnen, die in Wahrheit eine maßgebliche Vorprägung des Entscheidungsprozesses und auch der Entscheidung selbst bewirkt. Gerade aus diesem Grund ist hier hinsichtlich einer Privatisierung auch besonders sensibel zu verfahren: Jede Einflußnahme auf die Verfahrensgestaltung durch Private kann zur Präjudizierung des Planungsergebnisses führen und damit das gesetzliche Verfahren, insbesondere die Beteiligungsverfahren desavouieren. Besonders brisant wird die in der Ausweitung von Privatisierungsmöglichkeiten liegende Gefahr der Entwertung der Beteiligungsverfahren dadurch, daß mit dem BauROG 1998 ausdrücklich das gegenteilige Ziel, nämlich deren Aufwertung, verfolgt wurde. Auch dies wird bei der Festlegung der Grenzen einer Privatisierung des Bauleitplanverfahrens zu berücksichtigen sein.

Bei dem Versuch der Klassifizierung der einzelnen Verfahrensschritte im Bauleitplanverfahren hat sich der Übergang vom hoheitlichen zum schlichten Verwaltungshandeln als fließend erwiesen. Insbesondere im Zusammenhang

---

[134] *Reidt*, BauR 1998, 909 (915); *ders.*, NVwZ 1998, 592 (593); *Bunzel*, in: ders./Hecker/Lau/Müller-Jökel/Schaber, Neuerungen im Baugesetzbuch 1998, S. 43 und 111 f.; *Bunzel/Coulmas/Schmidt-Eichstaedt*, Städtebauliche Verträge, S. 79; *Löhr*, in: Battis/Krautzberger/Löhr, BauGB, § 11 Rdnr. 6; *Burgi*, Funktionale Privatisierung und Verwaltungshilfe, S. 382, Fn. 162; *ders.*, DV 33 (2000), 183 (204); *Stüer*, DVBl. 1997, 1201 (1206); *ders.*, in: Hoppenberg (Hrsg.), Handbuch des öffentliches Baurechts, B Rdnrn. 1050; *Wagner*, Allgemeine städtebauliche Verträge nach § 11 BauGB, in: v. Nicolai/Wagner/Wecker, Verträge des Baugesetzbuchs, S. 15 (31); *v. Nicolai*, Vorhabenbezogener Bebauungsplan, ebd., S. 73 (123 f.); *Seidel*, Privater Sachverstand und staatliche Garantenstellung im Verwaltungsrecht, S. 255; *Franckenstein*, UPR 2000, 288 (290).

[135] *Bielenberg*, in: ders./Krautzberger/Söfker, BauGB, Rdnr. 120; *ders.*, in: Ernst/Zinkahn/Bielenberg, BauGB, §§ 1-13 Rdnr. 30; *Wagner*, BauR 1997, 709 (716 f.); *Erbguth/Wagner*, Bauplanungsrecht, Rdnr. 309c; *Preschel*, NJ 1998, 13 (15); *Krebs*, in: Schmidt-Aßmann (Hrsg.), Besonderes Verwaltungsrecht, 4. Abschn., Rdnr. 113, Fn. 398.

[136] *Fackler*, BayVBl 1993, 353 (360). In diesem Sinne auch *v. Danwitz*, DVBl. 1993, 422 (425 f.); *Schulze-Fielitz*, Kooperatives Recht im Spannungsfeld von Rechtsstaatsprinzip und Verfahrensökonomie, in: Dose/Voigt (Hrsg.), Kooperatives Recht, S. 225 (239 f.).

mit den Beteiligungsverfahren kommt es zu zahlreichen Handlungen, die vorentscheidende Auswirkungen auf das Abwägungsergebnis entfalten oder doch zumindest entfalten können. Angesichts der Tatsache, daß die Abwägungsentscheidung nach § 1 Abs. 6 BauGB kompetenziell in der hoheitlichen Sphäre zu verbleiben hat, das Zusammenstellen des Abwägungsmaterials jedoch bereits als ein Vorgang des planerischen Abwägens zu verstehen ist, stellt sich eine jede Einbindung Privater in das Bauleitplanverfahren daher als Gratwanderung dar.

Die Bestandsaufnahme der gängigen Formen von Kooperation in der Bauleitplanung hat gezeigt, daß es bereits vor der letzten BauGB-Novelle zur umfassenden Aufgabenverlagerung auf Private gekommen ist. Deren Einbindung beschränkt sich dabei nicht auf lediglich planungsvorbereitende Hilfstätigkeiten, sondern umfaßt wegen der Eignung zur faktischen Präjudizierung des Planungsverfahrens und -ergebnisses vielfach auch (schlicht-)hoheitliche Tätigkeiten. Diese werden von Privaten allerdings bisher nicht als eigenständige Aufgaben wahrgenommen. Trotz der in den letzten Jahren deutlich gestiegenen Bereitschaft des Gesetzgebers, Formen der Kooperation in der Bauleitplanung normativ zu konkretisieren und zu präzisieren, hat auch die nunmehr auf Dauer angelegte Kodifizierung des städtebaulichen Vertrags sowie des vorhabenbezogenen Bebauungsplans im Hinblick auf die Grenzen einer Privatisierung nicht die wünschenswerte Klarheit herbeigeführt. Diese Grenzen bleiben in der vorherrschenden kommunalen Praxis auch nach Schaffung des § 4b BauGB verschwommen und werden nicht einheitlich beurteilt. Insbesondere im Hinblick auf die Beteiligungsverfahren ist der Umfang der auf Private übertragbaren Aufgaben umstritten und hat die Expertenkommission zur Novellierung des Baugesetzbuchs veranlaßt, dem Gesetzgeber die gesetzliche Verankerung eines *klarstellenden* Hinweises dahingehend nahezulegen, daß die Gemeinde das gesetzlich geregelte Verfahren (Anhörung der Träger öffentlicher Belange und der Bürger) selbst vorzunehmen habe[137].

Die praktische Handhabung der Auslagerung von Verfahrensschritten durch die Gemeinden legt oftmals die Vermutung nahe, daß man sich dabei rechtlicher Grenzen nicht bewußt ist und eher zu großzügigem als restriktivem Vorgehen bereit ist. So kommt *Birk*[138] dann auch zu dem Schluß, die neue Regelung des § 4b BauGB sei aus Sicht der Praxis etwas überraschend, denn die genannten Tätigkeiten seien schon bisher von Dritten im Rahmen von Planungs- und Beratungsverträgen oder städtebaulichen Verträgen durchgeführt worden. Dennoch läßt sich hier bei aller Umstrittenheit im Detail doch festhalten, daß Privaten die Durchführung der Beteiligungsverfahren bisher zu-

[137] Bundesministerium für Raumordnung, Bauwesen und Städtebau (Hrsg.), Bericht der Expertenkommission zur Novellierung des BauGB, Rdnr. 144.

[138] *Birk*, Die städtebaulichen Verträge nach BauGB 98, Rdnr. 3. Ähnlich *Stollmann*, NuR 1998, 578, der § 4b BauGB als Reaktion des Gesetzgebers auf die tatsächliche Handhabung in der Praxis bewertet.

mindest nicht zur selbständigen Wahrnehmung im Sinne einer Beleihung übertragen wurde, sondern sie lediglich im Wege der Verwaltungshilfe in deren Vollzug eingebunden waren. Mit anderen Worten haben sie an diesen Tätigkeiten *mitgewirkt*, sie aber nicht (eigenständig) *durchgeführt*.

In Bezug auf diese vorherrschende kommunale Praxis der Privatisierung der Bauleitplanung stellt § 4b BauGB also lediglich eine gesetzliche Konsolidierung dar. Inwiefern mit Schaffung der Neuregelung darüber hinaus eine Erweiterung der bisherigen Privatisierungsmöglichkeiten beabsichtigt ist, läßt sich der Norm selbst nicht mit hinreichender Deutlichkeit entnehmen. Die Gesetzesmaterialien weisen jedoch darauf hin, daß auch die Implementation von Mediation im Bauleitplanverfahren intendiert ist, § 4b BauGB insofern also durchaus auch einen Ansatz zur Innovation der kommunalen Praxis darstellt. Bei der Kodifizierung dieses neusten Modells von Kooperation in der Bauleitplanung hat der Gesetzgeber wie schon bei vorangehenden Kodifizierungen auf eine möglichst offene Formulierung gesetzt. Damit werden zwar die für den Rechtsanwender in der Praxis so wichtigen Spielräume eröffnet, gleichzeitig birgt eine so offene Regelung jedoch auch die Gefahr von Unsicherheiten und Fehlern bei der Anwendung. So bestehen unterschiedliche Auffassungen insbesondere darüber, ob mittels § 4b BauGB die Beleihung Privater innerhalb des Verfahrens zur Aufstellung der Bauleitpläne ermöglicht wird. Hier werden die noch zu behandelnden verfassungsrechtlich vorgezogenen und einfachgesetzlich konkretisierten Grenzen einer Privatisierung zu zeigen haben, wie die Einbindung Privater in das Bauleitplanverfahren rechtlich auszugestalten ist. Neben dem übertragbaren Aufgabenumfang hat sich als weiteres Problemfeld innerhalb des § 4b BauGB die Person des Dritten erwiesen. Unklar bleibt hier insbesondere, ob darunter auch der Vorhabenträger zu verstehen ist. Dessen Einschaltung in das Bauleitplanverfahren mag zwar verfahrensbeschleunigende Wirkung entfalten und damit zur Erreichung des ausdrücklich genannten Ziels der Neuregelung besonders geeignet sein, bringt jedoch auch erkennbar Gefahren für eine materiell ordnungsgemäße Planung mit sich. Nähere Aufschlüsse lassen auch hier die noch zu erörternden Grenzen einer Einschaltung Privater in die Bauleitplanung erwarten.

Zuvor ist jedoch auf das Konzept der Mediation einzugehen, hat sich deren Implementation doch als ein – wenn nicht *das* – Anliegen der Neuregelung erwiesen. Im folgenden wird daher das Konzept der Mediation in enger Anlehnung an seinen US-amerikanischen Ursprung vorgestellt, bevor sich die Untersuchung der Frage zuwendet, inwiefern sich das Recht der Bauleitplanung generell für ihre Nutzbarmachung eignet. Im Anschluß daran gilt es, im vierten Teil die gemeinsamen Grenzen einer jeden Form der Privatisierung des Bauleitplanverfahrens und die dadurch ggf. notwendig werdenden Modifizierungen des Mediationskonzepts zu beleuchten.

Dritter Teil: Das US-amerikanische Konzept der Mediation und seine grundsätzliche Nutzungsmöglichkeit im Bauleitplanverfahren

§ 7 Begriff und Entwicklung der Mediation

Mediation – unter diesem Schlagwort hält eine langsam Konturen gewinnende neue Methode der Bewältigung rechtlicher Konflikte Einzug in das deutsche Öffentliche Recht. Ob es sich dabei lediglich um eine „Modeerscheinung, [...] die in Deutschland auf einer Welle der Verehrung für alles, was neu klingt, schwimmt“[1], handelt, scheint auf den ersten Blick ebenso ungewiß wie der tatsächliche Innovationsgehalt dieses Verfahrens; möglicherweise handelt es sich nur um den sprichwörtlichen alten Wein in neuen Schläuchen[2]. Es ist zunächst festzustellen, daß der Gedanke der Mediation aus den Sozial- und Politikwissenschaften seit geraumer Zeit behutsam in die Rechtswissenschaft einfließt und damit keineswegs eine Erfindung modernen Reformdenkens darstellt, sondern lediglich zu neuer Bedeutung (wieder)belebt wurde[3]. Dennoch bietet der anhaltende „Mediationsboom“ in Deutschland Anlaß genug, sich mit dem Phänomen näher auseinanderzusetzen, ohne dabei jedoch der Gefahr einer vorschnellen Idealisierung zu erliegen.

Bemühungen um Reform und Innovation der Verwaltung und des Verwaltungsrechts werden zuweilen durch die Einführung von Begriffen und Konzepten erschwert, die nicht hinreichend abgeklärt sind oder über deren Inhalt divergierende Auffassungen verbreitet sind. Trotz mehr als 10jähriger Diskussion über Mediation in Deutschland ist der Wortgebrauch noch keineswegs gefestigt und der Begriffsinhalt unsicher[4]: Man trifft auf Begriffsschwierigkeiten[5], Polemik[6] und auch schon Überdruß[7].

---

1 So die – allerdings sogleich verworfene – Überlegung von *Ewig*, BRAK-Mitt. 1996, 147.

2 Dieses Bild mag sich als umso zutreffender erweisen, wenn man sich seine Ambivalenz vergegenwärtigt. Auf diese hat jüngst *Voßkuhle*, Gesetzgeberische Regelungsstrategien der Verantwortungsteilung zwischen öffentlichem und privatem Sektor, in: Schuppert (Hrsg.), Jenseits von Privatisierung und „schlankem“ Staat, S. 47 (57) mit der Feststellung verwiesen, daß es sich beim Umfüllen alten Weins in neue Schläuche um eine im Weinbau seit Jahrhunderten praktizierte Technik zur Veredelung des Endprodukts handelt.

3 *Maaß*, VerwArch 88 (1997), 701 (705); *Passavant*, DÖV 1987, 516 (523).

4 *Strempel*, Mediation in Rechtspflege und Gesellschaft, in: ders. (Hrsg.), Mediation für die Praxis, S. 7 (12); *Meins*, NJW 1998, 125 (126); *Kostka*, Konsens 1999, 140 (141); *Sünderhauf*, Mediation, S. 27 f.

5 Wie die noch immer vorhandene Neigung, Mediation mit Meditation zu verwechseln, so *Meins*, NJW 1998, 125 (126); *Gans*, Mediation, S. 32.

6 Vgl. *Tuma*, Der Fluch-Hafen, in: Der Spiegel Nr. 7 v. 15.2.1999, S. 42 (58): „Mediation klingt ein bißchen nach Scientology [...]“.

Auch werden weitere Begriffe aus der gegenwärtigen Reformdebatte wie z.B. Projektmanagement gelegentlich synonym verwendet[8]. Die Begründung zum Gesetzesentwurf der Bundesregierung zum BauROG 1998[9] spiegelt die verbreitete Begriffsunsicherheit anschaulich wider: Wenn dort das Kompositum „Projektmittlung" verwendet wird, wird eine Festlegung auf entweder Projektmanagement[10] oder die häufig mit Mittlung übersetzte Mediation – bewußt oder unbewußt – vermieden. Präzisierung erfährt die Begrifflichkeit erst durch den Verweis auf den Bericht der Unabhängigen Expertenkommission zur Vereinfachung und Beschleunigung von Planungs- und Genehmigungsverfahren (dort Rdnr. 284), wo das US-amerikanische Konzept der Mediation ausdrückliche Erwähnung findet.

All dies läßt sich sicherlich auch darauf zurückführen, daß der Begriff zwar allmählich geläufiger wird, jedoch so schillernd ist, daß unklar bleibt, was genau sich hinter ihm verbirgt. Es bedarf daher zunächst einer terminologischen Klärung.

A. Definitionsansatz

Terminologische Ungenauigkeiten in der Wissenschaft und Mischformen in der Praxis lassen Mediation als Phänomen erscheinen, das „[...] all process and no structure"[11] ist. Mediation ist mangels gesetzlicher Regulierung ge-

---

[7] *Erbguth*, NVwZ 1992, 551 spricht vom „[...] allgegenwärtigen Sog der Lehre einer privat organisierten Mediation [...]".

[8] So z.B. bei *Schmitz*, Fortentwicklung des Verwaltungsverfahrensrechts im Schlanken Staat, in: Ziekow (Hrsg.), Beschleunigung von Planungs- und Genehmigungsverfahren, S. 171 (190, Fn. 70). *Büchner/Schlotterbeck*, Baurecht, Rdnr. 850 gehen gar davon aus, die Tätigkeit eines Projektmanagers werde Mediation genannt.

[9] Entwurf eines Gesetzes zur Änderung des Baugesetzbuchs und zur Neuregelung des Rechts der Raumordnung (Bau- und Raumordnungsgesetz 1998 – BauROG), BT Drs. 13/6392, S. 47.

[10] Der Terminus bezeichnet die das ganze Projekt umfassende fach- oder ressortübergreifende, projektbezogene Koordination der Planung (Vorbereitung) und der Abwicklung (Überwachung, Steuerung, zielorientierte Einflußnahme auf das reale Projektgeschehen) von abgrenzbaren Vorhaben (Projekten), so *Reschke*, Projektmanagement für die öffentliche Verwaltung, in: Goller u.a. (Hrsg.), Verwaltungsmanagement, B 3.1 S. 3. Dies kann sowohl durch Behördeninterne als auch Behördenexterne geschehen. Vgl. ferner *Ziekow*, Zügige Verwaltungsverfahren, in: ders. (Hrsg.), Beschleunigung von Planungs- und Genehmigungsverfahren, S. 51 (67 f.); *Böckel*, DÖV 1995, 102 ff.; *Bullinger*, JZ 1993, 492 (498 ff.). Daß es zu Überschneidungen der Aufgabenbereiche von Mediator und Projektmanager kommen kann, stellt der Bericht der Unabhängigen Expertenkommission zur Vereinfachung und Beschleunigung von Planungs- und Genehmigungsverfahren, Rdnr. 284 heraus. Dies mindert jedoch nicht die Bedeutung einer grundsätzlichen Differenzierung.

[11] *Fuller*, 44 Southern California Law Review 1971, S. 305 (307), zitiert nach *Breidenbach*, Mediation, S. 137. So auch die Einschätzung von *Maaß*, VerwArch. 88 (1997), 701 (713). Eine Strukturierung hat hingegen die Genfer World Intellectual Property Or-

genwärtig dem Bereich des informellen (auch informalen) Verwaltungshandelns zuzuordnen, d.h. rechtlich nicht geregelter Entscheidungsverfahren und -formen, die sich zur Wahrung der Flexibilität – einer Grundvoraussetzung ihres Erfolgs – streng formalisierten Regeln gerade zu entziehen trachten. Daher ist bei der folgenden Annäherung an Mediation zu bedenken, daß sie keine begriffsscharfe Definition, sondern nur ein bloßes Leitmodell vermitteln kann, wohlwissend, daß dieses Modell in der Praxis eher die Ausnahme darstellen wird. Dennoch soll hier zwischen diesem Modell als *Mediation im engeren Sinn* und den von ihr abgeleiteten *mediativen Verfahren*, also solchen Verfahren, die lediglich einzelne Elemente des US-amerikanischen Gesamtkonzepts übernehmen, differenziert werden. Damit soll auch der gegenwärtig vorherrschenden inflationären Verwendung des Begriffs Mediation und der damit einhergehenden Verwässerung und Nivellierung des ursprünglichen Konzepts entgegengetreten werden.

Etymologisch stammt der Begriff „Mediation" vom spätlateinischen *mediatio*, bedeutet schlicht „Vermittlung" – insbesondere als Ausprägung diplomatischer Bemühungen zur Lösung völkerrechtlicher Streitigkeiten[12] – und kennzeichnet damit eine Jahrtausende alte Tradition einvernehmlicher Konfliktlösung.

Nach modernem Verständnis meint Mediation die prozeßhafte Konfliktintervention, in der die Beteiligten freiwillig versuchen, mit dem Beistand eines neutral und unparteilich ohne Streitentscheidungsbefugnis handelnden Dritten (Mediator) in wechselseitigen Gesprächen miteinander eine selbständige, eigenverantwortliche, einvernehmliche und faire Regelung eines Konflikts zu erreichen[13].

Für die deutsche Sprache empfiehlt sich die Übernahme des Originalbegriffs[14], insbesondere um Mediation von bereits belegten Begriffen wie z.B.

---

ganization mit den *WIPO Mediation Rules* geschaffen, denen sich die Parteien vor Aufnahme eines privatrechtlichen Verfahrens durch diese UN-Behörde zu unterwerfen haben.

[12] Als solche zählt sie zu den in Art. 33 Abs. 1 der Charta der Vereinten Nationen v. 26.6.1945 genannten Methoden friedlicher Konfliktbeilegung.

[13] *Breidenbach*, Mediation, S. 137; *Sünderhauf*, Mediation, S. 69; *Zilleßen*, Mediation als kooperatives Konfliktmanagement, in: ders. (Hrsg.), Mediation, S. 17; *v. Hoyningen-Huene*, Jus 1997, 352; *Kopp/Ramsauer*, VwVfG, Einf. Rdnr. 87; *Möller/Reitzmann*, Mediation in Gesellschaft und Politik – Vermittlung in Konflikten, in: Köbler u.a. (Hrsg.), FS Söllner, S. 761 (774).

[14] *Duve*, BB 1998, Beilage 10, 9 Fn. 6; *ders.*, Alternative Konfliktregelung in den Vereinigten Staaten, in: Vögele (Hrsg.), Mediation – vermitteln – verhandeln – schlichten, S. 40 (41); *Sünderhauf*, Mediation, S. 67.

dem der Schlichtung abzugrenzen[15]. Die frequentesten eingedeutschten Begriffe sind Mittlung, Konfliktmittlung oder mittlergestützter Kooperation[16].

B. Formen und Strukturen von Mediation

Zur näheren Begriffserläuterung soll im folgenden kurz auf die wesentlichen Erscheinungsformen von Mediation eingegangen werden und der strukturelle Ablauf des Verfahrens in seinen Grundzügen vorgestellt werden.

I. Formen von Mediation

Als grundsätzliche Formen von Mediation unterscheidet die deutsche Terminologie zwischen Verfahrensmittlung und Konfliktmittlung[17].

Verfahrensmittlung bezeichnet die Vorbereitung von Verfahrensschritten, die Organisation und Rahmenplanung, ggf. die Mitwirkung bei der Auswahl der am Mediationsprozeß zu Beteiligenden sowie die Moderation. Da der Mediator lediglich das Verfahren, nicht jedoch dessen inhaltlichen Verlauf steuert, ist von ihm Sachkenntnis über die zu verhandelnde Materie nicht zu fordern[18].

Konfliktmittlung hingegen bezeichnet über die Vorbereitung von Verfahrensschritten hinausgehend deren Durchführung durch Erarbeitung von Konfliktlösungsvorstellungen und die Abklärung ihrer Konsensfähigkeit bei den Beteiligten. Dabei ist sowohl Fach- als auch Rechtskenntnis des Mediators unerläßlich[19], um praktikable und legale Lösungsvorschläge zu entwickeln.

II. Struktureller Ablauf eines Mediationsverfahrens

Auch wenn sich aufgrund der vorherrschenden Begriffsunschärfe eine Struktur von Mediationsverfahren weder terminologisch noch inhaltlich präzise

---

[15] Bei der Schlichtung geht es nicht um die freiwillige Erarbeitung eigenverantwortlicher Lösungen mit Hilfe eines Dritten, sondern um die (nicht zwingend freiwillige) Unterwerfung unter den bindenden Schiedsspruch des Dritten.

[16] Vgl. im einzelnen *Sünderhauf*, Mediation, S. 66. Von den deutschsprachigen Termini hat sich in der Diskussion der auf *Hoffmann-Riem* zurückgehende Begriff der Konfliktmittlung durchgesetzt.

[17] Diese Terminologie stammt von *Hoffmann-Riem*, Konfliktmittlung in Verwaltungsverhandlungen, S. 21. So auch *Holznagel*, Konfliktlösung durch Verhandlungen, S. 110; *Schneider*, VerwArch. 87, (1996), 38 (45). Teilweise wird statt von Verfahrens- und Konfliktmittlung auch von aktiver und passiver Konfliktmittlung gesprochen, vgl. *Holznagel*, DV 22 (1989), 421 (434 ff.); *Caspar*, DVBl. 1995, 992 (998); *Werbeck*, ZAU 1993, 210 (216); *Benz*, Kooperative Verwaltung, S. 328 f.

[18] *Holznagel*, Konfliktlösung durch Verhandlungen, S. 114.

[19] *Caspar*, DVBl. 1995, 992 (998); *Holznagel*, Konfliktlösung durch Verhandlungen, S. 116.

festlegen läßt, wird überwiegend eine Untergliederung in einen dreistufigen Aufbau vorgenommen[20].

Die erste Stufe ist die Vorverhandlungsphase, in der das Verfahren initiiert wird, wozu es einer Identifikation und Auswahl der Verhandlungsteilnehmer sowie des Mediators bedarf. Auch der Verhandlungsrahmen sowie die Finanzierung des Verfahrens werden hier festgelegt. Es folgt die Verhandlungsphase, die mit kooperativer Informationsgewinnung beginnt. Den Schwerpunkt bildet dann die Problemlösungssuche, die in die Unterzeichnung der Verhandlungsübereinkunft mündet. Die abschließende Implementierungsphase besteht in der Umsetzung der Verhandlungsübereinkunft sowie deren Überwachung durch die Parteien. Bei Unstimmigkeiten kann es zur Wiederaufnahme von Verhandlungen kommen.

C. Der Bedeutungszuwachs von Mediation in der Bundesrepublik

Mediation in ihrer heutigen Form entstand Anfang der 70er Jahre in den USA als eine von mehreren Ausprägungen von *Alternative Dispute Resolution* (im folgenden *ADR*)[21], womit bereits der ursprüngliche Zweck des Verfahrens, nämlich eine Alternative zur gerichtlichen Auseinandersetzung zu bieten, deutlich wird. Diese Zielrichtung stellt aufgrund einiger Besonderheiten des amerikanischen Prozeßrechts die entscheidende Ursache für die dort vorherrschende Popularität von Mediation dar.

Unter der Devise „schlichten statt richten“[22] wurde Mediation auch in der Bundesrepublik lange auf die Funktion der Alternative zum Gerichtsverfahren reduziert. Ferner wurde der materielle Anwendungsbereich zunächst im wesentlichen auf das Privatrecht, insbesondere das Scheidungs- und Arbeitsrecht begrenzt. Seit nunmehr einigen Jahren läßt sich in Deutschland ein regelrechter Mediationsboom beobachten[23]. Dieser mag sowohl dem aus der all-

---

[20] Dem dreistufigen Aufbau folgen *Holznagel*, Konfliktlösung durch Verhandlungen, S. 119 ff.; *Zilleßen*, Konsens 1998, 24 (26); *Schneider*, VerwArch 87 (1996), 38 (44 f.); *Passavant*, DÖV 1987, 516 (519 f.); *Kopp/Ramsauer*, VwVfG, Einf. Rdnr. 91. Teilweise wird die hier als Vorverhandlungsphase bezeichnete Phase noch in Initiierungs- und Vorbereitungsphase untergliedert, vgl. z.B. *Gaßner/Holznagel/Lahl*, Mediation, S. 34; *Fiedler*, Der Städtetag 1998, 686 (688), jedoch ohne Erweiterung der hier genannten Inhalte.

[21] Zur Entwicklung in den USA instruktiv *Duve*, BB 1998, Beilage 10, 9 ff.

[22] *Prütting*, JZ 1985, 261 ff.; *Caspar*, DVBl. 1995, 992 ff. Soweit es um Mediation geht, ist diese Titelung irreführend, bestehen wie oben (unter § 7 A, Fn. 15) erwähnt doch wesentliche Unterschiede zwischen Schlichtung und Mediation.

[23] Dieser spiegelt sich nicht nur im umfangreichen Schrifttum wider, das mittlerweile mit „Konsens“ (ab dem Jahrgang 2000 umbenannt in „Zeitschrift für Konfliktmanagement“) eine eigene Fachzeitschrift hervorgebracht hat. Die zunehmende Popularität der Mediation hat auch zur Änderung der Berufsordnung für Anwälte geführt, deren § 18 Mediation nunmehr ausdrücklich zum Berufsbild des Anwalts zählt, vgl. die Veröffentlichung der Neufassung in BRAK-Mitt. 1996, 241 ff. Im deutschen Anwaltsverein wur-

gemeinen Unzufriedenheit mit bestehenden Zuständen resultierenden Drang nach neuen Lösungsansätzen und einer allgemeinen gesellschaftlichen Umorientierung[24], der Vorbildfunktion des US-amerikanischen Umweltrechts[25] als auch der in der Bundesrepublik noch relativ jungen Erkenntnis, mit erweiterten Beteiligungsrechten im Verfahren materiell verbesserte Entscheidungen erreichen zu können, zuzuschreiben sein. In deutlicher Erweiterung ihres bisherigen Anwendungsbereichs wird Mediation nunmehr auch im Öffentlichen Recht[26] und Strafrecht auf den Gebieten des Umwelt- und Planungsrechts, resp. des Täter-Opfer-Ausgleichs diskutiert[27]. Damit zeigt sich eine neue Konzeption von Mediation, die über die der bloßen Alternative zum Gerichtsverfahren hinausgeht: Mediation wird als Mittel zur Steigerung der Effizienz bestehender Verfahren verstanden.

§ 8 Voraussetzungen für den erfolgversprechenden Einsatz von Mediation

Wenngleich informelle Verfahren sich gerade durch ihre Flexibilität und Anpassungsfähigkeit an die jeweilige Situation auszeichnen, so haben sich für die Mediation dennoch einige – einschränkende – Vorbedingungen herauskristallisiert, deren regelmäßiges Vorliegen von bedeutendem Einfluß auf einen erfolgreichen Verfahrensausgang ist[28]. Wenn in der Argumentation für die

de dem durch die Gründung der Arbeitsgemeinschaft Mediation Rechnung getragen. Von den Universitäten Heidelberg und Oldenburg sowie der Fernuniversität Hagen wird Mediation als eigenständiger Studiengang angeboten. Ferner schuf die Arbeitsgemeinschaft für Umweltfragen e.V. Bonn in Kooperation mit dem Bundesministerium für Umwelt, Naturschutz und Reaktorsicherheit ein Projekt zur „Implementierung der Umweltmediation in Deutschland", in dessen Rahmen u.a. der Förderverein Umweltmediation e.V. tätig ist.

[24] Dazu oben § 2 B, C.

[25] *Holznagel*, Jura 1999, 71 (73). Deutlich wird diese u.a. an den inzwischen in Europa adaptierten Regelungen zur Umweltverträglichkeitsprüfung und zum umweltbezogenen Akteneinsichtsrecht.

[26] Zunächst *Passavant*, DÖV 1987, 516 ff.; später insbesondere *Hoffmann-Riem*, Konfliktmittler in Verwaltungsverhandlungen, Heidelberg 1989 sowie ders./Schmidt-Aßmann (Hrsg.), Konfliktbewältigung durch Verhandlungen, 2 Bände, Baden-Baden 1990. Vorschläge zur praktischen Erprobung des amerikanischen Mediationskonzepts gab der Bericht der Unabhängigen Expertenkommission zur Vereinfachung und Beschleunigung von Planungs- und Genehmigungsverfahren, Rdnr. 284, vgl. dazu *Schlichter*, DVBl. 1995, 173 (175).

[27] Umfassend zu den Einsatzgebieten von Mediation Breidenbach/Henssler (Hrsg.), Mediation für Juristen, Köln 1997; Henssler/Koch (Hrsg.), Mediation in der Anwaltspraxis, Bonn 2000.

[28] Vgl. dazu *Holznagel*, Konfliktlösung durch Verhandlungen, S. 106 ff. Zu beklagen ist, daß diese Voraussetzungen in der Praxis häufig nicht ernst genug genommen werden und dies eine Ursache für das Scheitern von Mediation darstellt, vgl. *Kopp/Ramsauer*, VwVfG, Einf. Rdnr. 89.

(tentative) Einführung von Mediation in das deutsche Öffentliche Recht allerorten im wesentlichen auf die positiven Erfahrungen mit diesem Konzept in den USA rekurriert wird, so gilt es, besonderes Augenmerk auf die Voraussetzungen und Bedingungen zu richten, unter denen dieses Modell dort erfolgreich ist. Auch wenn – wie schon erwähnt – zu erwarten steht, daß es *die* Mediation in der Praxis kaum geben wird, sondern immer nur eine Vielzahl von Varianten mit unterschiedlich ausgeprägter Übernahme mediativer Elemente, soll im folgenden das Modell der Mediation i.e.S. anhand seiner charakteristischen Merkmale vorgestellt werden.

A. Kompromißfähigkeit des Konflikts

Zunächst müssen sich die aufeinandertreffenden Interessen als grundsätzlich harmonisierbar darstellen[29], um den aufzulösenden Konflikt überhaupt kompromißfähig erscheinen zu lassen. Dazu muß dieser so gelagert sein, daß der Gewinn der einen Partei nicht notwendigerweise nur im Wege der Wertteilung über den Verlust der anderen Partei erreicht werden kann (sog. *zero-sum-game*). Vielmehr muß der Konflikt Optimierungsmöglichkeiten aufweisen, um beiden Parteien mittels Wertschöpfung Gewinne zu ermöglichen (sog. *win-win-situation*)[30]. Da Kompromisse durch gegenseitiges Fordern und Gewähren entstehen, muß ein Konflikt rechtlich und faktisch realisierbare Entscheidungsalternativen bieten, um einem auf Verhandlungen basierenden Lösungsversuch nicht von vornherein jede Aussicht auf Erfolg zu nehmen. Zur Nutzbarmachung von Alternativen ist es wichtig, daß Mediation frühzeitig stattfindet[31], bevor schon wesentliche Vorentscheidungen gefallen sind, wodurch kooperatives Verhalten regelmäßig vereitelt wird und in kompetitives Verhalten umschlägt. Unter diesem Aspekt erscheinen ideologisch vorgeprägte Wertentscheidungen wie z.B. die Ansiedlung von Endlagern, Atomkraftwerken oder gentechnischen Anlagen, etc. grundsätzlich nicht konsensfähig. Hier sind fundamentalistische Formen des Bürgerprotests zu erwarten, die auf eine strikte und kompromißlose Vermeidungsstrategie setzen, so daß

---

[29] *Hoffmann-Riem*, Konfliktmittler in Verwaltungsverhandlungen, S. 31; *Holznagel*, Konfliktlösung durch Verhandlungen, S. 106 f.; *Gaßner/Holznagel/Lahl*, Mediation, S. 31 ff.; *Kostka*, DV 26 (1993), 87 (98 ff.); *Schneider*, VerwArch. 87 (1996), 38 (45); *Stelkens/Schmitz*, in: Stelkens/Bonk/Sachs, VwVfG, § 9 Rdnr. 179; *Fietkau/Pfingsten*, AfK 34 (1995), 55 (59).

[30] *Hoffmann-Riem*, Konfliktmittler in Verwaltungsverhandlungen, S. 31 ff.; *Holznagel*, Konfliktlösung durch Verhandlungen, S. 106 f.; *Kopp/Ramsauer*, VwVfG, Einf. Rdnrn. 88 f.

[31] *Gaßner/Holznagel/Lahl*, Mediation, S. 106 f.; *Holznagel*, Konfliktlösung durch Verhandlungen, S. 120; *Brohm*, NVwZ 1991, 1025 (1033); *Proksch*, Konsens 1998, 7 (13); *Würtenberger*, Akzeptanz von Verwaltungsentscheidungen, S. 140 f.; *Hoffmann-Riem*, Verhandlungslösungen und Mittlereinsatz im Bereich der Verwaltung: Eine vergleichende Einführung, in: ders./Schmidt-Aßmann (Hrsg.), Konfliktbewältigung, Bd. I, S. 13 (37).

der Versuch konsensueller Konfliktlösung nicht zu greifbaren Erfolgen führen wird[32].

B. Verhandlungsanreize für die Beteiligten

Die Konfliktauflösung im Verhandlungswege muß sich den Parteien als Möglichkeit zur Maximierung der Chancen ihrer Interessenverwirklichung darstellen. Dazu bedarf es eines Machtgleichgewichts zwischen den Parteien: einerseits durch möglichst symmetrische Ausgangspositionen, andererseits durch die allseitige Einbringungsmöglichkeit von Tauschmacht (*bargaining power*)[33], die überhaupt erst die Verhandlungsfähigkeit schafft. Tauschmacht liegt dabei sowohl in den von der Rechtsordnung verliehenen subjektiv-öffentlichen Rechten und der möglichen Inanspruchnahme gerichtlichen Rechtsschutzes als auch in der rechtlich irrelevanten Möglichkeit der Mobilisierung politischer Gegenmacht, z.B. durch die Drohung mit der Anrufung von (Medien-)Öffentlichkeit. Nur bei im wesentlichen ausgeglichenem Kräfteverhältnis zwischen den Parteien und der Perspektive beidseitiger Gewinnmaximierung wird sich die Bereitschaft zu kooperativer Konfliktlösung erreichen lassen.

C. Gescheiterte oder festgefahrene Parteiverhandlungen

Mediation ist als Erweiterung des Konzepts der *negotiation*, nämlich des Bemühens um Konfliktlösung durch Parteiverhandlungen ohne Hinzuziehung eines Dritten, zu verstehen: „Mediation is negotiation carried out with the assistance of a third party“[34]. Charakteristische Aufgabe der Mediation ist das „breaking the impasse“[35], d.h. das Überwinden eines toten Punkts, an den die Parteiverhandlungen geführt haben (sog. *impasse-criterion* oder Sackgassen-Kriterium)[36]. Gescheiterte Parteiverhandlungen sind demnach Voraussetzung von Mediation i.e.S.[37], wenngleich nunmehr teilweise dargelegt wird, daß auch das Hinzuziehen eines Mediators bereits mit Beginn der parteilichen

---

[32] *Würtenberger*, Konfliktlösung durch Akzeptanz-Management, in: Zilleßen u.a. (Hrsg.), Die Modernisierung der Demokratie, S. 72 (84); *Troja*, ZfU 1997, 317 (327); *Wagner/Engelhardt*, NVwZ 2001, 370 (371). A.A. *Sünderhauf*, Mediation, S. 212 ff.

[33] *Hoffmann-Riem*, Konfliktmittler in Verwaltungsverhandlungen, S. 32; *Holznagel*, DV 22 (1989), 421 (437).

[34] *Goldberg/Sander/Rogers*, Dispute Resolution, S. 103, zitiert nach *Breidenbach*, Mediation, S. 137. Ebenso *Passavant*, DÖV 1987, 516 (519 f.); *Kostka* DV 26, (1993), 87 (98 f.); *Breuer*, Verhandlungslösungen aus der Sicht des deutschen Umweltschutzrechts, in: Hoffmann-Riem/Schmidt-Aßmann (Hrsg.), Konfliktbewältigung, Bd. I, S. 231 (235 f.).

[35] So das gleichnamige Werk von *Susskind/Cruikshank*, Breaking the Impasse, New York 1987.

[36] *Hill*, DVBl. 1993, 973 (975) spricht treffend vom „verfahrenen Verfahren“.

[37] *Kostka*, DV 26 (1993), 87 (100); *Breidenbach*, Mediation, S. 137; kategorisch *Sünderhauf*, Mediation, S. 55 f., 68 f. und 172.

Auseinandersetzungen unter den Begriff Mediation zu fassen sei[38]. Diese Auffassung führt dazu, in Mediation weniger eine besondere Methode zur Lösung festgefahrener Konflikte als vielmehr ein allgemeines Partizipationsmodell zu sehen, und stellt sich damit bereits als eine Verwässerung des ursprünglichen Konzepts dar. Die Grenzen zur *negotiation* oder auch bloßen Moderation werden verwischt, wenn man Mediation nicht nur kurativ, d.h. nach Konfliktausbruch, sondern auch präventiv, d.h. vor Konfliktausbruch, für anwendbar hält. Es ist daher davon auszugehen, daß Mediation i.e.S. zumindest eine gewisse Verhärtung der Fronten im vorangegangenen Prozeß der Parteiverhandlungen voraussetzt[39].

D. Bindungswirkung des Verhandlungsergebnisses

Ferner hat ein Mediationsverfahren nur Aussicht auf Erfolg, wenn die reelle Chance auf Umsetzung des Verhandlungsergebnisses durch den letztverantwortlichen Entscheidungsträger besteht. Teilweise wird angenommen, faktische bzw. politische Bindung sei bereits ausreichend und rechtliche Bindung nicht zwangsläufig erforderlich[40], da ein so aufwendiges Verfahren mit der damit notwendig einhergehenden Öffentlichkeitswirksamkeit es schwerfallen lassen dürfte, die dort gefundenen Ergebnisse völlig zu ignorieren. Berücksichtigt man jedoch die Zeit- und Kostenintensität eines Mediationsverfahrens sowie die Tatsache, daß aufwendige Investitionen in der Regel nur bei zuvor erzielter (Rechts-)Sicherheit über die Realisierbarkeit des Vorhabens getätigt werden, so darf nicht unterschätzt werden, welche Bedeutung einem rechtsverbindlichen Verfahrensabschluß beizumessen ist. Schon für die Bereitschaft, sich überhaupt auf Mediation einzulassen, ist die Bindungswirkung der gefundenen Lösung daher von besonderer Relevanz[41] und bemerkenswerter-

---

[38] *Passavant*, DÖV 1987, 516 (520); *Ramsauer*, Mediation im Umweltrecht, in: Breidenbach/Henssler (Hrsg.), Mediation für Juristen, S. 161 (163); *Brohm*, NVwZ 1991, 1025 (1031).

[39] Ähnlich *Hadlich/Rennhack*, LKV 1999, 9.

[40] *Schulze-Fielitz*, Kooperatives Recht im Spannungsfeld von Rechtsstaatsprinzip und Verfahrensökonomie, in: Dose/Voigt (Hrsg.), Kooperatives Recht, S. 225 (246); *Hoffmann-Riem*, Konfliktmittler in Verwaltungsverhandlungen, S. 60; *Gans*, Mediation, S. 37; *Ramsauer*, Mediation im Umweltrecht, in: Breidenbach/Henssler (Hrsg.), Mediation für Juristen, S. 161 (166); *Battis/Krautzberger/Löhr*, NVwZ 1997, 1145 (1151); *Wagner/Engelhardt*, NVzW 2001, 370 (371). Wenig überzeugend ist die Auffassung von *Sünderhauf*, Mediation, S. 261 ff., die rechtliche Verbindlichkeit der Kompromißvereinbarung fordert, jedoch die Behörde hiervon ausnehmen will, da dieser vertragliche Verpflichtungen nicht ohne weiteres möglich seien. Dies ist zwar zutreffend, die besondere Bedeutung der Bindung folgt jedoch gerade daraus, daß sie *alle* Parteien in die Pflicht nimmt und nicht lediglich selektiv wirkt.

[41] *Holznagel*, Konfliktlösung durch Verhandlungen, S. 108 f. und 213; *ders.*, Mediation im Verwaltungsrecht, in: Breidenbach/Henssler (Hrsg.), Mediation für Juristen, S. 147 (153); *Ramsauer*, Mediation im Umweltrecht, ebd., S. 161 (165); *Gaßner/Holznagel/Lahl*, Mediation, S. 24; *Schulte*, Möglichkeiten zur Beschleunigung bau-

weise im Zivilrecht – dort also, wo die Grundsätze der Privatautonomie eine rechtsverbindliche Fixierung des Verhandlungsergebnisses unproblematisch erscheinen lassen – auch wie selbstverständlich als Definitionsmerkmal von Mediation anerkannt[42]. Dementsprechend zählt die hier vertretene Auffassung von Mediation i.e.S. die Möglichkeit, dem Verhandlungsergebnis rechtsverbindliche Wirkung zukommen zu lassen, zu deren begriffsnotwendigen Erfordernissen.

E. Neutralität des Mediators

Schließlich ist die Neutralität des Mediators und ihre Anerkennung durch alle Beteiligten eine – wenn nicht *die* – entscheidende Prämisse erfolgreicher Mediation[43]. Die Person des Mediators hat allen Parteien gegenüber Garant für Vertrauenswürdigkeit, Fairneß und Objektivität zu sein. Dies ist für ein Verfahren, welches nicht lediglich der Ermittlung der objektiven Fakten dient, sondern auch stark in die subjektiv-persönliche Sphäre der Parteien vordringt und deren Motive, Ängste und Hoffnungen zu erforschen beabsichtigt, von elementarer Bedeutung. Besonders im Einzelgespräch mit einer Partei (sog. *caucus*) ist es notwendige Voraussetzung, daß diese sich dem Mediator anvertrauen kann, ohne befürchten zu müssen, ihre vertraulichen Informationen könnten der Gegenseite zur Stärkung deren eigener Verhandlungsposition zugespielt werden. Die unbedingte Neutralität des Mediators ist notwendiges Erfordernis auch unter dem Gesichtspunkt, daß in festgefahrenen Konfliktsituationen die Beziehungen der Parteien zueinander nicht allein durch Sachrationalität entschieden werden, sondern hier auch „die Chemie" zwischen ihnen von Bedeutung ist. So kann nur einer neutraler Mediator zur Überwindung des psychologischen Phänomens, Vorschläge unabhängig von ihrer materiellen Wertigkeit allein aufgrund der Tatsache abzulehnen, daß sie „von der anderen Seite" stammen, beitragen. Die Relevanz der Neutralität des Mediators

---

licher Vorhaben, S. 103 f.; *Sünderhauf*, Mediation, S. 261 f.; Bericht der Bundesregierung über die Möglichkeiten einer weiteren Beschleunigung und Vereinfachung der immissionsschutzrechtlichen Genehmigungsverfahren, BT Drs. 12/6923, S. 20.

[42] Vgl. nur die Definition des BRAK-Ausschusses Mediation, BRAK-Mitt. 1996, 186. Ferner *Strempel*, Mediation in Rechtspflege und Gesellschaft, in: ders. (Hrsg.), Mediation für die Praxis, S. 7 (12).

[43] *Madigan/Susskind/Weinstein*, Vorüberlegungen für eine verbesserte Konfliktbewältigung im Umweltbereich, in: Hoffmann-Riem/Schmidt-Aßmann (Hrsg.), Konfliktbewältigung, Bd. I, S. 151 (153 und 170); *Holznagel*, Konfliktlösung durch Verhandlungen, S. 109 ff.; *ders.*, DV 22 (1989), 421 (424) m.w.N.; *Kostka*, DV 26 (1993), 87 (99); *Gaßner/Holznagel/Lahl*, Mediation, S. 62; Bundesministerium für Umwelt, Naturschutz und Reaktorsicherheit (Hrsg.), Umweltgesetzbuch (UGB-KommE), S. 641; *Sünderhauf*, Mediation, S. 48 ff.; *Wagner/Engelhardt*, NVwZ 2001, 370 (373). Unschlüssig *Breidenbach*, Mediation, S. 4: „Mediation ist die Einschaltung eines (*meist*) neutralen und unparteiischen Dritten [...]" (Hervorhebung durch den Verfasser). An anderer Stelle (S. 137) zählt er die Neutralität des Dritten hingegen zu den Definitionsmerkmalen von Mediation.

spiegelt auch das Verfahren seiner Auswahl wider: Sie ergeht nur mit Zustimmung aller Teilnehmer[44], bzw. für den Fall, daß erst der Mediator den Kreis der teilnehmenden Parteien festlegt, mit deren nachträglicher Bestätigung[45].

§ 9 Erwartungen an den Einsatz von Mediation

Die Darstellung der erwarteten Vorteile von Verfahrensprivatisierung durch Mediation beschränkt sich hier auf die für diese Methode spezifischen; nur der Vollständigkeit halber erwähnt werden sollen die weiteren Vorteile, die man sich von jeder Form der Privatisierung verspricht, nämlich die Verwirklichung des Subsidiaritätsprinzips[46] sowie die Nutzbarmachung von Flexibilitätsvorteilen des Privatrechts[47].

A. Akzeptanz- und Demokratiestärkung

Im Zuge des oben[48] beschriebenen Wandels der Staatlichkeit erlangt der Gedanke der durch Verfahren vermittelten Akzeptanz von Verwaltungsentscheidungen zunehmende Bedeutung[49]. Akzeptanz läßt sich am wirkungsvollsten durch eine aktive Einbindung des Bürgers in den Dialog mit der Verwaltung, eine offene, vorbehaltlose Informationspolitik sowie eine auf die Erreichung von Konsens bedachte Verfahrensgestaltung erreichen – Ziele, die eben auch im Zentrum des Konzepts der Mediation stehen. Mediation wird daher als ein

---

[44] *Schneider*, VerwArch. 87 (1996), 38 (62).

[45] *Holznagel*, Konfliktlösung durch Verhandlungen, S. 119 f.

[46] Das Subsidiaritätsprinzip, dem vorwiegend politische und weniger rechtliche Bedeutung beigemessen wird, propagiert die Nachrangigkeit staatlicher und kommunaler gegenüber privater Aufgabenerledigung. Es verlangt Entstaatlichung, den Abbau des Machtgefälles in Interaktionsbeziehungen zwischen Bürger und Verwaltung und trägt somit dem allgemeinen Wandel der Rolle des Staates Rechnung. Im Zusammenhang mit Mediation spielt es eine untergeordnete Rolle, da es ein entweder-oder-Konzept vorschlägt, demzufolge eine Aufgabe entweder privat oder hoheitlich wahrgenommen wird. Mediation stellt sich im Öffentlichen Recht jedoch als ein Konglomerat privater und hoheitlicher Rechtsregime dar.

[47] Diesbezüglich verspricht man sich Vorteile von der Lösung vom öffentlichen Haushalts- und Dienstrecht, insbesondere die effektivere Einbindung externen Sachverstands und höhere Flexibilität bei der Personalaquisition. Umfassend und weiterführend zu den (erhofften) Vorteilen einer jeden Privatisierung *Ehlers*, Verwaltung in Privatrechtsform, S. 292 ff.

[48] Vgl. oben unter § 2 B, C.

[49] Zur (gesteigerten) Bedeutung von Akzeptanz *Würtenberger*, Die Akzeptanz von Verwaltungsentscheidungen, S. 98 ff.; *ders.*, NJW 1991, 257 ff. Speziell für das Bauplanungsrecht *Taft/Wallraven-Lindl*, Das Verfahren zur Aufstellung eines Bebauungsplans, S. 39; *Hadlich/Rennhack*, LKV 1999, 9 (11 f.).

bedeutendes Mittel zur Lösung oder doch zumindest Verringerung von Akzeptanzproblemen gesehen[50].

In der Literatur werden Mediationsverfahren teilweise auch als eine Stärkung von Demokratie verstanden. Eine solche sei nicht lediglich durch die Verlagerung von Letztentscheidungsgewalt auf den Bürger zu erreichen, sondern bereits durch das gezielte staatliche Bemühen um Akzeptanz, das seinerseits als demokratisches Prinzip aufgefaßt wird[51]. Verfahren, die wie Mediation über eine konstruktiv-aktive Mitarbeit der Bürger in Entscheidungsprozessen eine Förderung des Akzeptanzgedankens zu erreichen beabsichtigen, stellen dieser Auffassung zufolge unter dem Gesichtspunkt der immanenten (Teil)Rückgabe von Souveränität auch eine Stärkung der Demokratie dar[52]. Hier erscheint jedoch Skepsis gegenüber einem zu weiten Demokratieverständnis angebracht. Zunächst einmal kommt dem Bürger in Mediationsverfahren anders als in direktdemokratischen Entscheidungsverfahren keine direkte *rechtliche* Entscheidungsmacht zu. Mediation mag sich insbesondere unter dem Aspekt der Verhinderung von Meinungspolarisierungen[53] zwar als eine angemessene Form politischer Teilnahme darstellen, sie bedeutet dennoch lediglich die Möglichkeit zu *politischer* Einflußnahme, mag diese auch erheblich sein. Zweifel an einer Stärkung von Demokratie durch Mediation erscheinen ferner unter einem anderen Aspekt dieses Staatsprinzips angebracht: Verdeutlicht man sich die Bedeutung von Demokratie als einer Organisationsform von Herrschaft, die *alle* Bürger zu gleichberechtigter Teilnahme an ihrer Ausübung befugt[54], so wird offensichtlich, daß Mediation ebendies nicht leisten kann. Gleich wie weit man den Rahmen der an Mediationsverfahren beteiligten Parteien fassen will, kann es nicht gelingen, im Rahmen solcher Verfahren

---

50 *Zilleßen*, Mediation als kooperatives Konfliktmanagement, in: ders. (Hrsg.), Mediation, S. 17 (20 ff.); *Holznagel*, Konfliktlösung durch Verhandlungen, S. 265 ff.; *Hadlich/Rennhack*, LKV 1999, 9 (10).

51 *Hoffmann-Riem*, Konfliktmittler in Verwaltungsverhandlungen, S. 36 f.; *ders.*, Verwaltungsrechtsreform – Ansätze am Beispiel des Umweltschutzes –, in: ders. u.a. (Hrsg.), Reform des Allgemeinen Verwaltungsrechts, S. 115 (133 ff.); *Würtenberger*, Die Akzeptanz von Verwaltungsentscheidungen, S. 54 ff. Behutsam geht in dieser Beziehung *Schmidt-Aßmann*, Verwaltungsverfahren, in: HStR, Bd. III, § 70 Rdnr. 26 vor: Er sieht das Demokratieprinzip lediglich als eine akzeptanzfördernde Ausgestaltung des Verwaltungsverfahrens anregend oder nahelegend, warnt jedoch vor der Steigerung zu einem verfassungsunmittelbaren Partizipationsgebot; ähnlich *Schulte*, Schlichtes Verwaltungshandeln, S. 170 und 175.

52 *Hill*, DVBl. 1993, 973 (976); *Hoffmann-Riem*, Konfliktmittler in Verwaltungsverhandlungen, S. 22.

53 Diese vermeiden Mediationsverfahren im Gegensatz zu direktdemokratischen Entscheidungsverfahren dadurch, daß sie komplexe Sachverhalte nicht lediglich auf die einfache Ja/Nein-Entscheidung reduzieren.

54 *Böckenförde*, Demokratie als Verfassungsprinzip, in: HStR, Bd. I, § 22 Rdnr. 9.

gegebenenfalls ausgeübte Herrschaft als Selbstbestimmung und Selbstregierung des Volkes zu begreifen.

Abschwächend erscheint es jedoch zulässig, in Mediation unter dem Aspekt der hiermit beabsichtigten Herbeiführung von Konsens eine Aufnahme einzelner demokratiestaatlich nahegelegter Elemente zu sehen. So zeichnet sich eine konsensuell erzielte Lösung gegenüber einer einseitig-hoheitlich oktroyierten durch ihre höhere demokratische Wertigkeit aus[55]: Dort wo Einigung möglich ist, bietet sie gegenüber Mehrheitsentscheidungen die Vorteile der umfassenden Interessenberücksichtigung, größerer sachlicher Richtigkeit und höherer Akzeptanz, so daß es auf allen Stufen politischer Willensbildung geradezu aufgegeben ist, so weit wie möglich freie Einigung anzustreben und zu erzielen[56]. In Gegenüberstellung mit herkömmlichen Verfahren der Bürgerbeteiligung kann durch Mediation eine gewisse Demokratisierung schließlich dadurch erreicht werden, daß die auf die Förderung der Gleichheit der Parteien bedachte Tätigkeit des Mediators weniger artikulationsfähige Bürger Unterstützung erfahren läßt und das Beteiligungsverfahren damit nicht auf die Mitwirkung der ohnehin „Sozialaktiven" beschränkt[57].

B. Verfahrensbeschleunigung

Die Schaffung von Akzeptanz ist jedoch nicht nur unter dem Aspekt der Stärkung von Demokratie zu sehen, sondern auch als Anliegen des Effektivitätsprinzips: Die Akzeptanz schaffende Durchführung von Mediationsverfahren entlastet die Verwaltung von öffentlicher Kritik, der sonst mit entsprechendem Zeit- und Personalaufwand sowie den damit verbundenen Kosten zu begegnen ist. Als einen wesentlichen Vorteil von Mediation verspricht man sich eine Verfahrensbeschleunigung[58], wobei Verfahren in diesem Zusammenhang nicht als Verwaltungsverfahren verstanden werden darf, sondern untechnisch als der gesamte Entscheidungsprozeß von der Planung bis zur Realisierung eines Projekts oder Vorhabens. Das Verwaltungsverfahren selbst kann sich durch die ergänzende Durchführung eines Mediationsverfahrens möglicherweise sogar verlängern, da umfassende Kommunikationsprozesse

---

[55] Dazu umfassend *Sünderhauf*, Mediation, S. 114 ff.

[56] *Hesse*, Grundzüge des Verfassungsrechts der Bundesrepublik Deutschland, § 5 Rdnr. 141.

[57] Zu diesem Risiko der Bürgerbeteiligung vgl. *Battis*, Partizipation im Städtebaurecht, S. 48 ff.; *Hendler*, Die bürgerschaftliche Mitwirkung an der städtebaulichen Planung, S. 45.

[58] *Hoffmann-Riem*, Konfliktmittler in Verwaltungsverhandlungen, S. 22 f.; *Holznagel*, DV 22 (1989), 421 (433); *Gaßner/Holznagel/Lahl*, Mediation, S. 80; *Fiedler*, Der Städtetag 1998, 686 (689). Der Bericht der Unabhängigen Expertenkommission zur Vereinfachung und Beschleunigung von Planungs- und Genehmigungsverfahren, Rdnr. 284 spricht zurückhaltender von der möglichen Eignung zur Beschleunigung. Von *Troja*, ZfU 1997, 317 (325) wird betont, daß dieser Aspekt von Mediation keineswegs im Vordergrund stehe.

mit dem Ziel, unterschiedliche Interessenlagen offenzulegen und ihre Ausgleichsfähigkeit auszuloten, einen höheren Zeitaufwand implizieren[59]. Aus einer Gesamtbetrachtung heraus ist dennoch von einer Verfahrensbeschleunigung zu sprechen, wenn gerichtliche Auseinandersetzungen vermieden werden können. Konsensuelle Lösungen bieten diese Perspektive mit großer Regelmäßigkeit, so daß durch Mediation auch der Befriedungsfunktion von Verfahren optimal Rechnung getragen werden kann.

C. Objektivitätsgewinn

Ferner wird vom Einsatz von Mediatoren als Garanten der Interessenneutralität die Förderung von Neutralität im Verwaltungsverfahren und eine dadurch gesteigerte Gemeinwohlbezogenheit des Verfahrensergebnisses erwartet[60]. Zwar ist auch die Exekutive *rechtlich* auf neutrale Amtsausübung verpflichtet, jedoch hat sie regelmäßig *politisch* ein Eigeninteresse. Förderung ökonomischen Wachstums, Arbeitsplatzbeschaffung, Industrieansiedlung und ökologische Gestaltung der Lebensumwelt stellen eine Aufgabenvielfalt dar, die den Staat zunehmend auch als Walter von Partikularinteressen auftreten läßt[61]. Dies wird auch unter den Schlagworten Ressortinteresse, Klientelorientierung sowie der Erscheinung der bereitwilligen Nachgabe gegenüber spezifischen politischen Erwartungen diskutiert[62]. Eine weitere Relativierung der bloßen Gemeinwohlorientierung staatlichen Handelns liegt in dem Hineinwirken sozialer Bezüge in das Berufsfeld des Beamten. Vor diesem Hintergrund ist die Behauptung, dieser diene ganz und gar dem Staat sowie die Unterlegung mit dem Hinweis, Beamte würden häufig versetzt, um sich nicht zu sehr auf ein bestimmtes soziales Umfeld einzulassen, nicht mehr als „[...] eine bloße

---

[59] *Schulze-Fielitz*, Kooperatives Recht im Spannungsfeld von Rechtsstaatsprinzip und Verfahrensökonomie, in: Dose/Voigt (Hrsg.), Kooperatives Recht, S. 225 (240 f.); *ders.*, DVBl. 1994, 657 (664); *Battis*, in: ders./Krautzberger/Löhr, BauGB, § 4b Rdnr. 5.

[60] *Hoffmann-Riem*, Konfliktmittler in Verwaltungsverhandlungen, S. 17 ff.; *Schneider*, Kooperative und konsensuale Formen administrativer Entscheidungsprozesse, in: Schenk u.a. (Hrsg.), Vom Hoheitsstaat zum Konsensualstaat, S. 82 (95 f.); *Schmidt-Aßmann*, Konfliktmittlung in der Dogmatik des deutschen Verwaltungsrechts, in: Hoffmann-Riem/Schmidt-Aßmann (Hrsg.), Konfliktbewältigung, Bd. II, S. 9 (18), erkennt zwar die Möglichkeit eines Neutralitätsgewinns durch Mediation an, warnt vor dem Hintergrund der bereits bestehenden umfangreichen Befangenheitsvorschriften jedoch davor, diesen in seiner Bedeutung zu überschätzten. Kritisch auch *Brohm*, DVBl. 1990, 321 (324 f.).

[61] *Hoffmann-Riem*, Konfliktmittler in Verwaltungsverhandlungen, S. 18 f.; *ders.*, Verhandlungslösungen und Mittlereinsatz im Bereich der Verwaltung: Eine vergleichende Einführung, in: Hoffmann-Riem/Schmidt-Aßmann (Hrsg.), Konfliktbewältigung, Bd. I, S. 13 (31 f.); *Brohm*, DVBl. 1990, 321 (324).

[62] *Hoffmann-Riem*, Öffentliches Recht und Privatrecht als wechselseitige Auffangordnungen – Systematisierung und Entwicklungsperspektiven, in: ders./Schmidt-Aßmann (Hrsg.), Öffentliches Recht und Privatrecht als wechselseitige Auffangordnung, S. 261 (291).

Selbststilisierung, die mit der Wirklichkeit schlechterdings nichts zu tun [hat]“[63].

§ 10 Die grundsätzliche Kompatibilität des dargestellten Mediationskonzepts mit dem deutschen Öffentlichen Recht

Die Tatsache, daß Mediation sowohl ihren Ursprung als auch ihre langjährige Entwicklung in einer der deutschen weitgehend fremden Rechtsordnung hat, wirft die Frage auf, ob sich dieses Verfahren hierzulande überhaupt in das Rechtssystem integrieren läßt bzw. ob es dazu wesentlicher Modifikationen bedarf. Eine Umsetzung des Mediationsmodells verlangt die Berücksichtigung der Eigenarten sowohl des deutschen Verwaltungssystems bzw. Verwaltungsverfahrens im Vergleich zum US-amerikanischen als auch die des Verwaltungsverfahrens im Vergleich zum Verfahren unter Privaten[64].

A. Strukturelle Unterschiede zwischen den Verwaltungsrechtssystemen der USA und der Bundesrepublik

Gegen eine komplette, modifikationslose Übertragbarkeit des US-amerikanischen Mediationskonzepts auf die Bundesrepublik sprechen schon die strukturellen Unterschiede im Aufbau der Verwaltung und ihre unterschiedliche Position im Staatsgefüge in den USA und der Bundesrepublik sowie die unterschiedliche Konzeption des Prinzips der Gewaltenteilung in beiden Staaten[65]. Die Verwaltung besitzt in den USA aufgrund der traditionellen Zurückhaltung gegenüber staatlicher Steuerung und Intervention eine deutlich schwächere Position und damit einen geringeren Einfluß auf die Gemeinwohlkonkretisierung[66]. Eine kompensatorische Bedeutung kommt hier dem privaten Sektor zu, der sich im Vergleich zur Bundesrepublik durch ein anderes Gemeinwohlverständnis sowie Maß an Mitverantwortung und Mitwirkung auszeichnet und damit auch entscheidend zur Popularität von *Public Private Partnership* in den USA beigetragen hat[67]. Das in den USA anzutreffende Verlangen nach Einrichtung neutraler Instanzen ist vor dem Hintergrund der dort vorherrschenden Besonderheiten des Beamtenstatus zu sehen, der häufig durch Wahl vermittelt nur kurze, zahlreichen Einflußnahmen aus-

[63] *Ellwein/Hesse*, Der überforderte Staat, S. 155.

[64] So ausdrücklich für die Neuregelung des § 4b BauGB *Battis*, in: ders./Krautzberger/Löhr, BauGB, § 4b Rdnr. 2; *ders./Krautzberger/Löhr*, NVwZ 1997, 1145 (1151).

[65] Zu den Besonderheiten des amerikanischen Verwaltungs(verfahrens)rechts im Vergleich zum deutschen vgl. *Jarass*, DÖV 1985, 377 ff.

[66] *Hoffmann-Riem*, Konfliktmittler in Verwaltungsverhandlungen, S. 29; *Steinberg*, Kritik von Verhandlungslösungen, insbesondere von mittlergestützten Entscheidungen, in: Hoffmann-Riem/Schmidt-Aßmann (Hrsg.), Konfliktbewältigung, Bd. I, S. 295 (306 f.); *Brohm*, NVwZ 1991, 1025 (1031).

[67] *Krautzberger*, Städte- und Gemeinderat 1993, 44.

gesetzte Amtszeiten ermöglicht und daher eine geringere persönliche Unabhängigkeit des Beamten verbürgt als es in der Bundesrepublik der Fall ist[68]. Vor dem Hintergrund der hierzulande rechtlich gefestigten Gemeinwohlverpflichtung der Exekutive sowie ihrer größeren Unabhängigkeit von den anderen Gewalten mag die Übernahme des amerikanischen Modells der Mediation durch Private daher überflüssig erscheinen[69].

In der Bundesrepublik herrscht das Modell einseitig-hoheitlicher Regelung vor, welches eine gestaltende Mitwirkung des Bürgers im wesentlichen auf die Wahlentscheidung beschränkt (vgl. Art. 20 Abs. 2 Satz 1 GG), so daß die hinsichtlich einer vermittelnden, auf Kooperation und Konsens bedachten und Entscheidungen aushandelnden Verwaltung geäußerten Bedenken an ihrer Systemkonformität[70] gerechtfertigt oder zumindest doch nachvollziehbar erscheinen.

Ferner ist die Popularität von Mediation in den USA vor dem Hintergrund der besonderen Bedeutung von *ADR* für den Zugang zum Recht zu sehen: Wo Gerichtsprozesse und schon ihre Vorbereitung für die Parteien finanziell ruinöse Folgen haben können, stellt sich *ADR* häufig als einzige Möglichkeit der Darlegung und Durchsetzung von Rechtspositionen dar. Der hohe Kostenaufwand bereits im Vorfeld des US-amerikanischen Gerichtsprozesses (insbesondere *discovery* und *depositions*[71]) ist in der Regel unabhängig vom Prozeßausgang von jeder Partei selbst zu tragen und kann auch unter dem Aspekt von Zeitersparnis die Bereitschaft, sich auf Mediation einzulassen, ganz anders beeinflussen, als dies im deutschen System möglich ist.

Schließlich hängen die Erfolgsaussichten von Mediation nicht nur von Unterschieden im Verwaltungs- und Rechtssystem ab; von großer Bedeutung ist auch das gesellschaftliche und kulturelle Umfeld. Deutlich wird dies z.B., wenn man sich die Ursache der Popularität von Mediation im asiatischen Raum vergegenwärtigt: Dort gehört es seit jeher zur konsensorientierten politischen Kultur, Auseinandersetzungen nach Möglichkeit nicht vor Gericht

---

68 *Brohm*, NVwZ 1991, 1025 (1031 f.).

69 So *Erbguth*, NVwZ 1992, 551.

70 *Kunig*, Alternativen zum einseitig-hoheitlichen Verwaltungshandeln, in: Hoffmann-Riem/Schmidt-Aßmann (Hrsg.), Konfliktbewältigung, Bd. I, S. 43 (55 ff.); *ders./Rublack*, Jura 1990, 1 (11); *Burmeister*, VVDStRL 52 (1993), 190 (204 ff.); *Fikkert*, Die Bauleitplanung, Rdnr. 139e.

71 Im Rahmen eines vorgerichtlichen Verfahrens (*pretrial discovery*) ist es den Parteien möglich, von der Gegenseite Informationen und Beweismaterial zur Vorbereitung der eigenen gerichtlichen Argumentation zu fordern. Eine Methode hierbei ist es, die andere Partei durch Niederschrift einer außergerichtlichen eidlichen Aussage (*deposition*) zu befragen. Vgl. *Hay*, Einführung in das amerikanische Recht, S. 61 f.

auszutragen, sondern durch versöhnliche Konfliktlösungsverfahren wie eben auch Mediation beizulegen[72].

Für die Übertragbarkeit des Mediationskonzepts auf die Bundesrepublik ergeben sich insofern Zweifel, als die Verankerung von Mediation in der US-amerikanischen Rechtskultur eine Teilnahme- und Kompromißbereitschaft voraussetzt, die in der Bundesrepublik so nicht besteht und an deren Entwicklungsmöglichkeit Zweifel geäußert werden dürfen. So wird darauf hingewiesen, die deutsche „Streitmentalität" sei weniger auf Einigung als auf ein notwendig streitiges Verfahren mit abschließendem obrigkeitlichen Streitentscheid fixiert[73]. Ursächlich ist hierfür sicherlich auch die fehlende Förderung einer einigungsorientierten Streitmentalität in der juristischen Ausbildung. Die klassische Methodik orientiert sich ausnahmslos an der Fragestellung „Wer hat welchen Anspruch?" statt mit der Suche nach interessengerechter Lösung für den vorhandenen Konflikt einen dem Rechtsfrieden dienlicheren Ansatz zu wählen[74]. Die fehlende Akzeptanz oder sogar Unkenntnis von für alle Parteien gewinnbringender Konfliktlösung (*win-win-situation*) spiegelt sich wider in Anwaltsweisheiten wie „Wenn Du gewinnen kannst, darfst Du Dich nicht vergleichen"[75]. Wenn Mediation – wie in der Anwaltschaft gegenwärtig geradezu beschworen[76] – tatsächlich Anwaltssache werden soll, bedarf es auch dort grundsätzlichen Umdenkens: konsensorientierte Kooperationsbereitschaft wird wichtiger und kann eine durchaus sympathische Veränderung des vorherrschenden Anwaltsbildes bewirken[77], bevor auch diesbezüglich amerikanische Verhältnisse eintreten.

---

72 *Fietkau/Weidner*, Umweltverhandeln, S. 23.

73 *Haft*, BB 1998, Beilage 10, 15 (16); *Passavant*, DÖV 1987, 516 (523).
Auch in der Politik wird diese Erkenntnis konstatiert, vgl. die Äußerung der Landesregierung Nordrhein-Westfalens, der Bürger müsse für den Schlichtungsgedanken erst noch gewonnen und ein „Schlichtungsbewußtsein" in der Bevölkerung verankert werden, LT Drs. NRW 10/2998 zitiert bei *Ponschab*, Mediation in der anwaltlichen Praxis, in: Breidenbach/Henssler (Hrsg.), Mediation für Juristen, S. 93 (96). In diesem Zusammenhang steht auch die Äußerung des ehemaligen nordrhein-westfälischen Justizministers *Behrens*, Recht und Politik 1997, 73, das Rechtssystem sei zu sehr auf die gerichtliche Streitentscheidung ausgerichtet. Als Reaktion auf diesen Befund läßt sich das Gesetz zur Förderung der außergerichtlichen Streitbeilegung v. 15.12.1999 (BGBl. I S. 2400) verstehen, hierzu *Hartmann*, NJW 1999, 3745 ff.

74 *Ponschab*, Mediation in der anwaltlichen Tätigkeit, in: Breidenbach/Henssler (Hrsg.), Mediation für Juristen, S. 93 (98). Zur Kritik an der vorherrschenden Juristenausbildung unter diesem Aspekt auch *Wischnewski*, Konsens 1999, 98 f.

75 Dazu *Stüer*, NJW 1995, 2142 (2144).

76 Vgl. nur das Leitthema, unter dem Mediation auf dem 49. Deutschen Anwaltstag in Frankfurt/M. am 9.5.1997 behandelt wurde: „Streitschlichtung – Anwaltssache".

77 *Stüer/Rude*, DVBl. 1998, 630 (632); *Schieferstein/Krämer*, Konsens 1999, 3 ff.

B. Konzeptionelle Unterschiede zwischen Öffentlichem Recht und Privatrecht (Gemeinwohlbindung vs. Privatautonomie)

Verhandlungslösungen sind im Zivilrecht lange bekannt und aufgrund der dort vorherrschenden Konzeption der Privatautonomie auch ohne weiteres möglich. Anders stellt sich die Situation jedoch im Öffentlichen Recht dar: Dort lösen die Parteien nicht lediglich einen Konflikt zwischen ihren eigenen Interessen, sondern aufgrund des öffentlich-rechtlichen Charakters der Materie ist auch das Gemeinwohl betroffen und damit ein Gebiet, auf dem herkömmlich mit einseitig hoheitlichem Handeln vorgegangen wird[78]. Den Trägern öffentlicher Verwaltung verbietet die Gemeinwohlverpflichtung eine ebenso freie Verhandlungsführung, wie sie in den Grenzen der Privatautonomie über disponible Rechtsgüter möglich ist. Ihr stehen eben nur die privatrechtlichen Rechtsformen, nicht jedoch die Möglichkeiten und Freiheiten der Privatautonomie zu[79]. Diese Gemeinwohlkonzeption läßt sich auch als Besonderheit des deutschen gegenüber dem US-amerikanischen Verwaltungsrecht sehen, wenn man letzteres aufgrund der Tendenz, sich im wesentlichen auf die Belange Betroffener zu konzentrieren und die der Allgemeinheit außen vor zu lassen, mit *Brohm* als stark durch die „zivilistische Denkweise geprägt" erachtet[80].

Die erforderliche Einhaltung verfassungsrechtlicher Grundsätze wie die der Gewaltenteilung, der Gesetzesbindung sowie des Rechtsstaats- und Demokratieprinzips erschweren grundsätzlich den Zugang zu eher auf partnerschaftliche Gleichberechtigung ausgerichteten Konfliktmittlungsebenen[81]. Verwaltungsrechtlich, vor allem aber verwaltungsverfahrensrechtlich und verwaltungswissenschaftlich lassen sich rechtsstaatlich ordnungsgemäße und dogmatisch sichere Einordnungen kooperativer und konsensueller Handlungsformen sehr viel schwerer vornehmen als auf Rechtsgebieten, wo sich die Beteiligten im Gleichordnungsverhältnis gegenüberstehen[82].

C. Entwicklungsfähigkeit und Entwicklungsnotwendigkeit des deutschen Verwaltungs(verfahrens)rechts

Vor dem dargestellten Hintergrund möglicher Reibungspunkte des Mediationskonzepts mit dem deutschen Öffentlichen Recht darf also nicht vernachlässigt werden, daß die meisten Innovationen neue Risiken mit sich bringen. Dies zeigen auch die im Zusammenhang mit der europäischen Adaption eini-

---

78 *Kunig*, Alternativen zum einseitig-hoheitlichen Verwaltungshandeln, in: Hoffmann-Riem/Schmidt-Aßmann (Hrsg.), Konfliktbewältigung, Bd. I, S. 43 (55 ff.); *Brohm*, DVBl. 1994, 133 (138); *ders.*, NVwZ 1991, 1025 (1029).

79 *Maurer*, Allgemeines Verwaltungsrecht, § 3 Rdnr. 9.

80 *Brohm*, NVwZ 1991, 1025 (1031).

81 *Lankau*, Konsens 1999, 18.

82 *Lankau*, Konsens 1999, 18 (20).

ger Verbesserungsansätze des US-amerikanischen Rechts (z.B. die Umweltverträglichkeitsprüfung und das dem *Freedom of Information Act* nachempfundene Umweltinformationsgesetz) beklagten weitgehenden dogmatischen Friktionen im ausdifferenzierten System des deutschen Verwaltungs(verfahrens)rechts[83]. Die Vorbildwirkung des amerikanischen Umweltrechts auf die europäische und deutsche Rechtsetzung läßt dennoch erwarten, daß sich das Öffentliche Recht auch mit der neuen Methode der Mediation intensiver auseinanderzusetzen haben wird. Dabei wird zu berücksichtigen sein, daß Dogmatik und Systematik kein Selbstzweck sind, sie haben auch die Verwaltungsrealität zur Kenntnis zu nehmen und zu versuchen, diese mit ihrer ordnenden Kraft zu bewältigen. Alles andere wäre nicht nur ein Realitätsverlust, sondern würde der Verwaltung diejenigen rechtlichen Instrumente nehmen, die sie zur Erfüllung ihrer Aufgaben benötigt[84]. Eine Fortentwicklung des Rechts zur Bewältigung gegenwärtiger und zukünftiger Aufgaben und Probleme muß möglich bleiben, ist die Lehre von den Handlungsformen der Verwaltung doch „[...] nie eine fertige, sondern stets eine zu reformierende [...]“[85]. Zurecht wird daher gefordert, dem Demokratieprinzip wie auch dem Rechtsstaatsprinzip in seiner janusköpfigen Funktion sowohl als Begrenzungsfaktor als auch als Entwicklungsfaktor staatlichen Handelns Rechnung zu tragen. Beide Prinzipien setzen staatlichem Handeln nicht nur verfassungsrechtliche Grenzen, ihnen kommt unter veränderten Bedingungen der Staatlichkeit auch die Funktion zu, neue Entwicklungen aufzunehmen und deren Transformation in rechtlich anerkannte Handlungsformen zu fördern[86]. Unter diesen Umständen kann wohl auch nicht davon ausgegangen werden, Demokratisierung und Rechtsstaatlichkeit staatlichen Handelns stünden zwangsläufig in einem Ausschlußverhältnis zueinander[87]. Das Verwaltungsrecht wird sich seine Innovationsfähigkeit bewahren müssen, da der europäische Einigungsprozeß keinesfalls erwarten läßt, daß sich ausschließlich deutsche Vorstellungen auf europäischer Ebene durchsetzen werden. Die zunehmende Globalisierung fast aller Lebensbereiche fordert eine Öffnung auch für fremdartige, zunächst als nicht konform mit der deutschen Systematik oder auch Mentalität eingestufte Regelungsmodelle. Angesichts der häufig als

---

83 Dazu *Schoch*, JZ 1995, 109 ff.

84 *Schuppert*, Die öffentliche Verwaltung im Kooperationsspektrum staatlicher und privater Aufgabenerfüllung – Erscheinungsformen von Public Private Partnership als Herausforderung an Verwaltungsrecht und Verwaltungswissenschaft, in: Budäus/Eichhorn (Hrsg.), Public Private Partnership, S. 93 (94); ähnlich *Hill*, DVBl. 1993, 973 (976 f.).

85 *Schmidt-Aßmann*, DVBl. 1989, 533 (541).

86 *Schmidt-Aßmann*, Zur Reform des Allgemeinen Verwaltungsrechts – Reformbedarf und Reformansätze –, in: Hoffmann-Riem u.a. (Hrsg.), Reform des Allgemeinen Verwaltungsrechts, S. 11 (17); *Trute*, DVBl. 1996, 950 (955); *Schulte*, Schlichtes Verwaltungshandeln, S. 156 ff.

87 Dies impliziert jedoch *Blümel*, „Demokratisierung der Planung“ oder rechtsstaatliche Planung?, in: Schnur (Hrsg.), FS Forsthoff, S. 9 ff.

überdifferenziert empfundenen deutschen Verwaltungsrechtsordnung[88] kann ihr die Herausforderung durch an sie herangetragene neue Handlungsformen durchaus selbst zum Vorteil gereichen. Zwischen der Versteifung auf die Wahrung nationalstaatlicher Systematik und der unkritischen Übernahme neuer Lösungsmodelle fremder Rechtsordnungen sollte sich regelmäßig ein ausgleichender Weg finden lassen. Dabei werden Phänomene wie *Public Private Partnership*[89], Projektmanagement[90], Mediation, *New Public Management*[91], *lean administration*[92], *outsourcing*[93] und *bargaining*[94] sich in den seltensten Fällen – anders als es die offenbar moderne Verwendung von Amerikanismen und Anglizismen suggerieren mag – als gänzlich neue Modalitäten der Bewältigung bekannter Probleme darstellen. Verhandlung und Vermittlung jedenfalls sind dem deutschen Öffentlichen Recht keineswegs völlig fremd[95]. Auch dürfte es der Akzeptanz von Mediation zuträglich sein, klarzustellen, daß von keiner Seite der Ersatz von Verwaltungsverfahren durch die „Wunderwaffe Mediation" gefordert wird[96], sondern lediglich an eine Integration dieser neuen Konfliktbehandlungsmethode in herkömmliche Verfahren gedacht wird und sie damit „prinzipiell unverdächtig"[97] erscheint. Demnach gilt es auch nicht, Vor- und Nachteile beider Verfahren gegeneinander abzuwägen, sondern eine Anreicherung des überkommenen Verfahrens mit

---

88 *Schoch*, DVBl. 1997, 297; *Hoffmann-Riem*, Verfahren, in: Böhret/Hill (Hrsg.), Ökologisierung des Rechts- und Verwaltungssystems, S. 114 (118).

89 Dazu § 2 A.

90 Dazu § 7 Fn. 10.

91 Vgl. die Nachweise unter § 2 Fn. 44.

92 *Hansen*, VR 1997, 204 ff.; *Lüder*, DÖV 1996, 93 ff.

93 *Hoffjan*, DV 28 (1995), 389 ff.

94 *Kippes*, Bargaining – Informales Verwaltungshandeln und Kooperation zwischen Verwaltungen, Bürgern und Unternehmen, Köln 1995; *Kirsch*, Public Private Partnership, S. 225 ff.

95 Vgl. nur *Dose*, Die verhandelnde Verwaltung, Baden-Baden 1997.

96 *Gaßner/Holznagel/Lahl*, Mediation, S. 5 f.; *Sünderhauf*, Mediation, S. 68; *Zilleßen*, Mediation als kooperatives Konfliktmanagement, in: ders. (Hrsg.), Mediation, S. 17 (18); *Gusy*, ZfU 1990, 353 (362); *Holznagel*, DV 22 (1989), 421 (429); *Hoffmann-Riem*, Konfliktmittler in Verwaltungsverhandlungen, S. 19; *Casper*, DVBl. 1995, 992 (997).

Dagegen scheint der Oberbegriff für Mediation, *Alternative* Dispute Resolution, ebendies zu suggerieren. Es ist daher wenig hilfreich, wenn Mediation im Öffentlichen Recht unter den irreführenden Begriff der alternativen Konfliktlösung gefaßt wird, denn eine Alternative zum Verwaltungsverfahren im Sinne einer Entweder-oder-Entscheidung kann Mediation nicht darstellen.

97 *Schuppert*, Konfliktmittlung bei Verhandlungen und Verwaltungsverfahren, in: Hoffmann-Riem/Schmidt-Aßmann (Hrsg.), Konfliktbewältigung, Bd. II, S. 29 (32).

den übernehmenswert erscheinenden Vorzügen des neuen Verfahrens in Betracht zu ziehen, um so zu einer sinnvollen Ergänzung zu gelangen[98].

In jedem Fall sollte eine Einführung des amerikanischen Mediationskonzepts wohldosiert und angemessen ergehen[99]. Ähnlich wie in den USA sind diesbezügliche Neuregelungen als kontrollierte Gesetzgebungsexperimente zu verstehen[100], die Akzeptanz für neue Konfliktbehandlungsmethoden schaffen wollen, jedoch gleichzeitig anerkennen, daß Lern- und Weiterentwicklungsbedarf besteht, der nur durch Rückkoppelung mit der Praxis befriedigt werden kann. Mag sich der verstärkte Einsatz neuartiger Verfahren zwar immer auch als risikobehaftetes Wagnis darstellen, so versprechen doch Praxistests in enger Abstimmung mit weiterhin notwendiger wissenschaftlicher Forschung dieses Risiko zur Chance werden zu lassen[101].

§ 11 Grundsätzliche Eignung des Bauleitplanverfahrens zur Nutzbarmachung des Mediationskonzepts

Spricht man sich für eine experimentelle, bereichsspezifische Erprobung von Mediation im deutschen Öffentlichen Recht aus, so stellt sich zunächst die Frage, welche Rechtsgebiete diesem neuen Konzept entgegenkommen. Neue Lösungsansätze haben sich zunächst einer Detailanalyse auf umgrenzten Rechtsgebieten zu stellen[102], in deren Verlauf die Bedingungen ihres Erfolgs auszuwerten und zu analysieren sind, um eine generelle Eignung als Konfliktvermeidungs- oder -lösungsinstrument zu eruieren. Hat sich die Neuerung dort bewährt, kann die Spezialmaterie als Referenzgebiet für allgemeinere Regelungen dienen. Einer solchen Detailanalyse soll hier die Verfahrensprivatisierung in der Bauleitplanung, insbesondere in der Form von Mediation in den Beteiligungsverfahren unterzogen werden.

---

98 *Schuppert*, Konfliktmittlung bei Verhandlungen und Verwaltungsverfahren, in: Hoffmann-Riem/Schmidt-Aßmann (Hrsg.), Konfliktbewältigung, Bd. II, S. 29 (38 f.); *Gaßner/Holznagel/Lahl*, Mediation, S. 69.

99 *Barbian*, Die Neuartigkeit umwelt- und technologiepolitischer Entscheidungsverfahren, in: Zilleßen u.a. (Hrsg.), Die Modernisierung der Demokratie, S. 297 (320). *Wagner/Baumheier*, Planungsbeschleunigung – Möglichkeiten und Grenzen legislativer und administrativer Ansätze zur Beschleunigung der Planungsverfahren für Infrastruktur- und private Vorhaben, in: Kormann (Hrsg.), Aktuelle Fragen der Planfeststellung, S. 39 (60) fordern daher ein „[...] systemgerechtes Anpassen der Grundgedanken von [...] Mediation".

100 *Hoffmann-Riem*, Konfliktmittler in Verwaltungsverhandlungen, S. 29; *Holznagel*, DV 22 (1989), 421 (429 f.).

101 *Barbian*, Die Neuartigkeit umwelt- und technologiepolitischer Entscheidungsverfahren – Eine erste vergleichende Fallbewertung, in: Zilleßen u.a. (Hrsg.), Die Modernisierung der Demokratie, S. 297 (323).

102 *Hoffmann-Riem*, DVBl. 1996, 225 (231); *Stelkens*, in: Stelkens/Bonk/Sachs, VwVfG, Einleitung Rdnr. 33 spricht sich zusätzlich für eine Befristung aus.

Gegebener Anlaß ist die Novellierung des Baugesetzbuchs, dessen neu geschaffenem § 4b der gesetzgeberische Wille zu entnehmen ist, Mediation aus der „Grauzone des Rechts“ des sich starker Kritik[103] ausgesetzt sehenden informellen Verwaltungshandelns herauszuholen, um es in den rechtsstaatlichen Rahmen des Bauleitplanverfahrens zu integrieren. Damit ist ein erster Schritt in Richtung Reformalisierung informellen Verwaltungshandelns getan, die geeignet ist, eine Legitimierung und auch verbreiterte Nutzung von Mediation zu bewirken.

A. Innovationsoffenheit und Flexibilität des Rechts der Bauleitplanung

Das Recht der Bauleitplanung zeichnet sich zunächst durch seine hohe Innovationsoffenheit aus, die einer Rezeption neuer Verfahrensansätze grundsätzlich entgegenkommt. Insbesondere bei der Entwicklung von Kooperationsmodellen zwischen Privaten und der Öffentlichen Hand hat das Baurecht häufig Vorreiterfunktion besessen. Dabei hat es wie kaum ein anderes Rechtsgebiet in kurzer Zeit vielfältige und tiefgreifende Veränderungen erfahren, noch dazu in meist unter außergewöhnlichem Zeitdruck stehenden Gesetzgebungsverfahren. Als „Musterbeispiel für die Entwicklung kooperativen Verwaltungshandelns in einem veränderten gesellschaftlichen Umfeld“[104] hat es maßgeblichen Anteil an der jüngeren Entwicklung der Verwaltungsrechtsdogmatik[105]. Aufgrund neuer Lösungsansätze durch die letzte Novelle könnte sich das Baurecht einmal mehr als Referenzgebiet des Öffentlichen Rechts erweisen[106].

Die Nutzbarmachung des Mediationskonzepts ist im Rahmen der Beteiligungsverfahren des Baugesetzbuchs (§§ 3, 4 und 4a BauGB) vorstellbar. Im Zusammenhang mit der Erprobung neuer Beteiligungsmodelle verdient die Vorschrift zur Bürgerbeteiligung (§ 3 BauGB) besondere Beachtung: Wie bereits dargestellt[107] handelt es sich um eine bewußt offene Regelung mit Experimentiercharakter, die es erlaubt, auf gesellschaftliche Veränderungen zu

---

[103] Grundlegend *Bohne*, Der informale Rechtsstaat, S. 126 ff. Vgl. auch *Hoffmann-Riem*, AöR 115 (1990), 420 (423), der feststellt, das informale Verwaltungshandeln löse „[...] noch immer bei vielen Juristen rechtsstaatliches Schaudern aus [...]“ sowie *Gusy*, ZfU 1990, 353 (355), für den das informale Handeln eine „[...] rechtlich nicht unverdächtige Kategorie des Staatshandelns“ ist.

[104] *Battis*, Öffentliches Bau- und Raumordnungsrecht, S. 69.

[105] *Spannowsky*, Grenzen des Verwaltungshandelns durch Verträge und Absprachen, S. 353 f.; *Busse*, BayVBl. 1994, 353; *ders.*, Kooperatives Recht im Bauplanungsrecht, in: Dose/Voigt (Hrsg.), Kooperatives Recht, S. 131.

[106] Diese Funktion kommt ihm schon traditionell zu, vgl. *Schmidt-Aßmann*, Das Allgemeine Verwaltungsrecht als Ordnungsidee, S. 9; *ders.*, Verwaltungsverträge im Städtebaurecht, in: Lenz (Hrsg.), FS Gelzer, S. 117 (129); *Krautzberger*, in: Ernst/Zinkahn/Bielenberg, BauGB, § 6 BauGBMaßnG Rdnr. 3; *Erbguth*, VerwArch. 1998 (89), 189 (190).

[107] Oben unter § 3 B I.

reagieren. Mit dieser Chance, die § 3 BauGB der Gemeinde einräumt, geht die verantwortungsvolle Aufgabe einher, nicht in Routine zu erstarren, sondern Wandlungsbereitschaft zu signalisieren, wenn gesellschaftlichen Entwicklungen die Notwendigkeit hierzu zu entnehmen ist[108]. Wenn konstatiert wird, die Planungskultur erlebe durch die zunehmend prägende Bedeutung von Elementen des Vermittelns gegenwärtig einen solchen Wandel, dem es Rechnung zu tragen gelte[109], so kommt dies einer Erprobung von Mediation entgegen.

Das Verfahrensrecht zur Aufstellung der Bauleitpläne scheint somit für Herausforderungen, die aus dem Bedürfnis herrühren, gesellschaftlichen Entwicklungen durch Fortbildung der rechtlichen Verfahrensweisen Rechnung zu tragen, aufgrund seiner grundsätzlichen Innovationsoffenheit und Flexibilität bestens gerüstet. Soweit § 4b BauGB den Einsatz von Mediation intendiert, trifft mit ihm „experimentelle Gesetzgebung“[110] auf ein eben hierfür von einengender gesetzlicher Konkretisierung weitgehend frei gehaltenes Verfahren.

B. Komplexität und Kooperationsabhängigkeit

Ziel eines jeden Verwaltungsverfahrens ist die „richtige“ Entscheidung. Dies ist nicht nur im Sinne von Freisein von Normverstößen aufzufassen, sondern meint auch den bestmöglichen Ausgleich aller normativ bedeutsamen öffentlichen und privaten Interessen miteinander. Optimierung als Normauftrag an die Verwaltung verpflichtet nicht lediglich zum Auffinden einer rechtmäßigen Lösung – zumindest bei Planungs- und Ermessensentscheidungen gibt es hiervon regelmäßig mehrere –, sondern zu einer optimalen Interessenabstimmung bei der getroffenen Lösung[111]. Eine Optimierung des Verwaltungshandelns wird von Mediation erwartet[112], wobei besonders geeignet die Rechtsgebiete erscheinen, die sich durch ihre Komplexität auszeichnen[113]. Dort verspricht ein ausschließlich einseitig-hoheitlicher Vollzug kein optimales Verfahrensergebnis: Informationsdefizite und Rechtsunsicherheiten rufen einen

---

[108] Deutscher Ausschuß für die Europäische Kampagne zur Stadterneuerung (Hrsg.), Planen mit dem Bürger, S. 8.

[109] Froessler/Selle (Hrsg.), Auf dem Weg zur sozial und ökologisch orientierten Erneuerung?, S. 328.

[110] Zum experimentellen Charakter der Regelung des § 4b BauGB siehe oben unter § 5 B.

[111] *Hoffmann-Riem*, Konfliktmittler in Verwaltungsverhandlungen, S. 41; *ders.*, DVBl. 1996, 225 (229).

[112] Vgl. *Hill*, DVBl. 1993, 973 (976) allgemein zum sog. integrativen Verwaltungshandeln, unter das er auch Mediation faßt.

[113] *Kostka*, DV 26 (1993), 87 (103); *Passavant*, DÖV 1987, 516 (521); *Schmidt*, Konsens 1999, 290 (292); *Brohm*, DVBl. 1990, 321 (322), *Wagner/Engelhardt*, NVwZ 2001, 370 (371).

Bedarf nach Kooperation und Konsens im Regulierungsprozeß hervor[114]; diesem Rechnung zu tragen ist Ziel der Mediation. Im Bauplanungsrecht läßt sich seit Jahrzehnten eine Zunahme der Komplexität feststellen, die unter anderem durch die wachsende Zahl der Akteure, die Sensibilisierung für neue Problematiken (insbesondere die Umweltproblematik) sowie die Verwissenschaftlichung der Lebensumwelt bedingt ist[115]. Hinzu kommen auf Seiten der Verwaltung die schwieriger werdende Überschaubarkeit des Verfahrensablaufs, die starken Abhängigkeiten der Teilprobleme voneinander, die überlappende bzw. parallel laufende Vornahme von Arbeitsschritten sowie schwer kalkulierbare Realisierungsrisiken. Allein die nicht einmal abschließend genannten städtebaulichen Ziele des § 1 Abs. 5 BauGB machen eine umfassende Zusammenstellung abwägungsrelevanten Materials erforderlich und weisen die Bauleitplanungsentscheidung als komplexe Verwaltungsentscheidung aus[116], der die Verwaltung mit ihren begrenzten Informationsbearbeitungs- und Koordinationskapazitäten zunehmend überfordert gegenübersteht. Hier zeigt sich in herausragender Weise eine Angewiesenheit auf kooperative Aufgabenerfüllung durch planende Gemeinde und private Partner[117], wodurch der Bürger eine höhere Einflußnahme auf den Entscheidungsprozeß der Verwaltung erlangt[118]. (Mit)bedingt durch die hohe Komplexität der rechtlichen Entscheidung ist kooperatives und konsensuelles Verwaltungshandeln im Städtebaurecht als verfahrensrechtliche Voraussetzung einer richtigen Entscheidung daher seit jeher üblich und dessen integraler Bestandteil[119]. Damit kommt diese Materie der Methode der Mediation entgegen.

---

[114] *Schuppert*, Einflußnahme auf die Verwaltung durch Bürgerbeteiligung und kollektive Interessenwahrnehmung, in: Hoffmann-Riem (Hrsg.), Bürgernahe Verwaltung?, S. 279 (293).

[115] *Fürst*, AfK 35 (1996), 20 (21); so auch *Ritter*, Organisationswandel durch Expertifizierung und Privatisierung im Ordnungs- und Planungsrecht, in: Hoffmann-Riem/Schmidt-Aßmann (Hrsg.), Verwaltungsorganisationsrecht als Steuerungsressource, S. 207 (223); *Grigoleit*, DV 33 (2000), 79.

[116] *Hoppe*, in: Hoppe/Grotefels, Öffentliches Baurecht, § 7 Rdnr. 9; *Kirchhof*, Die Optimierung der Beteiligung der Träger öffentlicher Belange an Bauleitplanverfahren, S. 98 f.

[117] *Koch*, (Verfahrens-)Privatisierung im öffentlichen Baurecht, in: Hoffmann-Riem/Schneider (Hrsg.), Verfahrensprivatisierung im Umweltrecht, S. 170 (172). Vgl. ferner oben unter § 3 B II 1.

[118] *Battis*, Öffentliches Baurecht und Raumordnungsrecht, S. 32.

[119] *Kirsch*, Public Private Partnership, S. 81 ff.; *Schneider*, VerwArch. 87 (1996), 38 (41); *Krautzberger*, in: Ernst/Zinkahn/Bielenberg, § 6 BauGBMaßnG Rdnr. 25; *Krebs/Schmidt-Aßmann*, Rechtsfragen städtebaulicher Verträge, S. 111 f. Angesichts dieser weit zurückreichenden Tradition kooperativen Handelns läßt sich kaum davon sprechen, vertragliches Handeln sei dem Städtebaurecht an sich fremd, so jedoch *Oldiges*, Baurecht, in: Steiner (Hrsg.), Besonderes Verwaltungsrecht, S. 485 (526).

C. Hohes Konfliktpotential und die Bedeutung von Akzeptanz der Planung

Bauleitplanung trifft auf ein komplexes Interessengeflecht, das ein hohes Konfliktpotential induziert[120]. Größere Planungsvorhaben stoßen regelmäßig auf erhebliche Ziel- und Interessenkonflikte. Die Vielfalt der Akteure (Politik, Verwaltung, Träger öffentlicher Belange, Investoren, Bürger) erhöht die Wahrscheinlichkeit von Differenzen, mögen diese auf sachlicher, rechtlicher oder persönlicher Ebene liegen. Hinzu kommt, daß die im BauGB normierten Planungsziele oft miteinander konkurrieren oder kollidieren[121] und Zielkonflikte damit vorprogrammiert sind: So soll z.B. der Außenbereich besonders geschützt werden, gleichzeitig aber die Wohnungsbau- und Industrieansiedlung gefördert werden[122]. Der Bürger verlangt immer weitergehende Einwirkungs- bzw. Mitwirkungsmöglichkeiten, während die Gemeinde aus finanziellen Interessen oftmals die (schnellstmögliche) Durchsetzung der Ansiedlung bestimmter Projekte verfolgt.

Gleichzeitig ist sowohl der Gemeinde als auch dem Investor an dauerhafter Konfliktbefriedung gelegen. Akzeptanzschaffende Verfahrensweisen erlangen dort besondere Bedeutung, wo es – wie im Bauplanungsrecht – weniger um den Vollzug konkreter Gesetze als um die gestalterische Lösung komplexer Konflikte unter Bindung an vielfältige, teils gegenläufige rechtliche Gebote geht. Gerade bei Planungsentscheidungen stellt sich die Verwirklichung umstrittener Vorhaben häufig als politisches Problem dar, dessen Lösung vorrangig im gesellschaftlichen Konsens angestrebt werden sollte. Damit tut sich das Dilemma auf, durch Verfahrensausgestaltung sowohl dem wachsenden Konfliktpotential als auch der gesteigerten Bedeutung von Akzeptanz Rechnung tragen zu müssen. Die herkömmliche Verfahrenspraxis erscheint hier – wie die Vielzahl gerichtlicher Streitigkeiten um die Gültigkeit von Bebauungsplänen vermuten läßt – durchaus verbesserungsfähig.

Das Verlangen nach politischer und öffentlicher Akzeptanz kann die Erprobung innovativer, als bürgernah geltender Verfahren veranlassen. Dies ist insbesondere auf kommunaler Ebene nicht nur unter den Gesichtspunkten der Beschleunigung und Kostenreduzierung zu sehen; die Gemeinde dient dem Bürger auch als politische Heimat, soziales Netz und kultureller Mittelpunkt, so daß eine Akzeptanzsteigerung häufig mit einer Stärkung der Identität der Gemeinde als bürgerschaftlicher Gemeinschaft einhergeht. Besondere Wer-

---

[120] *Hadlich/Rennhack*, LKV 1999, 9.

[121] *Dreier*, Die normative Steuerung der planerischen Abwägung, S. 67 f.; *Rabe/Steinfort/Heinz*, Bau- und Planungsrecht, S. 48.

[122] Eine Umfrage des Fördervereins Umweltmediation e.V. in Absprache mit dem Deutschen Städtetag kommt dementsprechend zu dem Ergebnis, daß eine konkurrierende Flächennutzungsplanung neben Planungsvorhaben im Verkehrsbereich Hauptkonfliktthema in den Kommunen ist, vgl. *Siemon*, Umfrage des Fördervereins Umweltmediation e.V., in: Förderverein Umweltmediation (Hrsg.), das projekt 4/98, S. 4 f.

tigkeit erlangt Akzeptanz im Bauplanungsrecht dadurch, daß die gesetzliche Determinierung der abschließenden Entscheidung sehr gering ist und mit der einmal beschlossenen Planung in der Regel Jahrzehnte gelebt werden muß, eine langfristige und nachhaltige Befriedung der Planungsbetroffenen daher besonders wichtig ist. Die Schaffung von „Mustervorhaben“ an Bürgernähe und Transparenz führt sowohl bei den privaten als auch den öffentlichen Akteuren zu Prestigegewinn[123] und kann – medienwirksam genutzt – zu einem bedeutendem Faktor im schärfer werdenden Standortwettbewerb werden. Es läßt sich damit festhalten, daß Bauplanungsentscheidungen durch ihr hohes Konfliktpotential bei gleichzeitigem Interesse an höchstmöglicher Akzeptanz eine Nutzung der Konfliktbehandlungsmethode Mediation vielversprechend erscheinen lassen.

D. Neutralitätsgefährdung in der Bauleitplanung

Die wachsende Bedeutung von Kooperation, das sich wandelnde Planungsverständnis und ein zunehmender Wettbewerb der Kommunen um Investitionen stellen sich auch als Gefährdung einer distanzierten, neutralen Planung dar[124]. Insbesondere auf kommunaler Ebene lassen sich Neutralitätseinbußen lokalisieren: Die Träger der Planungshoheit werden zunehmend auch selbst Akteure im Planungsprozeß und agieren aufgrund dieser Verwicklung im Interessengeflecht nicht (mehr) neutral und unbefangen[125]. Informelle Vorabsprachen zwischen Gemeinde und Investor wecken die Befürchtung, hier werde „gemauschelt“ und über die Köpfe der Betroffenen hinweg entschieden. Eine zunehmende Aufhebung der Trennung und Trennbarkeit zwischen Planung und Planverwirklichung führt häufig zu zweifelhafter Multifunktionalität der Gemeinde im Planungsprozeß[126]. Sie kann sich dabei in der Doppel- oder sogar Mehrfachrolle als Planungsträger, Leistungsträger für Infrastruktur, Grundeigentümer, bodenordnende Instanz und oft auch Bauaufsichtsbehörde wiederfinden[127]. Unter diesen Umständen scheint den von bauleitplanerischen Konflikten Betroffenen eine lediglich normative Absicherung

---

[123] *Heinz/Scholz*, Public Private Partnership im Städtebau, S. 208.

[124] *Hadlich/Rennhack*, LKV 1999, 9 (10).

[125] *Hoffmann-Riem*, Konfliktmittler in Verwaltungsverhandlungen, S. 18; *ders.*, Verwaltungsrechtsreform – Ansätze am Beispiel des Umweltschutzes –, in: ders./Schmidt-Aßmann (Hrsg.), Reform des Allgemeinen Verwaltungsrechts, S. 115 (157 f.); *Schulte*, Möglichkeiten zur Beschleunigung baulicher Vorhaben, S. 104 f.; *Hadlich/Rennhack*, LKV 1999, 9 (10); *Zilleßen*, Das politische, gesellschaftliche und rechtliche Umfeld für Umweltmediation in Deutschland, in: ders. (Hrsg.), Mediation, S. 48 (64 f.); *Holznagel*, Konfliktlösung durch Verhandlungen, S. 208; *Brohm*, DVBl. 1990, 321 (324).

[126] *Schmidt-Aßmann*, Konfliktmittlung in der Dogmatik des deutschen Verwaltungsrechts, in: Hoffmann-Riem/Schmidt-Aßmann (Hrsg.), Konfliktbewältigung, Bd. II, S. 9 (24).

[127] *Schmidt-Aßmann*, Verwaltungsverträge im Städtebau, in: Lenz (Hrsg.), FS Gelzer, S. 117 (128); *Battis*, ZfBR 1999, 240

der Gemeinwohlorientierung der verfahrensführenden Verwaltung nicht mehr als hinreichende Voraussetzung einer ausgeglichenen Berücksichtigung ihrer eigenen Interessen. Ohne der Verwaltung pauschal eine neutrale Amtswahrnehmung abzusprechen, läßt also die besondere Sachlage auf dem Gebiet der Bauleitplanung den Einsatz externer Mediatoren unter Neutralitäts- und Gemeinwohlaspekten durchaus vorteilhaft erscheinen.

E. Möglichkeit von „Tauschprozessen"

Mediation ist unabhängig von subjektiven Rechten und Rechtsansprüchen am erfolgreichsten, da hier ein Beharren der Parteien auf Positionen nicht so ausgeprägt ist. Ein subjektiv-öffentlicher Anspruch auf Bauleitplanung ist – anders als im Verwaltungsverfahren auf Erteilung einer Genehmigung – nicht denkbar (vgl. § 2 Abs. 3 BauGB). Auch werden in den Beteiligungsverfahren des Planaufstellungsverfahrens keine materiellen subjektiven Rechte geltend gemacht[128], sondern vielmehr Belange, also Interessen, die tauschförmig optimiert werden können[129]. Hierbei handelt es sich um einen bedeutsamen Unterschied, der dem Einsatz von Mediation förderlich ist[130].

Auch bietet das Recht der Bauleitplanung hinreichende Tauschmacht: So bringen die Betroffenen nicht nur die Möglichkeit des Verzichts auf Rechtsmittel ein[131]; der Träger eines (ausschließlich) privaten Belangs kann bereits während des Planaufstellungsverfahrens auf die Abwägungserheblichkeit desselben verzichten[132]. Ferner ist ein vertraglicher Tauschprozeß denkbar, in dem die Gemeinde einen bestimmten Belang eines Betroffenen ausdrücklich als abwägungserheblich anerkennt, und dieser im Gegenzuge erklärt, weitere Interessen nicht geltend zu machen, sofern dieser Belang einer zufriedenstel-

[128] *Stüer*, in: Hoppenberg (Hrsg.), Handbuch des öffentlichen Baurechts, B Rdnr. 779. Zu beachten ist jedoch, daß sich nach neuerer und strittiger Rechtsprechung des VGH BW (Urt. v. 13.5.1997 – NVwZ-RR 1998, 360) sowie des BVerwG (Urt. v. 24.9.1998 – DVBl. 1999, 100) aus § 1 Abs. 6 BauGB ein subjektiv-öffentliches Recht auf angemessene Berücksichtigung eigener Belange in der Abwägung ergibt. A.A. OVG Münster – DVBl. 1997, 675.

[129] *Battis*, in: ders./Krautzberger/Löhr, BauGB, § 4b Rdnr. 3; *Hoffmann-Riem*, ZRP 1997, 190 (195).

[130] *Battis*, in: ders./Krautzberger/Löhr, BauGB, § 4b Rdnr. 3; *ders.*/Krautzberger/Löhr, NVwZ 1997, 1145 (1151).

[131] *Hoffmann-Riem*, AöR 115 (1990), 400 (438 ff.); *Kunig*, Alternativen zum einseitig-hoheitlichen Verwaltungshandeln, in: Hoffmann-Riem/Schmidt-Aßmann (Hrsg.), Konfliktbewältigung, Bd. I, S. 43 (57); *Sünderhauf*, Mediation, S. 151 f.; *Bonk*, in: Stelkens/Bonk/Sachs, VwVfG, § 54 Rdnr. 87. Mit der Zulässigkeit eines Vertrags über die Rücknahme eines Widerspruchs gegen Entgeltleistung befaßt sich BGH, Urt. v. 11.12.1980 – DÖV 1981, 380.

[132] BGH, Urt. v. 6.5.1982 – NVwZ 1983, 309 (310).

lenden Lösung zugeführt werde[133]. Der Investor hingegen kann im Rahmen eines städtebaulichen Vertrags zur Förderung und Sicherung der mit der Bauleitplanung verfolgten Ziele Verpflichtungen eingehen, z.B. zur Schaffung von Arbeitsplätzen, zur Einhaltung besonderer immissionsschutzrechtlicher Standards, zum sozialen Wohnungsbau oder zur Bereitstellung von Bauland für Einheimische[134].

F. Kompromißfähigkeit und Dynamik finaler Normstrukturen

Da Mediation – wie dargestellt – eine auf Kompromißfähigkeit und Tauschprozessen beruhende Konfliktlösungsmethode ist, erscheint ihre Anwendung nur dort erfolgversprechend, wo eine staatliche Entscheidung auf Normen basiert, die Entscheidungsspielräume (sei es durch unbestimmte Rechtsbegriffe, prognostische Tatsachenabklärung oder Ermessens-/Planungsermächtigung etc.) eröffnen[135]. Gerade das gestaltende Element einer Entscheidung, das Alternativenöffnung und Kreativität voraussetzt, kommt der Einführung von Mediation entgegen[136].

Planung als final determiniertes, methodisches Lenkungsmittel zukünftigen Geschehens[137] erfüllt diese Prämisse in besonderem Maße, da sie sich von anderen öffentlich-rechtlichen Handlungsformen durch einen über den bloßen Gesetzesvollzug hinausgehenden Regelungs- und Gestaltungsauftrag der Verwaltung[138] unterscheidet. Dies wird auch in der Terminologie deutlich: Als Finalprogramm[139] löst Planung – anders als ein nach dem „wenn-dann-

---

[133] *Birk*, Verträge als Möglichkeit der Problembewältigung in der Bebauungsplan-Abwägung, in: Berkemann u.a. (Hrsg.), FS Schlichter, S. 113 (115 ff.). *Brohm*, Öffentliches Baurecht, § 7 Rdnr. 11 spricht bei dieser Konstellation von sog. Abwägungsdatenverträgen.

[134] *Wagner*, Allgemeine städtebauliche Veträge nach § 11 BauGB, in: v. Nicolai/Wagner/Wecker, Verträge des Baugesetzbuchs, S. 15 (21).

[135] *Hoffmann-Riem*, Konfliktmittler in Verwaltungsverhandlungen, S. 36; *Brohm*, DVBl. 1990, 321 (321 f.); *Proksch*, Konsens 1998, 11 (12); *Schneider*, VerwArch. 87 (1996), 38 (51 f.); *Schulze-Fielitz*, Der Konfliktmittler als verwaltungsverfahrensrechtliches Problem, in: Hoffmann-Riem/Schmidt-Aßmann (Hrsg.), Konfliktbewältigung, Bd. II, S. 55 (71 f.).

[136] *Wahl*, Erweiterung des Handlungsspielraums: Die Bedeutung von Kompensationen und Entscheidungsverknüpfungen, in: Hoffmann-Riem/Schmidt-Aßmann (Hrsg.), Konfliktbewältigung, Bd. I, S. 283 (284).

[137] Zum Begriff der Planung vgl. *Hoppe*, in: Ernst/Hoppe, Das öffentliche Bau- und Bodenrecht, Raumplanungsrecht, Rdnr. 183.

[138] *Schuppert*, Einflußnahme auf die Verwaltung durch Bürgerbeteiligung und kollektive Interessenwahrnehmung, in: Hoffmann-Riem (Hrsg.), Bürgernahe Verwaltung?, S. 279 (295 f.).

[139] Zur Begrifflichkeit *Wahl*, Rechtsfragen der Landesplanung und Landesentwicklung, Bd. I, S. 45 ff.; *Hoppe*, Planung, in: HStR, Bd. III, § 71 Rdnr. 19; *ders.*, DVBl. 1974, 641 (644); *Krautzberger*, in: Battis/Krautzberger/Löhr, BauGB, § 1 Rdnr. 88 f.; *Stüer*, in: Hoppenberg (Hrsg.), Handbuch des öffentlichen Baurechts, B Rdnr. 626.

Schema" operierendes Konditionalprogramm – nicht jedesmal, wenn die auf Tatbestandsseite genannten Voraussetzungen vorliegen eine bestimmte Rechtsfolge aus, sondern setzt eine möglichst optimale Entscheidungsvariante aus der Bandbreite der verschiedenen, jeweils rechtmäßigen Varianten um. Finalprogramme eröffnen anders als Konditionalprogramme ein weites Spektrum möglicher Planungsentscheidungen[140], um damit der eigenverantwortlichen Entscheidungsbefugnis der Gemeinde Rechnung zu tragen. Die einschlägigen Normen des BauGB, insbesondere § 1 Abs. 6 BauGB setzen gerade nicht auf eine eng determinierte gesetzliche Steuerung der Verwaltung, sondern belassen dieser als über die entscheidungsrelevanten Informationen verfügender Ebene eine eigenständige umfassende Interessenabwägung. Auch wenn Rechtsnormen den Planungsprozeß teilweise zu einem Subsumptionsprozeß ausformen, handelt es sich dennoch im Kern um einen gestalterischen, schöpferisch-technischen, letztlich politischen Entscheidungsprozeß[141], der vom subjektiven Willen zumindest ebenso wie vom Sachzwang der tatsächlichen Verhältnisse geprägt wird. Planung läßt sich eben nicht rein rechtlich steuern, es zählt vielmehr zu ihren Charakteristika, daß die rechtliche Programmierung nur schwach ausgestaltet ist. Die Abwägungsentscheidung setzt Wertungen und Prognosen der Planer voraus, die sich nicht ohne Beurteilungs- und Gestaltungsspielräume vornehmen lassen[142]. Diese sind in der Regel weit[143] und bieten damit ausreichend Raum für auszuhandelnde Lösungen[144]. Der grundsätzliche Alternativenreichtum einer Planungsentscheidung fördert die Möglichkeit zum Kompromiß bei sich ergebenden Konflikten, so daß die Bauleitplanung dieses für Mediation bedeutsame Erfordernis typischerweise erfüllt[145].

Planung zeichnet sich ferner als Prozeß aus, der anders als die meist statischen Verwaltungsentscheidungen eine Dynamik in sich birgt: Neue Planungsaspekte führen zur Verwerfung alter (Teil-)Lösungen. Zu jeder Planung gehört wesensmäßig ihre Flexibilität, ihr Prozeßcharakter. Pläne sind deshalb auf Veränderung und Anpassung angelegt, Variabilität und Instabilität sind

---

140 *Hoppe*, DVBl. 1974, 641 (643).

141 So schon BVerwG, Urt. v. 29.4.1964 – BVerwGE 18, 247 (253); *Hoppe*, in: Hoppe/Grotefels, Baurecht, § 7 Rdnr. 9. *Schmitt Glaeser*, Die Position der Bürger als Beteiligte im Entscheidungsverfahren gestaltender Verwaltung, in: Lerche/Schmitt Glaeser/Schmidt-Aßmann, Verfahren als staats- und verwaltungsrechtliche Kategorie, S. 35 (40) geht soweit, der planenden Verwaltung „[...] nur noch bedingt und rudimentär vollziehende Funktion" beizumessen.

142 BVerwGE, Urt. v. 12.12.1969 – BVerwGE 34, 301 (304): „[...] weil Planung ohne Gestaltungsfreiheit ein Widerspruch in sich wäre."; BVerwG, Urt. v. 14.2.1975 – BVerwGE 48, 56 (59); *Gaentzsch*, in: Schlichter/Stich, BauGB, § 1 Rdnr. 75.

143 *Dreier*, Die normative Steuerung der planerischen Abwägung, S. 47.

144 *Hadlich/Rennhack*, LKV 1999, 9 (10).

145 *Battis*, in: ders./Krautzberger/Löhr, BauGB, § 4b Rdnr. 3; *ders.*/Krautzberger/Löhr, NVwZ 1997, 1145 (1151).

der Planung immanent[146]. Dieser Dynamik wird die ebenfalls als dynamischer Prozeß ausgestaltete Mediation gerechter als eine statisch-punktuelle Anhörung oder Formulierung von Einwendungen, die sich erst im Verlaufe des Verfahrens abzeichnende Änderungen und Verschiebungen durch Fordern und Nachgeben naturgemäß nicht berücksichtigen kann[147]. In einem Mediationsverfahren läßt sich flexibel auf Veränderungen der Umstände reagieren. Hier kann es sein Beschleunigungspotential gegenüber gängigen Beteiligungsverfahren in der Bauleitplanaufstellung entfalten, die durch die schrittweise Beteiligung der Bürger und Träger öffentlicher Belange bei geringfügigen Änderungen zu Wiederholungen und erneuten Beteiligungsschritten und dadurch häufig zu einer „Springprozession des Entscheidungsablaufs“[148] führen. Mediation ermöglicht umfassenden Informationsaustausch und gleichzeitige Behandlung der Einwendungen verschiedener Beteiligter. Damit wird dem dynamischen Planungscharakter der Entscheidungsfindung systemgerechter begegnet, als es das geläufige System der Beteiligung zuläßt. Planung ist nicht durch das Gegenüberstehen des einzelnen Einwenders und der Verwaltung gekennzeichnet, sondern durch vielerlei miteinander auf das unterschiedlichste verknüpfte Interessenlagen aller Einwender. Das direkte Aufeinanderprallen aller Bedenken und Anregungen läßt Aktion und Reaktion zu und fördert die Vielzahl der Egoismen aller Beteiligten deutlich zu Tage. Die gemeinsame Erörterung der gesamten Einwendungen erscheint vor diesem Hintergrund erfolgversprechender als isolierte Einzelentscheidungen, da der Verlauf der Veranstaltung vom Lernprozeß des Bürgers begleitet wird, daß gegenläufige Tendenzen sich nicht gleichzeitig durchsetzen lassen und daher jeder von seiner Position wird Abstriche machen müssen.

Durch die Ausgestaltung als Finalprogramm ist der Bauleitplanung weitgehende Gestaltungsfreiheit immanent. Diese eröffnet Alternativen und damit den für Kompromisse erforderlichen Spielraum, so daß auf diesem Rechtsgebiet grundsätzlich Raum für Verhandlungslösungen gegeben ist. Auch kommt das Verfahren zur Aufstellung der Bauleitpläne durch seine Dynamik einer Erprobung von Mediation entgegen.

§ 12 Ergebnis

Die gegenwärtig im Öffentlichen Recht (wieder) Konjunktur erfahrende Konfliktbehandlungsmethode der Mediation hat sich als schillerndes Phänomen erwiesen. Um ihre grundsätzliche Nutzungmöglichkeit im Bauplanungsrecht eruieren zu können, bedarf es daher einer begrifflichen Konkretisierung und Präzisierung, die vorstehend in enger Anlehnung an das ursprüngliche US-

---

[146] *Zuck*, Das Recht des Bebauungsplans, S. 85.

[147] *Holznagel*, Mediation im Verwaltungsrecht, in: Breidenbach/Henssler (Hrsg.), Mediation für Juristen, S. 147 (159); *Hadlich/Rennhack*, LKV 1999, 9 (12).

[148] *Lankau*, Konsens 1999, 18 (20).

amerikanische Konzept vorgenommen wurde. Auf diese Weise haben sich einige Grundvoraussetzungen eines erfolgversprechenden Einsatzes von Mediation herauskristallisiert. Es sind dies insbesondere die grundsätzliche Kompromißfähigkeit des Konflikts, das Bestehen von Verhandlungsanreizen für die beteiligten Parteien sowie eine gewisse Verfestigung des Konflikts zwischen ihnen. Ferner verlangen erfolgversprechende Mediationsverfahren nach der Bindungswirkung des Verhandlungsergebnisses und der unbedingten Neutralität des Mediators.

Bei der Darstellung der Vorteile von Mediation ist zu beachten, daß es sich um mehr oder weniger einleuchtende Erwartungen, nicht aber um fundiert bestätigte Erfahrungen handelt. Hier liegt ein großes Manko der bisherigen Forschungen zur Mediation: Empirische Befunde über die Auswirkungen von Mediation auf Verfahrensdauer und Ergebnisakzeptanz sind noch selten[149]. Es steht zu vermuten, daß kooperatives Verwaltungshandeln – sei es durch Mediation oder in anderer Form – nicht zwangsläufig verfahrensbeschleunigend wirkt, sondern den Entscheidungsprozeß auch verzögern kann, da sich Konsens nicht zwangsläufig einstellen muß. Die Praxis wird zu zeigen haben, inwieweit sich die positiven Erwartungen an Mediation bestätigen lassen. Dies kann im Rahmen der vorliegenden Arbeit nicht geleistet werden, da es dem Vorangehen einer langen Phase praktischer Erprobung bedarf, wie der Blick zurück in die USA zeigt. Nach wesentlich umfangreicherer, intensiverer und längerer Erprobung des neuen Konzepts wird zum dortigen Forschungsstand kritisch angemerkt: „Es wird behauptet, daß Mediation zu schnelleren Lösungen führt, weniger Aufwand bedeutet [...] und zu besseren Beziehungen zwischen den Parteien führt. [...] Es gibt jedoch wenig empirische Arbeiten, die die Validität dieser Behauptung überprüfen“[150].

---

[149] *Kostka*, Konsens 1999, 140 (141 ff.). Eine Ausnahme stellt die Dokumentation von *Jeglitza/Hoyer*, Deutsche Verfahren alternativer Konfliktlösung bei Umweltstreitigkeiten, in: Zilleßen (Hrsg.), Mediation, S. 137 ff. dar. Allerdings beschränkt sich die Darstellung nicht auf Mediationsverfahren i.e.S., sondern geht bei der Auswahl der erfaßten Fallgestaltungen in der Praxis sehr großzügig vor.

[150] *Stiftel/Sipe*, Die Durchsetzung von staatlichen Vorschriften zur Deponierung von Abfall in Columbia County, Florida, USA: Eine Fallstudie zu Entscheidungsvorgängen um Technologien hoher Komplexität, in: Zilleßen u.a. (Hrsg.), Die Modernisierung der Demokratie, S. 280 (281).

Für Deutschland fällt die Beurteilung noch pessimistischer aus: *Fietkau/Pfingsten*, AfK 34 (1995), 55 (58) konstatieren, daß die bisherigen Forschungsergebnisse „[...] im Hinblick auf die Effizienz, also Zeitdauer und Kosten der Verfahren [...] nicht konsistent [sind]“. *Sünderhauf*, Mediation, S. 96 hält entscheidende Vorteile der Mediation – wie Zeit- und Kostenersparnis – für „[...] nicht nachgewiesen und wohl eher die Ausnahme“. Sehr kritisch zur beschleunigenden Wirkung ist auch der Bericht der Bundesregierung über die Möglichkeiten einer weiteren Beschleunigung und Vereinfachung der immissionsschutzrechtlichen Genehmigungsverfahren, BT-Drs. 12/6923, S. 22.

Erachtet man dennoch eine tentative Einführung von Mediation in das deutsche Öffentliche Recht für grundsätzlich sinnvoll, so erscheint das Recht der Bauleitplanung in Anbetracht seiner dargestellten Charakteristika als Referenzgebiet hierfür prädestiniert. So ist das Bauplanungsrecht seit jeher offen für innovative Ansätze, die der auf diesem Gebiet so bedeutsamen Notwendigkeit von Kooperation zwischen allen involvierten Parteien Rechnung tragen. Ferner bietet das Bauplanungsrecht als wenig konkrete Vorgaben setzendes Finalprogramm die für Mediation grundsätzlich erforderlichen (Verhandlungs-)Spielräume. Schließlich lassen auch die konzeptionellen Gemeinsamkeiten von Abwägung und Mediation eine Nutzung dieser Methode in der Bauleitplanung besonders vielversprechend erscheinen: Abwägung und Mediation teilen den Prozeß der Informationsgewinnung, Interessenberücksichtigung, Konsensgewinnung und Konfliktentscheidung. Zutreffend wurde daher bereits für die Situation vor der Einfügung des § 4b in das BauGB anerkannt, daß das Konzept der Mediation in der Bürgerbeteiligung zumindest ansatzweise angelegt ist[151].

Trotz dieser grundsätzlich positiven Einschätzung einer Nutzungsmöglichkeit von Mediation im Bauleitplanverfahren läßt sich jedoch schon an dieser Stelle die Prognose wagen, daß es sich bei der Nutzung des Mediationskonzepts im Bauplanungsrecht nicht um Mediationsverfahren i.e.S. wird handeln können. Vielmehr legen strukturelle Unterschiede zwischen dem deutschen und dem amerikanischen Recht sowie zwischen dem Öffentlichen Recht und dem Privatrecht nahe, daß es deutlicher Relativierungen des ursprünglichen Mediationskonzepts bedarf, um zu einer mit rechtlichen Vorgaben konformen Anwendung zu gelangen. Dies folgt nicht zuletzt bereits aus der – im Widerspruch zu Mediationsverfahren i.e.S. stehenden – Konzeption der bauplanungsrechtlichen Beteiligungsverfahren, deren Ziel nicht eine gemeinsame plebiszitäre Entscheidung, sondern die *Vorbereitung* des eigentlichen Entscheidungsverfahrens ist[152].

---

[151] So schon *Battis*, Öffentliches Bau- und Raumordnungsrecht, 3. Aufl. 1992, S. 86.

[152] *Gaentzsch*, in: Schlichter/Stich, BK zum BauGB, § 3 Rdnr. 3.

Vierter Teil: Verfassungsrechtlich vorgegebene und einfachgesetzlich konkretisierte Grenzen der Privatisierung nach § 4b BauGB

Hat sich das Verfahren der Bauleitplanaufstellung zuvor als grundsätzlich vielversprechendes Einsatzgebiet der Verfahrensprivatisierung in Form von Mediation erwiesen, so stellt sich nunmehr die Frage nach den Grenzen einer jeden Einschaltung Privater in das Bauleitplanverfahren. Dies ist umso dringlicher, als daß die Verfahrensprivatisierung im Bereich der Bauleitplanung auf ein materiell-rechtlich nur vage determiniertes Rechtsgebiet trifft, auf dem entsprechend weite Spielräume bestehen. Ist das Ergebnis des Rechtsanwendungsprozesses hier also ganz wesentlich durch Organisation, Verfahren und Personal gesteuert, so kommt formellen Sicherungen im Hinblick auf die Richtigkeit der staatlichen Entscheidung damit eine erhöhte Bedeutung zu[1]. Entsprechend kann sich auch eine Überprüfung der Recht- und Zweckmäßigkeit der abschließenden exekutiven Entscheidung nicht rein formal auf den Inhalt ebendieser beschränken, sondern hat den Entscheidungsbildungsprozeß mit zu berücksichtigen. Ein Bedeutungszuwachs formeller Sicherungen folgt ferner aus der weiteren Intensivierung der Kooperation mit Privaten: Je weitgehender Private in staatliche Verfahren eingebunden sind, desto wichtiger ist es, die abnehmende inhaltliche Entscheidungsbeherrschung des Staates durch regulatorische Anforderungen an das Verfahren zu kompensieren[2]. Insbesondere bei der Nutzung von Verhandlungen zur Konfliktlösung ist Befürchtungen zu begegnen, damit trete der demokratische Rechtsstaat ab und überlasse in einer neuen Rolle als bloßer Beteiligter „den Betroffenen" das Feld[3], womit der gemeinschaftlichen Umgehung bzw. Relativierung gesetzlicher Vorgaben sowie der kollusiven Beeinträchtigung von Gemeinwohl- und Drittpositionen Tür und Tor geöffnet seien[4]. Eine besondere Brisanz erhalten Bedenken um die hinreichende Wahrung rechtsstaatlicher und demokratischer Anforderungen durch den Wegfall staatlicher Präventivkontrolle (§ 10 BauGB a.F.) mit dem BauROG 1998. War die wohlwollende Intention hinter dieser Novellie-

---

1 Siehe auch schon oben unter § 3.

2 *Trute*, DVBl. 1996, 950 (956); *ders.*, Verantwortungsteilung als Schlüsselbegriff eines sich verändernden Verhältnisses von öffentlichem und privatem Sektor, in: Schuppert (Hrsg.), Jenseits von Privatisierung und „schlankem" Staat, S. 13 (34 f.); *Hoffmann-Riem*, Öffentliches Recht und Privatrecht als wechselseitige Auffangordnungen – Systematisierung und Entwicklungsperspektiven, in: ders./Schmidt-Aßmann (Hrsg.), Öffentliches Recht und Privatrecht als wechselseitige Auffangordnungen, S. 261 (318 ff.).

3 *Kunig*, Alternativen zum einseitig-hoheitlichen Verwaltungshandeln, in: Hoffmann-Riem/Schmidt-Aßmann (Hrsg.), Konfliktbewältigung, Bd. I, S. 43 (66); *Steinberg*, Kritik von Verhandlungslösungen, insbesondere von mittlergestützten Entscheidungen, ebd., S. 295 (307); *Voigt*, Des Staates neue Kleider, S. 117 ff.

4 *Lankau*, Konsens 1999, 18; *Stelkens/Schmitz*, in: Stelkens/Bonk/Sachs, VwVfG, § 9 Rdnr. 162 ff.; *Erichsen*, in: ders. (Hrsg.), Allgemeines Verwaltungsrecht, § 32 Rdnr. 4.

rung die Stärkung der kommunalen Planungshoheit, so hat sie doch auch die Befürchtung geweckt, ein Großteil der Vorschriften des Rechts der Bauleitplanung werde nun zur bloßen Ordnungsvorgabe degradiert und könne von der Gemeinde sanktionslos verletzt werden[5]. Diese Befürchtung scheint vor dem Hintergrund, daß auch der nachträglichen – gerichtlichen – Kontrolle der Bauleitpläne durch die umfassende Normierung rechtlicher Unerheblichkeit von Verfahrensfehlern in § 214 Abs. 1 Nr. 1 - 2 BauGB Grenzen gesetzt sind, durchaus ihre Berechtigung zu haben. Um dem wirksam entgegenzutreten, wird zu beachten sein, daß der Abbau staatlicher Kontrolle bei der Bauleitplanung mit einer höheren Verantwortung für eine rechtsstaatlich einwandfreie Planung auf Gemeindeebene korrespondiert[6]; diese darf nicht durch eine zu weitgehende Privatisierung konterkariert werden. Bereits im Vorfeld der Verfahrensdurchführung – und damit auf präventiver Ebene – wird insbesondere durch die Auswahl des Dritten sowie die Detailtiefe der Vorgaben für seine Tätigkeit sicherzustellen sein, daß es nicht zu Verfahrensfehlern kommt, die aufgrund präkludierender Vorschriften im Nachhinein nicht mehr behebbar sind.

Es gilt, das offensichtliche Spannungsverhältnis zwischen den verschiedenen Zielsetzungen der BauGB-Novelle – der Stärkung der Bürgerbeteiligung einerseits sowie der Intensivierung der Kooperation mit privaten Investoren und der Steigerung von Verfahrenseffizienz andererseits – sachgerecht aufzulösen. Dabei ist sicherzustellen, daß die Rechtmäßigkeit des Verwaltungshandelns nicht aus falsch verstandenem Pragmatismus zu einer von zahlreichen Zielvorstellungen der Entscheidung verkommt[7]. Rein rechtlich kann und darf es keinen Widerspruch zwischen Rechtsstaatlichkeit und Verfahrenseffizienz oder -ökonomie geben, da letztere immer nur in den Grenzen ersterer Ziel exekutiven Handelns sein kann[8]. Ziel der Nutzung der Verfahrensprivatisierung in der Bauleitplanung, insbesondere der Integration von Mediation in dieses Verfahren, muß es daher sein, Beschädigungen rechts- und demokratiestaatlicher Sicherungen zu vermeiden. Die langjährigen Erfahrungen mit dem Verfahren zur Bauleitplanaufstellung und die gesetzliche Vorgaben konkretisierende und präzisierende Judikatur sollten es zulassen, einen rechtlichen Rahmen abzustecken, in dem eine Verfahrensprivatisierung unter Wahrung verfassungs- und einfachgesetzlicher Vorgaben stattfinden kann. Soweit einfachgesetzlichen Normen keine den Vorgang der Aufgabenübertragung auf Private bzw. deren Aufgabenwahrnehmung determinierende Bindungen zu entnehmen sind, ist auf das verfassungsrechtliche Demokratie- und Rechtsstaatsprinzip zu rekurrieren. Bei beiden handelt es sich zwar um *staats*bezo-

---

[5] Vgl. die Nachweise unter § 1 A, Fn. 21.

[6] *Lüers*, DVBl. 1998, 433 (441).

[7] *Stelkens/Schmitz*, in: Stelkens/Bonk/Sachs, VwVfG, § 9 Rdnr. 162.

[8] *Schuppert*, Kooperatives Recht im Spannungsfeld von Rechtsstaatsprinzip und Verfahrensökonomie, in: Dose/Voigt (Hrsg.), Kooperatives Recht, S. 225 (232).

gene Strukturprinzipien, so daß weder dem Demokratie-, noch dem Rechtsstaatsprinzip unmittelbare verfahrens- oder organisationsrechtliche Bindungen Privater entnommen werden können[9]. Dennoch hat der Träger hoheitlicher Gewalt diese Prinzipien zu beachten, wenn er sich Privater zur Erfüllung der nach originärer Kompetenzzuweisung ihm selbst obliegenden Aufgaben bedient. Dies muß schon deshalb gelten, weil sich die öffentliche Hand sonst durch Einbindung Privater in Verwaltungsverfahren den Bindungen der einer optimalen Gemeinwohlverwirklichung dienenden formellen Grundsätze entziehen könnte. Damit verpflichten Demokratie- und Rechtsstaatsprinzip zwar nicht unmittelbar den in die öffentliche Aufgabenerfüllung eingebundenen Privaten, sie legen jedoch dem Träger von Hoheitsgewalt Pflichten für den Vorgang der Übertragung auf, so daß rechtskonstruktivistisch auch von einer staatlichen Strukturschaffungspflicht[10] gesprochen werden kann.

§ 13 Die gemeindliche Verantwortung für Aufgabe und Verfahren der Bauleitplanung

Erste für den Einsatz Privater im Bauleitplanverfahren bedeutsame Anforderungen lassen sich der Zuweisung der Verantwortung für die Aufgabe und das Verfahren der Bauleitplanung entnehmen. Als rechtlich relativ neue Kategorie erfreut sich der Begriff der Verantwortung in letzter Zeit gesteigerter Aufmerksamkeit[11]. Nach neuerem Verständnis als normativer Kompetenzbegriff[12] bestimmt Verantwortung Art und Maß, mit dem die Verwaltung in die Erfüllung öffentlicher Aufgaben eingebunden ist und damit die Zurechnung von Handlungszuständigkeiten an ein hoheitliches Subjekt, das in kooperativem Zusammenwirken mit einem Privatrechtssubjekt agiert. Der Begriff der Verantwortung umfaßt dabei ein weites Spektrum unterschiedlicher Stufungen mit jeweils gleitenden Übergängen und Überschneidungen[13], von der vollen

---

9 *Burgi*, DV 33 (2000), 183 (193).

10 *Burgi*, Fuktionale Privatisierung und Verwaltungshilfe, S. 370 ff.; *ders.*, DV 33 (2000), 183 (200 ff.).

11 *Schmidt-Aßmann*, Zur Reform des Allgemeinen Verwaltungsrechts – Reformbedarf und Reformansätze, in: Hoffmann-Riem u.a. (Hrsg.), Reform des Allgemeinen Verwaltungsrechts, S. 11 (43 f.); *Trute*, Verzahnungen von öffentlichem und privatem Recht – anhand ausgewählter Beispiele, in: Hoffmann-Riem/Schmidt-Aßmann (Hrsg.), Öffentliches Recht und Privatrecht als wechselseitige Auffangordnungen, S. 167 (197 ff.); *Hoffmann-Riem*, Verfahrensprivatisierung als Modernisierung, in: ders./Schneider (Hrsg.), Verfahrensprivatisierung im Umweltrecht, S. 9 (24 ff.); *Röhl*, DV, Beiheft 2/1999, 33 ff. Vgl. ferner die Beiträge in Schuppert (Hrsg.), Jenseits von Privatisierung und „schlankem" Staat: Verantwortungsteilung als Schlüsselbegriff eines sich verändernden Verhältnisses von öffentlichem und privatem Sektor, Baden-Baden 1999.

12 Zum Wandel des Begriffsverständnisses *Röhl*, DV, Beiheft 2/1999, 33 (35 ff.).

13 *Schmidt-Aßmann*, Das Allgemeine Verwaltungsrecht als Ordnungsidee, S. 154 f.; *Hoffmann-Riem*, DÖV 1997, 433 (441).

Erfüllungsverantwortung über die Gewährleistungs- und Überwachungsverantwortung bis hin zur bloßen Rahmenverantwortung[14].

Im Zuge der zunehmenden Privatisierung wird im Öffentlichen Recht als allgemeiner Trend ein Wandel vom Leistungs- zum Gewährleistungsstaat[15] und damit ein Wandel von der Erfüllungs- zur Gewährleistungsverantwortung[16] bzw. von der Verfahrens- zur Ergebnisverantwortung konstatiert. Die Rede ist von einer Verantwortungsteilung[17] zwischen öffentlichen und privaten Akteuren, bei der behördlicher Verantwortung oftmals nur noch Auffangfunktion zugewiesen wird[18]. Es steht zu vermuten, daß sich dieser Wandel vom Leistungs- zum Gewährleistungsstaat kaum ohne Wandel des Anspruchs- und Leistungsniveaus bewerkstelligen lassen wird[19]; dasselbe dennoch möglichst

---

[14] Zur terminologischen Unterscheidung vgl. nur *Hoffmann-Riem*, DÖV 1997, 433 (440 ff.); *Schuppert*, Jenseits von Privatisierung und „schlankem" Staat: Vorüberlegungen zu einem Konzept von Staatsentlastung durch Verantwortungsteilung, in: Gusy (Hrsg.), Privatisierung von Staatsaufgaben, S. 72 (78 ff.).

[15] *Steinberg*, Staatliche Gewährleistungen bei privatisierten Verkehrswegeplanungen – Diskussionsbeitrag, in: Hoffmann-Riem/Schneider (Hrsg.), Verfahrensprivatisierung im Umweltrecht, S. 116 (123 f.). Bei *Wahl*, Privatisierung im Umweltrecht, in: Gusy (Hrsg.), Privatisierung von Staatsaufgaben, S. 260 (261) ist diese Tendenz als Wandel vom Leistungs- zum Regulierungsstaat, bei *Hesse*, Aufgaben der Staatslehre heute, in: Ellwein/Hesse/Mayntz/Scharpf, Jahrbuch zur Staats- und Verwaltungswissenschaft, S. 55 (69) als Wandel vom Leistungs- zum Steuerungs- und Ordnungsstaat beschrieben.

[16] Zuletzt *Hoffmann-Riem*, DV 33 (2000), 155 (159); ferner *Schuppert*, DÖV 1995, 761 (768); *Schneider*, Kooperative und konsensuale Formen administrativer Entscheidungsprozesse, in: Schenk u.a. (Hrsg.), Vom Hoheitsstaat zum Konsensualstaat, S. 82 (86).

[17] *Hoffmann-Riem*, Konfliktmittler in Verwaltungsverhandlungen, S. 7 ff.; *Trute*, DVBl. 1996, 950 ff.; *Burgi*, Funktionale Privatisierung und Verwaltungshilfe, S. 314; *Gusy*, Privatisierung als Herausforderung an Rechtspolitik und Rechtsdogmatik, in: ders. (Hrsg.), Privatisierung von Staatsaufgaben, S. 330 (341 f.); *Schuppert*, Jenseits von Privatisierung und „schlankem" Staat: Vorüberlegungen zu einem Konzept von Staatsentlastung durch Verantwortungsteilung, in: Gusy (Hrsg.), Privatisierung von Staatsaufgaben, S. 72 ff. sowie die Beiträge von *Trute* und *Voßkuhle*, in: Schuppert (Hrsg.), Jenseits von Privatisierung und „schlankem" Staat. Ähnlich auch der Sachverständigenrat „Schlanker Staat" (Hrsg.), Abschlußbericht, S. 93: „kooperative Verantwortung von Verwaltung und Bürger".

[18] *Hoffmann-Riem*, Ermöglichung von Flexibilität und Innovationsoffenheit im Verwaltungsrecht, in: ders./Schmidt-Aßmann (Hrsg.), Innovation und Flexibilität des Verwaltungshandelns, S. 9 (44 ff.); *ders.*, Verfahrensprivatisierung als Modernisierung, in: ders./Schneider (Hrsg.), Verfahrensprivatisierung im Umweltrecht, S. 9 (28 f.); *ders.*, Öffentliches Recht und Privatrecht als wechselseitige Auffangordnungen – Systematisierung und Entwicklungsperspektiven, in: ders./Schmidt-Aßmann (Hrsg.), Öffentliches Recht und Privatrecht als wechselseitige Auffangordnungen, S. 261 (328): „Reserveverantwortung"; *Schneider*, Kooperative und konsensuale Formen administrativer Entscheidungsprozesse, in: Schenk u.a. (Hrsg.), Vom Hoheitsstaat zum Konsensualstaat, S. 82 (86).

[19] *Wahl*, Privatisierung im Umweltrecht, in: Gusy (Hrsg.), Privatisierung von Staatsaufgaben, S. 260 (296).

weitgehend zu erhalten, ist die große Herausforderung für die Verfahrensprivatisierung.

A. Die rechtliche Fundierung der gemeindlichen Verantwortung

Die Verpflichtung des Staates, seine Entscheidungen nach außen hin verantworten können zu müssen, findet sich rechtlich abgesichert in dem Demokratieprinzip, dem Rechtsstaatsprinzip sowie der (grund)gesetzlichen Zuweisung von Kompetenzen[20]. Um die Verantwortungszuweisung für die Aufgabe der Bauleitplanung zu klären, soll im folgenden zunächst auf das Demokratieprinzip (dazu unter I), die gemeindliche Selbstverwaltungsgarantie (dazu unter II) und die einfachgesetzliche Kompetenzzuweisung im Baugesetzbuch (dazu unter III) eingegangen werden.

I. Das Demokratieprinzip

Das Demokratieprinzip des Art. 20 Abs. 2 Satz 1 GG verlangt, daß jede Emanation staatlicher Gewalt sich in ununterbrochener Legitimationskette vom Volk auf die handelnde Verwaltung zurückführen läßt[21]. Über die Homogenitätsklausel des Art. 28 Abs. 1 Satz 1 GG ist dieses Prinzip auch verbindliche Vorgabe für die verfassungsmäßige Ordnung in den Ländern. Damit ist grundsätzlich ausgeschlossen, daß demokratisch nicht legitimierten, verwaltungsexternen Privaten im Bereich einer staatlichen Aufgabe Entscheidungsmacht zukommt. Vom Erfordernis demokratischer Legitimation nicht erfaßt sind lediglich entscheidungsvorbereitende, rein technisch-instrumentelle oder bloß konsultative Tätigkeiten und Verrichtungen[22]. Etwas anderes hat jedoch zu gelten, wenn sich diese private unverbindliche und bloß unterstützende Teilhabe an der Verwaltungsaufgabe zur Mitentscheidung verdichtet. Soweit sich bereits das Verfahren als Bestandteil der Entscheidung darstellt, sind der Einbindung Privater in dieses im Hinblick auf das Demokratieprinzip somit Grenzen gesetzt. Hier ist nicht nur die Letztentscheidungsbefugnis den demokratisch legitimierten Organen vorzubehalten; vielmehr ist darüber hinaus deren Herrschaft auch über das vorangehende Verwaltungsverfahren sicherzu-

---

[20] *Pietzcker*, Verfahrensprivatisierung und staatliche Verfahrensverantwortung, in: Hoffmann-Riem/Schneider (Hrsg.), Verfahrensprivatisierung im Umweltrecht, S. 284 (304); *Kunig*, Alternativen zum einseitig-hoheitlichen Verwaltungshandeln, in: Hoffmann-Riem/Schmidt-Aßmann (Hrsg.), Konfliktbewältigung, Bd. I, S. 43 (62).

[21] BVerfG, Beschl. v. 15.2.1978 – BVerfGE 47, 253 (275); BVerfG, Urt. v. 26.6.1990 – BVerfGE 83, 60 (71 f.); *Böckenförde*, Demokratie als Verfassungsprinzip, in: HStR, Bd. I, § 22 Rdnr. 11.

[22] BVerfG, Urt. v. 31.10.1990 – BVerfGE 83, 60 (71); *Böckenförde*, Demokratie als Verfassungsprinzip, HStR, Bd. I, § 22 Rdnr. 13; *Hill*, DVBl. 1993, 973 (977). Kritisch hierzu *Schulte*, Schlichtes Verwaltungshandeln, S. 163 f.

stellen[23]. Das Demokratieprinzip macht Absicherungen der staatlichen Verantwortung in kooperativen Prozessen zwischen Verwaltung und Privaten notwendig. Bei ausreichender Sicherung der Steuerungs- und Kontrollfähigkeit der Verwaltung wird sich eine lediglich vorbereitende und konsultative Partizipation Privater an Verwaltungsentscheidungen dagegen nicht in Widerspruch zum Demokratieprinzip setzen[24].

II. Die eigenverantwortliche Selbstverwaltungsgarantie als verfassungsrechtliche Kompetenzvorschrift

Die gemeindliche Verantwortung für die Aufgabe der Bauleitplanung ist in kompetenzieller Hinsicht bereits auf verfassungsrechtlicher Ebene – namentlich in der kommunalen Selbstverwaltungsgarantie des Art. 28 Abs. 2 Satz 1 GG – verankert. Ob die räumliche Planung für das eigene Gemeindegebiet (sog. Planungshoheit) dabei zum gesetzlich unentziehbaren Kernbereich des gemeindlichen Selbstverwaltungsrechts zählt, wird in der Literatur nicht einheitlich beurteilt[25], das BVerfG hat diese Frage bisher offengelassen[26]. Gesicherte Erkenntnis ist jedoch, daß die Planungshoheit als eine der elementarsten Angelegenheiten der örtlichen Gemeinschaft jedenfalls Bestandteil der gemeindlichen Selbstverwaltungsgarantie des Art. 28 Abs. 2 Satz 1 GG ist[27], so daß diese Aufgabe von den Gemeinden im Rahmen der Gesetze in *eigener Verantwortung* wahrgenommen wird.

Als Kompetenzvorschrift gewährt Art. 28 Abs. 2 GG jedoch nicht nur ein Recht auf Selbstverwaltung, sondern enthält hiervon untrennbar auch ein Element der Pflichtigkeit[28], das eine objektiv-rechtliche Pflicht der Gemeinde zur Wahrnehmung der ihr zugewiesenen Aufgaben konstituiert. Dieses Element der Pflichtigkeit bezieht sich sowohl auf die behördliche Verwaltung als auch auf den gewählten Gemeinderat, dem der Bürger durch seine Wahlentscheidung das Mandat erteilt hat, alle Angelegenheiten der örtlichen Gemein-

---

[23] *Steinberg*, Kritik von Verhandlungslösungen, insbesondere von mittlergestützten Entscheidungen, in: Hoffmann-Riem/Schmidt-Aßmann (Hrsg.), Konfliktbewältigung, Bd. I, S. 295 (307); *Schmidt-Preuß*, VVDStRL 56 (1997), 160 (176 ff.).

[24] So auch *Burgi*, Funktionale Privatisierung und Verwaltungshilfe, S. 378; *Sünderhauf*, Mediation, S. 114.

[25] Vgl. *Brohm*, Öffentliches Baurecht, § 9 Rdnr. 4; *Grotefels*, in: Hoppe/Grotefels, Öffentliches Baurecht, § 2 Rdnr. 34.

[26] BVerfG, Beschl. v. 7.10.1980 – BVerfGE 56, 298 (312 f.); BVerfG, Beschl. v. 23.6.1987 – BVerfGE 76, 107 (118 f.).

[27] *Brohm*, Öffentliches Baurecht, § 9 Rdnr. 1; *Grotefels*, in: Hoppe/Grotefels, Öffentliches Baurecht, § 2 Rdnr. 26; *Battis*, Öffentliches Baurecht und Raumordnungsrecht, S. 56 f.; *Stüer*, in: Hoppenberg (Hrsg.), Handbuch des öffentlichen Baurechts, B Rdnrn. 57 ff.

[28] *Oebbecke*, Die verfassungsrechtlich gewährleistete Planungshoheit der Gemeinden, in: Erbguth u.a. (Hrsg.), FS Hoppe, S. 239 (242 f.); *Brohm*, Öffentliches Baurecht, § 9 Rdnrn. 6 ff.; *Stollmann*, WiVerw 2000, 126 (132).

schaft in Verantwortung ihm gegenüber gemeinwohlbezogen zu erledigen. Statuiert wird hiermit also die kommunale Verantwortung für die Erledigung einer Sachaufgabe, wodurch Privatisierungserwägungen gewisse Grenzen gesetzt sind.

Die Entscheidung der Gemeinde über die Nutzung der Kooperationsmöglichkeiten nach §§ 4b, 11, 12 BauGB obliegt grundsätzlich ihrem freien Ermessen; eine Privatisierung beruht hier also auf der eigenständigen Entscheidung der Gemeinde (autonome Privatisierung) und nicht auf einem staatlichen Gesetz ohne bzw. gegen den Willen der einzelnen Kommune (heteronome Privatisierung)[29]. Insofern ist zwar auch der autonome Entschluß zur Privatisierung selbst Ausdruck der kommunalen Selbstverwaltungsgarantie, zählt er doch zum kommunalen Selbstverwaltungsbereich der Organisationshoheit der jeweiligen Gemeinde. Keineswegs darf die Gemeinde jedoch so weit gehen, sich im Wege der Privatisierung ihrer Planungshoheit vollständig zu entledigen. Diese ist ihr im Rahmen des grundgesetzlichen Aufbaus der staatlichen Organisation als Kompetenz zugewiesen und verpflichtet sie zur Erhaltung der Entscheidungsmacht für die ihr zugewiesene Aufgabe. Die Gemeinde hat somit ihre Verantwortung für die Aufgabe der Bauleitplanung sicherzustellen und zu verhindern, daß die Einbindung Privater in die Entscheidungsvorbereitung zu ihrer faktischen Verdrängung führt. Vor dem Hintergrund der wachsenden Kritik an einer fortschreitenden Gefährdung der kommunalen Planungshoheit durch die Intensivierung der Kooperation mit Privaten[30] ist das Erfordernis hinreichender Sicherung der kommunalen Verantwortung für diese Aufgabe durchaus ernst zu nehmen.

III. Das Recht der Bauleitplanung als einfachgesetzliche Kompetenzkonkretisierung

Da die über die kommunale Selbstverwaltungsgarantie gewährte Planungshoheit der Gemeinde nur im Rahmen der Gesetze zur eigenverantwortlichen Wahrnehmung zusteht, ist zur Päzisierung der Verantwortungszuweisung für die Bauleitplanung auf die einfachgesetzliche Ebene zurückzukommen. Auf dieser Ebene konkretisiert das Baugesetzbuch, das die Bauleitplanung der Gemeinde als pflichtige Selbstverwaltungsaufgabe zuweist, die gemeindliche

---

[29] Terminologie nach *v. Arnim*, Rechtsfragen der Privatisierung, S. 48.

[30] So meldet *Maslaton*, Privatisierungstendenzen im Baurecht unter besonderer Berücksichtigung des Vorhaben- und Erschließungsplans, in: Hoffmann-Riem/Schneider (Hrsg.), Verfahrensprivatisierung im Umweltrecht, S. 125 (146) erhebliche Zweifel an der Verfassungsmäßigkeit der Beeinträchtigung der kommunalen Planungshoheit durch die Regelung zum Vorhaben- und Erschließungsplan an. Für *Stollmann*, WiVerw 2000, 126 (132) sind mit dem BauROG 1998 die verfassungsrechtlichen Grenzen einer Privatisierung der Bauleitplanung erreicht: „Jede weitere Aufweichung der Planungshoheit würde die verfassungsmäßig geschützte Selbstverwaltungsgarantie verletzen“ und einen Verstoß gegen Art. 28 Abs. 2 GG darstellen.

Kompetenz zur räumlichen Beplanung ihres Gebietes. Damit ist der Vollzug der gesetzlichen Vorschriften zur Bauleitplanaufstellung der kommunalen Exekutive zugewiesen; ihr ist das Eintreten für das Gemeinwohl im Wege der Normkonkretisierung auferlegt. Da Private andere Ziele verfolgen, besteht diese Zuweisung nicht nur als Kompetenz, sondern eben auch als staatliche Verantwortung, der sich nicht durch Privatisierung entzogen werden kann[31]. In diesem Kontext wird der Begriff der Verantwortung im Baugesetzbuch sogar ausdrücklich verwendet: Nach § 2 Abs. 1 Satz 1 BauGB sind die Bauleitpläne von der Gemeinde in *eigener Verantwortung* aufzustellen. Maßgebliche Anhaltspunkte lassen sich ferner der Regelung des § 11 Abs. 1 Satz 2 Nr. 1 a.E. BauGB entnehmen. Die Vorschrift verlangt im Zusammenhang mit der Regelung des städtebaulichen Vertrags, daß die *Verantwortung* der Gemeinde für das gesetzlich vorgesehene Planaufstellungsverfahren unberührt bleibt. Bei dieser gesetzlichen Wertung, die natürlich auch im Rahmen des § 4b BauGB gilt,[32] handelt es sich eigentlich um eine Selbstverständlichkeit[33]. Der dennoch erfolgten Aufnahme in den Gesetzestext wird daher „erzieherische Bedeutung“[34] beigemessen, womit dann auch die bisher nicht hinreichende Beachtung dieses Grundsatzes in der Praxis nahegelegt wird. Wenn entgegen allen Forderungen nach gesetzlicher Konkretisierung von Möglichkeiten und Grenzen des städtebaulichen Vertrags eine solche vom Gesetzgeber nicht vorgenommen wurde und er im wesentlichen nur diesen einen Annex der Regelung für notwendig befunden hat, so ist der dahinterstehenden Problematik besondere Dringlichkeit und Bedeutsamkeit beizumessen. Deutlich wird die gesetzgeberische Vorgabe, daß bei der Übertragung verantwortungsrelevanter Verfahrensschritte durch die Gemeinden sensibel – und wohl auch sensibler als bisher – vorzugehen ist.

B. Die Sicherung der Verantwortungszuweisung

Alldem ist klar zu entnehmen: Der Kommune ist die Verantwortung für das bauleitplanerische Verfahren und die abschließende Entscheidung *normativ* in aller Deutlichkeit zugewiesen. Der Wandel von der Alleinplanung der Verwaltung zur prägenden Mitgestaltung des Planungsprozesses durch Private bedeutet allein eine Rücknahme des öffentlichen Gestaltungsanspruchs, nicht jedoch aber auch eine solche der gesetzlichen Gesamtverantwortung für den

---

[31] *Schmidt-Preuß*, VVDStRL 56 (1997), 160 (181 ff.).

[32] *Schmidt-Eichstaedt*, Städtebaurecht, S. 368.

[33] So *Erbguth*, VerwArch 89 (1998), 189 (213).

[34] *Erbguth*, VerwArch 89 (1998), 189 (213). Die von *Battis*, Öffentliches Baurecht und Raumordnungsrecht, S. 102 verwendete Kennzeichnung des § 11 Abs. 1 Satz 2 Nr. 1 a.E. als „Angstklausel“ läßt deutlich erkennen, daß die gemeindliche Letztverantwortung durch die immer weiterschreitende Kooperation von Gemeinde und Privaten gefährdet ist und Unsicherheiten bei der Grenzziehung zwischen noch zulässiger und bereits unzulässiger Kooperation bestehen.

Gestaltungsauftrag. In der Vielzahl von Gemeinwohlakteuren wird den nichtstaatlichen zwar eine zunehmende Teilhabe an der Gestaltung, nicht jedoch an der Verantwortung zugewiesen. Wie auch immer die Gemeinde eine Verfahrensprivatisierung zu gestalten gedenkt, ihr allein obliegt die normative Verantwortung für das Bauleitplanverfahren; sie hat dafür Sorge zu tragen, sich diese zu erhalten und sie auch tatsächlich wahrzunehmen[35]. Von einer rechtlichen Verantwortungsteilung kann insofern nicht die Rede sein. Die arbeitsteilige Gemeinwohlverwirklichung durch die Indienstnahme privater Akteure für Gemeinwohlziele bedeutet rechtlich weder eine Verantwortungteilung, noch eine (Teil-)Privatisierung der Verantwortung. Wenn dennoch im Zusammenhang mit § 4b BauGB ein Wandel von der Verfahrens- zur Ergebnisverantwortung konstatiert wird[36], so erweist sich dies – insbesondere vor dem Hintergrund der Regelung des § 11 Abs. 1 Satz 2 Nr. 1 a.E. BauGB – als unzutreffend. Vielmehr ist es unter Geltung des Abwägungsgebots unzulässig, daß die Gemeinde die alleinige Entscheidungsverantwortung auch nur partiell aufgibt und sich auf eine Kontrolle der Rechtmäßigkeit des Verfahrens zurückzieht. Doch nicht nur die *Entscheidungs*verantwortung ist der Gemeinde zugewiesen, vor dem Hintergrund des fließenden Übergangs von Entscheidungsvorbereitung und Entscheidung im Planungsrecht trifft § 11 Abs. 1 Satz 2 Nr. 1 a.E. BauGB auch eine unmißverständliche Zuweisung der *Verfahrens*verantwortung. Da auch diese der Gemeinde obliegt, ist es erforderlich, daß sie nicht nur die Entscheidung selbst, sondern bereits den Prozeß der Entscheidungsbildung beherrscht. Letztlich gebietet auch die Eigentumsgarantie des Art. 14 GG, daß die Gemeinde Letztentscheidung und Gesamtverantwortung in ihrer Hand behält und die Planungsbetroffenen sich nicht einseitigen Entscheidungen einzelner Interessengruppen ausgeliefert sehen[37].

Dennoch läßt sich eine Entwicklung in faktischer Hinsicht wohl kaum bestreiten: Die Verlagerung von Aufgaben auf Private reduziert die Möglichkeiten staatlicher Einflußnahme auf die Aufgabenerledigung und führt damit zu einer *faktischen* Verantwortungsverschiebung[38]. Die Einbindung weiterer,

---

[35] Speziell für die Bauleitplanung *Stollmann*, WiVerw 2000, 126 (131). Allgemein für jegliche Raumplanungsentscheidung *Wahl*, DVBl. 1993, 517 (521); *Peine*, Verfahrensprivatisierung in der Verkehrswegeplanung, in: Hoffmann-Riem/Schneider (Hrsg.), Verfahrensprivatisierung im Umweltrecht, S. 95 (105 f.); *ders.*, DÖV 1997, 353 (355).

[36] ARGEBAU (Hrsg.) Muster-Einführungserlaß zum Bau- und Raumordnungsgesetz 1998, 2.4.4.5; *Stüer*, in Hoppenberg (Hrsg.), Öffentliches Baurecht, B Rdnr. 494; *Schliepkorte*, BBauBl 1997, 692 (693); *Wagner*, BauR 1997, 709 (717 f.).

[37] *Stüer*, DVBl. 1995, 649 (656); *ders.*, Möglichkeiten vertraglichen Handelns im Bauplanungsrecht, in: Ziekow (Hrsg.), Bauplanungsrecht vor neuen Herausforderungen, S. 45 (72).

[38] *Burgi*, Funktionale Privatisierung und Verwaltungshilfe, S. 161: „Zentrales Kennzeichen der funktionalen Privatisierung ist die Herbeiführung einer Verantwortungsverschiebung [...]“. In Anbetracht des Entlastungszwecks von Verfahrensprivatisierung wä-

externer Funktionseinheiten in eine staatliche Aufgabe hat grundsätzlich die Beeinträchtigung einer deutlichen Zuweisbarkeit von Kompetenzen und Verantwortlichkeiten zur Folge. Um nicht dem Risiko zu erliegen, mit rechtlichen Fiktionen über den Verlust faktisch wahrnehmbarer Verantwortung hinwegzutäuschen[39], bietet es sich daher an, terminologisch zwischen normativer und faktischer Verantwortung zu differenzieren[40] und eine faktische Verantwortungsrücknahme als Notwendigkeit anzuerkennen: Kooperation meint nun einmal Mitwirkung und umfaßt denknotwendig Mitverantwortung, Verantwortungsteilhabe. Die Bauleitplanung trifft auf ein viel zu komplexes Geflecht der tatsächlichen Umstände, als daß sie es der Verwaltung ermöglichen würde, in das Verfahren eingeschaltete Private durch Vorgaben oder Beobachtungen in deren Handlungen und Informationsvermittlung vollständig zu determinieren[41]. Hier läßt sich also eine durch Steuerungsverlust bedingte faktische Verantwortungsteilung nicht vermeiden. Diese ist aus rechtsstaatlicher Betrachtungsweise auch nicht per se zu mißbilligen[42], bedarf jedoch der rechtlichen Ausformung und Begrenzung durch den Erhalt von Einflußmöglichkeiten der Verwaltung auf den Privaten. Damit kommt es zu einem partiellen Wandel der kommunalen Verantwortungsstruktur, die nunmehr auch die Koordination und Kontrolle des Privaten umfaßt. Dieser bedarf es aus dem einfachen Grunde, daß sich Verantwortung einem Rechtssubjekt nicht isoliert von Möglichkeiten der Steuerung und Kontrolle übertragen läßt, will man sie nicht zur sinnentleerten Hülse verkommen lassen[43]. Eine lediglich formal-

re eine solche schließlich auch für sinnwidrig zu halten, wenn es nicht tatsächlich zu einer Entlastung käme, *Hoffmann-Riem*, DVBl. 1996, 225 (232).

39 Zu dieser Gefahr *Hoffmann-Riem*, Öffentliches Recht und Privatrecht als wechselseitige Auffangordnungen – Systematisierung und Entwicklungsperspektiven, in: ders./Schmidt-Aßmann (Hrsg.), Öffentliches Recht und Privatrecht als wechselseitige Auffangordnungen, S. 261 (292).

40 Diese Differenzierung bietet sich allgemein bei der Einschaltung Privater in behördliche Verfahren an und wurde auch auf anderen Rechtsgebieten bereits beschrieben, vgl. für das Gentechnikrecht *Di Fabio*, Risikoentscheidungen im Rechtsstaat, S. 128 f.

41 *Schneider*, Kooperative und konsensuale Formen administrativer Entscheidungsprozesse, in: Schenk u.a. (Hrsg.), Vom Hoheitsstaat zum Konsensualstaat, S. 82 (90); *Burgi*, DV 33 (2000), 183 (194 f.).

42 So wird eine Verantwortungsteilung auch gesehen als der „Königsweg zwischen Aufgabenprivatisierung und staatlicher Überforderung", *Trute*, DVBl. 1996, 950.

43 *Röhl*, DV, Beiheft 2/1999, S. 33 (49 und 53). So auch *Schoch*, Public Private Partnership, in: Erichsen (Hrsg.), Kommunale Verwaltung im Wandel, S. 101 (113). Die Gefahr, die hoheitliche Verantwortung für die Letztentscheidung zur substanzlosen Formalie verkommen zu lassen und den Hoheitsträger in eine lediglich „ratifizierende" Funktion zu verweisen, besteht allgemein bei der Verfahrensprivatisierung, *Pietzcker*, Verfahrensprivatisierung und staatliche Verfahrensverantwortung, in: Hoffmann-Riem/Schneider (Hrsg.), Verfahrensprivatisierung im Umweltrecht, S. 284 (304 f.); *Burgi*, Funktionale Privatisierung und Verwaltungshilfe, S. 140; *Voßkuhle*, Gesetzgeberische Regelungsstrategien der Verantwortungsteilung zwischen öffentlichem und privatem Sektor, in: Schuppert (Hrsg.), Jenseits von Privatisierung und „schlankem" Staat,

rechtliche Übertragung von Verantwortung ohne weitgehende Möglichkeiten inhaltlicher Einflußnahme auf Verfahrensablauf und -ergebnis ist unzulässig[44]. Da nicht nur die staatliche Verantwortung für die Letztentscheidung verfassungsrechtlich vorgezeichnet ist, sondern diese vielmehr auch für das vorangehende Verwaltungsverfahren gefordert ist[45], verlangt die staatliche Verantwortung für eine Sachaufgabe die staatliche Dominanz auch bereits des Verfahrens.

Als entscheidend stellt sich damit die Frage, inwieweit die Gemeinde ihre Verantwortung faktisch verlagern kann, ohne sich der Verfahrensdominanz und damit ihrer normativen Verantwortung zu begeben. Es geht um die Ausbalancierung rechtlich fortbestehender Planungsverantwortung und privater Verfahrensteilhabe. Wo liegen die Grenzen einer faktischen Verantwortungsverlagerung, die der Gemeinde eine normative Verantwortung beläßt, die diesen Namen auch (noch) verdient? Zu fragen ist nach den Aufgaben, Steuerungs- und Kontrollmöglichkeiten, die der öffentlichen Hand in jedem Fall zu verbleiben haben, damit sie die von ihr getroffene Letztentscheidung auch tatsächlich verantworten kann. Ferner muß mit der beschriebenen Rücknahme der Verantwortung auf der Primärebene ein Ausbau von Sicherungsmaßnahmen auf der Sekundärebene, d.h. eine Stärkung von verfahrensrechtlichen Prinzipien wie z.B. dem der Neutralität, einhergehen. Auch darauf wird noch näher einzugehen sein[46].

I. Umfang und Modalität der Aufgabenübertragung

Grundsätzlich verlangt jede Form von Kooperation der Verwaltung mit Privaten nach Transparenz[47], ohne die die gebotene demokratische Kontrolle undenkbar wäre. Erforderlich ist daher eine nach außen offenzulegende, möglichst präzise Beschreibung der Funktion des Privaten sowie des auf ihn übertragenen Leistungsumfangs[48]. Dazu muß sich die Gemeinde des Umfangs der überhaupt übertragbaren Aufgaben bewußt sein; dieses bildet den entscheidenden Faktor, der der vorbereitenden Tätigkeit des Privaten faktisch er-

---

S. 47 (71). Speziell für den Einsatz der DEGES *Wahl*, DVBl. 1993, 517 (521) bzw. für den Einsatz von Konfliktmittlern *Schmidt-Aßmann*, Konfliktmittlung in der Dogmatik des deutschen Verwaltungsrechts, in: Hoffmann-Riem/Schmidt-Aßmann (Hrsg.), Konfliktbewältigung, Bd. II, S. 9 (27).

44 *Stehlin*, Einschaltung privatrechtlich organisierter Verwaltungseinrichtungen in die Verkehrswegeplanung, S. 173 ff.

45 *Schoch*, DV 25 (1992), 21 (32); *Kahl*, DÖV 2000, 793 (797); *Laubinger*, Der Verfahrensgedanke im Verwaltungsrecht, in: König (Hrsg.), Verfahrensrecht in Verwaltung und Verwaltungsgerichtsbarkeit, S. 47 (64).

46 Unter § 15 B.

47 Zum proportional mit der Intensität von Kooperation wachsenden Bedürfnis nach Transparenz *Grigoleit*, DV 33 (2000), 79 (100); *Battis*, ZfBR 1999, 240 (242).

48 *Gronemeyer*, in: ders. (Hrsg.), BauGB, § 11 Rdnr. 24.

heblichen Einfluß auf die staatliche Entscheidung verleiht[49]. Um der Gemeinde die Planungshoheit als substantielle Kompetenz zu bewahren, ist es nicht ausreichend, daß lediglich alle Beschlüsse im Verfahren der Bauleitplanaufstellung in ihrer Kompetenz verbleiben. Vielmehr hat sie bei allen Verfahrensschritten ihre alleinige Verantwortlichkeit und die lediglich unterstützende Funktion Privater auch nach außen klar darzustellen[50]. Daher bedarf es einer sinnvollen Begrenzung des Umfangs der auf Private übertragbaren Aufgaben.

Aufgrund der dargestellten[51] eminenten Bedeutung des Bauleitplanverfahrens für das Planungsergebnis ist auszuschließen, daß Private (formelle) Verfahrensschritte eigenverantwortlich und unabhängig von detaillierten Vorgaben der Gemeinde wahrnehmen[52]. Dieses Ergebnis läßt sich auch der Formulierung des § 11 BauGB entnehmen, dessen rechtliche Grenzen aus Gründen der Einheitlichkeit selbstverständlich auch für eine Privatisierung nach § 4b BauGB zu gelten haben[53]. Wenn dort (§ 11 Abs. 1 Satz 2 Nr. 1 BauGB) als auf Private übertragbare Aufgaben „*sonstige* vorbereitende Maßnahmen" (Hervorhebung durch den Verfasser) genannt werden, ist damit implizit ausgedrückt, daß *sämtliche* übertragbaren Maßnahmen lediglich der Vorbereitung des Verfahrens dienen und nicht schon eine eigenständige Verfahrensdurchführung darstellen dürfen. Demnach können weder das Verwaltungsverfahren selbst noch dieses lediglich begleitende Verhandlungsverfahren Privaten zur selbständigen Durchführung übertragen werden[54]. Planung ist in solchem Maße einzelfallbezogen, daß die Gemeinde ihrer Verantwortung für diese Aufgabe nur dann gerecht wird, wenn sie auf den Einzelfall zugeschnittene Anweisungen hinsichtlich der Verfahrensgestaltung gibt und den Privaten damit in die Position eines bloßen Verwaltungshelfers verweist. Neben der Vorbereitung von Verfahrensschritten ist Privaten daher allenfalls die Mitwirkung im Sinne einer organisatorisch-unterstützenden Beteiligung bei

---

[49] *Pietzcker*, Verfahrensprivatisierung und staatliche Verfahrensverantwortung, in: Hoffmann-Riem/Schneider (Hrsg.), Verfahrensprivatisierung im Umweltrecht, S. 284 (304); *Burgi*, Funktionale Privatisierung und Verwaltungshilfe, S. 371 f.; *ders.*, DV 33 (2000), 183 (194).

[50] *Löhr*, in: Battis/Krautzberger/Löhr, BauGB, § 11 Rdnr. 2.

[51] Oben unter § 3 C.

[52] *Birk*, Die städtebaulichen Verträge nach BauGB 98, Rdnr. 292; *Fickert*, Die Bauleitplanung, Rdnr. 210 h; *Krautzberger*, in: Ernst/Zinkahn/Bielenberg, BauGB, § 11 Rdnr. 30; *Franckenstein*, UPR 2000, 288 (290); Mit Einschränkung auch *Quaas*, in: Schrödter, BauGB, § 11 Rdnr. 15.

[53] So auch *Quaas*, in: Schrödter, BauGB, § 11 Rdnr. 15; *Schrödter*, in: Schrödter, BauGB, § 4b Rdnr. 3.

[54] *Brohm*, DVBl. 1990, 321 (327).

der Durchführung[55] – keinesfalls jedoch die eigenständige Durchführung im Sinne einer Beleihung – zuzugestehen.

Auch die Neuregelung des § 4b BauGB beschränkt den Einsatz des Privaten auf diese verfahrensunterstützende Funktionen. Diese Argumentation wird auch von der Expertenkommission zur Novellierung des Baugesetzbuchs getragen. Bei der Begründung der Unzulässigkeit der Übertragung der Beteiligungsverfahren auf Private stellt sie nicht etwa auf das Fehlen einer Rechtsgrundlage hierfür ab, sondern rekurriert auf die fortbestehende Verantwortung der Gemeinde für die planerische Entscheidung: Die eigene Durchführung der gesetzlich geregelten Verfahren (Anhörung der Träger öffentlicher Belange und der Bürger) stellt sich demnach als verfahrensmäßige Voraussetzung einer *verantwortungsvollen* Wahrnehmung der Kompetenz zur planerischen Entscheidung dar[56]. Der bereits genannte Annex des § 11 Abs. 1 Satz 2 Nr. 1 a.E. BauGB wird daher auch als gesetzgeberische Umsetzung der Forderung der Expertenkommission nach einem klarstellenden Hinweis dahingehend, daß die Gemeinde die Beteiligungsverfahren selbst durchzuführen habe, verstanden[57]. Somit läßt das deutsche Planungsrecht – in concreto: die staatliche Verantwortung für Planungsverfahren und -entscheidung – eine Unabhängigkeit der in das Verfahren eingeschalteten Privaten im Rechtssinne nicht zu[58]. Eine Beleihung aufgrund von § 4b BauGB ist daher nicht nur wegen der bereits dargestellten[59] entgegenstehenden gesetzgeberischen Intention abzulehnen. Neben dem entgegenstehenden Grundsatz der gemeindlichen Letztverantwortung fehlt es ferner auch nach Schaffung des § 4b BauGB weiterhin an einer hinreichenden gesetzlichen Grundlage[60], da die Norm sich einer jeden präzisierenden Benennung der übertragbaren hoheitlichen Aufgaben für eine selbständige Wahrnehmung enthält[61]. Die Möglichkeit der Einschaltung Dritter in das Bauleitplanverfahren nach § 4b BauGB beschränkt sich demzufolge auf die Verwaltungshilfe. Da die Grenze zwischen dieser und der Belei-

---

55 In diesem Sinne auch Schlichter/Stich (Hrsg.), Berliner Schwerpunkte-Kommentar, § 4b Rdnr. 3; *Stollmann*, NuR 1998, 578 (580); *ders.*, WiVerw 2000, 126 (137); *Jäde*, in: ders./Dirnberger/Weiss, BauGB, § 4b Rdnr. 2; *Fischer/Fischer*, Der Landkreis 1998, 70 (71); *Franckenstein*, UPR 2000, 288 (290).

56 Bundesministerium für Raumordnung, Bauwesen und Städtebau (Hrsg.), Bericht der Expertenkommission zur Novellierung des BauGB, Rdnr. 144.

57 *Felten*, Die Novellierung des Baugesetzbuchs 1998, S. 169; *Neuhausen*, in: Brügelmann, BauGB, § 11 Rdnr. 19. A.A. *Quaas*, in: Schrödter, BauGB, § 11 Rdnr. 15.

58 *Stollmann*, NuR 1998, 578 (581).

59 Siehe oben unter § 5 B I 2.

60 *Battis*, in: ders./Krautzberger/Löhr, BauGB, § 4b Rdnr. 6; *ders./Krautzberger/Löhr*, NVwZ 1997, 1145 (1151). A.A. *Friege*, in: Gronemeyer (Hrsg.), BauGB, § 4b Rdnr. 6.

61 Zu den hohen Anforderungen, die an eine die Beleihung ermöglichende gesetzliche Grundlage zu stellen sind vgl. *Weidemann*, DVBl. 1998, 661 (665 f.), der dem § 4b BauGB strukturell vergleichbaren § 16 Abs. 2 KrW-/AbfG die Tauglichkeit für die Ermöglichung einer Beleihung abspricht.

hung jedenfalls dann überschritten ist, wenn der Staat die präzise Umschreibung der durchzuführenden Verfahrensleistungen, die Überwachung des Vollzugs oder die Aufbereitung der dabei gewonnenen Erkenntnisse aus der Hand geben würde[62], ergeben sich hieraus weitere – nachfolgend darzustellende – Verpflichtungen für die Gemeinde bei der Aufgabenübertragung auf Private.

II. Erhalt der Steuerungsfähigkeit

Die Verwaltung hat zunächst den Erhalt der eigenen Steuerungsfähigkeit zu sichern. Als notwendige Voraussetzung bedarf es dazu neben der bereits genannten möglichst präzisen Beschreibung des übertragenen Leistungsumfangs der Sicherstellung des Zuflusses sämtlicher entscheidungsrelevanter Informationen. Mit dem Privaten sind umfassende Informations- und Berichtspflichten sowie Kontroll- und Weisungsrechte zu vereinbaren[63], die Verwaltung hat stichprobenartige Kontrollen durchzuführen.

Da Privaten die Anhörungs- und Erörterungstermine nicht zur eigenständigen Wahrnehmung übertragen werden können, ist es unerläßlich, daß die Verwaltung bei deren Durchführung ihre fortbestehende Verfahrensdominanz durch Präsenz auch nach außen hin augenfällig hervorhebt[64]. Es obliegt daher einem Mitglied der Verwaltung bzw. des Rates, unter Erläuterung der Verfahrensstellung des mitwirkenden Privaten die Leitung der Beteiligungsverfahren zu übernehmen[65]. Die Präsenz der Gemeinde in den Beteiligungsverfahren ist ferner geboten, um eine verfälschende Darstellungsweise der Ergebnisse dieser Verfahren durch den Privaten auszuschließen. Die Auswertung der Beteiligungsverfahren ist in der Regel nämlich nur nachvollziehbar und kontrollierbar, wenn auf eigene Kenntnisse aus der Teilnahme an diesen Verfahren

---

[62] *Burgi*, Funktionale Privatisierung und Verwaltungshilfe, S. 139.

[63] Allgemein *Burgi*, DV 33 (2000), 183 (205 f.); *ders.*, NVwZ 2001, 601 (606). Speziell für die Bauleitplanung und § 4b BauGB *Bunzel*, in: ders./Hecker/Lau/Müller-Jökel/Schaber, Neuerungen im Baugesetzbuch 1998, S. 42; *Schliepkorte*, BBauBl. 1997, 692 (693); ARGEBAU (Hrsg.), Muster-Einführungserlaß zum Bau- und Raumordnungsgesetz 1998, 2.4.4.5; *Schmidt-Eichstaedt*, Die Einschaltung Dritter in das Bauleitplanverfahren, in: Ziekow (Hrsg.), Bauplanungsrecht vor neuen Herausforderungen, S. 131 (140).

[64] *Löhr*, in: Battis/Krautzberger/Löhr, BauGB, § 11 Rdnr. 2; *Bunzel*, in: ders./Hecker/Lau/Müller-Jökel/Schaber, Neuerungen im Baugesetzbuch 1998, S. 42; *Stollmann*, NuR 1998, 578 (581); *ders.*, WiVerw 2000, 126 (132); *Wagner*, BauR 1997, 709 (717); *Stüer*, in: Hoppenberg (Hrsg.), Handbuch des öffentlichen Baurechts, B Rdnr. 494; ARGEBAU (Hrsg.), Muster-Einführungserlaß zum Bau- und Raumordnungsgesetz 1998, 2.4.4.5.

[65] *Schrödter*, in: Schrödter, BauGB, § 4b Rdnr. 7. Für die Fachplanung im Bereich des Verkehrswegebaus auch schon *Wahl*, DVBl. 1993, 517 (525 und 527).

zurückgegriffen werden kann[66]. Schließlich ist die Teilnahme von Vertretern der verantwortlich planenden Gemeinde auch deshalb zu fordern, weil ohne sie eine Zweckverfehlung der Beteiligungsverfahren droht: So wird der einzelne Bürger möglicherweise von einer Teilnahme absehen, da er befürchtet, mit seinen Äußerungen ohnehin nicht bis zum Ohr des dem Gemeinwohl verpflichteten und politisch legitimierten Entscheidungsträgers vorzudringen.

Bei der Beauftragung des Privaten hat die Gemeinde dafür Sorge zu tragen, jederzeit Herrin des Verfahrens zu bleiben. Dies schließt es aus, Privaten substantielle Kompetenzen innerhalb des Verfahrens zur eigenständigen Wahrnehmung nach freiem Ermessen zu übertragen. Wo die gesetzlichen Vorschriften der Gemeinde Ermessen bei der Verfahrensgestaltung einräumen, hat sie dieses auch selbst auszuüben und kann solche für das Verfahren grundlegenden Entscheidungen nicht pauschal an Private delegieren. Demnach haben bei der Gemeinde zu verbleiben: die Entscheidung über die Durchführung des vereinfachten Verfahrens (§ 13 BauGB)[67], die Entscheidungen zur erneuten Auslegung der Bauleitplanentwürfe (§ 3 Abs. 3 BauGB)[68] bzw. zur erneuten Trägerbeteiligung (§ 4 Abs. 4 BauGB)[69] sowie die Entscheidung über die Fristverlängerung für die Äußerung eines Trägers öffentlicher Belange (§ 4 Abs. 2 Satz 1)[70]. Zur Sicherung ihrer Verfahrensdominanz hat sich die Gemeinde ferner über die Vertragsgestaltung für die Dauer des gesamten Verfahrens geeignete Einwirkungsmöglichkeiten vorzubehalten und die Möglichkeit zu sichern, das Verfahren wieder voll an sich ziehen zu können[71].

In verwaltungsorganisatorischer Hinsicht verlangt dies die Wahrung hinreichenden Sachverstands auf Seiten der Verwaltung: Sie muß in der Lage bleiben, das Handeln des Privaten in fachlicher Hinsicht nachzuvollziehen, um die Maßstäbe der auszuführenden Gesetze zu wahren. Neben einer laufenden

---

66 Deutscher Ausschuß für die Europäische Kampagne zur Stadterneuerung (Hrsg.), Planen mit dem Bürger, S. 221.

67 *Stollmann*, NuR 1998, 578 (580); *ders.*, WiVerw 2000, 126 (136); *Rothe*, Die Aufstellung von Bauleitplänen, Rdnr. 344.

68 *Bielenberg*, in: Ernst/Zinkahn/Bielenberg, BauGB, §§ 1-13 Vorb Rdnr. 30.

69 *Stollmann*, NuR 1998, 578 (580).

70 *Bunzel*, in: ders./Hecker/Lau/Müller-Jökel/Schaber, Neuerungen im Baugesetzbuch 1998, S. 41; *Stollmann*, NuR 1998, 578 (580). Nach *Schmidt-Eichstaedt*, Die Einschaltung Dritter in das Bauleitplanverfahren, in: Ziekow (Hrsg.), Bauplanungsrecht vor neuen Herausforderungen, S. 131 (139) darf der Private die Frist zwar eigenständig verlängern, eine Verlängerung jedoch nicht eigenständig versagen.

71 Allgemein für die Sicherung dieser „Rückholoption" *Burgi*, Funktionale Privatisierung und Verwaltungshilfe, S. 383 f.; *ders.*, DÖV 2001, 601 (606). Speziell für die Bauleitplanung *Stollmann*, NuR 1998, 578 (581); *Schliepkorte*, BBauBl 1997, 692 (693); *Seidel*, Privater Sachverstand und staatliche Garantenstellung, S. 254; ARGEBAU (Hrsg.), Muster-Einführungserlaß zum Bau- und Raumordnungsgesetz 1998, 2.4.4.5.

Abstimmung zwischen dem Privaten und der Gemeinde ist deren Sachkompetenz unerläßlich, um eine gegebenenfalls defizitäre Aufgabenerfüllung überhaupt feststellen zu können und hierauf mit dem Wiederansichziehen des Verfahrens reagieren zu können. Ein Abbau von Planungskapazität und -kompetenz in der Verwaltung darf daher nicht bis zur Planungs- und Kontrollunfähigkeit führen[72]. Damit zeigt sich auch das Dilemma, in das die Verwaltung durch eine Verfahrensprivatisierung gerät: Einerseits überträgt sie aufgrund ihrer Überforderung die Wahrnehmung einer Aufgabe Privaten, andererseits verbleibt sie in der Verantwortung zu deren Steuerung, womit ihr vernünftigerweise derselbe Wissens- und Informationsstand abverlangt werden muß wie bei eigener Aufgabenerfüllung. Dies setzt jedenfalls den vom Einsatz Privater versprochenen Entlastungseffekten deutliche Grenzen. Auch der in § 4b BauGB ausdrücklich genannte Beschleunigungszweck sieht sich durch die Notwendigkeit einer weisungsgebenden Einflußnahme der Gemeinde auf den Dritten beeinträchtigt: So kann die Verpflichtung zu umfassender Kontrolle und Überwachung sowie die notwendige Rückkoppelung zwischen Gemeinde und Privatem durchaus auch zu einer Verfahrensverzögerung führen[73].

III. Sicherung der Kompetenzen des Gemeinderats

Schließlich ist auch auf die dem Gemeinderat als Teil der kommunalen Exekutive zugewiesene Letztverantwortung für bauleitplanerische Entscheidungen einzugehen. Diese darf nicht rein formalistisch auf die Kompetenz zur abschließenden Abstimmung über einen Planentwurf reduziert werden. Mit einem solchen Ansatz würde die Kompetenz, die Aufstellung der Bauleitpläne zu beschließen, materiell völlig ausgehöhlt. Eine legitime Abwägungsentscheidung des Rates setzt vielmehr voraus, daß eine umfassende Teilhabe am gesamten Prozeß der Abwägung mit ihren einzelnen Verfahrensstufen vorangegangen ist. Nur so läßt sich die Entscheidung als eine solche des Rates nach außen hin verantworten. Wenn schon unter den gegebenen Verhältnissen mitunter ein Informationsdefizit des Rates bei seiner Entscheidungsfindung kritisiert wird,[74] so ist dies nur deshalb hinnehmbar, weil die umfassende Information bei der verfahrensdominierenden Verwaltung liegt, von der aufgrund ihrer Gemeinwohlverpflichtung nicht anzunehmen ist, daß einer selektiven

---

[72] Bundesministerium für Wirtschaft (Hrsg.), Leitfaden zur Einbeziehung Privater bei kommunalen Planungsleistungen, S. 24; *Schneider*, Kooperative und konsensuale Formen administrativer Entscheidungsprozesse, in: Schenk u.a. (Hrsg.), Vom Hoheitsstaat zum Konsensualstaat, S. 82 (95); *ders.*, VerwArch 87 (1996), 38 (59 f.).

[73] So auch die Einschätzung von *Rehme*, Einbeziehung Privater in den Verkehrswegebau, in: Stüer (Hrsg.), Verfahrensbeschleunigung, S. 230 (244) für die behördliche Überwachung der DEGES.

[74] Daß Kommunalpolitiker häufig einen Mangel an Information durch die Verwaltung und deren vorauseilenden Gehorsam gegenüber Investoren beklagen, konstatieren beispielsweise *Heinz/Scholz*, Public Private Partnership im Städtebau, S. 223 f.

Auswahl der an den Rat weitergegebenen Informationen sachfremde Motive zugrunde liegen[75]. Anders stellt sich die Situation dagegen dar, wenn die Information des Rates infolge einer Verfahrensprivatisierung von allein egoistischen Interessen verpflichteten Privaten vorgenommen wird. Aufgrund der mit dieser Konstellation verbundenen potentiellen Gefährdung seiner Befugnisse sowie der generell nicht von der Hand zu weisenden Möglichkeit, daß Ergebnisse kooperativer Verfahrensweisen aufgrund politischen Drucks faktisch verbindlich werden, erscheint es unerläßlich, dem Rat in jedem Fall die Entscheidung über die Betrauung Privater mit vormals von der Verwaltung wahrgenommenen Aufgaben zuzuweisen. Bereits bei der Anbahnung von öffentlich-privater Kooperation im städtebaulichen Bereich ist der Gemeinderat umfassend zu informieren und in Entscheidungen miteinzubeziehen[76].

Nicht zuletzt unter dem Aspekt der Praktikabilität ist es ferner problematisch, das Recht des Gemeinderats zur abschließenden Entscheidung über das Abwägungsmaterial sowie die Anregungen und Bedenken der Bürger zu sichern. Eine tendenzielle Gefährdung dieses Rechts stellt jedes das Planungsergebnis potentiell vorprägende Tätigwerden Privater im Bauleitplanverfahren dar. Dennoch haben die Bürger und Träger öffentlicher Belange auch und gerade bei der Einbindung Privater in das Verfahren das Recht, mit ihren Anregungen und Bedenken bis zum Gehör des Entscheidungsträgers vorzudringen – und zwar in unverfälschter und vollständiger Weise[77]. Bei der Zusammenstellung und Bündelung des Abwägungsmaterials sowie der Erarbeitung von Entscheidungsvorlagen für eingebrachte Anregungen und Bedenken hat eine Überwachung und Kontrolle des Privaten durch die Gemeinde daher besonders intensiv auszufallen. Die eigenständige und abschließende Bewertung der Ergebnisse der Beteiligungsverfahren durch private Verwaltungshelfer ist als unzulässig abzulehnen[78]. Es ist sicherzustellen, daß private Tätigkeit nicht zur Verfälschung von Ergebnissen der Beteiligungsverfahren führt. Von Privaten bearbeitete bzw. modifizierte Unterlagen dürfen deshalb nicht ohne Ge-

---

75 Ganz vermeiden läßt sich ein Informationsdefizit des Rates wohl ohnehin nicht: Die zunehmende Komplexität von Planung verlangt häufig nach wissenschaftlichem Sachverstand, der sich mit der Laientätigkeit im Ehrenamt des Gemeinderats nicht mehr vereinbaren läßt. Die dadurch bedingte Förderung einer „Expertokratie" im Sinne einer Herrschaft der sachverständigen Verwaltung bedingt notwendigerweise eine gewisse Entmachtung der demokratisch legitimierten Vertretungskörperschaften, so *Hekler/Kaltenbacher/Krautter/Zimmer*, Mit dem Bürger planen, S. 51.

76 *Battis*, ZfBR 1999, 240 (242); *Grigoleit*, DV 33 (2000), 79 (100).

77 *Schmidt-Eichstaedt*, BauR 1998, 899 (904 f.).

78 *Bunzel*, in: ders./Hecker/Lau/Müller-Jökel/Schaber, Neuerungen im Baugesetzbuch 1998, S. 42; *Lüers*, ZfBR 1997, 231 (237); *Stollmann*, NuR 1998, 578 (581); *Quaas*, in: Schrödter, BauGB, § 11 Rdnr. 15; *Gronemeyer*, in: ders. (Hrsg.), BauGB, § 11 Rdnr. 24; Schlichter/Stich (Hrsg.), Berliner Schwerpunkte-Kommentar, § 4b Rdnr. 3; *Erbguth/Wagner*, Bauplanungsrecht, Rdnr. 246; *Rothe*, Die Aufstellung von Bauleitplänen, Rdnr. 343; *Wagner*, BauR 1997, 709 (717).

genprüfung der Verwaltung zur Abstimmung in den Gemeinderat gegeben werden. Ferner ist für den Fall, daß mit sog. Abwägungstabellen gearbeitet wird, in denen die Anregungen und Bedenken vorsortiert, verdichtet oder bewertet werden, dafür zu sorgen, daß die Originaleingaben dem Rat zumindest zur jederzeitigen Einsichtnahme bereitstehen[79]. Schließlich sollte die Abwägungsentscheidung sich nicht auf einen einzigen summarischen Beschluß als bloße Bestätigung der von außen an den Rat herangetragenen Planungskonzeption beschränken[80], sondern für den Fall einzelner kontroverser bzw. weichenstellender Abwägungsgesichtspunkte hierüber eine Einzelabstimmung vorsehen.

IV. Folgen für den Einsatz von Mediation

Eine gewisse Abschwächung staatlicher Verantwortung hat sich soeben als kein der Mediation wesenseigener Nachteil erwiesen. Vielmehr stehen auch andere Formen der Einbindung Privater in den Aufgabenbereich der Verwaltung in einem Spannungsverhältnis mit der bei der Verwaltung verbleibenden Verantwortung. Dennoch werden insbesondere in Zusammenhang mit Mediation starke verfassungsrechtliche Bedenken an der rechtlichen oder tatsächlichen Schwächung staatlicher Verantwortung geäußert[81]. Allgemeines Fazit ist die Unzulässigkeit von Auswirkungen der Mediation auf die staatliche Verantwortung[82]; diese dürfe weder dem Mediator[83], noch dem die Par-

---

[79] *Schmidt-Eichstaedt*, BauR 1998, 899 (908).

[80] Mit Bedenken gegenüber dieser Konstellation auch *Schmidt-Eichstaedt*, BauR 1998, 899 (908 f.); *ders.*, Die Einschaltung Dritter in das Bauleitplanverfahren, in: Ziekow (Hrsg.), Bauplanungsrecht vor neuen Herausforderungen, S. 131 (144).

[81] *Breuer*, Verhandlungslösungen aus der Sicht des deutschen Umweltschutzrechts, in: Hoffmann-Riem/Schmidt-Aßmann (Hrsg.), Konfliktbewältigung, Bd. I, S. 231 (252); *Steinberg*, Kritik von Verhandlungslösungen, insbesondere von mittlergestützten Entscheidungen, ebd., S. 295 (308); *Pietzcker*, Verfahrensprivatisierung und staatliche Verfahrensverantwortung, in: Hoffmann-Riem/Schneider (Hrsg.), Verfahrensprivatisierung im Umweltrecht, S. 284 (304 ff.).

[82] *Laubinger*, Der Verfahrensgedanke im Verwaltungsrecht, in: König (Hrsg.), Verfahrensrecht in Verwaltung und Verwaltungsgerichtsbarkeit, S. 47 (64); *Würtenberger*, Die Akzeptanz von Verwaltungsentscheidungen, S. 137; *Schulze-Fielitz*, Der Konfliktmittler als verwaltungsverfahrensrechtliches Problem, in: Hoffmann-Riem/Schmidt-Aßmann (Hrsg.), Konfliktbewältigung, Bd. II, S. 55 (60); *Brohm*, Alternativen zum einseitig-hoheitlichen Verwaltungshandeln, ebd., Bd. I, S. 253 (257), wo er sich in Einklang mit der h.M. und auch *Hoffmann-Riem* sieht. Diesem hält er zwar die bisweilen mißverständliche Verwendung des Begriffs „Verantwortungsteilung" vor, inhaltlich sei mit diesem Begriff jedoch nicht mehr gekennzeichnet als die zwar erheblichen, jedoch lediglich sachlichen Einflußmöglichkeiten des Mediators. Speziell für die Bauleitplanung auch *Battis*, in: ders./Krauztzberger/Löhr, BauGB, § 4b Rdnr. 7; *Spannowsky/Krämer*, UPR 1998, 44 (50).

Auch der Professorenentwurf zum UGB-AT (§ 54 Abs. 4) sieht den Einsatz von Mediation nur unbeschadet der behördlichen Verfahrensverantwortung vor, vgl. *Kloepfer/Rehbinder/Schmidt-Aßmann*, Umweltgesetzbuch: Allgemeiner Teil, S. 60 und 275.

teien umfassenden Mediationsforum übertragen werden. Dementsprechend wird auch für die Bauleitplanung schon eine partielle Aufgabe der gemeindlichen Alleinverantwortung durch den Einsatz von Mediation für unzulässig gehalten[84].

Konsequenz der kommunalen Verantwortung ist die Notwendigkeit kommunaler Verfahrensdominanz unter hinreichender Kontrolle des Privaten – Prinzipien, die mit der Konzeption der Stellung des Mediators als unabhängigem Neutralen grundsätzlich konfligieren. So werden teilweise schon bei der oben geforderten bloßen Teilnahme von Gemeindevertretern an Erörterungsterminen Bedenken an der Funktionsfähigkeit von Mediation geäußert[85]. Diese erscheinen jedoch unbegründet, wenn man sich vergegenwärtigt, daß die im Rahmen von Mediation möglichen Einzelgespräche zwischen Mediator und einer Partei hinreichend Gelegenheit bieten, den Teilnehmerkreis kurzzeitig zu begrenzen, um so den Schwierigkeiten, die aus der permanenten Anwesenheit aller Parteien resultieren mögen, wirksam zu begegnen[86]. Überwiegend wird daher auch für eine behördliche Teilnahme an Mediationsverfahren plädiert[87]. Dies ist nicht nur unter dem Aspekt der Verantwortlichkeit für die abschließende Entscheidung erforderlich; eine behördliche Teilnahme an dem Mediationsverfahren dient auch dazu, bereits hier die rechtlichen und faktischen Grenzen einer Umsetzbarkeit von Verhandlungsergebnissen aufzuzeigen.

Viel problematischer als die Teilnahme an Mediationsverfahren erscheint dagegen die aufgezeigte Notwendigkeit, die gemeindliche Verantwortung durch zumindest punktuelle Weisungsbefugnis gegenüber dem in das Bauleitplanverfahren eingebundenen Privaten zu sichern. Da das Konzept der Mediation i.e.S. zur Wahrung von Verhandlungsspielräumen die Unabhängigkeit und

---

83 *Alm-Merk*, NdsVBl. 1997, 245 (247); *Hoffmann-Riem*, Verhandlungslösungen und Mittlereinsatz im Bereich der Verwaltung: Eine vergleichende Einführung, in: ders./Schmidt-Aßmann (Hrsg.), Konfliktbewältigung, Bd. I, S. 13 (40). Es widerspräche allerdings ohnehin dem Konzept der Mediation, dem Mediator Entscheidungskompetenz zu übertragen.

84 *Battis*, in: ders./Krautzberger/Löhr, BauGB, § 4b Rdnrn. 2 und 7; *ders./Krautzberger/Löhr*, NVwZ 1997, 1145 (1151).

85 *Battis*, in: ders./Krautzberger/Löhr, BauGB, § 4b Rdnr. 7.

86 Gleichwohl sollte hiervon zur Vermeidung von Zweifeln an der Neutralität des Mediators nur behutsam Gebrauch gemacht werden, vgl. *Passavant*, DÖV 1987, 516 (520).

87 *Madigan/Susskind/Weinstein*, Vorüberlegungen für eine verbesserte Konfliktbewältigung im Umweltbereich, in: Hoffmann-Riem/Schmidt-Aßmann (Hrsg.), Konfliktbewältigung, Bd. I, S. 151 (173); *Sünderhauf*, Mediation, S. 123 f.; *Troja*, ZfU 1997, 317 (327); *Wagner/Engelhardt*, NVwZ 2001, 370 (372). Auch § 89 Abs. 5 UGB-KommE sieht für Mediationsverfahren die Teilnahme des letztverantwortlichen Entscheidungsträgers vor.

Weisungsfreiheit des Konfliktmittlers für unabdingbar hält[88] und ihm die leitende Rolle in der Vermittlung zuweist[89], zeigt sich hier ihre Inkompatibilität mit der dem deutschen Planungsrecht eigenen Verantwortungsstruktur. Diese folgt ferner daraus, daß die eigenständige Verfahrensdurchführung durch den Mediator dessen Beleihung erforderlich macht[90], eine solche jedoch – wie dargelegt – im Widerspruch zur umfassenden Verantwortung der Gemeinde für das Bauleitplanverfahren steht. Möglich erscheint demnach lediglich der Einsatz von einzelnen Elementen der Mediation in den herkömmlichen Verwaltungsverfahren; das ursprüngliche Konzept bedarf daher der Modifizierung und Relativierung.

§ 14 Der Grundsatz der Gesetzmäßigkeit der Verwaltung

Macht bereits das Erfordernis der kommunalen Verantwortung für Verfahren und Ergebnis der Bauleitplanung eine Relativierung des Mediationskonzepts erforderlich, so steht dies auch unter dem Aspekt der Gesetzmäßigkeit der Verwaltung zu erwarten. Um diesen Grundsatz zu wahren, muß der Einsatz von Mediation zunächst dem Vorrang des Gesetzes genügen – diesbezüglich konfligiert das Erfordernis eines rechtsverbindlichen Ergebnisses des Mediationsverfahrens mit der in § 2 Abs. 3 BauGB normierten Unzulässigkeit der Vorabbindung der Bauleitplanung (dazu unter A I). Ebenfalls unter diesem ersten Aspekt des Grundsatzes der Gesetzmäßigkeit der Verwaltung erscheint es problematisch, im Verhandlungswege von normativen Vorgaben abzuweichen (dazu unter A II). Schließlich stellt sich unter dem zweiten Aspekt, dem Vorbehalt des Gesetzes, die Frage nach der Notwendigkeit einer gesetzlichen Grundlage für den Einsatz von Mediation (dazu unter B).

A. Der Vorrang des Gesetzes

I. Die Möglichkeit der Schaffung eines rechtsverbindlichen Verhandlungsabschlusses

Ersichtlich steht das klare Verbot vertraglicher Vorabbindung der Bauleitplanung in einem schwer aufzulösendem Spannungsverhältnis mit der weiteren Intensivierung kooperativer Handlungsweisen im Städtebaurecht. Es liegt offen auf der Hand, daß kein Investor Zusagen machen oder Verpflichtungen

---

[88] *Schuppert*, Konfliktmittlung bei Verhandlungen und Verwaltungsverfahren, in: Hoffmann-Riem/Schmidt-Aßmann (Hrsg.), Konfliktbewältigung, Bd. II, S. 29 (52). Sie wird deshalb teilweise auch für den Dritten nach § 4b BauGB verlangt, *Erbguth/Wagner*, Bauplanungsrecht, Rdnr. 309b; ARGEBAU (Hrsg.), Muster-Einführungserlaß zum BauROG 1998, 2.4.4.3.

[89] *Troja*, ZfU 1997, 317 (330).

[90] *Hoffmann-Riem*, Konfliktmittler in Verwaltungsverhandlungen, S. 50; *Brohm*, DVBl. 1990, 321 (328); *ders.*, Konfliktmittlung bei der Umweltverträglichkeitsprüfung im Raumordnungsverfahren, in: Hoffmann-Riem/Schmidt-Aßmann (Hrsg.), Konfliktbewältigung, Bd. II, S. 221 (237). So wohl auch *Troja*, ZfU 1997, 317 (329 f.).

eingehen wird, ohne seinerseits rechtlich gesicherte Ansprüche begründet zu erhalten. In der Praxis führt dies oftmals zu der paradoxen Situation, daß die Verabschiedung eines im Interesse des Investors liegenden Bebauungsplans zwar nicht Bestandteil eines Vertrags mit der Gemeinde wird, beide Vertragspartner jedoch „augenzwinkernd" davon ausgehen, daß der Plan wie vorgesehen in Kraft treten wird[91]. Insbesondere unter diesem Aspekt droht Mediation, zu Friktionen in der Systematik des deutschen Planungsrechts zu führen. Wenn diese Methode wie oben gezeigt[92] nach der Möglichkeit der verbindlichen Fixierung des Aushandlungsergebnisses verlangt, setzt sie sich damit in offensichtlichen Widerspruch zum Abwägungsgebot des § 1 Abs. 6 BauGB, das eine ausschließlich nachvollziehende Abwägung und rein formale Umsetzung des Verhandlungsergebnisses in die korrespondierende verwaltungsrechtliche Handlungform ausschließt. Das Abwägungsgebot hat im Konflikt zwischen einer der Planungseffektivität förderlichen Vorabbindung und einer weitgehende Entscheidungsoffenheit voraussetzenden substantiellen Bürger- und Trägerbeteiligung eine klare Entscheidung zuungunsten der Zulässigkeit von Vorentscheidungen getroffen. Die Gemeinde soll in ihrer Funktion als neutraler Sachwalter von Gemeinwohlinteressen frei und ungebunden entscheiden können und dabei auch die in den Verfahren der Bürger- und Trägerbeteilung vorgebrachten Anregungen und Bedenken einbeziehen können, wozu die Offenheit der Gesamtentscheidung unverzichtbar ist[93]. Vorabbindungen im Vorfeld oder Verlaufe des Planaufstellungsverfahrens stellen sich demzufolge regelmäßig als Verstoß gegen die dem Abwägungsgebot entnommene Verpflichtung, eine Abwägung überhaupt vorzunehmen, und damit als sogenannter Abwägungsausfall dar[94]. Dennoch hat das BVerwG in Anerkennung der Bedürfnisse der Planungspraxis auch ausgeführt, daß dem Planverfahren vorgeschaltete Abstimmungen, Zusagen oder Verträge geradezu unerläßlich für eine sachgerechte Planung und ihre effektive Realisierung sein können, deren pauschales Abtun als gesetzeswidrig somit an der Realität der Planungsvorgänge vorbeigehe[95]. Demnach könne der grundsätzlich aus Vorabbindungen resultierende Abwägungsausfall bei kumulativem Vorliegen dreier Voraussetzungen ausnahmsweise ausgeglichen werden und den darauf beruhenden Bauleitplan vor der Nichtigkeit bewahren. Erforderlich ist erstens, daß die Vorwegnahme der Entscheidung auch in Anbetracht der dadurch be-

---

91 *Wagner*, Allgemeine städtebauliche Verträge nach § 11 BauGB, in: v. Nicolai/Wagner/Wecker, Verträge des Baugesetzbuchs, S. 15 (23).

92 Unter § 8 D.

93 *Stüer*, in: Hoppenberg (Hrsg.), Handbuch des öffentlichen Baurechts, B Rdnr. 733.

94 Richtungweisend und immer noch maßstabsetzend ist insofern die Flachglas-Entscheidung des BVerwG, Urt. v. 5.7.1974 – BVerwGE 45, 309 (318 f.).

95 BVerwG, Urt. v. 5.7.1974 – BVerwGE 45, 309 (317). Damit war das BVerwG nicht nur bestrebt, „das Abwägungsgebot als rechtsstaatliche Bastion vor dem Ansturm des Zeitgeistes zu verteidigen", sondern auch Aushandlungsprozessen dem Grunde nach ausdrücklich die Legitimation zu erteilen, so zutreffend *Spannowsky*, GewArch 1998, 362.

lasteten Beteiligungsverfahren sachlich gerechtfertigt ist und zweitens die planungsrechtliche Zuständigkeitsordnung gewahrt bleibt, also die hinreichende Mitwirkung des zuständigen Gemeindeorgans auch an der Vorentscheidung gesichert ist. Schließlich darf drittens die vorweggenommene Entscheidung in planerischer Hinsicht auch inhaltlich nicht zu beanstanden sein. Diese vom BVerwG schon früh an den Tag gelegte Offenheit gegenüber enger städtebaulicher Kooperation zwischen Investor und öffentlicher Hand darf jedoch nicht dahingehend mißverstanden werden, daß damit vertraglichen Planungsabreden Tür und Tor geöffnet wurde. Allein die Nichtigkeit des auf vertraglicher Abrede beruhenden Bauleitplans kann mit einer den Grundsätzen dieser Entscheidung genügenden Vorabstimmung überwunden werden. Die vertragliche Vereinbarung als solche bleibt nach ganz herrschender Auffassung nichtig[96], wie nunmehr auch mit § 2 Abs. 3 BauGB gesetzlich normiert ist. Bei dieser Regelung handelt es sich keinesfalls um originäre Rechtsschöpfung, sondern um die klarstellende Absicherung der Grenzen von städtebaulicher Kooperation, wie sie zuvor auch schon in § 6 Abs. 2 Satz 3 BauGBMaßnG verortet war.

Trotz dieser klaren rechtlichen Maßgaben tendiert die Literatur im Zuge der gesteigerten Bedeutung und auch Akzeptanz von städtebaulicher Kooperation seit langem dahin, das generelle Verbot von Planungsabreden in unterschiedlichem Maße zu relativieren[97]. Vor diesem Hintergrund wurde schon der Regelung des § 7 Abs. 3 Satz 1 BauGBMaßnG (nunmehr § 12 Abs. 2 BauGB), der der Gemeinde im Zusammenhang mit dem Vorhaben- und Erschließungsplan aufgab, über den Antrag des Vorhabenträgers auf Einleitung des Bauleitplanverfahrens nach pflichtgemäßem Ermessen zu entscheiden, besondere Aufmerksamkeit zuteil. Grundsätzlich erscheint dort die Konstellation einer Ermessensreduzierung auf Null denkbar und damit ein gerichtlich durchsetzbarer Anspruch auf Einleitung des Satzungsverfahrens[98], – also eine nicht un-

---

[96] Vgl. nur *Stüer*, in: Hoppenberg (Hrsg.), Öffentliches Baurecht, B Rdnr. 733; *Bielenberg*, in: Ernst/Zinkahn/Bielenberg, BauGB, § 2 Rdnr. 78; *Friege*, in: Gronemeyer (Hrsg.), BauGB, § 2 Rdnr. 36; *Jäde*, BayVBl 1992, 549 (549 f.); *Loomann*, NJW 1996, 1439 (1440); *Schmidt-Eichstaedt*, Städtebaurecht, S. 130 f.; *Wagner*, Allgemeine städtebauliche Verträge nach § 11 BauGB, in: v. Nicolai/Wagner/Wecker, Verträge des Baugesetzbuchs, S. 15 (22 f.); *Bunzel/Coulmas/Schmidt-Eichstaedt*, Städtebauliche Verträge, S. 42 f.; *Oerder*, BauR 1998, 22 (27) sowie die umfangreichen Nachweise bei *Karehnke*, Die rechtsgeschäftliche Bindung kommunaler Bauleitplanung, S. 24. A.A. *Zuck*, Das Recht des Bebauungsplans, B, Rdnr. 49; *Peine*, Öffentliches Baurecht, Rdnr. 121.

[97] Für die vorsichtige Lockerung des Unzulässigkeitsdogmas für Planungsverträge schon *Schmidt-Aßmann/Krebs*, Rechtsfragen städtebaulicher Verträge, 1. Aufl., S. 169. Vgl. ferner *Karehnke*, Die rechtsgeschäftliche Bindung kommunaler Bauleitplanung, S. 29 ff.; *Grigoleit*, DV 33 (2000), 79 (96 f.).

[98] *Krautzberger*, in: Battis/Krautzberger/Löhr, BauGB, § 12 Rdnr. 44; *Bielenberg*, in: Ernst/Zinkahn/Bielenberg, BauGB, § 2 Rdnr. 77a; *Birk*, Die städtebaulichen Verträge nach BauGB 98, Rdnr. 111 f. A.A. *Oldiges*, Baurecht, in: Steiner (Hrsg.), Besonderes

erhebliche rechtliche Bindung der Abwägungsentscheidung. Dieser Anspruch auf ermessensfehlerfreie Entscheidung über die Einleitung des Satzungsverfahrens setzt sich nach teilweise vertretener Auffassung sogar noch in einem Anspruch auf ermessensfehlerfreie Durchführung des Verfahrens fort[99]. In diesem Zusammenhang wurde der Verweis des § 7 Abs. 3 Satz 2 BauGBMaßnG auf § 2 Abs. 3 BauGB, der die Unzulässigkeit der vertraglichen Begründung eines Anspruchs auf Bauleitplanung normiert, auch schon als „fast täuschend“[100] gewertet. Wenngleich die Konstellation, bei der sich eine Ermessensreduzierung auf Null ergeben kann, wohl eher ins Reich des Theoretischen zu verweisen ist[101], so läßt sich der Regelung dennoch eine „neue rechtliche Qualität“[102] nicht absprechen.

In Fortsetzung und Weiterentwicklung dieser Tendenz gehen erste Überlegungen zum neuen BauGB dahin, die uneingeschränkte Geltung des § 2 Abs. 3 BauGB in Zweifel zu ziehen. Das große Bedürfnis der Planungspraxis nach verbindlichen Absprachen in Bezug auf die Bauleitplanung sowie die grundsätzliche Anerkennung und Weiterentwicklung von öffentlich-privater Kooperation durch den Gesetzgeber gäben Anlaß, das so rigorose Verbot von Planungsabsprachen grundsätzlich zu überdenken. In Konsequenz wird erwogen, die Regelung des § 2 Abs. 3 BauGB – insbesondere im Hinblick auf die neuen Vorschriften der §§ 4b, 11, 12 BauGB – in Zukunft möglicherweise flexibler zu handhaben[103]. Neue Impulse für die Entwicklung eines rechtsverbindlichen Anspruchs auf Bauleitplanung sind auf lange Sicht möglicherweise auch vom europäischen Einigungsprozeß zu erwarten. So wurde das belgische Modell, das unter bestimmten Voraussetzungen einen Anspruch der Grundei-

---

Verwaltungsrecht, S. 485 (529), der § 12 Abs. 2 BauGB insofern für mißverständlich formuliert hält sowie die Expertenkommission zur Novellierung des Baugesetzbuchs, die in ihrem Bericht (Rdnr. 160) daher auch für die Streichung der Vorschrift plädiert. *Reidt*, BauR 1998, 909 (913) entnimmt die Unzulässigkeit einer Ermessensreduzierung auf Null § 2 Abs. 3 BauGB.

[99] *Birk*, Die städtebaulichen Verträge nach BauGB 98, Rdnr. 112. Hingegen erstreckt die Rechtsprechung die Unverbindlichkeit der Verpflichtung zur Aufstellung eines Bebauungsplans auch auf die Verpflichtung zur Einleitung und Durchführung des Bebauungsplanverfahrens, vgl. VGH BW, Urt. v. 15.12.1994 – UPR 1995, 355, zustimmend *Spannowsky*, GewArch 1998, 362 (365), ablehnend *Neuhausen*, in: Brügelmann, BauGB, § 11 Rdnr. 23 sowie VGH BW, Beschl. v. 22.3.2000 – ZfBR 2000, 417.

[100] *Maslaton*, Privatisierungstendenzen im Baurecht unter besonderer Berücksichtigung des Vorhaben- und Erschließungsplans, in: Hoffmann-Riem/Schneider (Hrsg.), Verfahrensprivatisierung im Umweltrecht, S. 125 (146).

[101] *Söfker*, Der Vorhaben- und Erschließungsplan, in: Berkemann u.a. (Hrsg.) FS Schlichter, S. 389 (402); *Battis*, in: ders./Krautzberger/Löhr, BauGB, § 2 Rdnr. 10.

[102] So zu Recht *Maslaton*, Privatisierungstendenzen im Baurecht unter besonderer Berücksichtigung des Vorhaben- und Erschließungsplans, in: Hoffmann-Riem/Schneider (Hrsg.), Verfahrensprivatisierung im Umweltrecht, S. 125 (144).

[103] *Fickert*, Die Bauleitplanung, Rdnr. 38 f.; *ders.*, BauR 1997, 947 (949).

gentümer auf Aufstellung eines Bebauungsplans vorsieht, bereits als Anregung für nationale Reformvorhaben vorgestellt[104].

Gegenwärtig scheint jedoch vor dem Hintergrund der oben[105] geschilderten allgemeinen Entwicklungen ein Stimmungsumschwung zugunsten der vor den Gefahren einer immer enger werdenden Kooperation warnenden Stimmen verzeichnen zu sein. Diesen Kritikern zufolge hat die städtebauliche Kooperation umfänglich und inhaltlich ein Niveau erreicht, das Anlaß zur Skepsis bietet und nach rechtlicher Begrenzung und Eindämmung verlangt. Als wohl prominentester Vertreter dieser Bedenkenträger gibt *Battis* dann auch seine zuvor vertretene Auffassung, im Einzelfall könne es einen vertraglich begründeten Anspruch auf eine bestimmte Bauleitplanung geben, ausdrücklich auf[106]. Auch die Forderung nach prinzipiellem Überdenken des Dogmas vom Verbot vertraglicher Begründung eines Anspruchs auf einen Bauleitplan angesichts der Aufwertung des städtebaulichen Kooperationsprinzips wird in den letzten beiden Auflagen seiner Kommentierung zum Baugesetzbuch nicht mehr erhoben[107]. Begründet wird diese Aufgabe der Forderung nach Relativierung des § 3 Abs. 2 BauGB mit den Veränderungen im Kräfteverhältnis zwischen Kommunen und Investoren und dem fehlenden Erlaß spezieller Sicherungsvorschriften zur Wahrung der Planungshoheit, dem Abwägungsprinzip und der demokratischen Legitimation des Gemeinderats. Deshalb sei zum Schutz der Gemeinde vor Investoren nunmehr eine strenge Beachtung des § 2 Abs. 3 BauGB als der „letzte[n] Zitadelle zur Wahrung der Planungshoheit“[108] geboten. In diesem Zusammenhang wird dann auch bemängelt, daß die Regelung zum städtebaulichen Vertrag nunmehr nicht ausdrücklich auf § 2 Abs. 3 BauGB verweist, womit dessen ausreichende Warnfunktion gefährdet sei[109].

In Anbetracht dieses Stimmungsumschwungs und auch des bei der neusten Novellierung des Baugesetzbuchs unerhört gebliebenen Rufes nach dem Gesetzgeber zur Austarierung der gegenläufigen rechtsstaatlichen Belange eines ordnungsgemäßen Planungsverfahrens und einer verläßlichen vertraglichen Bindung[110] scheint gegenwärtig keine Veranlassung gegeben, vom strikten

---

104 *Schmidt-Eichstaedt*, DÖV 1995, 969 (976).

105 Unter § 1.

106 *Battis*, Öffentliches Baurecht und Raumordnungsrecht, 4. Aufl., S. 249 in Gegenüberstellung zur Vorauflage, S. 294. Vgl. auch *ders.*, ZfBR 1999, 240 ff.

107 So aber noch *Battis*, in: ders./Krautzberger/Löhr, BauGB, 5. Aufl., § 2 Rdnr. 10.

108 *Battis*, ZfBR 1999, 240 (241). Ferner *ders.*, ebd. (242): „letzte Fluchtburg“.

109 *Erbguth*, VerwArch 89 (1998), 189 (215) hält die Regelung des § 2 Abs. 3 BauGB unter diesem Aspekt daher für „zumindest rechtssystematisch mißglückt“. A.A. *Battis*, ZfBR 1999, 240 (241).

110 *Schmidt-Aßmann/Krebs*, Städtebauliche Verträge, 2. Aufl., S. 91; *Krebs*, Bauplanungs- und Bauordnungsrecht, in: Hill (Hrsg.), Verwaltungshandeln durch Verträge und Absprachen, S. 75 (84).

Nichtigkeitsdogma vertraglicher Bauplanungsabreden abzuweichen. Es bleibt der zukünftigen Entwicklung der Abwägungsdogmatik überlassen, inwieweit der Grundsatz vom Widerspruch zwischen vertraglicher Vorabbindung und rechtsstaatlichen Anforderungen genügendem Planungsvorgang und -ergebnis Aussicht auf Relativierung hat. Gegenwärtig ist jedoch auf dem Gebiet der Bauleitplanung nicht von der Realisierbarkeit einer rechtlichen Bindung der Beteiligten an die von ihnen im Zuge eines Mediationsverfahrens erarbeitete Lösung auszugehen. Dem „Aushandeln von Planungsentscheidungen" sind somit deutliche Grenzen gesetzt. Dies gilt selbstverständlich nicht nur für die Vorabbindungen der Gemeinde gegenüber Investoren, sondern auch für solche gegenüber Trägern öffentlicher Belange[111]. Gleichwohl wird die Unzulässigkeit der rechtlich verbindlichen Fixierung des Ergebnisses eines Mediationsverfahrens teilweise nicht als ein der Anwendung dieses Verfahrens entgegenstehender Nachteil begriffen, da es immer noch geeignet sei, hinreichende politische und faktische Bindungswirkungen hervorzubringen[112]. Dabei darf jedoch nicht leichtfertig übersehen werden, daß das BVerwG eine Gefährdung der Abwägung nicht auf rechtliche Bindungen beschränkt, sondern diesen Bindungen solche tatsächlicher Art gleichstellt[113], die Gefahr fehlerhafter Abwägung also für den Fall lediglich politischer oder faktischer Bindungen fortbesteht. Richtigerweise ist das Gebot der Vermeidung von Vorabbindungen damit als eine Hürde, die der Nutzung von Mediation im Öffentlichen Recht Grenzen setzt, anzuerkennen[114]. Nach dem vorherrschenden Verständnis der Konzeption von Planungsentscheidungen im deutschen Recht dürfte diese Hürde auch durch einfachgesetzliche Änderung nicht überwindbar sein, da eine vertragliche Bindung der Bauleitplanung einen Verstoß gegen das Abwägungsgebot und damit das verfassungsrechtliche Rechtsstaatsgebot darstellt[115].

---

[111] *Bielenberg*, in: Ernst/Zinkahn/Bielenberg, BauGB, § 4 Rdnr. 24.

[112] Vgl. oben unter § 8 D, Fn. 40.

[113] BVerwG, Urt. v. 5.7.1974 – BVerwGE 45, 309 (318): „ Eine Differenzierung zwischen rechtlichen und tatsächlichen Bindungen, die die ersteren für generell schädlich und die letzteren für ebenso generell unschädlich erklärte, ginge zudem daran vorbei, daß erfahrungsgemäß die mehr tatsächlichen Bindungen nicht selten sowohl in ihrer Wirkung massiver als auch in ihrer Angemessenheit fragwürdiger sind."

[114] Dies wird auch von einigen Befürwortern der Mediation eingeräumt, vgl. *Preussner*, in: Henssler/Koch (Hrsg.), Mediation in der Anwaltspraxis, § 12 Rdnr. 63 f.; *Wagner/Knieling/Fürst*, Plan-Schlichtungsverfahren, S. 124 und 129 f.; *Zilleßen*, Konsens 1998, 24 (24 f.).

[115] Zur Verankerung des Abwägungsgebots im Rechtsstaatsprinzip vgl. nur BVerwG, Urt. v. 12.12.1969 – BVerwGE 34, 301 (307); BVerwG, Urt. v. 23.1.1981 – BVerwGE 61, 295 (301); *Söfker*, in: Ernst/Zinkahn/Bielenberg, BauGB, § 1 Rdnr. 179.

II. Die Möglichkeit des Abweichens von gesetzlichen Vorgaben

Als weiteres unter dem Vorrang des Gesetzes zu behandelndes Problem stellt sich die Frage, ob und inwieweit sich im Recht der Bauleitplanung im Verhandlungswege von normativen Vorgaben abweichen läßt. Wie gezeigt[116] konkretisieren Planungsentscheidungen im Baurecht ein grundsätzlich nur vage determiniertes Normprogramm, das entsprechend umfassende Möglichkeiten zur Nutzung von (Ver-)Handlungsspielräumen eröffnet. Rechtsstaatliche Grundsätze schließen Handel und Tausch eben nur grundsätzlich, nicht jedoch dort aus, wo sie einer Verwirklichung des Rechts dienlicher sind als ein Unterlassen[117]. Probleme entstehen jedoch, soweit das Recht der Bauleitplanung verbindliche Vorgaben macht: Ist es hier möglich, sich im Verhandlungswege darüber hinwegzusetzen, soweit alle Parteien einwilligen? Es wird zu differenzieren sein zwischen einem konsensuellen Abweichen von objektiv-rechtlichen (gemeinwohlschützenden) Vorgaben (dazu unter 1) und einem solchen von subjektiv-rechtlichen (individualschützenden) Vorgaben (dazu unter 2).

1. Abweichen von objektiv-rechtlichen Normvorgaben

Grundsätzlich läßt sich von materiellen Gesetzesvorgaben nicht – auch nicht konsensuell – abweichen. Ein Mediationsprozeß mag sich zwar als eine Stärkung der demokratischen Funktion des Verfahrens darstellen[118], dem Demokratieprinzip ist jedoch auch zu entnehmen, daß eine Verwaltungsentscheidung zugunsten des Gemeinwohls, d.h. der Interessen der Gesamtbevölkerung und nicht nur der an einem Verhandlungsverfahren Beteiligten, zu fallen hat. Somit stehen Aushandeln und Entscheiden nicht im Verhältnis von Alternativen zueinander; konsensuell gewonnene Verhandlungsergebnisse kann die Verwaltung lediglich innerhalb der ihr vorgegebenen rechtlichen Grenzen berücksichtigen[119]. Auch mit der Heranziehung des Demokratieprinzips läßt sich die unbedingte Verbindlichkeit des in Aushandlungsprozessen mehrheitlich erzielten Ergebnisses nicht legitimieren. Zwar folgt das Demokratieprinzip funktionell dem Grundsatz der Mehrheitsentscheidung, impliziert aber dennoch nicht auch die Wahrheit und Richtigkeit der getroffenen Entscheidung. Gerade deshalb ist es im deutschen Verfassungsstaat als rechtsstaatlich gebunden anzusehen[120]. Diese rechtsstaatliche Bindung des Verfahrens trägt dazu bei, daß hier in der Auseinandersetzung nicht nur solche Belange Bedeutung entfalten, hinter denen präsente und gut organisierte Interessenvertreter stehen. Eine solche Vorgehensweise hätte zur Folge, daß beispielsweise un-

---

[116] Oben unter § 11 F.

[117] *Stober*, Rückzug des Staates im Wirtschaftsverwaltungsrecht, S. 63.

[118] Zur Kritik an dieser Sichtweise vgl. oben § 9 A.

[119] *Kunig/Rublack*, Jura 1990, 1 (9); *Wagner/Engelhardt*, NVwZ 2001, 370 (371).

[120] *Böckenförde*, Demokratie als Verfassungsprinzip, in: HStR, Bd. II, § 22 Rdnr. 92 ff.

populäre Standortentscheidungen – würde allein nach dem Konsensprinzip verfahren – dort verwirklicht würden, wo der erwartete oder tatsächliche Widerstand am geringsten ist, die inhaltliche Qualität der Entscheidung also kein relevantes Kriterium mehr ist. So kann dann auch der konsensuelle Abschluß eines Mediationsverfahrens als solcher noch kein Zeichen sachlich inhaltlicher Richtigkeit der Entscheidung und damit kein Selbstzweck sein[121]. Bei der Konkretisierung ihres Gemeinwohlauftrags hat die Verwaltung auch nicht oder nur schwach repräsentierten Belangen Rechnung zu tragen[122]. Der Einsatz von Mediation darf nicht zur Instrumentalisierung des Rechts als Tausch- und Druckmittel unter Negierung seines materiellen Eigenwerts führen. Die damit einhergehende Vollzugsgefährdung ist geeignet, die Gleichheit vor dem Gesetz zu verletzen und damit einen „Rechts- und Sozialdarwinismus“[123] zu fördern.

Gegen die generelle Möglichkeit des konsensuellen Abweichens von gesetzlichen Vorgaben spricht ferner, daß erst zukünftig Betroffene an Aushandlungsprozessen nicht teilnehmen und damit auch nicht in deren Ergebnis einwilligen können. Nun haben aber angesichts der langfristigen Folgen der Bauleitplanung gerade die Belange zukünftig Betroffener auf diesem Rechtsgebiet einen besonderen Stellenwert: Viele der in die Abwägung einzustellenden und in § 1 Abs. 5 BauGB genannten Belange sind zukunftsbezogen[124]; gesondert genannt seien nur der Grundsatz nachhaltiger Planung sowie die Berücksichtigung zahlreicher umweltbezogener Belange, die im Hinblick auf Art. 20a GG auch in Verantwortung für *künftige* Generationen geboten ist.

Es widerspräche daher rechtsstaatlicher Gesetzesanwendung, wenn das Ob und Wie des Gesetzesvollzugs Verhandlungsgegenstand würde bzw. normative Handlungsspielräume verhandlungsbedingt zur Umsetzung gesetzesfremder Ziele genutzt würden. Das Ergebnis eines Bauleitplanverfahrens hat rechtmäßig zu sein. Ein Abweichen von zwingenden gesetzlichen Vorgaben verstößt daher gegen den Vorrang des Gesetzes, dies gilt auch für eine gesetzeszweckwidrige Ausfüllung von Ermessens- und Abwägungsspielräumen[125]. Im übrigen liegt in der Erkaufbarkeit rechtswidriger Planungsergebnisse

---

[121] *Brohm*, DVBl. 1994, 133 (138); *Hoffmann-Riem*, AöR 115 (1990), 400 (424); *Laubinger*, Der Verfahrensgedanke im Verwaltungsrecht, in: König (Hrsg.), Verfahrensrecht in Verwaltung und Verwaltungsgerichtsbarkeit, S. 47 (63).

[122] *Brohm*, NVwZ 1991, 1025 (1030); *ders.*, DVBl. 1990, 321 (322); *Kunig*, Alternativen zum einseitig-hoheitlichen Verwaltungshandeln, in: Hoffmann-Riem/Schmidt-Aßmann (Hrsg.), Konfliktbewältigung, Bd. I, S. 43 (59 f.).

[123] *Brohm*, DVBl. 1994, 133 (139).

[124] Zur Zunkunftsbezogenheit als einem die Planung kennzeichnenden Charakteristikum vgl. *Peine*, Öffentliches Baurecht, Rdnr. 4.

[125] *Erichsen*, in: ders. (Hrsg.), Allgemeines Verwaltungsrecht, § 32 Rdnr. 5; *Birk*, Verträge als Möglichkeit der Problembewältigung in der Bebauungsplan-Abwägung, in: Berkemann u.a. (Hrsg.), FS Schlichter, S. 113 (128).

durch einen vermögenden Investor auch ein Verstoß gegen das Gleichheitsgebot des Art. 3 GG.

2. Abweichen von subjektiv-rechtlichen Normvorgaben

Anders stellt sich die Situation beim Abweichen von individualschützenden Normen dar: Die Möglichkeit des einzelnen Bürgers, in freiverantwortlicher Selbstbestimmung auf subjektiv-öffentliche Rechtspositionen zu verzichten, ist trotz dogmatischer Begründungsschwierigkeiten im einzelnen heute dem Grunde nach allgemein anerkannt[126]. Es ist den von einem Planungsvorhaben Betroffenen gegen kompensatorische Leistungen nicht nur möglich, auf gerichtlichen Rechtsschutz sowie die Erhebung von Einwänden vertraglich zu verzichten, vielmehr gilt dies auch für materielle Rechtspositionen. So kann der Bürger auf die Geltendmachung bzw. auf die Abwägungserheblichkeit gewisser ausschließlich sein Grundstück betreffender, normativ bezeichneter Belange im Beteiligungsverfahren verzichten und damit das abwägungsrechtlich erhebliche Material reduzieren[127]. Ein Verzicht auf den Schutzgehalt individualschützender Normen ist jedoch dann nicht mehr möglich, wenn das subjektive Recht auch der Konkretisierung einer staatlichen Schutzpflicht dient und damit Bestandteil der objektiven Wertordnung des Grundgesetzes ist. Soweit die ein subjektives Recht gewährende Vorschrift auch einen objektiv-rechtlichen Gehalt hat, erstreckt sich der Verzicht nicht auch auf diesen. Insofern besteht weder eine Verpflichtung noch eine Berechtigung der Behörde, von der Beachtung der entsprechenden Vorschrift abzusehen[128].

Sofern die Disponibilität einer Rechtspositionen den Verzicht des Privaten hierauf grundsätzlich zuläßt, ist es ferner erforderlich, daß dies freiwillig und unter Wahrung verfahrensrechtlicher Schutzgarantien geschieht[129]. So hat der Staat aufgrund seiner grundrechtlichen Schutzpflicht bei eklatantem Machtungleichgewicht im Verhältnis der Parteien zueinander dafür Sorge zu tragen, daß die Verfügung aller Parteien über eigene Rechtsgüter auch tatsächlich freiwillig stattfindet. Im Zuge eines Mediationsverfahrens kann dies durch die Objektivierung der Freiwilligkeit des Rechtsverzichts in besonderem Maße sichergestellt werden[130]. So kann der hinzugezogene neutrale Mediator Auf-

---

[126] *Spieß*, Der Grundrechtsverzicht, S. 12 ff. mit umfassenden Nachweisen.

[127] Zu den für das Bauleitplanverfahren relevanten Verzichtsmöglichkeiten siehe auch schon oben unter § 11 E.

[128] *Schmidt-Aßmann/Krebs*, Rechtsfragen städtebaulicher Verträge, 2. Aufl., S. 71 f.

[129] *Schulze-Fielitz*, Kooperatives Recht im Spannungsfeld von Rechtsstaatsprinzip und Verfahrensökonomie, in: Dose/Voigt (Hrsg.), Kooperatives Recht, S. 225 (231); *ders.*, DVBl. 1994, 657 (660); *Kunig*, Alternativen zum einseitig-hoheitlichen Verwaltungshandeln, in: Hoffmann-Riem/Schmidt-Aßmann (Hrsg.), Konfliktbewältigung, Bd. I, S. 43 (58 f.).

[130] *Spannowsky*, Grenzen des Verwaltungshandelns durch Verträge und Absprachen, S. 504.

klärungsdefizite bei den Verzichtenden ausräumen und den sachwidrigen Einfluß mächtiger Verhandlungsparteien reduzieren. Aus der Tatsache, daß die wenigsten Darstellungen und Festsetzungen der Bauleitpläne wohl nur dem subjektiven Interesse einzelner Grundstückseigentümer dienen dürften, ohne nicht zumindest auch dem Interesse der Allgemeinheit Rechnung zu tragen, kommt der beschriebenen grundsätzlich zulässigen Verzichtsmöglichkeit des Bürgers jedoch wohl nur geringe praktische Relevanz zu. Anders mag sich dies in einem dem Bauleitplanverfahren nachfolgenden, der Feinabstimmung in der Konfliktbewältigung dienenden Genehmigungs- bzw. Zulassungsverfahren darstellen.

3. Exkurs: Einschränkung des Rechtsschutzes gegen Verhandlungslösungen

Aufgrund der besonderen Sachnähe zum Verzicht auf normativ gewährte Rechtspositionen soll hier noch kurz auf die Möglichkeit des Rechtsschutzverzichts gegenüber der konsensuell erarbeiteten Lösung eingegangen werden. Vereinzelt wird eine Einschränkung der gerichtlichen Überprüfbarkeit einer konsensuell erarbeiteten Verhandlungslösung erwogen. So wird befürwortet, einen konsensuellen Verhandlungsabschluß insofern von der vollen gerichtlichen Überprüfbarkeit auszunehmen, als daß der Konsens als solcher widerlegbares Indiz für die hinreichende Berücksichtigung der Interessen aller hieran Beteiligten sei[131]. Mit Blick auf Art. 19 Abs. 4 GG wird dies jedoch zutreffend für unzulässig gehalten[132]. Dieses Grundrecht bietet dem Bürger eine Rechtsschutzmöglichkeit, die zwar grundsätzlich zu seiner Disposition steht, jedoch bedarf es dazu einer ausdrücklichen Verzichtserklärung. Keinesfalls kann allein durch informelle Aushandlungsverfahren der Zugang zu Gericht allgemein und grundsätzlich ausgeschlossen werden. Das Erreichen einer einvernehmlichen Verhandlungslösung als solches stellt noch keine mit Art. 19 Abs. 4 GG vereinbare Beschränkung gerichtlicher Überprüfbarkeit dar[133]; eine solche Annahme wäre vielmehr als Verletzung des im Rechtsstaatsprinzip verankerten Justizgewährleistungsanspruchs zu bewerten. Hingegen sieht sich ein in eigenverantwortlicher Selbstbestimmung vorgenom-

---

[131] *Hoffmann-Riem*, Konfliktmittler in Verwaltungsverhandlungen, S. 63 f.; *ders.*, AöR 115 (1990), 400 (433). In diese Richtung gehende Überlegungen stellt auch *Holznagel*, Konfliktlösung durch Verhandlungen, S. 238 an, spricht sich jedoch schließlich (S. 258) dafür aus, die Weiterentwicklung des Kontrollumfangs für Verhandlungslösungen den Gerichten zu überlassen.

[132] *Steinberg*, Kritik von Verhandlungslösungen, insbesondere von mittlergestützten Entscheidungen, in: Hoffmann-Riem/Schmidt-Aßmann (Hrsg.), Konfliktbewältigung, Bd. I, S. 295 (309 f.); *Brohm*, DVBl. 1990, 321 (324).

[133] *Sünderhauf*, Mediation, S. 246 ff.; *Schulte*, Schlichtes Verwaltungshandeln, S. 145; *Kunig/Rublack*, Jura 1990, 1 (8).

mener Rechtsmittelverzicht im Hinblick auf Art. 19 Abs. 4 GG keinen Bedenken ausgesetzt[134].

B. Der Vorbehalt des Gesetzes

Unter dem Aspekt des Vorbehalts des Gesetzes stellt sich die Frage, inwiefern die Einschaltung Dritter nach § 4b BauGB allgemein sowie der Einsatz von Mediation im besonderen eine spezielle gesetzliche Grundlage erfordert. Zunächst ist festzuhalten, daß die Durchführung des Verwaltungsverfahrens grundsätzlich derjenigen Behörde obliegt, die die durch das Verfahren vorzubereitende Entscheidung trifft und eine Delegation an Private insofern einer besonderen gesetzlichen Grundlage bedarf[135]. Dies gilt jedoch nach herrschender Ansicht nicht für den Fall, daß sich die Einbindung Verwaltungsexterner in das Verfahren auf lediglich unselbständig-unterstützende Hilfsfunktion beschränkt[136], der Private also nur als Verwaltungshelfer tätig wird und von der eigenständigen Verfahrensdurchführung ausgeschlossen ist. Daß die Tätigkeit des Dritten nach § 4b BauGB auf ebensolche untergeordnete Hilfsfunktion beschränkt ist, wurde oben[137] bereits dem Erfordernis der Wahrung der kommunalen Verantwortung für die Bauleitplanung entnommen. In conclusio unterliegen die solchermaßen eingegrenzten Tätigkeiten Verwaltungsexterner auch nicht dem Vorbehalt des Gesetzes.

Ob etwas anderes zu gelten hat, wenn der Private im Bauleitplanverfahren als Mediator tätig wird, ist nicht unumstritten. So wird vor dem Hintergrund der Wesentlichkeitstheorie des BVerfG die grundrechtsrelevante Tätigkeit des Mediators, zumindest aber die mit der Nutzung von Mediation einhergehende reformerische Veränderung der Verwaltungspraxis als den Gesetzesvorbehalt auslösend betrachtet und für die gesetzliche Institutionalisierung dieses Verfahrens plädiert[138]. Vereinzelt wird die Notwendigkeit einer gesetzlichen Grundlage auch damit begründet, daß der Mediator bei Wahrnehmung seiner

---

134 So auch *Sünderhauf*, Mediation, S. 154.

135 *Brohm*, DVBl. 1990, 321 (326).

136 Vgl. schon oben unter § 5 B I 1. Ferner *Peine*, DÖV 1997, 353 (357); *Schoch*, DVBl. 1994, 962 (970); *Hoppe/Bleicher*, NVwZ 1996, 421 (423); *v. Arnim*, Rechtsfragen der Privatisierung, S. 37 f. Im Ergebnis auch *Burgi*, Funktionale Privatisierung und Verwaltungshilfe, S. 284 ff. Hingegen will *Di Fabio*, VVDStRL 56 (1997), 235 (273) den sog. „selbständigen Verwaltungshelfer", unter dem er Private versteht, die – wie z.B. die DEGES – hoheitliche Aufgaben eigenverantwortlich bis zur Entscheidungsreife vorbereiten, in die Nähe des Beliehenen rücken und damit dem Gesetzesvorbehalt unterwerfen.

137 Unter § 13 A.

138 *Schulze-Fielitz*, Der Konfliktmittler als verwaltungsverfahrensrechtliches Problem, in: Hoffmann-Riem/Schmidt-Aßmann (Hrsg.), Konfliktbewältigung, Bd. II, S. 55 (64 f.). Ferner *Kunig*, Alternativen zum einseitig-hoheitlichen Verwaltungshandeln, ebd., Bd. I, S. 43 (58); *ders./Rublack*, Jura 1990, 1 (7); *Schulte*, Schlichtes Verwaltungshandeln, S. 139; *Sünderhauf*, Mediation, S. 139 ff.

Tätigkeit als Beliehener agiere[139]. Geht man von dem oben[140] dargestellten ursprünglichen Konzept der Mediation i.e.S. aus, so läßt sich kaum bestreiten, daß dessen Implementation im Öffentlichen Recht eine wesentliche Systemveränderung darstellen würde, die umfassender gesetzlicher Regulierung bedürfte. Für das hier behandelte Rechtsgebiet der Bauleitplanung hat sich jedoch gezeigt, daß eine Nutzung von Mediation aufgrund verschiedener (verfassungs-)rechtlicher Prämissen ohnehin nur unter erheblicher Modifizierung und Relativierung des ursprünglichen Konzepts möglich erscheint. Hier wird weniger an die Nutzung von Mediation i.e.S. als vielmehr an diejenige mediativer Elemente im herkömmlichen Verfahren zu denken sein. Das dabei verbleibende „Rumpfkonzept" von Mediation stellt sich nicht als hinreichend bedeutsame Änderung dar, um den Gesetzesvorbehalt auszulösen. Im Ergebnis ist damit festzustellen, daß sich einerseits die bloße Nutzung mediativer Elemente im Bauleitplanverfahren als nicht hinreichend bedeutsame Änderung darstellt, um dem Gesetzesvorbehalt zu unterliegen, andererseits die Implementation von Mediation i.e.S. einen Systemwechsel darstellen würde, der sicherlich nicht allein mit Schaffung einer einfachen – und einfachgesetzlichen – Grundlage wie § 4b BauGB zu bewerkstelligen wäre.

§ 15 Das Rechtsstaatsprinzip

Zu den schwerpunktmäßig im Rechtsstaatsprinzip zu verortenden Grundsätzen, die für den Einsatz Privater in der Bauleitplanung Relevanz als verfahrensrechtliche Vorgaben entfalten, zählen insbesondere der Grundsatz der Amtsermittlung (dazu unter A) und die Verpflichtung zur Neutralität (dazu unter B). Beide Grundsätze finden sich sowohl einfachgesetzlich – wenn auch im auf das Bauleitplanverfahren nicht unmittelbar anwendbaren VwVfG – als auch im Abwägungsgebot und damit verfassungsrechtlich verankert. Hier wird sich zeigen, daß das Abwägungsgebot die Bauleitplanung eben nicht nur in inhaltlicher Hinsicht, sondern auch in verfahrensrechtlicher Hinsicht steuert[141].

A. Der Grundsatz der Amtsermittlung

Als Vorwirkung der Kompetenz zur einseitig hoheitlich zu treffenden Regelung berechtigt und verpflichtet der rechtsstaatliche Grundsatz der Amtsermittlung (Untersuchungsgrundsatz) grundsätzlich die Behörde zur Ermittlung

---

[139] *Hoffmann-Riem*, Konfliktmittler in Verwaltungsverhandlungen, S. 50; *Gaßner/Holznagel/Lahl*, Mediation, S. 66 f.; *Brohm*, DVBl. 1990, 321 (327 f.); *Burgi*, DV 33 (2000), 183 (187, Fn. 20).

[140] Unter §§ 7 und 8.

[141] So zutreffend *Stüer*, in: Hoppenberg (Hrsg.), Handbuch des öffentlichen Baurechts, B Rdnr. 623.

und Feststellung des für ihre Entscheidung maßgeblichen Sachverhalts[142]. Wenn auch die einfachgesetzliche Verankerung in § 24 Abs. 1 VwVfG den Amtsermittlungsgrundsatz unmittelbar nur für Verwaltungsverfahren im Sinne des VwVfG normiert, so durchzieht er doch als Ausdruck allgemeiner Rechtsgedanken das gesamte Öffentliche Recht[143] und gilt damit auch im Bauleitplanverfahren. Dort kommt der dem Abwägungsgebot zu entnehmenden Verpflichtung zu umfassender Sachverhaltsaufklärung sogar ein besonderer Stellenwert zu: Ist die Zusammenstellung des Abwägungsmaterials bereits ein Vorgang des planerischen Abwägens[144], so hat die Verpflichtung hierzu ebenso wie das Abwägungsgebot selbst als Element des Rechtsstaatsprinzips unmittelbar verfassungsrechtlichen Ursprung. Hier vermittelt also das verfassungsrechtlich verankerte Abwägungsgebot mit seiner Forderung nach einer der Abwägungsentscheidung vorangehenden umfassenden Ermittlung der privaten und öffentlichen Belange auch dem Amtsermittlungsgrundsatz selbst Verfassungsrang.

Im besonderen Verwaltungsrecht erfährt der Amtsermittlungsgrundsatz insbesondere im Zuge des gesetzgeberischen Bemühens um Staatsentlastung zunehmend Durchbrechungen[145]; oftmals wird eine originäre durch eine weitgehend nur noch nachvollziehende Amtsermittlung ersetzt. Dies ist grundsätzlich zulässig, handelt es sich beim Grundsatz des § 24 Abs. 1 VwVfG doch lediglich um eine einfachgesetzlich normierte Pflicht, die durch späteres einfachgesetzliches Recht durchbrochen oder verdrängt werden kann[146]. Im Bauplanungsrecht sind jedoch strenge Maßstäbe anzulegen; die durch das planerische Abwägungsgebot gesondert hervorgehobene Bedeutung der Sachverhaltsermittlung für eine rechtsstaatliche Planung verbietet es, die rechtsstaatlichen Wurzeln dieser Maxime aus den Augen zu verlieren. Vor diesem Hintergrund erscheint es geboten, den Gefahren einer nachvollziehenden

---

[142] *Kopp/Ramsauer*, VwVfG, § 24 Rdnr. 6; *Stelkens/Kallerhoff*, in: Stelkens/Bonk/Sachs, VwVfG, § 24 Rdnr. 1.

[143] *Kopp/Ramsauer*, VwVfG, § 24 Rdnr. 4.

[144] Siehe oben unter § 3 C.

[145] Vgl. nur *Wahl*, Das Verwaltungsverfahren bei Genehmigungsverfahren. Die nachvollziehende Amtsermittlung im UVP-Gesetz, in: Kroeschell (Hrsg.), Recht und Verfahren, S. 155 ff.; *Hoffmann-Riem*, Ermöglichung von Flexibilität und Innovationsoffenheit im Verwaltungsrecht, in: ders./Schmidt-Aßmann (Hrsg.), Innovation und Flexibilität des Verwaltungshandelns, S. 9 (35 ff.); *Di Fabio*, Risikoentscheidungen im Rechtsstaat, S. 130; *Schneider*, VerwArch. 87 (1996), 38 (40); *Burgi*, Funktionale Privatisierung und Verwaltungshilfe, S. 91.

In Konsequenz kommt dann auch *Schoch*, Der Verwaltungsakt zwischen Stabilität und Flexibilität, in: Hoffmann-Riem/Schmidt-Aßmann (Hrsg.), Innovation und Flexibilität des Verwaltungshandelns, S. 199 (226 ff.) zu dem Schluß, daß das normative Konzept des § 24 VwVfG „der Lebenswirklichkeit nur noch teilweise entspricht".

[146] *Peine*, Die Präklusion öffentlicher Belange, in: Ziekow (Hrsg.), Beschleunigung von Planungs- und Genehmigungsverfahren, S. 249 (265).

Amtsermittlung – nämlich der bloßen Plausibilitätskontrolle privater Vorarbeiten durch die öffentliche Hand sowie der Chance des Vorhabenträgers zur Instrumentalisierung der Sachverhaltsermittlung für seine Ziele[147] – wirksam zu begegnen. Hier ist nicht nur zu bemängeln, daß der zunehmende Übergang zur lediglich nachvollziehenden Abwägung die Tendenz in sich trägt, im Städtebaurecht zu suboptimaler Planung zu führen[148]. Vielmehr steht die nachvollziehende Abwägung der Gemeinde in erheblicher Gefahr, die Anforderungen an eine Abwägung, die diesen Namen verdient, zu verfehlen[149]. Dieser Tendenz kann man im Bauplanungsrecht, wo das vorbereitende Verfahren und die abschließende Entscheidung wie dargelegt[150] unentflechtbar miteinander verwoben sind, nur über das Postulat enger Vorgaben für das Tätigwerden Privater im Zusammenhang mit der Sachverhaltsaufklärung entgegenwirken. Es ist daher zu fordern, daß bei privater Beteiligung an der Sachverhaltsaufklärung die Behörde sich die jederzeitige Herrschaft über das Verfahren erhält und generell dafür Sorge trägt, daß sie das abschließende Verfahrensergebnis auch als eigenes vertreten kann[151]. Damit ist nicht nur eine vollständige Übertragung der Erhebung von Entscheidungsgrundlagen auf Private unter bloßem Vorbehalt der anschließenden hoheitlichen Entscheidung ausgeschlossen[152]. Vielmehr ist der Rahmen der von Privaten durchzuführenden Untersuchungen und zu erhebenden Umstände von der Verwaltung detailliert festzulegen und hat eine nachvollziehende Amtsermittlung hier besonders streng und mit besonderer Detailtiefe stattzufinden. Mehr noch als auf Rechtsgebieten mit ausschließlich einfachgesetzlich normiertem Status des Amtsermittlungsgrundsatzes ist im Bauplanungsrecht ferner dafür Sorge zu tragen, daß die Verwaltung die von Privaten ermittelten Ergebnisse nicht unkritisch und pauschal übernimmt, sondern sich eine kritische Würdigung und stichprobenartige Kontrollen nicht nur vorbehält, sondern auch konsequent vornimmt[153]. Dies gilt auch dann, wenn die weitgehende Verlagerung der

---

[147] Zu diesen Gefahren *Hoffmann-Riem*, Verfahren, in: Böhret/Hill (Hrsg.), Ökologisierung des Rechts- und Verwaltungssystems, S. 114 (119); *Schneider*, Kooperative und konsensuale Formen administrativer Entscheidungsprozesse, in: Schenk u.a. (Hrsg.), Vom Hoheitsstaat zum Konsensualstaat, S. 82 (91 ff.).

[148] Zur Kritik an der nachvollziehenden Amtsermittlung im Zusammenhang mit dem Vorhaben- und Erschließungsplan siehe oben unter § 1.

[149] *Koch*, (Verfahrens-)Privatisierung im öffentlichen Baurecht, in: Hoffmann-Riem/Schneider (Hrsg.), Verfahrensprivatisierung im Umweltrecht, S. 170 (183 f.).

[150] Oben unter § 3 C.

[151] *Pietzcker*, Verfahrensprivatisierung und staatliche Verfahrensverantwortung, in: Hoffmann-Riem/Schneider (Hrsg.), Verfahrensprivatisierung im Umweltrecht, S. 284 (305).

[152] Mit erheblichen Zweifeln an der Zulässigkeit dieser Konstellation auch *Böckel*, DÖV 1995, 102 (107).

[153] Ebenso für die Umweltverträglichkeitsprüfung *Schneider*, Kooperative und konsensuale Formen administrativer Entscheidungsprozesse, in: Schenk u.a. (Hrsg.), Vom Hoheitsstaat zum Konsensualstaat, S. 82 (91 f.); *ders.*, VerwArch 87 (1996), 38 (55 f.).

Sachverhaltsaufklärung in die Zuständigkeit des Privaten gesetzlich institutionalisiert ist, namentlich also beim vorhabenbezogenen Bebauungsplan. Hier erhält die der Verabschiedung des vorhabenbezogenen Bebauungsplans vorgelagerte Abstimmung zwischen der Gemeinde und dem Vorhabenträger ihre besondere Berechtigung und Bedeutung. Ferner hat die Verwaltung bei Anhaltspunkten für eine unzulängliche bzw. interessengesteuerte private Sachverhaltsermittlung selbst in eine umfassende Vollprüfung einzutreten[154].

B. Die Verpflichtung zu Neutralität

Besondere Probleme einer rechtsstaatlichen Anforderungen genügenden Verfahrensausgestaltung stellen sich bei der Einbindung Privater in die Bauleitplanung unter dem Aspekt der Neutralität: „Die Abgrenzung von zulässiger Einschaltung von Privaten und Interessenneutralität der öffentlichen Hand ist schwierig, im Gesetz nicht geleistet und setzt im Einzelfall behutsames Handeln voraus“[155]. Es kann daher nicht verwundern, wenn oftmals eine rechtsstaatlich verfehlte bzw. rechtswidrige Handhabung in der Praxis konstatiert wird[156]. Solche Zustände können jedoch nicht in resignierender Kapitulation vor der „normativen Kraft des Faktischen“ hingenommen werden; die rechtsstaatlichen Grenzen der Einbeziehung Privater sind klar festzulegen und auch einzuhalten, denn nur so können Rechtssicherheit und eine gerichtsfeste Abwägungsentscheidung – maßgebliche Interessen auch auf Investorenseite – gewährleistet werden.

I. Der Stellenwert von Neutralität im Bauleitplanverfahren

Wie bereits angedeutet[157] kommt es zu erheblichen Vorprägungen des Ergebnisses des Bauleitplanverfahrens nicht nur durch das Verfahren selbst, sondern auch durch die Person des Handelnden. Der Planungsvorgang beruht eben nicht (ausschließlich) auf objektiver, sondern ganz wesentlich auf subjektiver Steuerung – nämlich Elementen des Erkennens, des Wägens, Wertens und Bewertens sowie des Wollens[158]. Als gestalterisch-schöpferischer, letztlich politischer Entscheidungsprozeß wird Planung vom subjektiven Willen des Handelnden zumindest ebenso geprägt wie vom Sachzwang der tatsächli-

---

[154] *Schmidt-Preuß*, VVDStRL 56 (1997), 160 (181).

[155] *Stüer*, Möglichkeiten vertraglichen Handelns im Bauplanungsrecht, in: Ziekow (Hrsg.), Bauplanungsrecht vor neuen Herausforderungen, S. 45 (72); *ders.*, DVBl. 1995, 649 (656).

[156] Für die Bauleitplanung *Reidt*, NVwZ 1998, 592 (593, Fn. 24). Für die Fachplanung *Steinberg/Berg/Wickel*, Fachplanung, § 2 Rdnr. 4.

[157] Oben unter § 3 C und § 11 F.

[158] BVerwG, Urt. v. 12.12.1969 – BVerwGE 34, 301 (304); *Stüer*, in: Hoppenberg (Hrsg.), Handbuch des öffentlichen Baurechts, B Rdnr. 714; *Dreier*, Die normative Steuerung der planerischen Abwägung, S. 62.

chen Verhältnisse[159]. Dadurch kommen dem Inhaber der Verfahrensherrschaft erhebliche Möglichkeiten interessengesteuerter Einflußnahme auf das Verfahren zu[160]. Schon die gesammelten Informationen können im Hinblick auf die zu treffende Entscheidung nicht unabhängig davon behandelt werden, wer sie beschafft hat[161]: „Wer das Abwägungsmaterial zusammenstellt und die entscheidungserheblichen Belange einstellt, gewichtet und bewertet, der hat unmittelbaren Einfluß auf das Abwägungsergebnis"[162]. Dies gilt auch für die Durchführung der Anhörungsverfahren, wo ebenfalls subjektive Wertungen einfließen und eine Vorformung der abschließenden Entscheidung darstellen können[163]. Eine solche subjektive Beeinflussung des Verfahrens(ergebnisses) droht jedoch nicht nur vom Inhaber der Verfahrensherrschaft, sondern auch schon bei untergeordneter und lediglich beratender Hilfstätigkeit Verwaltungsexterner. Problemerkenntnis, Informationssammlung und -auswertung ergehen angesichts der begrenzten Verarbeitungskapazität des Menschen sowie des Zeitdrucks stets selektiv und damit unter Einflußnahme subjektiver Wertungen des Beraters[164]. Damit ist jede Verfahrensbeteiligung im Planungsrecht gleichzeitig auch Entscheidungsbeteiligung[165].

Mit der Neigung des eigeninteressierten Akteurs zu selektiver Interessenaufnahme und -verarbeitung liegt die Gefährdung der Aufgabe jedes Verfahrens – nämlich durch Distanz, Objektivität und Gemeinwohlverpflichtung eine objektive Verwirklichung des materiellen Rechts zu erreichen – offen auf der Hand. Hier steht eine Einflußnahme auf das Zusammentragen des Abwägungsmaterials, insbesondere auch auf die Gutachten zu immissionsschutz-

---

[159] BVerwG, Urt. v. 29.4.1964 – BVerwGE 18, 247 (253); *Hoppe*, in: Hoppe/Grotefels, Baurecht, § 7 Rdnr. 9.

[160] *Trute*, DVBl. 1996, 950 (961 f.); *Hoffmann-Riem*, Öffentliches Recht und Privatrecht als wechselseitige Auffangordnungen – Systematisierung und Entwicklungsperspektiven, in: ders./Schmidt-Aßmann (Hrsg.), Öffentliches Recht und Privatrecht als wechselseitige Auffangordnungen, S. 261 (292). Die nachhaltige Bedeutung der Verhandlungsleitung bei den Beteiligungsverfahren für das Verfahrensergebnis betont *Reidt*, NVwZ 1998, 592.

[161] *Böckel*, DÖV 1995, 102 (107).

[162] *Wahl*, Die Einschaltung privatrechtlich organisierter Verwaltungseinheiten in den Straßenbau, in: Blümel (Hrsg.), Einschaltung Privater beim Verkehrswegebau, S. 24 (41 f.); *ders.*, DVBl. 1993, 517 (523). Ferner *Peine*, Verfahrensprivatisierung in der Verkehrswegeplanung, in: Hoffmann-Riem/Schneider (Hrsg.), Verfahrensprivatisierung im Umweltrecht, S. 95 (110); *Stehlin*, Einschaltung privatrechtlich organisierter Verwaltungseinrichtungen in die Verkehrswegeplanung, S. 151.

[163] *Pietzcker*, Verfahrensprivatisierung und staatliche Verfahrensverantwortung, in: Hoffmann-Riem/Schneider (Hrsg.), Verfahrensprivatisierung im Umweltrecht, S. 284 (306).

[164] *Brohm*, Sachverständige Beratung des Staates, in: HStR, Bd. II, § 36 Rdnr. 32.

[165] *Pietzcker*, Verfahrensprivatisierung und staatliche Verfahrensverantwortung, in: Hoffmann-Riem/Schneider (Hrsg.), Verfahrensprivatisierung im Umweltrecht, S. 284 (288).

rechtlichen, technischen und ökologischen Fragen zu befürchten[166]. Wer eigene Belange in der Waagschale liegen hat, wird abwägende Tätigkeiten nicht ausschließlich objektiv gemeinwohlbezogen vornehmen können oder auch wollen. So kann die fehlende Neutralität des mit der Auswertung der Beteiligungsverfahren betrauten Privaten leicht zur Verfälschung der Ergebnisse führen, und zwar selbst dann, wenn der Private ohne böswillige Absicht vorgeht. Denn sowohl bei der Darstellung und Interpretation der Ergebnisse der Beteiligungsverfahren als auch bei deren Umsetzung in Beschlußvorlagen steht den Bearbeitern ein weiter Spielraum zur Verfügung, der zudem durch die politischen Gremien nur bedingt nachvollziehbar und kontrollierbar ist[167]. Auf den im Laienamt tätigen Gemeinderat wird nämlich wohl in noch weitergehendem Maße zutreffen, was unlängst bereits für den Amtsträger innerhalb der Verwaltung konstatiert wurde, daß es nämlich an Sachkunde, Zeit oder Kapazität fehlt, die von Privaten vorgelegten Pläne, Anhörungsergebnisse oder Entscheidungsvorschläge überhaupt in Frage zu stellen[168]. Letztere Einschätzung wird durch eine vom Bundesministerium für Raumordnung, Bauwesen und Städtebau in Auftrag gegebene Studie bestätigt, in der empirisch festgestellt wurde, daß die in den ausgearbeiteten Beschlußvorlagen münden-de zusammenstellende Darstellungsweise von den zuständigen politischen Gremien nicht zuletzt aus Gründen der Arbeitsbelastung regelmäßig ohne weiteres akzeptiert wird[169].

Bedeutende Möglichkeiten der Einflußnahme ergeben sich für in das Bauleitplanverfahren eingebundene Private ferner durch die an materielle Präklusionsregeln hinanreichenden Mitwirkungslasten, die die Rechtsprechung für die zu beteiligenden Bürger und Träger öffentlicher Belange entwickelt hat[170]. Aufgrund dieser Mitwirkungslast kann ein planungsinteressierter Privater, dem die Durchführung der Beteiligungsverfahren übertragen wurde, mittels gezielter Unterdrückung dabei erlangter Informationen gegenüber der Gemeinde nicht nur das Verfahrensergebnis beeinflussen, sondern auch eine gerichtliche Revision erschweren. Die (eingeschränkte) Präklusionswirkung kann sich nämlich für den Bürger auch einschränkend auf die Antragsbefugnis nach § 47 Abs. 2 VwGO und damit auf die Möglichkeit des Rechtsschut-

---

166 *Dürr*, Baurecht, Rdnr. 55.

167 Allgemein *Burgi*, Funktionale Privatisierung und Verwaltungshilfe, S. 371 f. Speziell für die Bauleitplanung: Deutscher Ausschuß für die Europäische Kampagne zur Stadterneuerung (Hrsg.), Planen mit dem Bürger, S. 221.

168 *Burgi*, DV 33 (2000), 183 (194).

169 Deutscher Ausschuß für die Europäische Kampagne zur Stadterneuerung (Hrsg.), Planen mit dem Bürger, S. 221. Daß das Ergebnis dieser Studie keineswegs an Aktualität verloren hat, zeigt die Feststellung desselben Befunds bei *Reidt*, BauR 1998, 909 (915); *ders.*, NVwZ 1998, 592 (593).

170 Siehe oben § 3 C.

zes gegen Bebauungspläne auswirken[171], da ihm der Nachweis des rechtzeitigen Vorbringens seiner Belange obläge.

Neutralität ist jedoch im Hinblick auf die dargelegte Multifunktionalität des Verfahrens[172] nicht lediglich unter dem Aspekt der materiellen Qualitätsgefährdung des Verfahrensergebnisses von Bedeutung. Auch die weiteren Verfahrensziele (Rechtsschutz- und Demokratiefunktion) würden bei der eigenständigen Verfahrensdurchführung durch nicht Neutrale gefährdet bzw. konterkariert. Selbst wenn es dabei zu einer materiell richtigen Abwägungsentscheidung käme, dürften sich bei kontroversen Vorhaben die Vorbehalte der Öffentlichkeit gegen eine solche Vorgehensweise nicht ausräumen lassen. Insbesondere bei umstrittenen Planungsprojekten hat die Gemeinde dem Vorwurf, einer öffentlichen Auseinandersetzung durch Vorschieben des Investors aus dem Wege gehen zu wollen, entgegenzuwirken. Die Erkennbarkeit der Verwaltung als verantwortlicher Akteur während des gesamten Verfahrens ist maßgeblich für die Wahrung von Akzeptanz und Vertrauen in die Planung[173]. Jede Neutralitätsgefährdung der die Beteiligungsverfahren Durchführenden setzt sich damit in eklatanten Widerspruch zu der von gesetzgeberischer Seite intendierten Aufwertung der Bürgerbeteiligung. Als wesentlicher Ursprung der legitimierenden Kraft des bauplanungsrechtlichen Abwägungskonzepts[174] dürfen die Beteiligungsverfahren durch kooperative Verfahrensweisen nicht zur funktionslosen Formalie verkommen, indem dort gemachte Anregungen praktisch nicht mehr in den Entscheidungsablauf einfließen (können)[175]. Damit würde das gesetzgeberische Anliegen, in den Beteiligungsverfahren eine substantielle Auseinandersetzung mit den berührten Belangen und Interessen zu ermöglichen, verfehlt. Die Beteiligungsverfahren für die Bürger und die Träger öffentlicher Belange sind darauf ausgerichtet, daß der Vortrag von neutraler Stelle berücksichtigt wird und nicht nur die Bewertung von Einzelheiten, sondern auch die Gesamtentscheidung noch offen ist[176]. Ohne diese Offenheit verlieren Planungsprozesse ihren Sinn[177]. Insofern dürfte der regelmäßig eigene Planungsvorstellungen mitbringende bzw. solche entwickelnde Vorhabenträger als Durchführender des Äußerungs- und Erörterungsverfahrens auf wenig Akzeptanz stoßen und damit die Verfahrens-

---

[171] *Brohm*, Öffentliches Baurecht, § 15 Rdnr. 17; *Stüer*, Bürgerbeteiligung und Rechtsschutz im Bau- und Fachplanungsrecht, in: Ziekow (Hrsg.), Beschleunigung von Planungs- und Genehmigungsverfahren, S. 141 (147).

[172] Hierzu unter § 3 B II.

[173] Diese Erkenntnis stützt auch das Planspiel zur BauGB-Novelle, vgl. *Bunzel/Lau/Löhr/Schäfer*, Planspiel „BauGB-Novelle 1997", S. 65.

[174] *Grigoleit*, DV 33 (2000), 79 (98 f.).

[175] *Erbguth*, VerwArch 89 (1998), 189 (199).

[176] *Stüer*, in: Hoppenberg (Hrsg.), Handbuch des öffentlichen Baurechts, B Rdnr. 733.

[177] *Krebs*, Bauplanungs- und Bauordnungsrecht, in: Hill (Hrsg.), Verwaltungshandeln durch Verträge und Absprachen, S. 75 (84); *ders.*, DÖV 1989, 969 (973).

funktion gefährden. Es steht nämlich kaum zu vermuten, daß der Vorhabenträger seine Ziele während des Verfahrens offen und neutral zur Diskussion stellen will und Alternativen gegenüber aufgeschlossen ist. Vielmehr wird er regelmäßig versuchen, seine partikularen Interessen in Gemeinwohlrhetorik verkleidet als solche der Allgemeinheit darzustellen und sie möglichst reibungslos durchzusetzen. Wesentliche Voraussetzung eines ausgewogenen Ausgleichs öffentlicher und privater Belange ist die bei den Betroffenen vermittelte Neutralität und Distanz der Anhörungsbehörde[178]. Der einzelne Bürger erwartet im Beteiligungsverfahren eine ehrliche Anerkennung sowohl seiner persönlichen Belange als auch der des Gemeinwohls und ein Vordringen mit seinen Anregungen und Bedenken bis zum Gehör des Entscheidungsträgers. All dies kann ein interessengeprägter Vorhabenträger kaum glaubhaft vermitteln, trauen doch – einer Umfrage des Instituts für Demoskopie Allensbach zufolge – die wenigsten Deutschen den Unternehmern ein an Gemeinwohlinteressen orientiertes Handeln zu[179].

II. Die rechtliche Fundierung des Neutralitätsgebots

In der Bauleitplanung ist die Neutralität und Unbefangenheit bei der Verfahrensdurchführung aufgrund ihres soeben dargestellten hohen Stellenwerts rechtlich vielschichtig verankert oder zumindest doch vorausgesetzt. Gemeinsam ist all diesen Absicherungen von Neutralität, daß sie nicht lediglich der Vermeidung von Parteilichkeit dienen, sondern immer schon der Vermeidung des „bösen Scheins“ und damit schon dann greifen, wenn sich bei objektiver Betrachtung bloße Zweifel an der Unparteilichkeit des Handelnden ergeben[180].

1. Die Befangenheitsvorschriften des VwVfG

§§ 20, 21 VwVfG sowie die entsprechenden Vorschriften der Landesverwaltungsverfahrensgesetze normieren den rechts- und demokratiestaatlich verankerten Grundsatz, daß an Verwaltungsentscheidungen grundsätzlich keine Personen mitwirken dürfen, deren Unbefangenheit wegen mangelnder Distanz zum Gegenstand des Verfahrens gefährdet sein könnte[181]. Die Vorschriften sollen die sachliche und unvoreingenommene Erfüllung öffentlicher Aufgaben gewährleisten und möglicherweise von sachfremden Motiven geleitete Personen nicht nur von der Entscheidung selbst, sondern bereits vom Prozeß

---

[178] Für die Fachplanung im Verkehrswegebau *Wahl*, DVBl. 1993, 517 (525); *Stehlin*, Einschaltung privatrechtlich organisierter Verwaltungseinheiten in die Verkehrswegeplanung, S. 187.

[179] Vgl. *Köcher*, Vaterlandslose Gesellen – Die Deutschen trauen den Unternehmern wenig Interesse am Gemeinwohl zu, in: FAZ Nr. 238 v. 13.10.1999, S. 5.

[180] So auch *Hoppe*, DVBl. 1994, 255 (261).

[181] *Bonk*, in: Stelkens/Bonk/Sachs, VwVfG, § 20 Rdnr. 1; *Kopp/Ramsauer*, VwVfG, § 20 Rdnr. 1.

der Entscheidungsfindung ausschließen. Ob die §§ 20, 21 VwVfG auch für die hier behandelte Konstellation der Einschaltung Privater in die Bauleitplanung gelten, erscheint unter zwei Aspekten fraglich: Zunächst ist das Verfahren zur Aufstellung der Bauleitpläne nicht auf Erlaß eines Verwaltungsakts bzw. Abschluß eines öffentlich-rechtlichen Vertrages gerichtet und damit kein Verwaltungsverfahren im Sinne des § 9 VwVfG, so daß die Anwendbarkeit der §§ 20, 21 VwVfG aus diesem Grunde fraglich erscheint. Ferner stellt sich die Frage der Anwendbarkeit der Vorschriften auf verwaltungsexterne Private.

a) Anwendbarkeit der §§ 20, 21 VwVfG auf das Bauleitplanverfahren

Bei dem in §§ 20, 21 VwVfG niedergelegten Regelungsgehalt handelt es sich auch um einen verallgemeinerungsfähigen Rechtsgrundsatz[182], dessen Geltung bereits vor der Kodifizierung des Verwaltungsverfahrensgesetzes in Rechtsprechung und Wissenschaft allgemein anerkannt war. Dem wird durch die zunehmende Ausweitung seines sachlichen Anwendungsbereichs Rechnung getragen; eine analoge Anwendbarkeit wird inzwischen sogar auf die nach herrschender Ansicht dem Privatrecht zuzuordnenden Vergabeverfahren angenommen[183]. Um zur Anwendbarkeit im Bauleitplanverfahren zu gelangen, bedarf es eines solchen Begründungsaufwands nicht einmal: Trotz des normsetzenden Ergebnisses – so jedenfalls im Fall der Aufstellung eines Bebauungsplans – stellt das Bauleitplanverfahren ein Verwaltungsverfahren dar, da es hier zur Ausübung exekutivischer und nicht legislativer Tätigkeit kommt. Da der Bebauungsplan seine ihn von der klassischen Normstruktur unterscheidende Eigenart auch nicht dadurch verliert, daß er aufgrund § 10 Abs. 1 BauGB als kommunale Satzung zu verabschieden ist[184], erscheint es kaum sachgerecht, den vom Wortlaut her ohnehin kritikwürdig engen § 9 VwVfG[185] restriktiv auszulegen und den Anwendungsbereich der §§ 20, 21 VwVfG dementsprechend auf Verfahren einzuengen, die formal mit dem Erlaß eines Verwaltungsakts bzw. dem Abschluß eines öffentlich-rechtlichen Vertrags enden. Vielmehr ist die zumindest analoge Anwendbarkeit der §§ 20, 21 VwVfG auch für Tätigkeit im Verwaltungsverfahren außerhalb der Definition des § 9 VwVfG anzuerkennen und auch allgemein anerkannt[186].

---

[182] BVerwG, Urt. v. 5.12.1986 – BVerwGE 75, 214 (230).

[183] OLG Brandenburg, Beschl. v. 3.8.1999 – NVwZ 1999, 1142 (1146 f.). Kritisch hierzu die Anmerkungen von *Neßler*, NVwZ 1999, 1081 ff.

[184] *Krebs*, VerwArch 72 (1981), 49 (51).

[185] Zur Kritik am Verfahrensbegriff des VwVfG *Pietzcker*, VVDStRL 41 (1983), 193 (215); *Schoch*, DV 25 (1992), 21 (50).

[186] *Kopp/Ramsauer*, VwVfG, § 20 Rdnr. 7. Zu Verfahren administrativer Normsetzung und Planung als Gegenstand des Verwaltungsverfahrensrechts vgl. auch *Schmidt-Aßmann*, Das Allgemeine Verwaltungsrecht als Ordnungsidee, S. 288. Zurückhaltender offenbar *Bonk*, in: Stelkens/Bonk/Sachs, VwVfG, § 20 Rdnr. 21: Die Anwendung der §§ 20, 21

b) Anwendbarkeit der §§ 20, 21 VwVfG auf das Handeln Privater

Entsprechend dem verallgemeinerungsfähigen Regelungsgehalt der §§ 20, 21 VwVfG wird deren direkte – zumindest aber analoge – Anwendbarkeit auch für von der Behörde beigezogene Private allgemein bejaht[187]. Der Zugehörigkeit des Mitwirkenden zu der zur Entscheidung berufenen Behörde bedarf es nicht.

2. Der Grundsatz der Verfahrensfairneß

Der Regelungsgehalt der §§ 20, 21 VwVfG ist auch dem rechtsstaatlichen Grundsatz der Verfahrensfairneß[188] zu entnehmen, der das Gebot der Objektivität, Neutralität, Distanz und Fairneß bei der Findung staatlicher Entscheidungen statuiert. Als Bestandteil des Kerns unbedingt notwendiger rechtsstaatlicher Verfahrenselemente[189] gelten diese Grundsätze für jedes Verwaltungsverfahren und damit auch innerhalb des Verfahrens zur Aufstellung der Bauleitpläne.

3. Das Abwägungsgebot

Schließlich folgt das Erfordernis von Neutralität auch aus dem Abwägungsgebot. Eine diesem genügende rechtsstaatliche Planung verlangt unbedingte Neutralität auf Seiten des Planenden und darf den Bürgern nicht den Eindruck vermitteln, einem „abgekarteten Spiel“ von Interessengruppen ausgesetzt zu sein[190]. Für die Bauleitplanung gilt vielmehr das Gebot der Distanz zwischen Planung und Planverwirklichung. Distanz ist ein wesentliches Element abgewogener Entscheidungsfindung[191], ohne die sich der im Abwägungsgebot angelegte umfassende Ausgleichsauftrag zwischen öffentlichen und privaten Belangen nicht vornehmen läßt. Eine jede Verringerung der notwendigen Distanz, wie sie durch (vertragliche) Kooperation eintreten kann, stellt sich

---

VwVfG bei Tätigkeit außerhalb des Verfahrens nach § 9 VwVfG kann „nicht generell verneint werden“.

[187] Für die direkte Anwendbarkeit *Bonk*, in: Stelkens/Bonk/Sachs, VwVfG, § 20 Rdnr. 25 f; *Kopp/Ramsauer*, VwVfG, § 20 Rdnr. 11. Für die analoge Anwendbarkeit *Brohm*, Sachverständige Beratung des Staates, in: HStR, Bd. II, § 36 Rdnr. 48. Für die Anwendbarkeit auch *Hoppe*, DVBl. 1994, 255 (261); *ders./Bleicher*, NVwZ 1996, 421 (423).

[188] Hierzu BVerwG, Urt. v. 28.4.1978 – BVerwGE 55, 355 (360); BVerwG, Urt. v. 5.12.1986 – BVerwGE 75, 214 (230 f.); *Schmidt-Preuß*, VVDStRL 56 (1997), 160 (175 f.).

[189] *Burgi*, Funktionale Privatisierung und Verwaltungshilfe, S. 373.

[190] *Stüer*, in: Hoppenberg (Hrsg.), Handbuch des öffentliches Baurechts, B Rdnr. 1050; *ders.*, DVBl. 1995, 649 (656).

[191] *Schmidt-Aßmann*, Der Rechtsstaat, in: HStR, Bd. I, § 24 Rdnr. 25.

folglich im Recht der Bauleitplanung als ein grundsätzlich fragwürdiges Ergebnis dar[192].

III. Folgerungen für die Einbindung Dritter in die Bauleitplanung nach § 4b BauGB

Für gerichtliche Sachverständigengutachten gilt nach der Rechtsprechung des BVerwG die Unzulässigkeit ihrer Verwertung dann, wenn in der Person des Sachverständigen begründete Zweifel an seiner Unparteilichkeit liegen[193]. Für die Einbindung Privater in die Sachverhaltsermittlung[194] sowie ihre Mitwirkung an der Vorbereitung und Durchführung der Beteiligungsverfahren bei der Bauleitplanung kann aufgrund der dargelegten eminenten Bedeutung von Neutralität sowie ihrer vielschichtigen rechtlichen Absicherung grundsätzlich nichts anderes gelten. Entsprechend ist das Erfordernis der Neutralität des Verwaltungshelfers, dessen sich die Behörde zur Vorbereitung ihrer Entscheidungen bedient, allgemein anerkannt[195]. Die Grundsätze der Unparteilichkeit und Neutralität sowie das Gebot des Ausschlusses von Verwaltungshelfern bei Befangenheit gelten dabei auch für schlichtes Verwaltungshandeln[196], insbesondere auf dem Gebiet der Planung: Auch der private Planer ist bei Wahrnehmung einer Aufgabe im Bereich der öffentlichen Verwaltung dem Prinzip der Neutralität und Unbefangenheit verpflichtet[197]. Eine gewisse gesetzlich angelegte und intendierte Durchbrechung des Neutralitätserfordernisses stellen die – unter diesem Aspekt durchaus kritikwürdigen und auch kritisierten – auf die Einbeziehung des Vorhabenträgers abzielenden Regelungen der §§ 11, 12 BauGB dar. Insofern ist es zutreffend, daß die §§ 20, 21 VwVfG im Rahmen dieser Vorschriften nicht zur Anwendung gelangen[198].

---

[192] *Schmidt-Aßmann/Krebs*, Rechtsfragen städtebaulicher Verträge, 2. Aufl., S. 83.

[193] BVerwG, Urt. v. 26.6.1992 – DVBl. 1992, 1435 (1436).

[194] Diesbezüglich legt *Stüer*, in: Hoppenberg (Hrsg.), Handbuch des öffentlichen Baurechts, B Rdnr. 729 den Gemeinden die Orientierung an den Grundsätzen der Rechtsprechung des BVerwG nahe.

[195] *Burgi*, Funktionale Privatisierung und Verwaltungshilfe, S. 382; *ders.*, DV 33 (2000), 183 (204); *Brohm*, DVBl. 1990, 321 (326, Fn. 27); *ders.*, Sachverständige Beratung des Staates, in: HStR, Bd. II, § 36 Rdnr. 48; *Hoffmann-Riem*, Öffentliches Recht und Privatrecht als wechselseitige Auffangordnungen – Systematisierung und Entwicklungsperspektiven, in: ders./Schmidt-Aßmann (Hrsg.), Öffentliches Recht und Privatrecht als wechselseitige Auffangordnungen, S. 261 (324); *Schulze-Fielitz*, Der Konfliktmittler als verwaltungsverfahrensrechtliches Problem, in: Hoffmann-Riem/Schmidt-Aßmann (Hrsg.), Konfliktbewältigung, Bd. II, S. 55 (63).

[196] *Hoppe*, DVBl. 1994, 255 (261); *ders./Bleicher*, NVwZ 1996, 421 (423). Zustimmend *Stehlin*, Einschaltung privatrechtlich organisierter Verwaltungseinheiten in die Verkehrswegeplanung, S. 190, Fn. 44, gleichwohl mit Hinweis darauf, daß sich die Einhaltung dieser Forderung in der Praxis als „anspruchsvoll" erweist.

[197] *Spannowsky*, DÖV 1996, 1017 (1027).

[198] *Schrödter*, in: Schrödter, BauGB, § 4b Rdnr. 4.

Bei der Konzeption des städtebaulichen Vertrags und insbesondere des vorhabenbezogenen Bebauungsplans hat der Gesetzgeber eben sehenden Auges die Gefahren für das rechtsstaatliche Abwägungsgebot als Tribut für die rasche und kostengünstige Verwirklichung städtebaulicher Planung mittels Instrumentalisierung privaten Eigennutzes – und damit das „Odium der Befangenheit" – in Kauf genommen[199]. §§ 11, 12 BauGB ermöglichen die unterstützende Hinzuziehung auch nicht Neutraler jedoch nur für einzelne Teile des Verfahrens und entfalten damit lediglich bereichsspezifische Wirkung. Hier wird das Neutralitätserfordernis relativiert, jedoch nicht vollständig aufgehoben. Keinesfalls ist die Gemeinde damit ihrer Verpflichtung enthoben, das Aufstellungsverfahren in seiner Gesamtheit entsprechend dem verfassungsrechtlich verankerten Neutralitätsgebot zu gestalten. Die Verfahrensprivatisierung darf auch für den Fall, daß sie gesetzlich vorgesehen ist, nicht zur Umgehung höherrangiger Neutralitäts- und Unbefangenheitserfordernisse führen; nach wie vor hat zu gelten, daß wer von der Entscheidung selbst betroffen ist, in den Prozeß der Entscheidungsfindung nicht miteinbezogen werden darf[200]. Es ist also geboten, den Umfang der Tätigkeiten des Vorhabenträgers im Bauleitplanverfahren so zu begrenzen, daß dieses in seiner Gesamtheit noch den Anforderungen an ein objektives, faires, neutrales und distanziertes Verfahren entspricht. Unter diesem Aspekt hat es jedenfalls dann, wenn man – entgegen der hier vertretenen Auffassung – die Tätigkeit privater Dritter im Bauleitplanverfahren nicht auf lediglich unterstützende Hilfsfunktion beschränken will, als unzulässig zu gelten, als Dritten den durch das Endprodukt des Verfahrens Begünstigten einzusetzen. Aus einer Gesamtbetrachtung der fehlenden klaren Trennbarkeit von Entscheidungsvorbereitung und Entscheidung, der umfassenden Möglichkeiten interessenorientierter Eigensteuerung und der damit gegebenen Gefährdung einer ausgewogenen Abwägung sowie der verfassungsrechtlichen Absicherung von Neutralitäts- und Distanzpflichten folgt, daß dem planungsbegünstigten Investor neben der Zusammenstellung des Abwägungsmaterials und der Planausarbeitung nicht auch noch die eigenständige Durchführung der Beteiligungsverfahren sowie deren Auswertung übertragen werden darf[201]. Die Durchführung formeller Verfahrensschritte im Bauleitplanverfahren steht in derart ausgeprägter Nähe zur Entscheidung selbst, daß ein eigenständiges Tätigwerden des Vorhabenträgers hier unzulässig ist. Von jeder Möglichkeit der Einflußnahme auf das Abwägungsmaterial, z.B. durch Sichten, Sortieren und Aufarbeiten der Ein-

---

[199] So *Faber*, Selbstregulierung und Kooperation bei der Bauleitplanung (Vorhaben- und Erschließungsplan § 12 BauGB), in: Erbguth u.a. (Hrsg.), FS Hoppe, S. 425 (436).

[200] *Gusy*, Privatisierung als Herausforderung an Rechtspolitik und Rechtsdogmatik, in: ders. (Hrsg.), Privatisierung von Staatsaufgaben, S. 330 (349).

[201] *Franckenstein*, UPR 2000, 288 (290). Zu Recht bezeichnet *v. Nicolai*, Vorhabenbezogener Bebauungsplan, in: ders./Wagner/Wecker, Verträge des Baugesetzbuchs, S. 73 (123 f.) den kombinierten Einsatz des Vorhabenträgers in die Planausarbeitung nach § 12 BauGB und die Verfahrensdurchführung nach § 4b BauGB daher als „Abenteuer".

gaben aus den Beteiligungsverfahren, ist der Vorhabenträger daher fernzuhalten. Die Verwertung von in den Beteiligungsverfahren unter Verstoß gegen die Gebote der Neutralität und Unbefangenheit erlangtem sowie vorbehandeltem Abwägungsmaterial bei der abschließenden Abwägungsentscheidung „infiziert" die gesamte Planung mit einem Abwägungsfehler; die Ermittlung und Prognose sowie die Gewichtung und Rechtfertigung der Planung werden fehlerhaft[202]. Sollte tatsächlich eine Notwendigkeit für den Einsatz Privater jenseits der Planausarbeitung und der unterstützenden Tätigkeit bei der Vorbereitung und Durchführung der Beteiligungsverfahren bestehen, so bedarf es hierfür neben der Einschaltung des Vorhabenträgers eben der Einschaltung eines weiteren – diesmal jedoch neutralen – Privaten.

Daß insbesondere auch die neue Regelung des § 4b BauGB die Einschaltung eines neutralen Privaten intendiert, läßt sich der Auslegung der Norm entsprechend den klassischen Auslegungsmethoden des Wortlauts, der Systematik und der Teleologie entnehmen.

1. Wortlautauslegung

§ 4b BauGB selbst bezeichnet die Person, derer sich die Verwaltung zur Vorbereitung und Durchführung von Verfahrensschritten bedienen kann, als „Dritten". Dieser Begriff des Dritten wird im Baugesetzbuch nicht einheitlich verwendet[203], so daß sich aus der Verwendung an anderen Stellen keine zwingenden Rückschlüsse ziehen lassen. *Schmidt-Eichstaedt*[204] will bei der Begriffsbestimmung zwischen einer zivilrechtlichen und einer öffentlich-rechtlichen Zählweise differenzieren: Der zivilrechtlichen Zählweise nach seien Erster und Zweiter die Partner eines Vertrags und Dritter jede Person außerhalb dieses Vertragsverhältnisses. Die öffentlich-rechtliche Zählweise hingegen orientiere sich am Subordinationsverhältnis zwischen Privaten und der öffentlichen Hand und betrachte als Dritten denjenigen, der außerhalb dieses zwischen Erstem (Hoheitsträger) und Zweitem (Adressat des Hoheitsakts) bestehenden Verhältnisses steht. Da dem Vorhabenträger im Baurecht jedoch eine Doppelrolle zukommen kann – im Rahmen der Bauleitplanung und des Bauantragsverfahrens ist er Adressat von Hoheitsakten, im Rahmen von

---

[202] So schon für die Verwendung von durch Private ermitteltem Abwägungsmaterial im Bereich der Fachplanung von Abfallentsorgungsanlagen *Hoppe*, DVBl. 1994, 255 (261); *ders.*, Rechtsprobleme bei der Verfahrensprivatisierung von Standortauswahlverfahren im Abfallrecht – Statement, in: Hoffmann-Riem/Schneider (Hrsg.), Verfahrensprivatisierung im Umweltrecht, S. 275 (280 f.). Zustimmend *Schoch*, DVBl. 1994, 962 (976).

[203] Vgl. die umfassende Aufstellung bei *Schmidt-Eichstaedt*, Die Einschaltung Dritter in das Bauleitplanverfahren, in: Ziekow (Hrsg.), Bauplanungsrecht vor neuen Herausforderungen, S. 131 (133 f.); *ders.*, BauR 1998, 899 (900).

[204] *Schmidt-Eichstaedt*, Die Einschaltung Dritter in das Bauleitplanverfahren, in: Ziekow (Hrsg.), Bauplanungsrecht vor neuen Herausforderungen, S. 131 (134 ff.); *ders.*, BauR 1998, 899 (900 ff.).

(städtebaulichen) Verträgen ist er gleichberechtigter Vertragspartner der Gemeinde –, gelangt *Schmidt-Eichstaedt* zu dem kuriosen Ergebnis, daß im Baurecht „jeder Zweiter – in veränderter Rolle – auch Dritter sein darf“[205]. Dieses Ergebnis kann jedoch kaum wirklich zur Begriffsklärung beitragen, zudem wirkt es nicht sonderlich plausibel. Die Verwendung zivilrechtlicher und öffentlich-rechtlicher Zählmodelle erscheint konstruiert und folgt einem zu formalistischen Ansatz bei der Begriffsauslegung.

Überzeugender scheint es dagegen, bei der Zählweise auf den in der Konzeption des Bauplanungsrechts als Angebotsplanung angelegten Antagonismus von Planung und Planverwirklichung abzustellen. Überträgt man diesen auf die Ebene der Akteure, also die planende Gemeinde und den planverwirklichenden Vorhabenträger, so spricht die Verwendung des Wortes „Dritter“ dafür, daß hiermit an eine außerhalb dieser Beziehung stehende neutrale Person gedacht war – die Personenidentität von Vorhabenträger und Drittem also gerade auszuschließen ist.

2. Systematische Auslegung

Mit der Einfügung eines neuen vierten Abschnitts in den ersten Teil des Allgemeinen Städtebaurechts („Zusammenarbeit mit Privaten; vereinfachtes Verfahren“) lassen sich Erkenntnisse zum Begriff des „Dritten“ auch im Wege der systematischen Auslegung gewinnen.

Zunächst ergeben sich unter dem Aspekt der Kostentragung nach § 11 BauGB Rückschlüsse auf die Person des Privaten im Sinne dieser Vorschrift: Diese Regelung schließt zwar eine partielle Kostentragung der Gemeinde für die dem Privaten übertragenen Maßnahmen nicht kategorisch aus[206], jedoch ist eine Kostenübernahme durch den Privaten der Regelfall[207]. Erst dadurch wird die ansonsten vorliegende bloße Auftragsvergabe zum städtebaulichen Ver-

---

[205] *Schmidt-Eichstaedt*, Die Einschaltung Dritter in das Bauleitplanverfahren, in: Ziekow (Hrsg.), Bauplanungsrecht vor neuen Herausforderungen, S. 131 (134); *ders.*, BauR 1998, 899 (902).

[206] *Oerder*, NVwZ 1997, 1190 (1191); *ders.*, BauR 1998, 22 (25 f.).

[207] Für den städtebaulichen Vertrag *Brohm*, Öffentliches Baurecht, § 7 Rdnr. 11; *Neuhausen*, in: Brügelmann, BauGB, § 11 Rdnr. 18. Entsprechend wird in der Kostentragung des Privaten nach § 11 BauGB das dieses Instrument von § 4b BauGB unterscheidende Charakteristikum gesehen, so *Quaas*, in: Schrödter, BauGB, § 11 Rdnr. 14; *Birk*, Die städtebaulichen Verträge nach BauGB 98, Rdnr. 287; *Oldiges*, Baurecht, in: Steiner (Hrsg.), Besonderes Verwaltungsrecht, S. 485 (526 f.).

Für den vorhabenbezogenen Bebauungsplan *Krautzberger*, in: Ernst/Zinkahn/Bielenberg, BauGB, § 12 Rdnr. 101, demzufolge die nicht den Regelfall darstellende Kostenbeteiligung durch die Gemeinde sogar einer besonderen rechtlichen Rechtfertigung bedarf.

trag[208]. Aus der Kostenübernahme des Privaten ergeben sich auch Rückschlüsse auf seine Person: Wenn § 11 BauGB den Einsatz des Privaten auf eigene Kosten intendiert, wird es sich bei ihm um den Planungsbegünstigten handeln[209], denn niemand wird Planungstätigkeiten aus purem Idealismus übernehmen. Insofern ist auch mit der durch das BauROG 1998 in Bezug auf den Privaten geänderten Terminologie – § 6 BauGBMaßnG sprach vom „Bauwilligen", § 11 BauGB spricht vom „Vertragspartner" – keine materielle Änderung verbunden: Vertragspartner eines städtebaulichen Vertrags wird man nach wie vor, weil man bauen will[210].

Die Systematik des BauGB legt die Trennung zwischen dem regulären Verfahren zur Aufstellung der Bauleitpläne und dem in Zusammenarbeit mit planungsbegünstigten Investoren durchgeführten nahe: Wenn die Einschaltung Privater in die Bauleitplanung nunmehr an zwei Stellen (§ 4b BauGB innerhalb eines ersten Abschnitts über Allgemeine Vorschriften einerseits und §§ 11, 12 BauGB innerhalb eines vierten Abschnitts über die Zusammenarbeit mit Privaten andererseits) geregelt ist und sich letztgenannte Regelungen nur auf die Einbeziehung planungsbegünstigter Investoren beziehen, so liegt es nahe, sie als abschließende *leges speciales* für die Vergabe von Aufgaben im Bauleitplanverfahren an planungsbegünstigte Investoren anzusehen[211] und jene nicht auch zu den Privaten nach § 4b BauGB zu zählen. Damit liegt die Trennung zwischen § 4b und § 11 BauGB auch nach materiellem Gehalt nahe: Vertragspartner nach § 11 ist nicht der neutrale Dritte, sondern der planungsbegünstigte Investor[212] – im Gegenschluß richtet sich § 4b BauGB eben nicht an den planungsbegünstigten Investor, sondern an neutrale Dritte.

3. Teleologische Auslegung

Dieses Ergebnis wird auch von einer Auslegung entsprechend dem Sinn und Zweck der Norm getragen. Wie bereits dargelegt[213] war das Ziel des BauROG

---

[208] *Quaas*, in: Schrödter, BauGB, § 11 Rdnr. 10; *Brohm*, Öffentliches Baurecht, § 7 Rdnr. 11; *Wagner*, Allgemeine städtebauliche Verträge nach § 11 BauGB, in: v. Nicolai/Wagner/Wecker, Verträge des Baugesetzbuchs, S. 15 (16); *Bunzel/Coulmas/Schmidt-Eichstaedt*, Städtebauliche Verträge, S. 78; ARGEBAU (Hrsg.), Muster-Einführungserlaß zum Bau- und Raumordnungsgesetz 1998, 6.2.3.

[209] *Battis*, ZfBR 1999, 240 (241) erachtet es als selbstverständlich, daß aus der Kostentragungsregel des § 11 BauGB folgt, daß diese Norm den im eigenen Interesse Planenden im Sinn hat.

[210] *Gaßner*, BayVBl. 1998, 577 (578).

[211] *Schmidt-Eichstaedt*, Die Einschaltung Dritter in das Bauleitplanverfahren, in: Ziekow (Hrsg.), Bauplanungsrecht vor neuen Herausforderungen, S. 131 (137 und 145); *ders.*, BauR 1998, 899 (903). Ähnlich *Krautzberger*, in: Ernst/Zinkahn/Bielenberg, BauGB, § 11 Rdnr. 126.

[212] *Quaas*, in: Schrödter, BauGB, § 11 Rdnr. 14.

[213] Oben unter § 2 C.

1998 nicht nur die verstärkte Einbindung Privater in die Bauleitplanung, sondern – quasi als ausgleichendes Gegengewicht[214] – auch die Stärkung der Bürgerbeteiligung. Dieser Zielsetzung liefe es diametral entgegen, die Durchführung der Beteiligungsverfahren dem Vorhabenträger zu überlassen. Hierdurch besteht nicht nur die Gefahr der Präjudizierung der Planung entsprechend den Vorstellungen des Vorhabenträgers; vielmehr kann dem Bürger in dieser Konstellation kaum noch glaubhaft vermittelt werden, daß die Planung (ergebnis)offen ist und seine Verfahrensteilnahme ernsthaften Einfluß auf das Ergebnis entfaltet.

Schließlich ist auch auf die bereits erwähnte rechtspolitische Absicht der Implementation und Förderung von Mediation zu rekurrieren. Angesichts der Konzeption dieser Konfliktbehandlungsmethode kann und soll zwar nicht jede Einbindung Privater in das Bauleitplanverfahren eine Mediation darstellen. Wenn § 4b BauGB jedoch zumindest auch der Verwirklichung dieses Konzepts dient, so ist darauf zu verweisen, daß bei allen Unsicherheiten, die hinsichtlich Mediation im einzelnen bestehen mögen, die Neutralität des als Mediator hinzugezogenen Dritten doch als unverzichtbares Wesensmerkmal dieses Konzepts zu gelten hat[215]. Die Auswahl der Person des Mediators muß darauf ausgerichtet sein, daß dessen Neutralität von *allen* Seiten akzeptiert wird, da sich nur so die für einen erfolgreichen Verfahrensausgang erforderliche Kooperationsbereitschaft der involvierten Parteien sichern läßt. Ist die Neutralität des Dritten also zumindest in dieser Konstellation unzweifelhaft vorgegeben, so liegt es nahe, daß diese eindeutige gesetzgeberische Wertung auch auf alle übrigen denkbaren Konstellationen der Privatisierung nach § 4b BauGB durchschlägt, der Dritte im Sinne dieser Vorschrift also grundsätzlich ein Neutraler zu sein hat.

IV. Exkurs: Parallelen zur Neutralitätsproblematik im Fachplanungsrecht

Abschließend sei unter dem Aspekt der Identität von Vorhabenträgerschaft und verfahrensdurchführender Planfeststellungsbehörde noch auf die Neutralitätsproblematik im Bereich der Fachplanung eingegangen. Auf den ersten Blick scheint die Vergleichbarkeit mit dem Bauplanungsrecht zwar nicht gegeben, da dort die Einbeziehung des Vorhabenträgers nur in die Verfahrensdurchführung erwogen wird, ihm die abschließende Entscheidung jedoch in keinem Fall zusteht. Dennoch läßt sich eine Parallele ziehen, wenn man sich den dargestellten fließenden Übergang von der Verfahrensdurchführung zur Abwägung(sentscheidung) sowie die zahlreichen Möglichkeiten der vorentscheidenden Einflußnahme vergegenwärtigt.

---

[214] Auf diese Korrelation zwischen Bürgerbeteiligung und Verfahrensprivatisierung verweist auch *Koch*, (Verfahrens-)Privatisierung im öffentlichen Baurecht, in: Hoffmann-Riem/Schneider (Hrsg.), Verfahrensprivatisierung im Umweltrecht, S. 170 (185 und 187) sowie *Löhr*, in: Battis/Krautzberger/Löhr, BauGB, § 11 Rdnr. 2.

[215] Dazu oben unter § 8 E.

Im Fachplanungsrecht wurde die Identität von Vorhabenträger und Planfeststellungsbehörde zwar nicht als Rechtsverstoß bewertet[216]; das BVerwG hat sich im Verlaufe seiner Rechtsprechung zu dem die Identität von Vorhabenträger und Planfeststeller ermöglichenden § 36 Abs. 4 BBahnG[217] jedoch gegenüber der darin angelegten Neutralitätsproblematik zunehmend sensibilisiert gezeigt. So wird ausgeführt: „Zwar trifft es zu, daß die Behörde gegenüber jedermann jenes Maß an innerer Distanz und Neutralität wahren muß, das ihr ein abgewogenes Urteil ermöglicht [...]; aus diesem Grunde mag es rechtspolitisch befriedigender sein, wenn die zur Planfeststellung ermächtigte Behörde mit dem Vorhabenträger nicht identisch ist. Rechtsstaatliche Gründe mögen dies sogar nahelegen, gebieten es indes nicht als zwingendes Recht“[218]. In diesen Ausführungen klingt ein deutliches Unbehagen über die vormals gegebene Situation mit, gilt die Identität von Vorhabenträger und Planfeststeller in der Literatur doch als problematisch und tunlichst zu vermeiden[219]. Trotz der generellen Verpflichtung auch des Vorhabenträgers auf die Wahrung des Gemeinwohlinteresses, insbesondere auf das Abwägungsgebot, besteht nämlich für diese Konstellation die Befürchtung, ein fachlich spezialisierter Vorhabenträger könne aufgrund seines besonderen Aufmerksamkeitshorizonts im Abwägungsprozeß spezifische Relevanzkriterien ausbilden und damit eine ausgewogene und abgewogene Entscheidung gefährden[220]. Bedenken gegenüber dieser Funktionseinheit im Hinblick auf das allgemeine Gebot neutraler und distanzierter Sachentscheidung wurde im Eisenbahnrecht (§§ 18 AEG, 3 Abs. 2 Nr. 1 EVerkVerwG) nunmehr durch eine Trennung von Vorhabenträgerschaft und Planfeststellungsbehörde Rechnung getragen. Diese Entwicklung des Fachplanungsrechts stützt die hier für das Bauplanungsrecht vertretene Argumentation, daß die Verfahrensdurchführung von neutraler Seite aus und nicht durch den Vorhabenträger vorzunehmen ist. In Gegen-

---

[216] BVerwG, Beschl. v. 9.4.1987 – DÖV 1987, 870. Kritisch zu dieser Rechtsprechung *Steinberg/Berg/Wickel*, Fachplanung, § 2 Rdnr. 9.

[217] Nach dieser Vorschrift wurden Pläne für die Errichtung neuer Anlagen der Deutschen Bundesbahn durch den Vorstand oder eine von ihm ermächtigte Dienststelle der Deutschen Bundesbahn festgestellt.

[218] BVerwG, Beschl. v. 24.8.1987 – DVBl. 1987, 1267 (1268). Für *Kühling*, DVBl. 1989, 221 (227) ist mit diesem Beschluß der „Wunsch nach gesetzgeberischer Remedur [...] unüberhörbar“.

[219] *Bonk*, in: Stelkens/Bonk/Sachs, VwVfG, § 74 Rdnr. 8; *Kühling*, DVBl. 1989, 221 (227); *Steinberg/Berg/Wickel*, Fachplanung, § 2 Rdnr. 9. Vgl. auch *Schmidt-Aßmann*, Das Allgemeine Verwaltungsrecht als Ordnungsidee, S. 95 f.: „Auf jeden Fall hat eine Rollentrennung zwischen Projektträger und Zulassungsbehörde als selbstverständlich zu gelten“.

[220] *Wahl*, Die Einschaltung privatrechtlich organisierter Verwaltungseinrichtungen in den Straßenbau, in: Blümel (Hrsg.), Einschaltung Privater beim Verkehrswegebau, S. 24 (48); *Brohm*, Konfliktmittlung bei der Umweltverträglichkeitsprüfung in Raumordnungsverfahren, in: Hoffmann-Riem/Schmidt-Aßmann (Hrsg.), Konfliktbewältigung, Bd. II, S. 221 (230).

überstellung zum Fachplanungsrecht gilt dies im Bauplanungsrecht sogar umso mehr, als daß der Vorhabenträger hier regelmäßig Privater ist und damit nicht dem Gemeinwohl, sondern ausschließlich egoistischen Interessen verpflichtet ist. Die Trennung von Vorhabenträgerschaft und Verfahrensdurchführung ist im Planungsrecht daher generell zu fordern[221].

§ 16 Ergebnis

Die Bauleitplanung befindet sich im Umbruch: Mit der durch das BauROG 1998 fortgesetzten Förderung der Kooperation auch durch Schaffung neuer Rechtsgrundlagen wird die grundlegende Frage nach dem Verhältnis von Privatisierung der Planung und rechtsstaatlicher Planung aufgeworfen. Nach dem hier vertretenen Verständnis stößt städtebauliche Kooperation – insbesondere zur Vermeidung einer Diffusion der rechtlich klar zugewiesenen Verantwortung – noch auf vom Recht der Bauleitplanung vorgegebene Grenzen. Für andere stellt sich indes bereits die Frage, ob nicht das traditionelle Verständnis von Bauleitplanung im Hinblick auf die neueren Entwicklungen in puncto Stärkung von Kooperation der Korrektur bedarf[222]. Zunehmend zeigen sich Schwierigkeiten bei dem Versuch, Privatisierung in ihren diffusen Erscheinungsformen im Verwaltungsalltag dogmatisch einzuordnen. Herkömmliche Instrumentarien und Konzeptionen reichen hier häufig nicht mehr aus[223]. So wurde vorliegend zwar der rechtlich vorgegebenen Notwendigkeit staatlicher Dominanz der Sachaufgabe und des Verfahrens der Bauleitplanung entnommen, daß die Stellung des daran beteiligten Privaten auf die eines Verwaltungshelfers zu beschränken ist. Auch diese dogmatische Kategorie steht jedoch bereits in der Gefahr, eine staatliche Beherrschung von Verfahren und Verfahrensergebnis zu suggerieren, die ungeachtet der normativen Verantwortung faktisch nicht mehr vorliegt[224]. Die Verwaltungsrealität hat sich im wesentlichen frei und unbeeindruckt von dogmatischer Kategorisierung einen eigenen Weg gebahnt – einen Weg, bei dem man sich freilich nur schwer des Eindrucks erwehren kann, daß hier Konflikte zwischen Pragmatik und Dogmatik regelmäßig nicht zugunsten letzterer aufgelöst werden. So können dann auch Stellungnahmen der Praxis dahingehend, daß die Neuregelung des § 4b

---

[221] *Trute*, DVBl. 1996, 950 (961); *Schmidt-Aßmann*, Das Allgemeine Verwaltungsrecht als Ordnungsidee, S. 95 f.

[222] *Stüer*, Möglichkeiten vertraglichen Handelns im Bauplanungsrecht, in: Ziekow (Hrsg.), Bauplanungsrecht vor neuen Herausforderungen, S. 45 (48).

[223] *Schoch*, Public Private Partnership, in: Erichsen (Hrsg.), Kommunale Verwaltung im Wandel, S. 101 (110 f.); *Burgi*, Funktionale Privatisierung und Verwaltungshilfe, S. 435; *Trute*, DVBl. 1996, 950 (962); *Di Fabio*, VVDStRL 56 (1997), 235 (268 f.); *ders.*, JZ 1999, 585 (589).

[224] *Trute*, Verantwortungsteilung als Schlüsselbegriff eines sich verändernden Verhältnisses von öffentlichem und privatem Sektor, in: Schuppert (Hrsg.), Jenseits von Privatisierung und „schlankem“ Staat, S. 13 (31).

BauGB etwas überraschend komme, da die genannten Aufgaben Privaten auch schon zuvor übertragen worden seien[225], kaum noch wirklich verwundern.

Vor diesem Hintergrund scheint es durchaus angemessen, die verfassungsrechtlich vorgegebenen und einfachgesetzlich konkretisierten Restriktionen einer Einbindung Privater in die Bauleitplanung hervorzuheben und auch ernst zu nehmen. Die Gemeinden werden gut daran tun, den in der grundsätzlichen Abschaffung des Anzeigeverfahrens für Bebauungspläne liegenden Vertrauensbeweis des Bundesgesetzgebers[226] nicht durch ein Ausreizen neu eröffneter Planungsinstrumente bis zur Grenze des gerade noch Zulässigen zu desavouieren. Unter diesen Umständen ist es nur eine Frage der Zeit, bis Judikative oder Legislative gemeindliche Spielräume wieder einschränken. Ohnehin wird schon jetzt erwartet, daß die immer weiterreichende Einbindung Privater in das Bauleitplanverfahren in Zukunft vermehrt die Gerichte beschäftigen wird und nur solche Gemeinden auf den Bestand ihrer Planung vertrauen können, die sich nicht an „Kooperationsabenteuern" beteiligt haben[227].

Als die Einbindung Privater begrenzendes Kriterium ist von besonderer Relevanz die schon in der kommunalen Selbstverwaltungsgarantie des Art. 28 Abs. 2 GG angelegte Zuweisung der Verantwortung für die Sachaufgabe der Bauleitplanung an die einzelne Gemeinde. Einfachgesetzlich konkretisiert das Baugesetzbuch diese Verantwortungszuweisung in beispielhafter Klarheit. Als verfassungsrechtlich unverzichtbare Vorgabe erstreckt sich die staatliche Verantwortung nicht lediglich auf die Verwaltungsentscheidung, sondern erfaßt auch bereits das ihrer Vorbereitung dienende Verwaltungsverfahren. Daraus folgt, daß die Gemeinde – unabhängig von Zweck, Ausmaß und Ausgestaltung der Kooperation mit Privaten – jederzeit Herrin des Bauleitplanverfahrens zu bleiben hat. Auch durch die Neuregelung des § 4b BauGB wird diese Anforderung rechtlich in keiner Weise modifiziert. Faktisch kommt es gleichwohl zu einer mit der Intensität von Kooperation notwendig in direkter Relation stehenden Relativierung staatlicher Verantwortung. Um eine unzulässig weite Diskrepanz zwischen rechtlichen Vorgaben und der Verwaltungsrealität zu vermeiden, ist auszuschließen, daß Private für das Verfahren – und damit auch das Verfahrensergebnis – wesentliche Schritte eigenständig durchführen, (Vor-)Entscheidungen bezüglich der Verfahrensgestaltung treffen oder der Verwaltung zugewiesenes Ermessen an derer statt ausüben. Durch die Vereinbarung von Informations-, Kontroll- und Weisungsrechten sowie die aktive Begleitung der Beteiligungsverfahren hat die Gemeinde sicherzu-

---

[225] Vgl. die Nachweise oben unter § 6, Fn. 138.

[226] *Grigoleit*, DV 33 (2000), 79 (83).

[227] So auch *v. Nicolai*, Vorhabenbezogener Bebauungsplan, in: ders./Wagner/Wecker, Verträge des Baugesetzbuchs, S. 73 (123 f.).

stellen, daß die Determinierung der Verfahrensgestaltung von ihr ausgeht; für die Beteiligungsverfahren ist dazu deren Leitung durch die Gemeinde zu verlangen. Die materielle Kompetenz des Gemeinderats, über die abschließende Abwägung sowie die Aufstellung der Bauleitpläne zu beschließen, ist durch dessen intensive Einbeziehung schon bei der Anbahnung öffentlich-privater Kooperationsmodelle abzusichern. Funktional ist die Tätigkeit des Privaten daher auch im Rahmen des § 4b BauGB auf die Vorbereitung von Verfahrensschritten sowie die lediglich unterstützende Mitwirkung an der Durchführung zu beschränken. Das unverrückbare Dogma der gemeindlichen Verantwortung für die Bauleitplanung fordert „Public Leadership in Public Private Partnership“[228].

In rechtsstaatlicher Hinsicht gilt es insbesondere, die im Bauplanungsrecht (auch) verfassungsrechtlich verankerten Pflichten zur Amtsermittlung sowie zur Neutralität zu beachten. Erstere verlangt nach genauen Vorgaben für das Tätigwerden Privater innerhalb der Sachverhaltsermittlung und schließt eine ausschließlich nachvollziehende Amtsermittlung durch die Verwaltung aus. Letztere erfährt zwar gesetzlich legitimierte Durchbrechungen, wird dadurch jedoch keineswegs völlig aufgehoben. Nach wie vor hat das Bauleitplanverfahren in seiner Gesamtheit von den rechtsstaatlichen Vorgaben der Objektivität, Neutralität, Distanz und Fairneß des Planenden gegenüber den „Beplanten“ geprägt zu bleiben. Damit ist für den Fall, daß man entgegen der hier vertretenen Ansicht die Tätigkeit Privater im Bauleitplanverfahren nicht auf lediglich unterstützende Mitwirkung beschränken will, jedenfalls auszuschließen, daß darüber hinausgehende Tätigkeiten vom planungsbegünstigten Vorhabenträger vorgenommen werden. Dies hat insbesondere für die Durchführung der Beteiligungsverfahren zu gelten, vor deren Entwertung durch den aus einer zu engen Kooperation mit Privaten resultierenden wirtschaftlichen Druck zunehmend gewarnt wird[229]. Vor dem Hintergrund der mit dem BauROG 1998 intendierten Aufwertung der Bürgerbeteiligung sind solche Warnungen besonders ernst zu nehmen. Nur noch formal korrekt durchgeführte Verfahren setzen sich in Widerspruch zum Grundsatz der Verfahrensfairneß, wenn den Beteiligten nicht die reale Einwirkungsmöglichkeit auf das Verfahrensergebnis zugestanden wird. Der Planungsprozeß sieht sich ohnehin bereits durch die Einschaltung Privater in die Ausarbeitung der Planungsunterlagen

[228] So in plakativem Neudeutsch die die Ergebnisse des Nationalen Städtebaukongresses vom November 1999 in Berlin zusammenfassende Dokumentation des Bundesministeriums für Verkehr, Bau- und Wohnungswesen, Stadt – Planung – Akteure, S. 89.

[229] Vgl. nur *Koch*, (Verfahrens-)Privatisierung im öffentlichen Baurecht, in: Hoffmann-Riem/Schneider (Hrsg.), Verfahrensprivatisierung im Umweltrecht, S. 170 (185 und 187); *Erbguth*, VerwArch 89 (1998), 189 (199); *Stüer*, DVBl. 1995, 649 (656); *ders.*, Möglichkeiten vertraglichen Handelns im Bauplanungsrecht, in: Ziekow (Hrsg.), Bauplanungsrecht vor neuen Herausforderungen, S. 45 (72); *Schneider*, Kooperative und konsensuale Formen administrativer Entscheidungsprozesse, in: Schenk u.a. (Hrsg.), Vom Hoheitsstaat zum Konsensualstaat, S. 82 (95).

und die Verfahrensvorbereitung vielfachen Gefährdungen ausgesetzt. Wird dem planungsbegünstigten Vorhabenträger über vorbereitende Tätigkeiten hinaus nun auch noch die eigenständige Verfahrensdurchführung übertragen, ist nicht nur eine nachhaltige Gefährdung der Zwecke und Ziele der Beteiligungsverfahren zu erwarten. Vielmehr droht auch die Aushöhlung der vom Baugesetzbuch vorgegebenen materiellen Kompetenzaufteilung, scheint es bei diesem Vorgehen doch nur ein kleiner Schritt zur Verwirklichung der nach der Wiedervereinigung in den Köpfen vieler Investoren von Großprojekten ohnehin schon vorherrschenden Vorstellung, Aufgabe des Gemeinderats sei es lediglich, die interessengesteuerten Absichten des Vorhabensträgers „abzunicken“[230]. Für das Bauleitplanverfahren besteht daher – nicht zuletzt auch aufgrund seines häufig umstrittenen Gegenstands – keinerlei Veranlassung zu großzügiger Auslegung von Mitwirkungsverboten, durch die Neutralität und Objektivität der Abwägung zur bloßen Fiktion verkommen. Vielmehr bedarf es einer grundsätzlichen Besinnung auf bestehende Neutralitäts- und Befangenheitsregelungen und deren konsequenter und stringenter Anwendung. Auf diese Weise sollte sich im übrigen auch zumindest für den Regelfall die gelegentliche Diskrepanz zwischen rechtlicher Verpflichtung zu Neutralität und politischer Parteilichkeit für bzw. gegen eine bestimmte Planung bewältigen lassen, wodurch dann sicherlich auch die Notwendigkeit des Rückgriffs auf Mediation bzw. mediative Verfahren in anderem Lichte erscheinen würde.

Die Möglichkeiten der Einbindung Privater in das Bauleitplanverfahren haben sich als sehr vielfältig erwiesen. Daß dabei auch der Vorhabenträger nicht grundsätzlich ausgeschlossen ist, zeigen insbesondere die für seine Einbindung in den Planungsprozeß konzipierten Kooperationsinstrumente des städtebaulichen Vertrags und des vorhabenbezogenen Bebauungsplans. Hingegen verfolgt die Neuregelung des § 4b BauGB eine andere Intention: Der dort genannte Dritte erweist sich bei genauerer Betrachtung der Regelung als ein neutraler Privater. Allerdings hindert auch § 4b BauGB die Gemeinde nicht, nach wie vor auch nicht Neutrale in das Bauleitplanverfahren einzubeziehen. Dies ergibt sich schon daraus, daß deren Hinzuziehung im Wege der Verwaltungshilfe keiner gesetzlichen Grundlage bedarf und folglich auch nicht auf § 4b BauGB gestützt werden muß. Entsprechend wird im folgenden fünften Teil auch auf andere denkbare Organisationsformen des in das Bauleitplanverfahren einbezogenen Privaten, insbesondere auch auf die Möglichkeit der Gründung einer privatrechtlich organisierten gemeindlichen Gesellschaft eingegangen. Dennoch sollte die Gemeinde bei dem Entschluß, Private mit Aufgaben innerhalb des Bauleitplanverfahrens zu betrauen, bedenken, daß § 4b BauGB als neuste und einzige Kodifizierung der Zusammenarbeit mit Priva-

[230] Zu diesem Befund *Stüer*, in: Hoppenberg (Hrsg.), Handbuch des öffentlichen Baurechts, B Rdnr. 494. Zum Wandel des Kräfteverhältnisses zwischen Privaten und der öffentlichen Hand im Bereich des Städtebaus vgl. auch schon oben unter § 1 A und § 2 B.

ten außerhalb der investorbezogenen Instrumente der §§ 11, 12 BauGB ausschließlich auf den neutralen Dritten abstellt, diese Organisationsform also gewissermaßen das gesetzgeberische Leitbild darstellt. Sofern die Gemeinde sich dennoch nicht Neutraler bedient, hat sie sich also der damit verbundenen Gefährdungen der Bauleitplanung bewußt zu sein und auch entsprechend höhere Sicherungen zu treffen als beim Einsatz Neutraler.

Hinsichtlich der mit § 4b BauGB zumindest auch intendierten Etablierung von Mediation im Öffentlichen Recht ist festzustellen, daß hiermit der in der Bundesrepublik in den letzten Jahren sprunghaft gestiegenen Bedeutung dieser Konfliktbehandlungsmethode Rechnung getragen wird. In der dabei zu verzeichnenden allgemeinen Euphorie scheinen allerdings gelegentlich die Grenzen der Nutzbarmachung übersehen zu werden. Für das Öffentliche Recht jedenfalls setzen die Grundsätze der rechtsstaatlich gebundenen Demokratie voraus, daß die abschließende Entscheidung eines Verwaltungsverfahrens von den gesetzlich hierzu legitimierten Organen einseitig hoheitlich und nicht durch Parteieneinigung erzielt wird. Hierdurch sind informelle Vorabstimmungen durch Mediationsverfahren zwar nicht gänzlich ausgeschlossen, die dort erarbeiteten Ergebnisse können für die politischen Entscheidungsträger jedoch lediglich von unverbindlichem, empfehlendem und konsultativem Charakter sein und bedürfen der förmlichen Umsetzung[231]. Die an Mediationsverfahren Beteiligten sind daher unmißverständlich darauf hinzuweisen, daß die Entscheidungskompetenzen bei den demokratisch legitimierten Organen verbleiben. Es bedarf der Klarstellung, daß Bürger*beteiligung* nicht Bürger*mitbestimmung* ist; bei aller Progressivität darf nicht aus den Augen verloren werden, daß die letztverbindliche Entscheidung im Bauleitplanverfahren allein das demokratisch legitimierte politische Gemeindegremium trifft[232]. Dem Bürger kann – und sollte – lediglich zugesichert werden, daß die Entscheidungsträger die Verhandlungsergebnisse in ihre Abwägung aufnehmen werden und im Falle des Abweichens hiervon zu einer substantiellen Begründung ihrer Auffassung bereit sind. Insofern kann von der eigenverantwortlichen Ausarbeitung einer verbindlichen Lösung durch die Konfliktparteien keine Rede sein; ein genereller Instrumentenwechsel zu konsensuellen Verhandlungslösungen würde einen mit verfassungs- und verwaltungsrechtlichen Grundsätzen unvereinbaren Systembruch darstellen[233]. Unter diesen Umstän-

---

[231] *Troja*, ZfU 1997, 317 (327); *Schneider*, Kooperative und konsensuale Formen administrativer Entscheidungsprozesse, in: Schenk u.a. (Hrsg.), Vom Hoheitsstaat zum Konsensualstaat, S. 82 (96).

[232] Mißverständnisse entstehen hier nach gegenwärtiger Erfahrung insbesondere dann, wenn Gemeinden die Beteiligungsverfahren besonders innovativ und progressiv gestalten wollen, vgl. Bundesamt für Bauwesen und Raumordnung (Hrsg.), ExWoSt-Informationen zum Forschungsfeld „Zentren" Nr. 20.5-6, S. 20.

[233] *Breuer*, Verhandlungslösungen aus der Sicht des deutschen Umweltschutzrechts, in: Hoffmann-Riem/Schmidt-Aßmann (Hrsg.), Konfliktbewältigung, Bd. I, S. 231 (252).

den erscheint es dann auch mehr als fraglich, ob bei subordinationsrechtlichen Parteibeziehungen, wie sie das Öffentliche Recht – aber auch das Strafrecht – kennzeichnen, tatsächlich noch von Mediation gesprochen werden kann und soll[234]. Vieles von dem, was heute unter diesem Schlagwort behandelt wird, teilt mit dem ursprünglichen Konzept nicht mehr als den Namen.

So hat denn auch § 4b BauGB mit Mediation im eng verstandenen Sinn wenig zu tun[235]. Für Mediation i.e.S. bewahrheitet sich bei dem Versuch der Integration in das deutsche Bauplanungsrecht die Feststellung „Nicht alles aus Amerika ist nachahmenswert“[236]. Zur Nutzung als Möglichkeit der Verfahrensprivatisierung in der Bauleitplanung sieht sich das Mediationskonzept wesensverändernden Relativierungen ausgesetzt. So läßt sich die Eigenständigkeit des Mediators als wesentliches Charakteristikum dieses Konzepts nicht in Übereinstimmung mit der Verantwortungsstruktur des deutschen (Bau-)Planungsrechts bringen. Das Dogma der gemeindlichen Letzt- und Eigenverantwortung für Aufgabe und Verfahren der Bauleitplanung steht einer eigenverantwortlich erarbeiteten verbindlichen Konfliktlösung durch die involvierten Parteien entgegen[237]. Dritten kann auch nicht die weisungsfreie Durchführung der Beteiligungsverfahren in vollständiger Unabhängigkeit von der Verwaltung übertragen werden. Zwar eröffnet das Rechtsgebiet der Bauleitplanung den Beteiligten grundsätzlich Verhandlungsspielräume, diese finden ihre Grenzen jedoch an der Möglichkeit des Abweichens von objektivrechtlichen Vorgaben. Eine weitere maßgebliche Einschränkung des ursprünglichen Konzepts der Mediation besteht ferner in der Unmöglichkeit, ei-

[234] Selbst diejenigen Autoren, die die Grundprinzipien des Öffentlichen Rechts und der Mediation nur auf den ersten Blick für miteinander unvereinbar halten, müssen einräumen, daß sich Kompatibilität nur bei Verständnis von Mediation „im weitesten Sinn der Begriffsdefinition“ erreichen läßt, vgl. *Preussner*, in: Henssler/Koch (Hrsg.), Mediation in der Anwaltspraxis, § 12 Rdnr. 11. So fordert *Preussner* dann konsequenterweise auch den „Abschied [...] von einer Mediation im klassischen Sinn“, ebd., Rdnr. 49.

[235] So schon die Vermutung von *Stüer/Rude*, DVBl. 1998, 630 (631). Auch *Wagner/Baumheier*, Planungsbeschleunigung – Möglichkeiten und Grenzen legislativer und administrativer Ansätze zur Beschleunigung der Planungsverfahren für Infrastruktur- und private Vorhaben, in: Kormann (Hrsg.), Aktuelle Fragen der Planfeststellung, S. 39 (61) sehen im Planungsrecht nur Anwendungsmöglichkeiten für eine „'begrenzte' Mediation [...], bei der die Hauptaufgabe des Mediators auf die Verbesserung des ‚Verhandlungsklimas‘ beschränkt wird“.

[236] So im Zusammenhang mit der Neuregelung des § 4b BauGB *Fickert*, Die Bauleitplanung, Rdnr. 139e. Skeptisch auch *Laubinger*, Der Verfahrensgedanke im Verwaltungsrecht, in: König (Hrsg.), Verfahrensrecht in Verwaltung und Verwaltungsgerichtsbarkeit, S. 47 (65): „Ob sich diese Institution [...] auch bei uns bewähren würde, ist völlig offen.“

[237] Teile der Literatur sprechen deshalb von einer „Mediation zur Entscheidungsvorbereitung“, vgl. nur *Preussner*, in: Henssler/Koch (Hrsg.), Mediation in der Anwaltspraxis, § 12 Rdnr. 80; *Troja*, ZfU 1997, 317 (329). Man sollte sich dabei jedoch bewußt sein, daß schon dies eine Relativierung des eigentlichen Mediationskonzepts darstellt.

ne bestimmte Planung als Ergebnis von Aushandlungsprozessen vertraglich rechtsverbindlich zu fixieren. Zutreffend ist daher die Inkompatibilität von Mediation i.e.S. mit dem bundesdeutschen Planungsrecht zu verzeichnen[238]. Dies führt teilweise zur Bereitschaft, das Konzept der Mediation erheblich zu modifizieren bzw. relativieren. So wird Mediation im Zuge einer Wiederholung der Partizipationsdebatte insbesondere in den Politik- und Sozialwissenschaften weniger als Konfliktbehandlungsmethode zur Überwindung eines toten Punkts in den Parteienverhandlungen behandelt, sondern als akzeptanzschaffendes Modell alternativer Partizipation mit besonderem demokratiepolitischen Potential[239]. Bei diesem Versuch, eine Integration von Mediation in die herkömmlichen Beteiligungsverfahren des Öffentlichen Rechts zu erzwingen, kommt es notwendigerweise zur Verwässerung des ursprünglichen Konzepts. Sind hier starke Modifizierungen Voraussetzung für die Anwendung, so liegt es nahe, dies auch terminologisch zu kennzeichnen und statt von Mediation zutreffender von der Anreicherung herkömmlicher Verfahren mit mediativen Elementen zu sprechen. Dabei ist insbesondere an das Hinzuziehen erfahrener Mediatoren zur Übernahme der Moderation von Öffentlichkeitsterminen in Verwaltungsverfahren oder von informellen Vorgesprächen zwischen Verwaltungsträgern zu denken. Die praktischen Erfahrungen der nächsten Jahre werden zu zeigen haben, ob sich auch mit einem solchen relativierten Konzept die der Mediation zugesprochenen Ziele erreichen lassen. Unter welchen äußeren Umständen eine Nutzung mediativer Verfahren in der Praxis sinnvoll erscheint und mit welchen Schwierigkeiten dabei zu rechnen sein wird, soll im abschließenden fünften Teil erörtert werden.

---

[238] *Stollmann*, NuR 1998, 578 (581); *ders.*, WiVerw 2000, 126 (138); *Wagner/Baumheier*, Planungsbeschleunigung – Möglichkeiten und Grenzen legislativer und administrativer Ansätze zur Beschleunigung der Planungsverfahren für Infrastruktur- und private Vorhaben, in: Kormann (Hrsg.), Aktuelle Fragen der Planfeststellung, S. 39 (61).

[239] Vgl. insbesondere *Zilleßen*, Mediation als neue Form der Partizipation – eine demokratietheoretische Einordnung der Umweltmediation, in: Pelikan (Hrsg.), Mediationsverfahren, S. 29 ff.; *ders.*, Das politische, gesellschaftliche und rechtliche Umfeld für Umweltmediation in Deutschland, in: ders. (Hrsg.), Mediation, S. 48 (59 ff.); *Schmidt*, Konsens 1999, 290 ff. Daß das primäre Anliegen des Konzepts der Mediation gerade nicht die Verwirklichung partizipativer Demokratie ist, betonen dagegen zu Recht *Hoffmann-Riem*, Konfliktmittler in Verwaltungsverhandlungen, S. 22; *Fietkau/Weidner*, Umweltverhandeln, S. 18.

Fünfter Teil: Mediative Verfahren in der bauleitplanerischen Praxis: Nutzungs- und Problempotential

§ 17 Nutzungsmöglichkeiten mediativer Verfahren in der Bauleitplanung

Hat sich zuvor eine modifikationslose Übertragung des US-amerikanischen Mediationskonzepts in das deutsche (Bau-)Planungsrecht als nicht durchführbar erwiesen, so besteht dennoch zumindest die Möglichkeit, das herkömmliche Bauleitplanverfahren mit einzelnen mediativen Elementen anzureichern. Es erscheint möglich, ausgebildete und erfahrene Mediatoren zur unterstützenden Moderation von Öffentlichkeitsterminen oder informellen Vorgesprächen zwischen Verwaltungsträgern hinzuzuziehen und Erörterungstermine damit zugleich auch als Konfliktschlichtungstermine zu gestalten[1]. Wenngleich es in diesen Verfahren nicht um die eigenverantwortliche Ausarbeitung einer rechtlich verbindlichen Verhandlungslösung gehen kann, so bieten sie doch zunächst einmal Gelegenheit zur umfassenden Informationssammlung und Interessenklärung. Schon dadurch kann es dem Mediator unter Einsatz der für Mediation typischen Kommunikations- und Verhandlungsstrategien möglich sein, Übereinstimmungen in den Parteiinteressen aufzuzeigen und (drohende) Konflikte zu entschärfen oder möglicherweise auch schon aufzulösen.

Nicht zuletzt auch im Hinblick auf den hohen organisatorischen, zeitlichen und finanziellen Aufwand, den eine solche Extensivierung der Beteiligungsverfahren durch Bereicherung mit mediativen Verfahrenselementen bedeutet, ist jedoch klarzustellen, daß solche Verfahren – wie jedes kooperative Vorgehen im Verwaltungsrecht – nicht zur obligatorischen Vorgabe für jeden Einzelfall gemacht werden können und sollen[2]. So kann auch der Neuregelung des § 4b BauGB nicht entnommen werden, daß jede Einbindung Privater in das Bauleitplanverfahren zu einer Umgestaltung desselben als mediatives Verfahren zu führen habe. Staatliche Einrichtungen haben sich die aus ihrer Funktion als Hoheitsträger folgende Möglichkeit der einseitigen Durchsetzung auch unpopulärer Entscheidungen nach Maßgabe des Gesetzes offenzuhalten[3]. Kooperations- und Verhandlungsprozesse finden insofern grundsätz-

---

1 So auch *Würtenberger*, Die Akzeptanz von Verwaltungsentscheidungen, S. 173; *ders.*, Konfliktlösung durch Akzeptanz-Management, in: Zilleßen u.a. (Hrsg.), Die Modernisierung der Demokratie, S. 72 (80).

2 *Hoffmann-Riem*, Konfliktmittler in Verwaltungsverhandlungen, S. 22; *Schulze-Fielitz*, Kooperatives Recht im Spannungsfeld von Rechtsstaatsprinzip und Verfahrensökonomie, in: Dose/Voigt (Hrsg.), Kooperatives Recht, S. 225 (229).

3 *Schmidt-Aßmann*, Das Allgemeine Verwaltungsrecht als Ordnungsidee, S. 14 f.; *Schulte*, Schlichtes Verwaltungshandeln, S. 174; *Würtenberger*, NJW 1991, 257 (263); *Schulze-Fielitz*, DVBl. 1994, 657 (659).

lich im „Schatten der Hierarchie“[4] statt; das Bewußtsein dieses Umstands ist oftmals sogar Voraussetzung der Funktionsfähigkeit kooperativen Handelns. In welchen Konstellationen nun ein kooperativer Ansatz, insbesondere eine Nutzung der hier schwerpunktmäßig abgehandelten mediativen Verfahren als ein besonderer Modus von Kooperation in der bauleitplanerischen Praxis besonders sinnvoll erscheint, soll im folgenden geklärt werden. Dabei wird zunächst auf die geeignet erscheinende konkrete Planungssituation (dazu unter A) sowie das geeignete Planungsstadium (dazu unter B) eingegangen, bevor geklärt werden soll, welche der im Baugesetzbuch vorgesehenen Beteiligungsverfahren für eine Anreicherung mit mediativen Elementen besonders geeignet erscheinen (dazu unter C).

A. Geeignete Planungssituation

Der erhebliche Zeit- und Kostenaufwand, mit dem die Durchführung von Mediationsverfahren grundsätzlich verbunden ist, macht es notwendig, auch schon bei bloßer Übernahme einzelner Elemente dieses Modells den erforderlichen Aufwand in Relation zu seinem potentiellen Nutzen zu setzen. Für Mediation hat sich gezeigt, daß sie nicht als Standardverfahren geeignet ist[5]; ihr Einsatz sollte sich auf besonders prekäre Konfliktsituationen beschränken. Dies folgt schon aus der Konzeption von Mediation: Es handelt sich bei ihr eben nicht um eine standardisierbare Methode der Bürgerpartizipation, sondern um eine besondere Methode der Konfliktlösung, deren Nutzung nur bei Vorliegen bestimmter Vorbedingungen erfolgversprechend ist[6]. Auch dem Gesetzesentwurf der Bundesregierung zum BauROG 1998 ist dies zu entnehmen: Soweit dort in Zusammenhang mit der Neuregelung des § 4b BauGB von Projektmittlung die Rede ist[7], weist schon dieser Begriff darauf hin, daß das Verfahren im Dienste der Realisierung eines bestimmten Projekts steht – also vorhabenbezogen ist – und nicht als Standardverfahren für die Aufstellung von Bauleitplänen konzipiert ist. Diese fehlende Eignung als Standardverfahren der Bürgerbeteiligung gilt nicht lediglich für Mediation, sondern für sämtliche Formen aufwendiger und extensivierter Bürgerbeteiligung in der Bauleitplanung[8]. Die konkreten Umstände des Einzelfalls, in dem eine städtebauliche Planung erforderlich wird, geben jedem Bauleitplanverfahren eine

---

4 *Scharpf*, PVS 1991, 621 (629). Vom „Schatten des Leviathan“ sprechen *Voigt*, Des Staates neue Kleider, S. 94 und *Dose/Voigt*, Kooperatives Recht in Norm und Praxis, in: dies. (Hrsg.), Kooperatives Recht, S. 11 (11).

5 *Stelkens/Schmitz*, in: Stelkens/Bonk/Sachs, VwVfG, § 9 Rdnr. 179; *Schneider*, VerwArch. 87 (1996), 38 (45); *Sünderhauf*, Mediation, S. 68. *Kostka*, DV 26 (1993), 87 (109) spricht zutreffend von einem „Luxusverfahren“.

6 Dazu oben unter § 8.

7 Entwurf eines Gesetzes zur Änderung des Baugesetzbuchs und zur Neuregelung des Rechts der Raumordnung (Bau- und Raumordnungsgesetz 1998 – BauROG), BT Drs. 13/6392, S. 47. Zur Kritik an diesem Kompositum siehe oben unter § 7.

8 *Göb*, AfK 19 (1980), 26 (42 f.).

eigene Identität, so daß auch die Entscheidung über den Einsatz alternativer Verfahrensweisen situativ differenziert gefällt werden muß.

Den erheblichen Aufwand von Mediation bzw. mediativen Verfahren im Planungs- und Entscheidungsprozeß rechtfertigen daher nur komplexe, kritische oder strittige Planungen[9]. Sofern beabsichtigte Planungen auf den Eintritt massiven Widerstands schließen lassen, können mediative Verfahren allein schon unter dem Gesichtspunkt der Besänftigung der (Medien-)Öffentlichkeit ein angemessenes Kooperationsangebot darstellen. Sie erscheinen auch dann sinnvoll, wenn die politische Zusammensetzung des entscheidungsbefugten Gemeinderats diesen in seiner Handlungsfähigkeit beeinträchtigt oder sogar lähmt[10]. Bei solchermaßen kontroversen Planungsvorhaben kann es sich beispielsweise um die Ansiedlung umstrittener Industrie, die Konversion ehemals militärisch genutzter Großflächen mit der damit oftmals verbundenen Altlastensanierung, die großflächige Veränderung ehemaliger Gleisareale, die Sanierung aufgegebener Großindustrieanlagen (z.B. die Zechenlandschaft im Ruhrgebiet) oder die Ansiedlung eines Factory Outlet Center im Einzugsgebiet mehrerer Gemeinden handeln. In Betracht kommen ferner umstrittene Planungen gemeindeeigener Projekte. Da sich die Gemeinde gerade in dieser Konstellation dem Vorwurf fehlender Neutralität und Distanz gegenüber ihrer Planung ausgesetzt sieht, kann die Beiziehung eines neutralen Mediators hier zur Versachlichung der Diskussion beitragen.

B. Geeignetes Planungsstadium

Neben der äußeren Planungssituation ist für den erfolgversprechenden Einsatz mediativer Verfahren der Zeitpunkt ihres Einsatzes von besonderer Bedeutung. Entscheidend ist, daß solche Verfahren so frühzeitig stattfinden, daß die erforderlichen Gestaltungsspielräume noch nicht durch Vorabbindungen „verbaut" sind. Dementsprechend wurden die umfassendsten Erfahrungen mit innovativen Modellen der Bürgerbeteiligung bisher auf dem Gebiet der informellen Stadtentwicklungsplanung[11] gemacht. Seit den Anfängen der Bürgerbeteiligung in der Bauleitplanung gilt diese Planungsebene als *das* Feld für Verfahren extensiver bürgerschaftlicher Mitwirkung[12]. Die Planung befindet

---

9 Bericht des Ausschusses für Raumordnung, Bauwesen und Städtebau zu dem Entwurf eines Gesetzes zur Änderung des Baugesetzbuchs und zur Neuordnung des Rechts der Raumordnung (Bau- und Raumordnungsgesetz 1998 – BauROG), BT Drs. 13/7589, S. 16.

10 *Fischer-Ohlemacher/Körber*, Partizipative Konsensfindung in der Stadtplanung, in: Zilleßen u.a. (Hrsg.), Die Modernisierung der Demokratie, S. 202 (204).

11 Die Terminologie ist hier nicht einheitlich, es wird auch von Stadt(teil)entwicklungskonzepten oder städtebaulicher Rahmenplanung gesprochen. Unabhängig von der Terminologie ist allein entscheidend, daß sich die Planung hier noch im informellen Stadium befindet.

12 So schon *Göb*, AfK 19 (1980), 26 (38); Deutscher Ausschuß für die Europäische Kampagne zur Stadterneuerung (Hrsg.), Planen mit dem Bürger, S. 9.

sich hier noch im informellen Stadium, so daß ein hinreichend weiter Raum für die im Rahmen von Mediation so bedeutsame Eröffnung von Alternativen besteht. Der hohen Bedeutung der Entwicklungsplanung hat das BauROG 1998 mit einer Aufwertung dieser Planungsstufe Rechnung getragen: § 1 Abs. 5 Satz 2 Nr. 10 BauGB erklärt die Ergebnisse einer von der Gemeinde beschlossenen sonstigen städtebaulichen Planung nunmehr ausdrücklich zu einem in der Abwägung zu berücksichtigenden Belang und knüpft damit an den durch das BauGB 1987 aufgehobenen § 1 Abs. 5 BBauG an[13]. Ferner ermöglicht es der modifizierte § 3 Abs. 1 Satz 2 Nr. 2 BauGB, daß von der frühzeitigen Bürgerbeteiligung im weiteren Verlauf des Planungsverfahrens abgesehen werden kann, wenn eine Unterrichtung und Erörterung über die Ziele der Planung bereits auf anderer – nun nicht mehr zwingend planerischer – Grundlage stattgefunden hat. Damit besteht nicht nur die Möglichkeit, die frühzeitige Bürgerbeteiligung durch eine Unterrichtung und Erörterung der Planung auf Grundlage einer informellen Stadtentwicklungsplanung zu ersetzen[14]. Vielmehr läßt § 3 Abs. 1 Satz 2 Nr. 2 BauGB es nach dem Wegfall des Erfordernisses einer Unterrichtung auf planerischer Grundlage nunmehr auch zu, die frühzeitige Bürgerbeteiligung durch andere Verfahrensweisen wie z.B. durch Mediation zu ersetzen[15]. Diese gesetzlichen Rahmenbedingungen legen es somit nahe, Verfahren extensiver Bürger- bzw. Trägerbeteiligung bereits im Planungsstadium der informellen Stadtentwicklungsplanung durchzuführen.

Soweit die Nutzung mediativer Verfahren nicht im Zusammenhang mit einer angebotsbezogenen Planung, sondern einer vorhabenbezogenen Planung erwogen wird, scheint es nicht von Bedeutung, ob sie innerhalb des Verfahrens zur Aufstellung des Flächennutzungsplans oder des Bebauungsplans zur Anwendung gelangt. Sofern ein bestimmtes Vorhaben eine Planaufstellung bzw. -änderung erforderlich macht, ist regelmäßig davon auszugehen, daß dies im Parallelverfahren nach § 8 Abs. 3 Satz 1 BauGB geschieht. Auch im Hinblick auf dieselbe Zielrichtung der Flächennutzungs- und Bebauungsplanung hat es daher keine Bedeutung, in welchem Planungsstadium mediative Verfahren zur Anwendung gelangen. Entscheidend ist auch hier allein die Frühzeitigkeit einer extensivierten Beteiligung. Die vorliegenden Planungsvorstellungen müssen einerseits bereits diskussionsfähig sein, andererseits müssen noch die für Verhandlungen erforderlichen Spielräume bestehen.

---

13 *Söfker*, in: Ernst/Zinkahn/Bielenberg, BauGB, Vorb 1-13 Rdnr. 6; *Bunzel*, in: ders./Hecker/Lau/Müller-Jökel/Schaber, Neuerungen im Baugesetzbuch 1998, S. 25.

14 Zu dieser Möglichkeit *Krautzberger*, in: Battis/Krautzberger/Löhr, BauGB, § 1 Rdnr. 81.

15 So auch ausdrücklich *Preussner*, in: Henssler/Koch (Hrsg.), Mediation in der Anwaltspraxis, § 12 Rdnr. 81. Dessen Verständnis von Mediation entspricht dem hier mit „mediatives Verfahren“ bezeichneten Modell.

C. Geeignete Beteiligungsverfahren

Wie oben[16] geschildert sieht das Verfahren zur Aufstellung der Bauleitpläne die Durchführung einer Vielzahl von Beteiligungsverfahren vor. So sind sowohl die Bürger als auch die Träger öffentlicher Belange grundsätzlich in zwei Stufen zu beteiligen, ferner sieht der neue § 4a BauGB unter den näher bezeichneten Umständen eine grenzüberschreitende Beteiligung der Träger öffentlicher Belange vor. Nicht alle (Stufen) dieser Beteiligungsverfahren werden sich gleichermaßen für die Anreicherung mit mediativen Verfahrenselementen eignen. Im folgenden soll daher dargestellt werden, welche Umstände einzelne Beteiligungsverfahren für eine solche Vorgehensweise besonders geeignet erscheinen lassen. Im einzelnen wird dabei eingegangen auf das Verfahren der frühzeitigen Bürgerbeteiligung (dazu unter I), das Verfahren der frühzeitigen Trägerbeteiligung (dazu unter II) und grundsätzlich auch das Verfahren der grenzüberschreitenden Trägerbeteiligung (dazu unter III).

I. Frühzeitige Beteiligung der Bürger

Als besonders geeignet für die Anreicherung mit mediativen Elementen stellt sich das Verfahren der frühzeitigen Bürgerbeteiligung nach § 3 Abs. 1 BauGB dar. Dies gilt zunächst unter dem Aspekt der Eröffnung von Planungsalternativen: Während sich Planungsentwürfe zum Zeitpunkt der förmlichen Bürgerbeteiligung nach § 3 Abs. 2 BauGB bereits in einem Stadium befinden, das allenfalls geringfügige Änderungen möglich macht[17], sind die Entwürfe zum Zeitpunkt der frühzeitigen Bürgerbeteiligung regelmäßig noch wenig konkret[18] und lassen entsprechend weitergehende Alternativplanung zu. Auch steht der Gemeinde – wie dargelegt[19] – bei der Ausgestaltung der frühzeitigen Bürgerbeteiligung ein weiter Spielraum zur Verfügung, der zur experimentellen Erprobung neuer Beteiligungsmodelle geradezu anregt. Dazu trägt auch die Regelung des § 214 Abs. 1 Nr. 1 BauGB bei, die sicherstellt, daß Fehler bei der Durchführung des Verfahrens der frühzeitigen Bürgerbeteiligung keinen Einfluß auf die Rechtswirksamkeit der Planung haben.

Dennoch gibt es Planungskonstellationen, in denen mediative Verfahren die herkömmlichen Verfahren der frühzeitigen Beteiligungsverfahren nicht ersetzen, sondern allenfalls ergänzen können. Dies gilt insbesondere für Planungen, deren Auswirkungen so vielfältig sind, daß die Beteiligungsverfahren hier als Masseverfahren durchzuführen sind. Solche zahlenmäßig umfangreichen Beteiligungsverfahren haben den entscheidenden Nachteil, daß sich der

---

[16] Unter § 3 A, B.

[17] *Taft/Wallraven-Lindl*, Das Verfahren zur Aufstellung eines Bebauungsplans, S. 43.

[18] *Stüer*, in: Hoppenberg (Hrsg.), Handbuch des öffentlichen Baurechts, B Rdnr. 469; *Bielenberg*, in: Ernst/Zinkahn/Bielenberg, BauGB, § 3 Rdnrn. 9 und 14; *Battis*, Öffentliches Bau- und Raumordnungsrecht, S. 87.

[19] Oben unter § 3 B I.

Einzelne der geringeren Relevanz seiner Mitwirkung bewußt ist und daher die Mitwirkungsintensität negativ mit der Beteiligungsextensität korreliert[20]. Unter diesem Aspekt sind Verfahren mit einer unbestimmten Vielzahl von Beteiligten für Mediation nicht geeignet; diese Konfliktbehandlungsmethode ist nur bei einem überschaubaren Personenkreis praktikabel[21]. Als Möglichkeit zur Begrenzung des Personenkreises in Mediationsverfahren wird daher die Arbeit mit Repräsentationsmodellen vorgeschlagen[22]. Eine solche Interessenbündelung weist zweifellos eine Reihe von Vorteilen auf: So kann sie die aus der Beteiligung einer Vielzahl von Einzelpersonen resultierende Überfrachtung des Verfahrens mit einer Fülle untergeordneter Details bzw. wiederholt vorgetragener Einwände vermeiden sowie durch die Kanalisierung der Einwendungen eine Eingrenzung und Konkretisierung des Konfliktgegenstands bewirken und damit zur Verfahrensbeschleunigung beitragen. Gleichwohl dürfen die einschränkenden Voraussetzungen einer erfolgversprechenden Mediation nicht dazu führen, bei der Übernahme einzelner Elemente dieser Methode in die Beteiligungsverfahren der Bauleitplanung die gesetzlichen Vorgaben für deren Ausgestaltung zu relativieren. So darf der Einsatz mediativer Verfahren nicht dazu führen, die für die frühzeitige Bürgerbeteiligung gesetzlich vorgegebene Öffentlichkeit der Unterrichtung zu umgehen oder den Teilnehmerkreis einzuschränken. Da die in § 3 BauGB vorgesehene Form der Beteiligung auf die Allgemeinheit im Sinne eines unbestimmten Kreises abstellt[23] und damit sehr weit gehalten ist, kann ein *Ersatz* des Verfahrens der frühzeitigen Bürgerbeteiligung durch mediative Verfahren nur bei einer verhältnismäßig geringen Anzahl Beteiligter in Betracht kommen. Im übrigen ist nur eine *Ergänzung* des bisherigen Verfahrens durch mediative Verfahren möglich[24].

---

[20] *v. Heyl/Prätorius*, Kommunalverwaltung und Bürgerbeteiligung im Planungsprozeß, in: Hoffmann-Riem (Hrsg.), Bürgernahe Verwaltung?, S. 260 (273).

[21] *Hoffmann-Riem*, Konfliktmittler in Verwaltungsverhandlungen, S. 52; *Steinberg*, Kritik von Verhandlungslösungen, insbesondere von mittlergestützten Entscheidungen, in: Hoffmann-Riem/Schmidt-Aßmann (Hrsg.), Konfliktbewältigung, Bd. I, S. 295 (305); *Schulze-Fielitz*, Der Konfliktmittler als verwaltungsverfahrensrechtliches Problem, ebd., Bd. II, S. 55 (79). *Zilleßen*, Mediation als kooperatives Konfliktmanagement, in: ders. (Hrsg.), Mediation, S. 17 (34) spricht von maximal 25 Teilnehmern; ebenso *Gans*, Mediation, S. 52. Hingegen hält *Holznagel*, Konfliktlösung durch Verhandlungen, S. 276 f. auch eine größere Anzahl von Teilnehmern für kein prinzipielles Hindernis erfolgreicher Mediation.

[22] *Hoffmann-Riem*, Konfliktmittler in Verwaltungsverhandlungen, S. 52.

[23] *Bielenberg*, in: ders./Krautzberger/Söfker, BauGB, Rdnr. 98.

[24] So verstehen dann auch *Wagner/Knieling/Fürst*, Plan-Schlichtungsverfahren, S. 137 das dort beschriebene mediationsähnliche Verfahren nur als bedarfsorientierte flexible Ergänzung des gesetzlich vorgesehenen Bauleitplanverfahrens.

II. Frühzeitige Beteiligung der Träger öffentlicher Belange

Auch im Rahmen der frühzeitigen Trägerbeteiligung kommt eine Nutzung mediativer Verfahrensweisen in Betracht, wenngleich die gesetzlichen Vorschriften den Gemeinden für die Ausgestaltung dieses Beteiligungsverfahren nicht dieselben großzügigen Spielräume belassen, wie sie bei der frühzeitigen Bürgerbeteiligung bestehen. So ist es mit dem BauROG 1998 nicht länger möglich, die Trägerbeteiligung – wie noch von § 2 Abs. 5 BauGBMaßnG vorgesehen – ausschließlich und abschließend im Rahmen eines Erörterungstermins vorzunehmen. Umfrageergebnissen zufolge wurde diese Regelung des BauGBMaßnG in der Praxis nicht angenommen[25]. Bemängelt wurde insbesondere der gegenüber dem schriftlichen Verfahren erhöhte Organisationsaufwand sowie das Erscheinen nicht entscheidungsbefugter Delegierter, das eine abschließende Klärung von Sachfragen von vornherein ausgeschlossen habe. Diese Kritik hat im Zuge der Novellierung des Baugesetzbuchs dazu geführt, daß eine Übernahme der Regelung des § 2 Abs. 5 BauGBMaßnG in das Dauerrecht abgelehnt wurde[26]. Auch kann die Beteiligung der Träger öffentlicher Belange nach § 4 Abs. 1 Satz 1 BauGB nicht ebenso wie die frühzeitige Bürgerbeteiligung durch die Beteiligung an einem anderen Verfahren ersetzt werden. Für die Trägerbeteiligung fehlt eine § 3 Abs. 1 Satz 2 Nr. 2 BauGB entsprechende Regelung und auch ihre analoge Anwendung wird abgelehnt[27].

Im Verfahren der Beteiligung der Träger öffentlicher Belange kann mediativen Verfahren daher allenfalls eine herkömmliche Verfahrensweisen ergänzende, nicht jedoch eine ersetzende Funktion beigemessen werden. Ein schriftliches Verfahren der Trägerbeteiligung bleibt weiterhin erforderlich. Jedoch kann dieses nach wie vor durch mündliche Verfahren ergänzt werden; auch die Neuregelung des § 4 BauGB schließt dies nicht aus[28]. In der bauleitplanerischen Praxis haben solche zusätzlichen Anhörungen („Plankonferenzen“) eine besondere Relevanz. Mündliche Abstimmungen werden allgemein für nützlich oder sogar unerläßlich gehalten, da solche Kontakte freiere und sachgerechtere Auseinandersetzungen erlauben als die oftmals kantig und starr wirkenden schriftlichen Stellungnahmen und sich Friktionen so leichter ausräumen lassen. Eine ausschließlich schriftliche Stellungnahme hat zudem den Nachteil, daß ein Träger hiervon aus Gründen der Reputation oftmals

---

[25] *Metscher*, DÖV 1994, 894 (899).

[26] *Schmidt-Eichstaedt/Metscher*, Verfahrenserleichterungen und Präklusionsregelungen nach § 2 BauGBMaßnG, S. 172 f.; Bundesministerium für Raumordnung, Bauwesen und Städtebau (Hrsg.), Bericht der Expertenkommission zur Novellierung des BauGB, Rdnr. 181; Entwurf eines Gesetzes zur Änderung des Baugesetzbuchs und zur Neuregelung des Rechts der Raumordnung (Bau- und Raumordnungsgesetz 1998 – BauROG), BT-Drs. 13/6392, S. 34.

[27] *Battis*, in: ders./Krautzberger/Löhr, BauGB, § 4 Rdnr. 4.

[28] *Bunzel/Lau/Löhr/Schäfer*, Planspiel „BauGB-Novelle 1997“, S. 61; *Bielenberg*, in: Ernst/Zinkahn/Bielenberg, BauGB, § 4 Rdnr. 16.

selbst dann nicht abweicht, wenn er die Fragwürdigkeit der eigenen Position erkannt hat[29].

Ergänzende informelle Kontakte sind nicht nur für die gemeindeinterne Trägerbeteiligung von Bedeutung, sondern auch für den in § 2 Abs. 2 BauGB geregelten Sonderfall der Abstimmung der Bauleitplanung zwischen den Gemeinden. Hier führt die zunehmend bedeutsamere Regionalisierung auch zu einem Bedeutungszuwachs interkommunaler und interregionaler Abstimmung beispielsweise bei der Planung des öffentlichen Personennahverkehrs oder der Erschließungsanlagen und Gemeinbedarfseinrichtungen. Dies kann unter den in § 204 Abs. 1 BauGB näher beschriebenen Umständen sogar eine gemeinsame Flächennutzungsplanung benachbarter Gemeinden erforderlich machen. Erfahrungen mit der Trägerbeteiligung haben gezeigt, daß die optimierende Zusammenarbeit verschiedener Fachbehörden oft nur in umfassender Diskussion unter Aufhebung der bürokratisch bedingten fachlichen Spezialisierungen zu interessengerechten Lösungen führt[30]. Da eine Zusammenarbeit mit den Trägern öffentlicher Belange für die einzelne Gemeinde in regelmäßigen Abständen erneut erforderlich wird, sind auf faire, sachliche Beziehungen zwischen den beteiligten Parteien angelegte mediative Verfahren besonders geeignet, die in der Praxis oftmals anzutreffenden gespannten bis feindlichen Beziehungen zueinander[31] und die damit verbundene Gefährdung der materiellen Qualität der Planung zu vermeiden. Dementsprechend hat die Praxis auf das festzustellende Bedürfnis nach konsensuellen Verfahrensweisen in der Interaktion zwischen Gemeinden und Trägern öffentlicher Belange sowie zwischen den Trägern untereinander teilweise mit der Einrichtung sogenannter „Clearing-Stellen" bei den Aufsichtsbehörden reagiert[32]. Funktion und

---

[29] *Kirchhof*, Die Optimierung der Beteiligung der Träger öffentlicher Belange an Bauleitplanverfahren, S. 20.

[30] *Taft/Wallraven-Lindl*, Das Verfahren zur Aufstellung eines Bebauungsplans, S. 43; *Kirchhof*, Die Optimierung der Beteiligung der Träger öffentlicher Belange an Bauleitplanverfahren, S. 20; *Schulze-Fielitz*, Kooperatives Recht im Spannungsfeld von Rechtsstaatsprinzip und Verfahrensökonomie, in: Dose/Voigt (Hrsg.), Kooperatives Recht, S. 225 (242); *Wagner/Baumheier*, Planungsbeschleunigung – Möglichkeiten und Grenzen legislativer und administrativer Ansätze zur Beschleunigung der Planungsverfahren für Infrastruktur- und private Vorhaben, in: Kormann (Hrsg.), Aktuelle Fragen der Planfeststellung, S. 39 (59).

[31] Diese resultieren oftmals daraus, daß sich einzelne Träger unter Verkennung ihrer Rolle im Beteiligungsverfahren nach § 4 BauGB weniger als Informant, sondern als Aufsichts- und Kontrollinstanz der Gemeinde gerieren und das Verfahren zur Äußerung kompetenzüberschreitender Äußerungen und apodiktischer Forderungen mißbrauchen und damit im atmosphärischen Bereich erhebliche Irritationen auslösen, vgl. *Kirchhof*, Die Optimierung der Beteiligung der Träger öffentlicher Belange an Bauleitplanungsverfahren, S. 38 f.

[32] *Kirchhof*, Die Optimierung der Beteiligung der Träger öffentlicher Belange an Bauleitplanungsverfahren, S. 47 und 108. *Hadlich/Rennhack*, LKV 1999, 9 (10, Fn. 6) nennen als Beispiel die Praxis in Hessen. Vgl. dazu den Erlaß des Hessischen Ministeriums für

Aufgabe dieser Stellen ist das Vermitteln mit dem Ziel, eine Abstimmung zwischen den Trägern öffentlicher Belange und den Gemeinden zu erreichen, eine Tätigkeit also mit deutlich erkennbarer Nähe zu den Aufgaben eines Mediators. Um die Verfahrensherrschaft und die Abwägungshoheit der Kommunen nicht zu unterlaufen, ist die Position der Aufsichtsbehörden in solchen informellen Verfahren allerdings auch streng auf die eines Mediators zu beschränken; ihnen steht also weder ein materielles Weisungsrecht noch ein Stimmrecht zu[33].

Schon die Tatsache, daß eine solche Vermittlungstätigkeit in der Praxis den fachlich mit der Aufsicht über die gemeindliche Bauleitplanung betrauten Behörden zugewiesen ist, macht deutlich, daß die Abstimmung mit den Trägern öffentlicher Belange ein hohes Niveau an Sachkunde und oftmals auch eine langjährige Erfahrung mit der Materie erfordert. In noch größerem Maße als bei der Bürgerbeteiligung verlangt die Durchführung der Trägerbeteiligung planerische Sach- und Rechtskenntnis, da hier Probleme nicht mit Laien, sondern mit „Planungsprofis" erörtert werden, die ihrerseits teilweise über jahrzehntelange Berufserfahrung verfügen. Um in der Praxis bekanntgewordene Situationen zu vermeiden, in denen verwaltungsexterne Private nach anfänglich euphorischer Übernahme der Durchführung des Planungsverfahrens die Gemeinde bitten, die Trägerbeteiligung aufgrund ihrer hohen Komplexität doch lieber selbst durchzuführen, sind entsprechende Anforderungen an die Qualifizierung solcher Privater zu stellen. Eine Qualifizierung als Mediator ist für den mit mediativen Tätigkeiten im Rahmen der Trägerbeteiligung betrauten Privaten eben nur notwendige, nicht aber hinreichende Bedingung; er hat ferner über eine ausreichende planerische Sach- und Rechtskenntnis zu verfügen.

III. Grenzüberschreitende Beteiligung der Träger öffentlicher Belange

Nicht zuletzt ist an die Nutzung mediativer Verfahren auch im Rahmen der grenzüberschreitenden Trägerbeteiligung nach § 4a BauGB zu denken. Auch diese durch das BauROG 1998 eingefügte Regelung räumt der Gemeinde weitgehende Freiheit bei der Ausgestaltung des Verfahrens ein. Dies sowie die Zielvorgabe, im Rahmen dieses Verfahrens eine Lösung im *Verhandlungs*wege anzustreben[34], machen es grundsätzlich zu einem Anwendungsgebiet mediativer Verfahrensgestaltung. Da der wahre Bedeutungsgehalt des Beteiligungsverfahrens nach § 4a BauGB jedoch davon abhängt, ob die Regelung in der Praxis angenommen wird und die im Vorfeld notwendigen bi-

Landesentwicklung, Wohnen, Landwirtschaft, Forsten und Naturschutz v. 27.5.1992, veröffentlicht im Staatsanzeiger für das Land Hessen Nr. 24 v. 15.6.1992, S. 1346.

[33] *Kirchhof*, Die Optimierung der Beteiligung der Träger öffentlicher Belange an Bauleitplanungsverfahren, S. 108.

[34] *Bielenberg*, in: Ernst/Zinkahn/Bielenberg, BauGB, Vorb §§ 1-13 Rdnr. 28; *Stüer*, in: Hoppenberg (Hrsg.), Handbuch des öffentlichen Baurechts, B Rdnr. 102.

lateralen Absprachen getroffen werden, wird sich erst zukünftig erweisen, inwieweit hier – möglicherweise auch unter Einflüssen aus dem europäischen Ausland – die Nutzung mediativer Verfahren möglich sein wird.

§ 18 Organisationsformen des in die Bauleitplanung eingebundenen Mediators

Wenngleich § 4b BauGB – wie dargestellt[35] – die Einschaltung eines neutralen Privaten in die Bauleitplanung intendiert, so ist es der Gemeinde durch diese Vorschrift gleichwohl nicht verwehrt, Private oder auch nicht Private mit mediativer Funktion dort auch in anderer Organisationsform einzusetzen. Im folgenden sollen die möglichen Organisationsformen und ihre besonderen Vor- und Nachteile vorgestellt werden. Eingegangen wird dabei auf den behördlichen Mediator (dazu unter A), die privatrechtlich organisierte gemeindliche Gesellschaft (dazu unter B) und den unabhängigen Dritten (dazu unter C).

A. Der behördliche Mediator

Zunächst einmal läßt sich daran denken, entsprechend geschulte Behördenmitarbeiter als Moderatoren von Erörterungsterminen in mediativer Funktion einzusetzen. Diese Konstellation hat den Vorteil, daß sich die Einschaltung eines behördlichen Mediators aus verwaltungsverfahrensrechtlicher Sicht weniger problematisch darstellt als die eines privaten[36]. Zum einen gilt dies unter dem Aspekt der erforderlichen Wahrung der Verantwortung für staatliche Entscheidungen und die ihrer Vorbereitung dienenden Verwaltungsverfahren. Zum anderen ist ein Behördenmitarbeiter zu einer vermittelnden Tätigkeit aber auch besser befähigt als ein Verwaltungsexterner, da ihm die Verwaltungs(verfahrens)strukturen sowie die „Verwaltungspsychologie" aufgrund seiner Insider-Position geläufig sind. In Konsequenz wird denn auch vereinzelt einer privat organisierten Mediation entgegengetreten und eine solche durch behördeneigenes Personal befürwortet[37]. Die Insider-Position eines behördlichen Mediators gibt jedoch Anlaß zur Kritik an dieser Konstellation. Das ursprüngliche Konzept von Mediation fordert eine strenge Neutralität, die eben auf Seiten der Verwaltung zunehmend in Zweifel gezogen wird, und schließt damit die Zugehörigkeit des Mediators zu ihr grundsätzlich aus[38].

---

[35] Oben unter § 15 B III.

[36] *Stelkens/Schmitz*, in: Stelkens/Bonk/Sachs, VwVfG, § 9 Rdnr. 180; *Brohm*, NVwZ 1991, 1025 (1033); *Schmidt-Preuß*, VVDStRL 56 (1997), 160 (183).

[37] Insbesondere von *Brohm*, NVwZ 1991, 1025 (1032 f.); *ders.*, DVBl. 1990, 321 (324 ff.). Zustimmend *Erbguth*, NVwZ 1992, 551.

[38] *Schmidt-Aßmann*, Konfliktmittlung in der Dogmatik des deutschen Verwaltungsrechts, in: Hoffmann-Riem/Schmidt-Aßmann (Hrsg.), Konfliktbewältigung, Bd. II, S. 9 (26); *Treiber*, Probleme der Neutralität staatlichen Handelns; Sicherung von Akzeptanz, ebd., S. 287 (292 ff.); *Schneider*, VerwArch. 87 (1996), 38 (63).

Auch von den Befürwortern einer behördlichen Mediation wird der hohe Stellenwert der Neutralität des Mediators grundsätzlich anerkannt, fordern sie doch, daß er zumindest nicht der vorhabentragenden oder -genehmigenden Behörde angehören dürfe[39]. Dennoch wird diese Konzession an das ursprüngliche Mediationskonzept überwiegend für nicht ausreichend gehalten. Den praktischen Erfahrungen mit dieser Konfliktbehandlungsmethode zufolge bietet ein Behördenmitarbeiter als Mediator nicht die erforderliche Distanz zu den Parteien. Selbst im Falle der Nichtzugehörigkeit zur letztentscheidungsbefugten Behörde werde er nicht als neutrale Instanz akzeptiert und die Parteien vertrauten auch nicht auf den normativen Anspruch der Gemeinwohlorientierung seines Handelns[40]. Im Ergebnis läßt sich daher festhalten, daß die grundsätzlich zu einer Nutzung im Öffentlichen Recht erforderlichen Modifizierungen des ursprünglichen Mediationskonzepts auf jeden Fall das nicht nur für seinen Charakter, sondern vor allem auch für seinen Erfolg so maßgebliche Kriterium der unbedingten Neutralität der Mediators unangetastet lassen sollten.

B. Die privatrechtliche Gesellschaft in öffentlicher Trägerschaft

Sozusagen in der Mitte zwischen einer behördlichen und einer rein privaten Organisationsform des Mediators liegt die Möglichkeit der Gemeinde, eine privatrechtlich organisierte Gesellschaft zu gründen, um sie im Bedarfsfall mit Aufgaben bei der Vorbereitung und Durchführung von Bauleitplanverfahren zu betrauen. Ein solcher häufig als „Scheinprivatisierung"[41] titulierter Wechsel der Organisationsform sieht sich jedoch insbesondere unter dem Aspekt fehlender Transparenz und Kontrolle der Kritik ausgesetzt. Neben der Diffusion von Verantwortlichkeiten und Kompetenzen steht ein Verlust von Steuerungs- und Kontrollfähigkeit zu befürchten, da eine koordinierende Steuerung innerhalb einer Organisationseinheit grundsätzlich besser erreicht werden kann als in einem Innen-/Außenverhältnis[42]. Zumindest einer Verfahrensbeschleunigung scheint diese Konstellation auf den ersten Blick daher nicht dienlich.

Dem ist jedoch entgegenzuhalten, daß eine solche Verfahrensbeschleunigung – wie dargelegt – weder im Grundkonzept des § 4b BauGB noch im Konzept

---

[39] *Brohm*, NVwZ 1991, 1025 (1032 f.); *ders.*, DVBl. 1990, 321 (324 ff.); *Erbguth*, NVwZ 1992, 551. Dies schließt auch die beabsichtigte Kodifikation von Mediation in § 89 Abs. 3 UGB-KommE aus, vgl. Bundesministerium für Umwelt, Naturschutz und Reaktorsicherheit (Hrsg.), Umweltgesetzbuch (UGB-KommE), S. 641.

[40] *Troja*, ZfU 1997, 317 (326).

[41] Vgl. nur *Korthals*, Der Landkreis 1997, 18 (20); *Isensee*, VVDStRL 54 (1995), 303 – Diskussionsbeitrag: „Die Organisationsprivatisierung ist Etikettenschwindel".

[42] *Wahl*, Privatisierung im Umweltrecht, in: Gusy (Hrsg.), Privatisierung von Staatsaufgaben, S. 260 (285); *Dose*, Kooperatives Handeln der Umweltschutzverwaltung, in: ders./Voigt (Hrsg.), Kooperatives Recht, S. 91 (97).

der Mediation zu den ausschließlichen Zielsetzungen gehört[43]. Auch sollte die Beschleunigungswirkung nicht voreilig auf das Verwaltungsverfahren beschränkt werden: Von einer beschleunigenden Wirkung mediativer Verfahren läßt sich auch dann sprechen, wenn sie zwar zur Verlängerung des eigentlichen Planungsverfahrens führen, dadurch jedoch eine Akzeptanz der Planung erreichen, die anschließende gerichtliche Auseinandersetzungen vermeidet. Daher kann es für die einzelne Gemeinde durchaus zielführend sein, eine privatrechtlich organisierte Gesellschaft zur Vermittlung im Planungsprozeß hinzuzuziehen. Der Umfang der anfallenden Bauleitplanung wird es allerdings für die wenigsten Gemeinden rentabel erscheinen lassen, eine eigene Gesellschaft für die Vorbereitung und Durchführung von hiermit in Zusammenhang stehenden Aufgaben zu gründen. Regelmäßig bestehen privatrechtlich organisierte gemeindliche Gesellschaften in der Praxis nur für permanent und konstant anfallende Aufgaben wie die Energie- und Wasserversorgung, die Abfall- und Abwasserentsorgung sowie den Öffentlichen Personennahverkehr. Für die Bauleitplanung ist diese Organisationsform daher nur sinnvoll, wenn mehrere Gemeinden oder auch Gemeindeverbände eine interkommunale oder auch überregionale Gesellschaft in gemeinsamer Trägerschaft gründen und diese im Bedarfsfalle zur mediativen Tätigkeit in eigenen Planungsverfahren hinzuziehen. Auch im Wege koordinationsrechtlicher öffentlich-rechtlicher Verträge mehrerer Gemeinden miteinander lassen sich Möglichkeiten zu kommunaler Gemeinschaftsarbeit in der Bauleitplanung nutzen[44]. So existieren privatrechtlich organisierte Gesellschaften in öffentlicher Trägerschaft zur Unterstützung der Kommunen bei den Beteiligungsverfahren der Bauleitplanung schon seit langem; in Baden-Württemberg ist dies beispielsweise die Kommunalentwicklung Baden-Württemberg GmbH[45]. Ihre Konzeption als neutraler Projektentwickler ohne eigene wirtschaftliche Interessen, der in Planungsprozessen die Rolle eines Vermittlers und Moderators zwischen den Beteiligten einnimmt, weist eine erkennbare Nähe zu den Aufgaben des „klassischen" Mediators auf.

Eventuell verbleibende Zweifeln an der Neutralität des Mediators auch in dieser Konstellation sollten sich durch die (rechtliche) Eigenständigkeit, die fehlende lokale Verankerung sowie die überregionale Tätigkeit einer solchen Gesellschaft zerstreuen lassen. Damit sollte sich ein hinreichendes Maß an Neutralität sichern lassen, um eine Akzeptanz des Mediators bei allen beteiligten

---

[43] Vgl. zu § 4b BauGB oben unter § 5 A I und zur Mediation oben unter § 9.

[44] *Stollmann*, NuR 1998, 578 (579).

[45] Gesellschafter der Kommunalentwicklung Baden-Württemberg GmbH sind die kommunalen Landesverbände Gemeindetag, Städtetag und Landkreistag, die Südwestdeutsche Landesbank Stuttgart/Mannheim und die baden-württembergischen Sparkassenverbände. Das von dieser Gesellschaft konzipierte und praktizierte Modell der offenen Bürgerbeteiligung wird ausführlich vorgestellt von *Hekler/Kaltenbacher/Krautter/Zimmer*, Mit dem Bürger planen, Karlsruhe 1992.

Parteien zu erreichen. Unbedingt zu vermeiden ist allerdings eine bei den Planungsgesellschaften gelegentlich zu beobachtende Dominierung dieser privaten Organisationseinheit durch finanzkräftige Vorhabenträger[46] sowie die oftmals geübte Praxis, Vorstände und Geschäftsführungen einer GmbH oder AG in öffentlicher Trägerschaft mit gut dotierten ehemaligen Beamten und Politikern zu besetzen, denen privatwirtschaftliches Denken fremd ist[47]. Unter diesen Umständen wird sich eine Steigerung der Effizienz der Aufgabenwahrnehmung ebenso wenig erreichen lassen wie die erfolgversprechende Durchführung mediativer Verfahren.

C. Der unabhängige Private

Dem ursprünglichen Konzept der Mediation und auch der Zielrichtung des § 4b BauGB sicherlich am nächsten kommt der Einsatz vollständig neutraler und unabhängiger Privater. Die überragende Bedeutung der Neutralität und Distanz des Mediators zu den Parteien und der zwischen diesen umstrittenen Planung läßt diese Konstellation am erfolgversprechendsten erscheinen. Dennoch sollen auch die hiergegen vorgebrachten Bedenken nicht verschwiegen werden. Angeführt wird zunächst die üblicherweise stundenbezogene Entlohnung des privaten Mediators, die – bedingt durch die Notwendigkeit gewinnorientierten Arbeitens – einen Anreiz zur Verfahrensverschleppung darstellen kann[48]. Darüber hinaus birgt die Abhängigkeit eines privaten Mediators vom wirtschaftlichen Gewinn seiner Tätigkeit die Gefahr, sich durch eine dem Auftraggeber genehme Verfahrensgestaltung und Vorgehensweise die Zuteilung weiterer Aufträge zu sichern.

Diesen Einwänden ist jedoch damit entgegenzutreten, daß jeder private Dienstleister schlußendlich nach der Qualität seiner Arbeit beurteilt wird und deshalb auch der private Mediator bemüht sein wird, keiner der beteiligten Parteien Anlaß zu gerechtfertigter Kritik an seiner Arbeitsweise zu bieten. Dazu wird er nicht zuletzt auch durch den sich eröffnenden Wettbewerb und die große Konkurrenz auf dem Berufsfeld der Mediation gezwungen sein. Die den Parteien jederzeit gegebene Möglichkeit, einen privaten Mediator einvernehmlich von der weiteren Wahrnehmung seiner Tätigkeit zu entbinden, macht es zum Bestandteil seines wirtschaftlichen Verhaltens, nicht in den Verdacht einer einseitigen Durchsetzung von Partikularinteressen zu geraten. Im eigenen Interesse wird er daher bei der Auftragsformulierung und der Vertragsgestaltung mit den Parteien darauf bedacht sein, daß seine Neutralität

---

[46] Kritisch dazu auch *Blümel*, VVDStRL 56 (1997), 336 – Diskussionsbeitrag.

[47] *Korthals*, Der Landkreis 1997, 18 (20); *Schmitz*, Fortentwicklung des Verwaltungsverfahrens im Schlanken Staat, in: Ziekow (Hrsg.), Beschleunigung von Planungs- und Genehmigungsverfahren, S. 171 (185).

[48] Zu diesem Problemaspekt der Einschaltung Privater in den Planungsprozeß bereits *v. Heyl/Prätorius*, Kommunalverwaltung und Bürgerbeteiligung im Planungsprozeß, in: Hoffmann-Riem (Hrsg.), Bürgernahe Verwaltung?, S. 260 (270).

nicht nur zu Beginn des Verfahrens, sondern auch in dessen weiterem Verlaufe von allen Beteiligten nicht in Zweifel gezogen wird.

Problematisiert wird ferner die hinreichende Sicherung der Gemeinwohlorientierung des Mediators. Von besonderer Bedeutung wird dies im Bauplanungsrecht, sind hier doch, wie dargelegt[49], nicht nur die Parteiinteressen, sondern in besonderem Maße auch die Interessen (noch) nicht Betroffener – also Gemeinwohlinteressen – in der Abwägung zu berücksichtigen. Insofern sollte der Mediator nicht nur dem Erreichen von Konsens, sondern auch der vom Baugesetzbuch vorgegebenen Gemeinwohlverwirklichung bei der planerischen Abwägung verpflichtet sein. Um dies sicherzustellen wird teilweise ein „wie auch immer gearteter öffentlicher Status“[50] für den Mediator gefordert, da nur an diesen entsprechende „Amtspflichten“ anknüpfen könnten. Dies ist grundsätzlich zu befürworten, sofern es dadurch nicht zu einer Gefährdung der zur Ausübung der Tätigkeit eines Mediators notwendigen Neutralität gegenüber allen Parteien kommt. Gewährleistet werden könnte dies durch eine dem Rechtsanwalt angeglichene Stellung des Mediators als unabhängiges Organ der Rechtspflege (vgl. § 1 BRAO). Diese würde ihn neben der Wahrung der Interessen seiner Auftraggeber zur Wahrung der Rechtsordnung und damit auch des in ihr verbürgten Gemeinwohlauftrags verpflichten. Inwiefern sich dies verwirklichen lassen wird, hängt nicht zuletzt davon ab, ob sich in Zukunft ein „Berufsbild Mediator“ etablieren läßt[51]. Davon unabhängig kann eine Gemeinwohlberücksichtigung in Mediationsverfahren auch über die Beteiligung gemeinnütziger Organisationen erreicht werden.

§ 19 Praktische Probleme bei der Nutzung von mediativen Verfahren

Zur Nutzung gesellschaftlicher Veränderungsprozesse für eine Innovation des Verwaltungshandelns bedarf es grundsätzlich einer gesellschaftlichen Entwicklungen gegenüber aufgeschlossenen Verwaltung[52]. Für die Nutzung mediativer Verfahren gilt dies umso mehr, als daß die Initiative für solche Verfahren regelmäßig von der Verwaltung auszugehen haben wird. Die Verwaltungsmentalität ist hingegen oftmals von einer (zu) starken „Liebe zum Erprobten“ geprägt; jede Veränderung der gängigen Verwaltungspraxis stößt

---

[49] Oben unter § 14 A II 1.

[50] *Schuppert*, Konfliktmittlung bei Verhandlungen und Verwaltungsverfahren, in: Hoffmann-Riem/Schmidt-Aßmann (Hrsg.), Konfliktmittlung, Bd. II, S. 29 (52). Ähnlich *Schneider*, Kooperative und konsensuale Formen administrativer Entscheidungsprozesse, in: Schenk u.a. (Hrsg.), Vom Hoheitsstaat zum Konsensualstaat, S. 82 (100).

[51] Dazu sogleich unter § 19 C.

[52] *Maaß*, VerwArch. 88 (1997), 701 (702); *Schmidt-Aßmann*, Das Allgemeine Verwaltungsrecht als Ordnungsidee, S. 56.

zunächst auf Skepsis bei den Betroffenen[53]. Dies ist vor allem vor dem Hintergrund einer anhaltend diskutierten, allgemeinen und umfassenden Verwaltungsreform zu sehen. Hier bestehen auf Seiten der Verwaltung Unsicherheiten und Ängste; Besitzstände drohen in Gefahr zu geraten, was dazu führt, daß Städte und Gemeinden Reformvorhaben zunehmend reserviert, wenn nicht gar resigniert gegenüberstehen[54]. Um die Bereitwilligkeit zur Erprobung neuer Verfahren, zum „Verlassen der ausgetretenen ‚preußischen' Pfade"[55] zu fördern, bedarf es daher in erster Linie umfassender Information der Verwaltung über Zielsetzungen, Reichweite, Chancen und Risiken der beabsichtigten reformerischen Ansätze und Modelle. Ohne und gegen den Willen der Verwaltung selbst werden sich ihr Reformvorhaben nicht aufoktroyieren lassen; es bleibt auch für die neuen Regelungen des Baugesetzbuchs grundsätzlich eine Frage des Vollzugs, ob sich damit die alten Probleme besser lösen lassen und Neuerungen sich durchzusetzen vermögen[56]. Im folgenden soll auf die für die kommunale Praxis besonders dringlichen Probleme im Zusammenhang mit der Nutzung mediativer Verfahren in der Bauleitplanung eingegangen werden. Es sind dies die generelle Furcht vor Machtverlusten durch städtebauliche Kooperation (dazu unter A), die Problematik der Finanzierung mediativer Verfahren (dazu unter B) sowie die Möglichkeit des Rückgriffs auf einen zu ihrer Durchführung qualifizierten Berufsstand (dazu unter C).

A. Die Furcht vor Machtverlusten

Wenn ein Hindernis für die Durchführung mediativer Verfahren in dem vorherrschenden Selbstverständnis der Verwaltung vermutet wird[57], das sich auch heute häufig nur schlecht mit dem für Mediation typischen Gleichordnungsverhältnis vertrage, so ist nach den Ursachen dieses Selbstverständnisses zu fragen. Dabei zeigt sich, daß die Kommunen – wie bereits dargelegt[58] – in städtebaulicher Kooperation zum Teil einen drohenden Macht- und Positionsverlust sehen, ein Beharren auf Hierarchien sich insofern also auch als Abwehr- oder Schutzreflex darstellt. Während die Verwaltung zunehmend in die Abhängigkeit von wirtschaftlichen Interessen gerät, befürchten Kommu-

---

[53] *Böckel*, DÖV 1995, 102 (103); *Schmidt*, Konsens 1999, 290 (296); Sachverständigenrat „Schlanker Staat" (Hrsg.), Abschlußbericht, S. 128.

[54] *Schwenn*, Gold in den Köpfen. Zum Stand der Verwaltungsreform in den Städten und Gemeinden, in: FAZ Nr. 268 v. 17.11.1999, S. 16.

[55] *Gaßner/Holznagel/Lahl*, Mediation, S. 77.

[56] So zutreffend *Peine*, JZ 1998, 23 (30).

[57] So stellt beispielsweise *Stich*, Verträge zwischen Gemeinden und privaten Vorhabenträgern nach dem neuen Bundesbaurecht, in: Kormann (Hrsg.), Das neue Bundesbaurecht, S. 9 (17) bezüglich des vermehrten Übergangs von hoheitlicher zu kooperativer Planung fest, daß es noch in vielen Kommunalverwaltungen eines mühevollen Umdenkungsprozesses bedürfe, bis die zuständigen Ämter die Zeichen der Zeit erkennen würden.

[58] Oben unter § 1.

nalpolitiker einen abnehmenden Einfluß dadurch, daß kommunale Entwicklungen weniger durch Politik als durch Absprachen der Verwaltung mit der Industrie bestimmt werden[59]. Sofern hier ein Mangel an Information der politischen Gremien durch die Verwaltung beklagt wird[60], erscheinen mediative Verfahren mit ihrem zentralen Anliegen der Informationssammlung und des Interessenclearing durchaus geeignet, vorherrschende Mißstände zu beseitigen oder zumindest zu lindern. Mit einem frühzeitigen direkten Dialog zwischen allen Beteiligten kann wirksam dem Verdacht entgegengewirkt werden, zwischen einzelnen Beteiligten sei es schon zu Absprachen gekommen. Um die Bereitschaft zur Durchführung solcher mediativer Verfahren zu fördern, bedarf es näherer Information von Politik und Verwaltung über diese Verfahrensweisen. In einem für Mediation gegenwärtig fruchtbaren rechtspolitischen Klima haben sich eben dieser Lobbyarbeit eine Reihe von Institutionen angenommen[61]. Diese haben maßgeblichen Anteil daran, daß gegenwärtig in Politik und Verwaltung eine steigende Bereitschaft zur vermehrten Nutzung von Mediation konstatiert wird[62] und auch das Recht der Bauleitplanung der allgemeinen Tendenz zu mehr Kooperation und Kommunikation folgt. Freilich birgt diese gegenwärtige Popularität kooperativer und konsensueller Verfahrensweisen auch Risiken – insbesondere die Versuchung, die Idee der Mediation aus politischen Opportunitätserwägungen zur Demonstration eigener Progressivität und Bürgernähe zu instrumentalisieren[63].

---

59 *Heinz*, AfK 37 (1998), 210 (232 f.); *ders./Scholz*, Public Private Partnership im Städtebau, S. 223 f. Bestätigung finden diese Befürchtungen, dadurch, daß es im Rahmen der von *Heinz/Scholz* untersuchten Public Private Partnerships erklärtes Ziel von Verwaltung und Investoren war, zur Verfahrenskürzung die Anzahl der Gremienbeschlüsse möglichst zu reduzieren.

60 *Heinz/Scholz*, Public Private Partnership im Städtebau, S. 224.

61 Genannt sei hier nur der Förderverein Umweltmediation e.V., der sich die Implementierung der Umweltmediation in Deutschland zum Ziel gesetzt hat, vgl. näher http://www.ag-recht.de/umweltmediation.htm v. 24.8.2000.

62 So *Troja*, ZfU 1997, 317 (336). Auch diese Feststellung bezieht sich gleichwohl nicht auf Mediation i.e.S., sondern folgt einem weiteren Begriffsverständnis.

63 Markantes Beispiel hierfür ist das von der Landesregierung in Hessen initiierte „Mediationsverfahren" zum Ausbau des Frankfurter Flughafens. Wenn im Vorfeld des Verfahrens auf hoher politischer Ebene öffentlich geäußert wird, das Verfahren diene der Akzeptanzbeschaffung für einen Ausbau, so kann der von Seiten der dem Verfahren ferngebliebenen Umweltverbände erhobene Vorwurf des Etikettenschwindels nicht weiter verwundern. Werden Mediationsverfahren unter der Prämisse der Akzeptanzschaffung für weitgehend vorgegebene Ergebnisse angeregt, so nimmt dies dem Verfahren offenkundig seine Legitimität.

B. Die Problematik der Finanzierung

Noch weitgehend offen ist, wie sich mediative Verfahren finanzieren lassen[64]. Solange diese Frage nicht geklärt ist, kann auch von der progressivsten Verwaltung keine besondere Aufgeschlossenheit gegenüber einer solchen kostenträchtigen innovativen Verfahrensgestaltung erwartet werden. Die in den USA übliche großzügige Förderung von Mediationsverfahren durch gemeinnützige Stiftungen steht in der Bundesrepublik nicht bzw. nicht in demselben Umfang zu erwarten[65]. Dementsprechend wurden die in der Bundesrepublik durchgeführten Mediations- oder mediationsähnlichen Verfahren bisher fast ausschließlich direkt oder indirekt über Mittel der öffentlichen Hände finanziert[66]. Dies liegt nicht zuletzt auch daran, daß der politische Wille zur Förderung innovativer Modelle der Bürgerbeteiligung gegenwärtig besonders ausgeprägt ist[67]. Dennoch wird diese Bereitschaft der öffentlichen Hände kaum unbegrenzt vorhalten, auch wird sie nicht dazu ausreichen, sämtliche wünschenswerten Verfahren zu finanzieren. Demzufolge besteht für die Bundesrepublik der dringende Bedarf nach neuen Finanzierungsformen und -quellen.

Wenig sachgerecht erscheint dabei der Vorschlag, der Bürger habe den Einsatz von Mediatoren anteilig zu zahlen[68], da es sich bei diesem Verfahren um ein über gesetzliche Erfordernisse hinausgehendes Angebot handelt, zu dessen Durchführung der Träger des eigentlichen Verwaltungsverfahrens nicht verpflichtet ist. Soweit in der Bauleitplanung zumindest für die frühzeitige Bürgerbeteiligung die Möglichkeit des Ersatzes dieses Beteiligungsverfahrens

---

[64] *Laubinger*, Der Verfahrensgedanke im Verwaltungsrecht, in: König (Hrsg.), Verfahrensrecht in Verwaltung und Verwaltungsgerichtsbarkeit, S. 47 (65); *Zilleßen*, Mediation als kooperatives Konfliktmanagement, in: ders. (Hrsg.), Mediation, S. 17 (35).

[65] *Schneider*, VerwArch 87 (1996), 38 (64).

[66] *Troja*, ZfU 1997, 317 (328); *Zilleßen*, Mediation als kooperatives Konfliktmanagement, in: ders. (Hrsg.), Mediation, S. 17 (35); *Fietkau/Weidner*, Umweltverhandeln, S. 319.

[67] Verwiesen sei hier nur auf zwei auch in der öffentlichen Diskussion stark beachtete Verfahren. Das Freiburger Projekt „Forum Vauban" konnte sich mit seiner über gesetzlich vorgeschriebene Standards weit hinausgehenden Bürgerbeteiligung über Fördermittel des Staats, der Deutschen Bundesstiftung Umwelt und des EU-Programms „Life" finanzieren. Nicht zuletzt aufgrund der Organisation des Beteiligungsprozesses und des herausragenden bürgerschaftlichen Engagements wurde das Modell auch als Beispiel für „Deutsche Best Practices" auf der Weltsiedlungskonferenz „Habitat II" in Istanbul 1996 präsentiert.

Auch das als „Freudenstädter Modell" bekanntgewordene Planungsverfahren mit ausgeprägter Bürgerbeteiligung konnte sich nicht nur intensiver und positiver Medienberichterstattung erfreuen (vgl. nur *Behr*, Der größte Marktplatz steht im Schwarzwald, in: FAZ Nr. 58 v. 10.3.1999, S. 15), sondern auch der Förderung durch das Wirtschaftsministerium Baden-Württemberg.

[68] So im Zusammenhang mit der Regelung des § 4b BauGB *Wagner*, BauR 1997, 709 (716).

durch ein mediatives Verfahren in Betracht kommt[69], können dem Bürger nicht die hierfür anfallenden Kosten auferlegt werden. Aber auch bei einer das eigentliche Beteiligungsverfahren lediglich ergänzenden Durchführung erscheint eine Kostentragung durch die Beteiligten nicht zumutbar[70]. Sie wird eher einen Rückgang der ohnehin schon geringen Teilnahme an den Beteiligungsverfahren in der Bauleitplanung veranlassen als deren Extensivierung bewirken und ist damit kontraindiziert. Gegenwärtige Modelle kooperativer Planung unter extensiver Bürgerbeteiligung weisen dann auch in die gegensätzliche Richtung: Im Verfahren der Planungszelle[71] beispielsweise ist ein Ersatz des Verdienstausfalls des Bürgers für seine Verfahrensbeteiligung vorgesehen und wird als Honorierung seines Einsatzes innerhalb dieses Verfahrens auch für unbedingt erforderlich gehalten.

Geeigneter erscheint daher eine Finanzierung mediativer Verfahren durch den Träger des umstrittenen Planungsvorhabens. Aufgrund des Image- und Prestigegewinns, der mit dem Einsatz innovativer, konsensorientierter Methoden und der Durchführung kooperativer Referenzprojekte einhergeht, erscheint zunächst eine freiwillige Übernahme der Kosten durchaus denkbar[72]. Ferner könnte die Gemeinde die Erwägung einer besonders umstrittenen Planung davon abhängig machen, daß der Vorhabenträger sich mit der Finanzierung eines mediativen Verfahrens in ihrem Vorfeld einverstanden erklärt. Im Wege eines städtebaulichen Vertrags nach § 11 Abs. 1 Nr. 3 BauGB (Folgekostenvertrag) könnte sich der Vorhabenträger dann zur Übernahme der Kosten eines solchen Verfahrens verpflichten[73]. Zwar sieht die Regelung des § 11 Abs. 1 Nr. 3 BauGB vor, daß die entstandenen Kosten Voraussetzung oder Folge des vom Bauwilligen geplanten Vorhabens sein müssen. Dennoch dürfte dies eine Weitergabe der Kosten für den Einsatz von Mediatoren nicht unter dem Gesichtspunkt ausschließen, daß deren Einsatz nicht (zwingende) Voraussetzung des Vorhabens sei, weil die Gemeinde das Verfahren auch ei-

---

69 Siehe oben unter § 17 C I.

70 Ebenso *Schneider*, Kooperative und konsensuale Formen administrativer Entscheidungsprozesse, in: Schenk u.a. (Hrsg.), Vom Hoheitsstaat zum Konsensualstaat, S. 82 (100).

71 Das auch international erfolgreiche Verfahren der Planungszelle geht zurück auf den Soziologen *Dienel*. Es handelt sich dabei um „eine Gruppe von Bürgern, die nach einem Zufallsverfahren ausgewählt und für begrenzte Zeit von ihren arbeitsalltäglichen Verpflichtungen vergütet freigestellt worden sind, um, assistiert von Prozeßbegleitern, Lösungen für vorgegebene Planungsprobleme zu erarbeiten.“, *Dienel*, Die Planungszelle, 1. Aufl. 1978, S. 74.

72 Von der Bereitschaft des Vorhabenträgers zur Kostentragung bei Referenzprojekten im Rahmen von Public Private Partnership berichten *Heinz/Scholz*, Public Private Partnership, S. 216.

73 *Finkelnburg*, NJW 1998, 1 (2); *Reidt*, NVwZ 1998, 592 (593); *Wagner*, Allgemeine städtebauliche Verträge nach § 11 BauGB, in: v. Nicolai/Wagner/Wecker, Verträge des Baugesetzbuchs, S. 15 (32).

genständig hätte durchführen können. Vielmehr läßt das Tatbestandsmerkmal „Voraussetzung oder Folge des geplanten Vorhabens“ deutliche Auslegungsspielräume zu und wird eine zu restriktive Auslegung dem Zweck dieser Norm nicht gerecht[74]. Einwände gegen eine (alleinige) Finanzierung des Mediators durch den Vorhabenträger werden jedoch teilweise mit dem Hinweis darauf erhoben, daß dadurch seine Neutralität in Frage gestellt sei[75]. Dieser Einwand läßt sich jedoch bei Vornahme eines regelgerechten Auswahlverfahrens für den Mediator nicht aufrechterhalten: So kann der Vorhabenträger den Mediator nicht aufgrund der Tatsache, daß er für dessen Finanzierung aufkommt, frei bestimmen. Vielmehr ergeht die Auswahl bzw. Bestätigung eines Mediators und damit auch seine allgemeine Anerkennung als Neutraler im Einvernehmen aller Parteien hierüber. Zumindest für die Bauleitplanung erscheint die Finanzierung mediativer Verfahren durch den Vorhabenträger umstrittener Planungen somit als der praktikabelste Weg. Ob sich der einzelne Vorhabenträger darauf einlassen wird, hängt neben den Einzelfallumständen freilich davon ab, inwieweit sich mediative Verfahren in Zukunft als erfolgreiche Konfliktbewältigungsmethode und damit als für den Vorhabenträger lohnende Investition erweisen werden.

C. Die Möglichkeit des Rückgriffs auf qualifizierte Mediatoren

Neben einer gesicherten Finanzierung mediativer Verfahren ist es für die Praxis besonders wichtig, auf qualifizierte Mediatoren zurückgreifen zu können. Dies erweist sich unter zwei Gesichtspunkten als problematisch: Zum einen stellen sich die Anforderungen an das Qualifikationsprofil eines Mediators als diffus, aber anspruchsvoll dar (dazu unter I), zum anderen ist ein „Berufsbild Mediator“ gerade erst im Entstehen (dazu unter II).

I. Qualifikationsprofil

Aufgabe des Mediators ist die Identifizierung der konfliktrelevanten Interessen, der Ausgleich von Macht- und Informationsasymmetrien, die durch unterschiedliche Kommunikationsfähigkeit oder Verfügbarkeit über verhandlungsrelevante Ressourcen wie Sachverstand oder finanzielle Mittel entstehen können, die Erarbeitung und Weiterentwicklung von Alternativvorschlägen und Tauschoptionen sowie die Wahrung der rechtlichen und faktischen Grenzen von Verhandlungen. Gleichzeitig hat sich der Mediator durch eine neutrale und sachliche Wahrnehmung seiner Aufgabe in Einzelgesprächen und im Plenum das Vertrauen der involvierten Parteien zu erhalten. Entsprechend

---

[74] *Koch*, (Verfahrens-)Privatisierung im öffentlichen Baurecht, in: Hoffmann-Riem/Schneider (Hrsg.), Verfahrensprivatisierung im Umweltrecht, S. 170 (182 f.).

[75] *Holznagel*, Konfliktlösung durch Verhandlungen, S. 282 f.; *Sünderhauf*, Mediation, S. 50; *Schneider*, Kooperative und konsensuale Formen administrativer Entscheidungsprozesse, in: Schenk u.a. (Hrsg.), Vom Hoheitsstaat zum Konsensualstaat, S. 82 (100).

anspruchsvoll sind die Anforderungen an sein Persönlichkeitsprofil[76]: Verlangt wird ein konziliantes, offenes, eloquentes und integeres Auftreten. Vertrauenswürdigkeit, hohe Sozialkompetenz und politisch-strategische Kompetenz werden für unbedingt erforderlich gehalten[77]; auch Sach- und Rechtskenntnis hinsichtlich der zu verhandelnden Materie werden zunehmend erwartet[78]. Das dabei entstehende Bild vom Mediator als „einem Supermann oder einer Superfrau“[79] legt in der Tat die Frage nach der Selbstüberforderung des Konzepts der Mediation nahe[80]. Da die Bündelung juristischer, technischer, ökonomischer und soziologischer Kompetenz in Verbindung mit den genannten persönlichen Eigenschaften in einer Person wohl den Ausnahmefall darstellen dürfte, wird für besondere Fallkonstellationen daher auch der Einsatz mehrerer, auf bestimmte Teilaufgaben spezialisierter und miteinander kooperierender Mediatoren befürwortet[81].

II. Mediator – ein Berufsbild im Werden?

Während sich im Herkunftsland der Mediation seit langem spezialisierte und hoch professionalisierte Mediationskanzleien etabliert haben[82], steckt die Entwicklung eines einheitlichen Berufsbilds in Deutschland noch in den Kinderschuhen. Eine geschützte Berufsbezeichnung „Mediator“ existiert gegenwärtig nicht, so daß auch einheitliche Standards der Ausbildung fehlen[83]. Entsprechend wurde noch vor wenigen Jahren ein Defizit an qualifizierten Mediatoren sowie anerkannten Ausbildungsverfahren konstatiert[84]. In dieser Schärfe trifft der Vorwurf heute gleichwohl nicht mehr zu: So zeigen sich erste Ansätze einer Professionalisierung von Mediation in dem zunehmenden

---

[76] *Passavant*, DÖV 1987, 516 (519); *Hehn*, Konsens 1999, 54 (55).

[77] *Kostka*, DV 26 (1993), 87 (105).

[78] *Lankau*, Konsens 1999, 18 (21); *Wagner/Engelhardt*, NVwZ 2001, 370 (372); *Gaßner/Holznagel/Lahl*, Mediation, S. 63 f. halten Sachkenntnis sogar für unerläßlich.

[79] *Kostka*, DV 26 (1993), 87 (105). Zu den umfassenden Anforderungen an Umwelt- und Raumplaner in moderierender Funktion auch *Fürst/Sinning*, Der Landkreis 1996, 218 (219 f.); *Gans*, Mediation, S. 68 ff.

[80] *Schneider*, Kooperative und konsensuale Formen administrativer Entscheidungsprozesse, in: Schenk u.a. (Hrsg.), Vom Hoheitsstaat zum Konsensualstaat, S. 82 (97)

[81] *Koch*, in: Henssler/Koch (Hrsg.) Mediation in der Anwaltspraxis, § 1 Rdnr. 13; *Gaßner/Holznagel/Lahl*, Mediation, S. 64. Speziell für das Bauplanungsrecht *Hadlich/Rennhack*, LKV 1999, 9 (11).

[82] Die Berufsvereinigung der Mediatoren in den USA (Society of Professionals in Dispute Resolution) umfaßte schon 1993 mehr als 1.800 Mitglieder, vgl. *Zilleßen*, Die Modernisierung der Demokratie im Zeichen der Umweltproblematik, in: ders. u.a. (Hrsg.), Die Modernisierung der Demokratie, S. 17 (37).

[83] *Schneider*, VerwArch 87 (1996), 38 (45).

[84] *Caspar*, DVBl. 1995, 992 (998 f.); *Schneider*, VerwArch 87 (1996), 38 (45).

Angebot der (Zusatz-)Qualifikation „Mediator"[85]. Nicht einheitlich beurteilt werden jedoch die für die Ausbildung zum Mediator erforderlichen Vorqualifizierungen. Teilweise wird der Jurist aufgrund seiner Ausbildung besonders geeignet für den Beruf des Mediators gehalten[86]. Dies ist sicherlich zutreffend, jedoch darf nicht aus den Augen verloren werden, daß die Tätigkeit eines Mediators auch Fähigkeiten erfordert, deren Förderung in der juristischen Ausbildung lange vernachlässigt wurde. Bemängelt wurde noch vor kurzem insbesondere die fehlende Schulung juristischer Schlichtungskompetenz[87]. Auch in der juristischen Ausbildung zeigen sich jedoch erste Reaktionen auf die zunehmend erhobenen Forderungen nach der Vermittlung von Grundlagen eines „Verhandlungsmanagements"[88]. Dennoch sollte der Jurist nicht so vermessen sein, für die Mediation einen Alleinvertretungsanspruch seiner Zunft anzumelden. Wenn bezüglich Mediation Parolen wie „Streitschlichtung – Anwaltssache"[89] ausgegeben werden, stößt dies angesichts der Tatsache, daß der Jurist gerade erst ein Gebiet zu erschließen beginnt, auf dem andere Disziplinen seit langem zu Hause sind, auf berechtigte Kritik[90].

Im übrigen sollte dem derzeitigen „Mediationsboom" nicht ohne eine gesunde Portion Skepsis gegenüber getreten werden. Angesichts des gegenwärtigen Tagungs- bzw. Lehrveranstaltungsangebots kann man sich des Eindrucks nicht erwehren, daß sich einzelne Berufsgruppen hier unter Kommerzialisierung einer Idee ein neues attraktives Tätigkeitsfeld erschließen. Sofern Mediation sich in Deutschland als erfolgreiche Konfliktbehandlungsmethode

---

[85] Neben den Studienmöglichkeiten an der Fernuniversität Hagen („Weiterbildendes Studium Mediation") und der Universität Oldenburg („Kontaktstudiengang Mediation") ist auf die zahlreichen Bemühungen einzelner Interessengruppen um Standardisierung zu verweisen. Standards für Umweltmediation wurden beispielsweise vom Förderverein Umweltmediation e.V. in enger Zusammenarbeit mit der Interessengemeinschaft Umweltmediation e.V., der Fernuniversität Hagen, der Universität Oldenburg, der MEDIATOR GmbH und dem Deutschen Anwaltsverein erarbeitet, abgedruckt in: Förderverein Umweltmediation e.V. (Hrsg.), das projekt 2/99, S. 9 ff.

Einen Überblick über das gegenwärtige Ausbildungsangebot bietet *Duve*, in: Henssler/Koch (Hrsg.), Mediation in der Anwaltspraxis, § 5; ein Verzeichnis der in Deutschland tätigen Mediatoren findet sich bei Ewig (Hrsg.), MediationsGuide 2000, Köln 2000.

[86] *Hadlich/Rennhack*, LKV 1999, 9 (11); *Wagner/Engelhardt*, NVwZ 2001, 370 (373); *Treiber*, Probleme der Neutralität staatlichen Handelns; Sicherung von Akzeptanz, in: Hoffmann-Riem/Schmidt-Aßmann (Hrsg.), Konfliktbewältigung, Bd. II, S. 287 (308 f.).

[87] *Ponschab*, Mediation in der anwaltlichen Praxis, in: Breidenbach/Henssler (Hrsg.), Mediation für Juristen, S. 93 (104); *Ortloff*, Richterauftrag und Mediation, ebd., S. 111 (119).

[88] Vgl. hierzu nur *Schöbel*, Jus 2000, 372 (375 ff.).

[89] *Mähler/Mähler*, NJW 1997, 1262.

[90] *Duve*, Alternative Konfliktregelung in den Vereinigten Staaten, in: Vögele (Hrsg.), Mediation – vermitteln – verhandeln – schlichten, S. 40 (69); *Kempf*, Konsens 1999, 40; *Stüer/Rude*, DVBl. 1998, 630 (631).

etablieren kann, sollte daher mittelfristig auch an die Vereinheitlichung von Ausbildungsstandards und die Schaffung eines eigenen Berufsbildes gedacht werden.

§ 20 Ausblick: Aussichten einer (Weiter-)Verbreitung von mediativen Verfahren im Öffentlichen Recht

Abschließend sollen im Rahmen eines Ausblicks die Chancen einer Etablierung und Verbreitung von mediativen Verfahren im Öffentlichen Recht dargestellt werden. Dazu wird zunächst auf die Umbruchsituation und die daraus resultierende Rechtsunsicherheit in der Spezialmaterie des Bauplanungsrechts eingegangen (dazu unter A), bevor schlaglichtartig weitere potentielle Anwendungsfelder für mediative Verfahren im Öffentlichen Recht beleuchtet werden (dazu unter B).

A. Die Rechtsunsicherheit und -unklarheit auf dem Gebiet städtebaulicher Kooperation

Wie alle Neuregelungen müssen sich auch die zur städtebaulichen Kooperation (§§ 4b, 11, 12 BauGB) danach befragen lassen, ob sie in der Praxis verstanden und umgesetzt werden. Zu große Unklarheiten haben zur Folge, daß die rechtsanwendende Praxis sich entweder an tradierte Verfahrensweisen klammert und Innovationen vollständig blockiert oder innovative Ansätze und Modelle unter Verkennung ihrer Grenzen in der Anwendung überdehnt und damit zu einer rechtswidrigen Planung gelangt. Von der Gefahr, solche Unklarheiten zu schaffen, können die Neuregelungen zur öffentlich-privaten Kooperation im Städtebaurecht nicht ganz freigesprochen werden. In der grundsätzlich anerkennenswerten Intention, der Praxis ausreichende Spielräume bei der Gesetzesanwendung zu belassen, setzt die Legislative angesichts immer offenerer und unbestimmterer Gesetzesformulierungen offenbar zunehmend darauf, der Judikative die notwendige Klärung der Reichweite ihrer Novellierungen zu überlassen. Nachdem bereits die Nutzbarmachung des städtebaulichen Vertrags jahrelang dem freien Spiel der Praxis überlassen wurde und man sich nur mühsam zu einer Kodifizierung auf „mittlerer Konkretisierungsebene“[91] hat durchringen können, wurde bei § 4b BauGB – (zunächst?) – erneut auf jegliche Konkretisierung und Präzisierung verzichtet. Der Gesetzgeber betrachtet es auf dem Gebiet der städtebaulichen Kooperation offenbar als seine vornehmste Aufgabe, einer ausdrücklichen und ausführlichen

---

[91] So die rechtspolitische Forderung in dem Gutachten von *Schmidt-Aßmann/Krebs*, Rechtsfragen städtebaulicher Verträge, 1. Aufl., S. 146 und später auch der Expertenkommission zur Novellierung des Baugesetzbuchs in ihrem Abschlußbericht, Rdnr. 139.

Kodifizierung nur die ohnehin schon gängige Praxis zuzuführen[92]. Damit wird der Satz, daß „neues Gesetzesrecht [...] zu in der Praxis zuverlässig anwendbarem Recht erst durch die Auslegung in der höchstrichterlichen Rechtsprechung“[93] wird im Bauplanungsrecht aktueller den je.

Dies stößt auf berechtigte Kritik aus der Praxis, die sich bei der Auslotung von Möglichkeiten und Grenzen kooperativen Handelns über weite Strecken von Rechtsprechung und Gesetzgebung alleingelassen sieht[94]. Auch steht das Baugesetzbuch als ein sich ständig änderndes Gesetzeswerk[95] in der Gefahr, den Rechtsanwender in Unkenntnis und mehr oder weniger große Ratlosigkeit zu entlassen. Daher geht der dringende Appell an den Gesetzgeber, nicht jeder Planungsmode hinterherzulaufen, „um einen jährlich neu ausgerufenen städtebaulichen Schönheitswettbewerb juristischer Eitelkeiten“[96] zu gewinnen. Für das Bauplanungsrecht als Referenzgebiet gilt dies umso mehr, als daß rechtspolitische Erwägungen zu einer Übernahme dort geschaffener reformerischer Modelle und Lösungsansätze sich maßgeblich an den damit gemachten Erfahrungen der Praxis orientieren werden. Ihr ist daher genügend Zeit zu lassen, das veränderte Instrumentarium auszutesten und sich auf die neue Rechtslage einzustellen[97]. Nur so kann einem der wichtigsten Ansprüche aller an Bau- und Planungsprozessen Beteiligten an das Recht – dem nach seiner Verläßlichkeit – Rechnung getragen werden[98]. Der Gesetzgeber wird in Zukunft Kontinuität und Rechtssicherheit stärker berücksichtigen müssen, um einer schon vor Erlaß des BauROG 1998 konstatierten ernst zu nehmenden Verunsicherung[99] der rechtsanwendenden Kommunen wirkungsvoll zu be-

---

92 Daß es sich freilich auch hierbei um eine legitime gesetzgeberische Vorgehensweise handelt, unterstreicht zutreffend der Bericht der Expertenkommission zur Novellierung des Baugesetzbuchs, Rdnr. 139.

93 *Stich*, WiVerw 1994, 83 (130).

94 *Busse*, Kooperatives Recht im Bauplanungsrecht, in: Dose/Voigt (Hrsg.), Kooperatives Recht, S. 131 (131). Kritisch auch *Felten*, Die Novellierung des Baugesetzbuchs 1998, S. 14.

95 Mit dem BauROG 1998 erfährt das Bauplanungsrecht die sechste Neuerung in nur 10 ½ Jahren, vgl. *Felten*, Die Novellierung des Baugesetzbuchs 1998, S. 3.

96 *Stüer*, DVBl. 1997, 1201 (1210).

97 Die unabhängige Expertenkommission zur Vereinfachung und Beschleunigung von Planungs- und Genehmigungsvorhaben geht hierzu in ihrem Bericht, Rdnr. 711 davon aus, daß es eines Zeitraums von ca. 4 Jahren bedarf, bis sich die Verwaltung auf Rechtsänderungen größeren Umfangs voll eingestellt hat.

Dementsprechend sind nach Aussage des Deutschen Städtetages bis heute auch noch keine Auswirkungen der Neuregelung des § 4b BauGB auf die praktische Planungstätigkeit der Gemeinden spürbar, vgl. http://www.ag-recht.de /umweltmediation/frame01. htm. v. 10.8.2001.

98 *Stüer*, DVBl. 1997, 1201 (1210).

99 *Boeddinghaus*, BBauBl. 1996, 256 (258); *Bunzel*, AfK 36 (1997), 254 (255 f.). Von weitreichenden Informationsdefiziten der (Bau)rechtsanwender berichtet auch Stich,

gegnen. Angesichts der Tatsache, daß sich auch bei den Gesetzgebungsorganen die Erkenntnis durchzusetzen scheint, daß sich die Innovationszeiträume beim Gesetzgeber zunehmend kürzer gestalten als die Implementationszeiträume bei Verwaltungen, Kommunen und Gerichten[100], besteht nunmehr Hoffnung auf die Verwirklichung der in der Praxis geforderten schöpferischen Pause des Gesetzgebers[101].

B. Potentielle Einsatzfelder für mediative Verfahren außerhalb der Bauleitplanung

Grundsätzlich stellt die eingangs[102] beschriebene Umbruchsituation im Öffentlichen Recht einen fruchtbaren (rechtspolitischen) Nährboden für mediative Verfahren dar. Dies gilt auch unter dem Gesichtspunkt des im Verwaltungsrecht zunehmend zu beobachtenden Übergangs[103] vom eng determinierten Konditionalprogramm zur gestaltenden, lediglich finalen Programmierung von Gesetzen und der damit notwendig einhergehenden höheren Gewichtung von Kooperation und Kommunikation zwischen Verwaltung und Entscheidungsumwelt im Verwaltungsverfahren. Es bedarf jedoch ausführlicher Erfahrungen mit mediativen Verfahren auf einzelnen Referenzgebieten, bevor eine Übernahme auf anderen Gebieten oder gar eine Kodifizierung auf allgemeinster Ebene – also im Verwaltungsverfahrensgesetz – zu erwägen ist. Dabei werden die Annahmebereitschaft und die Erfahrungen im Recht der Bauleitplanung von entscheidender Bedeutung sein. Bereits gegenwärtig liegt es grundsätzlich im Ermessen der Verwaltung, auch ohne besondere rechtliche Grundlage gesetzlich vorgesehene Beteiligungsverfahren als mediative Verfahren zu gestalten. Auf die Eignung für eine solche Erprobung werden im folgenden das Planfeststellungsverfahren (dazu unter I) sowie diverse Verwaltungsverfahren untersucht, in denen der Gesetzgeber neuerdings die Beiziehung Dritter ausdrücklich anregt (dazu unter II).

WiVerw 1994, 83 (128 f.). Nach *Jäde*, UPR 1993, 4 (6) haben „Gesetzgeber und Rechtsprechung [...] ein perfektes Modell der Bauleitplanung entwickelt, das nur noch einem esoterischen Orden Eingeweihter verständlich ist".

[100] Empfehlungen der Ausschüsse zum Entwurf eines Gesetzes zur Änderung des Baugesetzbuchs und zur Neuregelung des Rechts der Raumordnung (Bau- und Raumordnungsgesetz 1998 – BauROG), BR Drs. 635/2/96, S. 7.

[101] Vgl. auch *Krautzberger*, UPR 1999, 401 (401): „Die Signale, die der Gesetzgeber empfängt, stehen auf Konsolidierung des Städtebaurechts" sowie ebd., (408): „Nicht der Gesetzgeber, sondern die ‚Praxis' ist am Zuge."

[102] Oben unter § 2.

[103] *Schuppert*, Einflußnahme auf die Verwaltung durch Bürgerbeteiligung und kollektive Interessenwahrnehmung, in: Hoffmann-Riem (Hrsg.), Bürgernahe Verwaltung?, S. 279 (295 ff.); *Brohm*, Öffentliches Baurecht, § 15 Rdnr. 5.

I. Das Planfeststellungsverfahren

Da an anderer Stelle bereits ausführlich behandelt[104], soll hier nur kurz auf die Möglichkeit eingegangen werden, Mediation in eingeschränkter Form auch im Planfeststellungsverfahren, namentlich im Erörterungstermin nach § 73 Abs. 6 VwVfG, zu nutzen. Es ist insbesondere dieses Gebiet der final programmierten Verwaltungsplanung, auf dem sich ein Bedarf nach besonderen Verfahren zur Erzeugung von Legitimität und Akzeptanz durch eine extensivierte Kooperation und Kommunikation zwischen Verwaltung und Betroffenen zeigt[105]. Diese Tendenz läßt sich auch der neueren höchstrichterlichen Rechtsprechung entnehmen: So begreift das BVerwG[106] die Erörterung erhobener Einwendungen im Planfeststellungsverfahren als Konfliktbewältigung in kooperativem Verständnis. Dementsprechend wird die Implementation von Mediation – in einer auch hier notwendigerweise abzuschwächenden Ausprägung – im Planfeststellungsverfahren seit geraumer Zeit erwogen[107]. Auch im Rahmen des Planfeststellungsverfahrens wird zwar die (selbständige) Durchführung des Erörterungsverfahrens durch Behördenexterne zutreffend abgelehnt[108], jedoch hindert dies nicht die Beiziehung privater Mediatoren in unterstützender Funktion. Sofern Scheu vor dem Einsatz privater, verwaltungsexterner Mediatoren (fort-)bestehen sollte, erscheint es im Zuge des sich wandelnden Verwaltungsverständnisses auch möglich, daß die Anhörungsbehörde selbst – als distanzierte, zwischen Vorhabenträger, Betroffenen und Planfeststellungsbehörde vermittelnde Instanz – zumindest Züge eines Konfliktmittlers gewinnen könnte[109].

Dennoch zeigen sich bei direkter Gegenüberstellung des Beteiligungstermins im Planfeststellungsverfahren mit denen des Bauleitplanverfahrens einige spezifische Charakteristika, die eine Nutzung mediativer Verfahrensweisen auf diesem Gebiet weniger erfolgversprechend erscheinen lassen als auf dem Gebiet der Bauleitplanung. Dies ist zum einen der Umstand, daß die Öffentlichkeitsbeteiligung bei der Planfeststellung nicht wie in der Bauleitplanung

---

[104] Vgl. *Holznagel*, Konfliktlösung durch Verhandlungen, S. 194 ff.

[105] *Würtenberger*, Die Akzeptanz von Verwaltungsentscheidungen, S. 43.

[106] BVerwG, Urt. v. 24.5.1996 – NVwZ 1997, 489 (490).

[107] *Passavant*, DÖV 1987, 516 (523); *Hoffmann-Riem*, Konfliktmittler in Verwaltungsverhandlungen, S. 43 f.; *Holznagel*, Konfliktlösung durch Verhandlungen, S. 194 ff.; *ders.*, Mediation im Verwaltungsrecht, in: Breidenbach/Henssler (Hrsg.), Mediation für Juristen, S. 147 (157); *Würtenberger*, Konfliktschlichtung im Erörterungstermin, in: Kroeschell (Hrsg.), Recht und Verfahren, S. 183 ff.; *Schuppert*, Konfliktmittlung bei Verhandlungen und Verwaltungsverfahren, in: Hoffmann-Riem/Schmidt-Aßmann (Hrsg.), Konfliktbewältigung, Bd. II, S. 29 (50 ff.). Kritisch hingegen *Schulze-Fielitz*, Der Konfliktmittler als verwaltungsverfahrensrechtliches Problem, ebd., S. 55 (62 f.).

[108] *Holznagel*, Konfliktlösung durch Verhandlungen, S. 209 f.; *Würtenberger*, NJW 1991, 257 (261).

[109] So *Steinberg/Berg/Wickel*, Fachplanung, § 2 Rdnr. 5.

frühzeitig stattfindet, sondern erst in einem fortgeschrittenen Verfahrensstadium. Nicht zuletzt deshalb wird sie dann auch weitgehend für praktisch bedeutungslos gehalten[110]. Ferner wird angenommen, die Beschränkung der Öffentlichkeit des Erörterungstermins auf die Parteiöffentlichkeit (§§ 73 Abs. 6 Satz 6, 68 Abs. 1 Satz 1 VwVfG) sei unter dem Aspekt der Schaffung von Akzeptanz verfehlt[111]. Angesichts dieser Kritikpunkte wird zu recht festgestellt, daß es schon naiv anmute, den tradierten Erörterungstermin im Planfeststellungsverfahren nur deshalb für die Konfliktlösung besonders geeignet zu halten, weil er von einem Mediator anstelle eines Verwaltungsbeamten geleitet werde, im übrigen aber unter den hergebrachten Bedingungen stattfinde[112]. Es erscheint vielmehr rechtspolitisch wünschenswert, die Öffentlichkeitsbeteiligung innerhalb des Planfeststellungsverfahrens generell unter engerer Verpflichtung auf die Schaffung von Akzeptanz gesetzlich neu zu fassen. Dies gilt auch deshalb, weil die Praxis seit geraumer Zeit mit neuen, außergesetzlichen Lösungsansätzen (insb. einer Extensivierung der Beteiligungsverfahren) experimentiert.

II. Verwaltungsverfahren mit der ausdrücklich geregelten Möglichkeit einer Hinzuziehung Dritter

Im Zuge der allgemeinen Stärkung öffentlich-privater Kooperation hat der Gesetzgeber in jüngster Vergangenheit vereinzelt für spezialgesetzlich geregelte bzw. konkretisierte Verwaltungsverfahren die Möglichkeit der Hinzuziehung Dritter kodifiziert. Damit wird für diese Verfahren die Hinzuziehung verwaltungsexterner Privater in mediativer Funktion ausdrücklich angeregt. So sehr das US-amerikanische Konzept der Mediation auch dabei Pate gestanden haben mag, so bleibt dennoch auch für diese Verwaltungsverfahren festzuhalten, daß sie keine Möglichkeit bieten, Mediation i.e.S. als deren integrierten Bestandteil durchzuführen[113].

---

[110] *Steinberg*, Kritik an Verhandlungslösungen, insbesondere von mittlergestützten Entscheidungen, in: Hoffmann-Riem/Schmidt-Aßmann (Hrsg.), Konfliktbewältigung, Bd. I, S. 295 (311) m.w.N.

[111] *Würtenberger*, Konfliktlösung durch Akzeptanz-Management, in: Zilleßen u.a. (Hrsg.), Die Modernisierung der Demokratie, S. 72 (81).

[112] *Sünderhauf*, Mediation, S. 203.

[113] So in beispielhafter Klarheit für die gesetzlichen Zulassungs- und Genehmigungsverfahren der Bericht der Bundesregierung über die Möglichkeiten einer weiteren Beschleunigung und Vereinfachung der immissionsschutzrechtlichen Genehmigungsverfahren, BT Drs. 12/6923, S. 20: „Der bestehende rechtliche Rahmen der Zulassungsverfahren bietet daher keine Möglichkeiten, Mediationsverfahren als deren integrierten Bestandteil durchzuführen.“

1. Das Scoping-Verfahren des UVPG

Eine spezialgesetzliche Regelung zur Hinzuziehung Dritter findet sich für das Verfahren der Abstimmung zwischen Vorhabenträger und Behörde betreffend den Umfang und die Durchführung der Umweltverträglichkeitsprüfung (sog. Scoping-Verfahren) in § 5 Satz 2 UVPG[114]. Dieses Verfahren wird – wenngleich meist ohne nähere Begründung – als besonders geeignet für die Durchführung von Mediation gehalten[115]. Angesichts des gesetzlich eingegrenzten Gegenstands des Scoping-Verfahrens ist dem jedoch mit Skepsis zu begegnen. Die Erörterung nach § 5 UVPG hat sich auf erhebliche Fragen für die Durchführung der Umweltverträglichkeitsprüfung zu beschränken. Anders als in einem Mediationsverfahren ist hier also gerade keine umfassende Informationssammlung und Interessenabstimmung vorgesehen. Fragen der Zweckmäßigkeit und Sinnhaftigkeit des Vorhabens sowie die Erörterung wirtschaftlicher, gesellschaftlicher und sozialer Belange haben außen vor zu bleiben[116]. Auch findet eine Behandlung von Einwendungen Dritter gegen das Vorhaben nicht im Scoping-Verfahren, sondern in dem anschließenden förmlichen Verfahren statt. Die für Mediation typische umfassende Problemerörterung und Erarbeitung einer Verhandlungslösung unter Einbezug aller kontroversen Aspekte eines Vorhabens ist daher im Rahmen des § 5 UVPG nicht möglich. Bei näherer Betrachtung zeigt sich somit, daß die Regelung mit einem Vermittlungsverfahren, sei es als „Runder Tisch“ oder Mediation, nichts zu tun hat[117].

2. Das Beratungs- und Erörterungsverfahren der 9. BImSchV

Im Zusammenhang mit dem der Antragstellung vorausgehenden Beratungs- und Erörterungsverfahren soll gemäß § 2 Abs. 2 Satz 3 Nr. 5 9. BImSchV[118] geklärt werden, ob sich durch Beiziehung eines Projektmanagers eine Verfahrensbeschleunigung erzielen läßt. Das Wort „Projektmanager“ wurde erst mit

---

[114] § 5 Satz 2 UVPG lautet: „Hierzu [i.e. die Erörterung von Umfang und Methoden der Umweltverträglichkeitsprüfung sowie sonstige für ihre Durchführung erheblichen Fragen] können andere Behörden, Sachverständige und Dritte hinzugezogen werden“.

[115] *Holznagel*, Mediation im Verwaltungsrecht, in: Breidenbach/Henssler (Hrsg.), Mediation für Juristen, S. 147 (158); *ders.*, Jura 1999, 71 (75); *Hoffmann-Riem*, AöR 115 (1990), 400 (433); *Troja*, ZfU 1997, 317 (331 f.); *Wagner/Engelhardt*, NVwZ 2001, 370 (372); *Gaßner/Holznagel/Lahl*, Mediation, S. 97 ff.

[116] *Schoeneberg*, Umweltverträglichkeitsprüfung, Rdnr. 107.

[117] So auch *Schoeneberg*, Umweltverträglichkeitsprüfung, Rdnr. 108; *Erbguth/Schink*, UVPG, § 5 Rdnr. 24.

[118] § 2 Abs. 2 Satz 3 Nr. 5 9. BImSchV lautet: „[Die Erörterung soll insbesondere der Klärung dienen,] ob eine Verfahrensbeschleunigung dadurch erreicht werden kann, daß der behördliche Verfahrensbevollmächtigte, der die Gestaltung des zeitlichen Verfahrensablaufs sowie die organisatorische und fachliche Abstimmung überwacht, sich auf Vorschlag oder mit Zustimmung und auf Kosten des Antragstellers eines Projektmanagers bedient“.

dem Gesetz zur Beschleunigung und Vereinfachung immissionsschutzrechtlicher Genehmigungsverfahren (BImSchG-Novelle)[119] eingeführt, bis zu diesem Zeitpunkt war auch hier vom „Dritten" die Rede. Während für die alte Fassung des § 2 Abs. 2 Satz 3 Nr. 5 9. BImSchV die Nutzung einer gegenüber dem ursprünglichen Konzept abzuschwächenden Mediation ausdrücklich erwogen wurde[120], wird aufgrund der Neufassung angenommen, die Regelung diene der Implementation eines ausschließlich auf Verfahrensbeschleunigung abzielenden Projektmanagements, das mit Mediation nichts gemeinsam habe[121]. Zutreffend wird dabei grundlegend zwischen Projektmanagement und Mediation unterschieden. Gleichwohl ist auch mit der Neuregelung nicht ausgeschlossen, daß das Verfahren – wenngleich kein Mediationsverfahren im engeren Sinne – insbesondere unter Einsatz eines verwaltungsexternen Projektmanagers doch durchaus mediative Züge gewinnen kann. So ist dann auch im Zusammenhang mit der Neufassung von der Möglichkeit der Mediation die Rede[122], wenngleich auch damit nicht das Konzept der Mediation i.e.S. gemeint sein kann.

3. Die Verfahren nach den Entwürfen eines Umweltgesetzbuchs

Schließlich sehen die Entwürfe eines Umweltgesetzbuchs – namentlich § 54 Abs. 4 des Professorenentwurfs (UGB-AT)[123] und § 89 des Kommissionsentwurfs (UGB-KommE)[124] – die gesetzliche Institutionalisierung eines mediativen Verfahrens vor.

§ 54 Abs. 4 UGB-AT regelt die Einschaltung eines Mediators im Rahmen des Verfahrens der Umweltbewilligung als neuer Form der Eröffnungskontrolle. Aufgrund der geringen Erfahrung der deutschen Rechtspraxis mit Verfahrensmittlern ist hier nicht an eine bundesgesetzliche Einführung dieser Institution gedacht, vielmehr soll den Landesgesetzgebern die Möglichkeit zur ei-

---

[119] Art. 3 des Gesetzes zur Beschleunigung und Vereinfachung immissionsschutzrechtlicher Genehmigungsverfahren v. 9.10.1996 (BGBl. I, S. 1498).

[120] *Pietzcker*, Verfahrensprivatisierung und staatliche Verantwortung, in: Hoffmann-Riem/Schneider (Hrsg.), Verfahrensprivatisierung im Umweltrecht, S. 284 (297)

[121] *Sünderhauf*, Mediation, S. 185 ff.

[122] Bundesministerium für Umwelt, Naturschutz und Reaktorsicherheit (Hrsg.), Umweltgesetzbuch (UGB-KommE), S. 641.

[123] § 54 Abs. 4 UGB-AT lautet: „Die Länder können vorsehen, daß die zuständige Behörde die Vorbereitung und Durchführung des Erörterungstermins unbeschadet ihrer Verfahrensverantwortung einem unbeteiligten Dritten (Verfahrensmittler) anvertrauen kann", *Kloepfer/Rehbinder/Schmidt-Aßmann*, Umweltgesetzbuch: Allgemeiner Teil, S. 60.

[124] § 89 UGB-KommE lautet auszugsweise: „(2) Die Genehmigungsbehörde kann hierzu [i.e. zum Ausgleich der beteiligten Interessen] die Durchführung einzelner Abschnitte des Verfahrens, insbesondere des Erörterungstermins, einem Verfahrensmittler, einer anderen Behörde oder einer anderen Stelle übertragen", Bundesministerium für Umwelt, Naturschutz und Reaktorsicherheit (Hrsg.), Umweltgesetztbuch (UGB-KommE), S. 141.

genständigen Erfahrungssammlung geboten werden. Die Begründung zu § 54 Abs. 4 UGB-AT bezieht sich ausdrücklich auf die US-amerikanischen Erfahrungen mit Mediation und begründet die Anlehnung des Entwurfs an das amerikanische Konzept mit den diesem typischerweise zugeschriebenen Vorteilen[125]. Gleichwohl sieht auch § 54 Abs. 4 UGB-AT keine modifikationslose Übernahme des US-amerikanischen Mediationskonzepts vor. Dies wird schon durch den in der Regelung vorgesehenen Vorbehalt der staatlichen Verfahrensverantwortung deutlich[126]. Soweit daher im Rahmen des § 54 Abs. 4 UGB-AT die Nutzung von Mediation erwogen wird, hat dies in dem Bewußtsein zu geschehen, daß auch diese Norm die Praktizierung von Mediation i.e.S. nicht ermöglicht[127].

Namentlich zur besseren Akzeptanz von Entscheidungen gerade bei umstrittenen Vorhaben und nicht (lediglich) zur Verfahrensbeschleunigung sieht § 89 UGB-KommE einen im geltenden Recht bisher nicht existenten Ansatz für einen Interessenausgleich vor. Beabsichtigt ist die gesetzliche Institutionalisierung einer Konfliktmittlung durch einen neutralen Mediator[128]. Die Neutralität des Mediators wird zutreffend als wesentliche Voraussetzung für das Gelingen von Mediation herausgestellt und ist im Entwurf auch entsprechend abgesichert. So ist die Unabhängigkeit und Weisungsfreiheit des Mediators ebenso vorgesehen (Abs. 3) wie dessen leitende Stellung im Erörterungstermin, bei dem die Genehmigungsbehörde in die Funktion des bloßen Teilnehmers verwiesen wird (Abs. 5). Diese Konzeption ist damit erkennbar enger an das ursprüngliche Mediationskonzept angelehnt als die anderen vorgestellten Regelungen und bemüht sich am weitestgehenden um dessen direkte Übernahme. Sollte das UGB tatsächlich in dieser Fassung Realität werden, so kommt es zum offenen Konflikt mit dem verfassungsrechtlich vorgegebenen Prinzip der Verwaltungsverantwortung[129], die sich – nach hier vertretener Auffassung – nicht lediglich auf die Verwaltungsentscheidung, sondern auch bereits auf das ihrer Vorbereitung dienende Verfahren erstreckt.

---

[125] *Kloepfer/Rehbinder/Schmidt-Aßmann*, Umweltgesetzbuch: Allgemeiner Teil, S. 275.

[126] Zur Notwendigkeit der Modifikation des US-amerikanischen Mediationskonzepts unter dem Gesichtspunkt der Wahrung staatlicher Verfahrensverantwortung vgl. oben unter § 13 B IV.

[127] So nach ausführlicher Auseinandersetzung mit Mediation im Rahmen des § 54 Abs. 4 UGB-AT zutreffend *Sünderhauf*, Mediation, S. 189 ff. und S. 202 ff.

[128] Bundesministerium für Umwelt, Naturschutz und Reaktorsicherheit (Hrsg.), Umweltgesetzbuch (UGB-KommE), S. 641. Vgl. ferner *Fiedler*, Der Städtetag 1998, 686 (687); *Schrader*, Konsens 1999, 155 (157 ff.).

[129] *Sendler*, UPR 1997, 381 (384) sieht insofern die Grenzen des rechtlich Zulässigen erreicht, hält sie gleichwohl nicht für überschritten.

§ 21 Ergebnis

Eine nähere Analyse der Beteiligungsverfahren in der Bauleitplanung hat gezeigt, daß sich hier grundsätzlich vielfältige Möglichkeiten zur Nutzung mediativer Verfahren eröffnen. Die weitestgehende Nutzung ist in der frühzeitigen Bürgerbeteiligung nach § 3 Abs. 1 BauGB möglich, wo das herkömmliche Verfahren im Einzelfall durch ein mediatives Verfahren sogar vollständig ersetzt werden kann. Dies ist für die frühzeitige Beteiligung der Träger öffentlicher Belange zwar nicht möglich, jedoch können mediative Verfahren hier eine sinnvolle Ergänzung des notwendigen schriftlichen Verfahrens darstellen. Daß die planerische Abstimmung nach mediativen Verfahrensweisen verlangt, zeigt bereits die Entwicklung in der Praxis, die eigenständig in erkennbarer Nähe zur Mediation stehende Verfahren hervorgebracht hat. Unabhängig davon, ob die Nutzung mediativer Verfahren in der Bürger- oder Trägerbeteiligung erwogen wird, hat sich gezeigt, daß die Frühzeitigkeit ihrer Vornahme von entscheidender Bedeutung ist. Nur dann bestehen hinreichende Spielräume zur Alternativenöffnung, die grundsätzliche Voraussetzung der Akzeptanz einer Beteiligung sind. Da auch die Übernahme einzelner Elemente des Mediationskonzepts in die herkömmlichen Beteiligungsverfahren eine Erhöhung des Zeit-, Organisations- und Kostenaufwands für diese Verfahren zur Folge hat, ist eine Nutzung solcher mediativer Verfahren nicht für den Regelfall, sondern nur für besonders konfliktgeladene Planungskonstellationen zu erwägen. Zum Standard in der Bauleitplanung sollen und können sie nicht werden.

Sofern sich die einzelne Gemeinde zur Durchführung eines Beteiligungsverfahrens unter Hinzuziehung eines Mediators entscheidet, ist sie gut beraten, dessen hinreichende Neutralität durch die Wahl einer entsprechenden Organisationsform sicherzustellen. Unter diesem Aspekt scheint es wenig sinnvoll, Behördenmitarbeiter als Mediatoren einzusetzen, haben doch die Erfahrungen mit Mediation deren fehlende Akzeptanz als neutrale Instanz durch alle Parteien gezeigt. Erfolgversprechender scheint da schon die Gründung einer überregionalen, unabhängigen privatrechtlichen Gesellschaft in öffentlicher Trägerschaft und ihre Betrauung mit Aufgaben der Bauleitplanung. Auch hier hat die Praxis auf eine entsprechende Nachfrage bereits reagiert. In Planungskonstellationen, in denen allein die absolute Neutralität des Mediators erfolgversprechend erscheint – insbesondere also bei gemeindeeigenen Projekten – sollte hingegen ein freiberuflicher, privater Mediator hinzugezogen werden.

Auch wenn noch kein gefestigtes „Berufsbild Mediator" besteht, so stellen sich die Möglichkeiten des Rückgriffs auf qualifizierte Mediatoren doch bedeutend besser dar als noch vor wenigen Jahren. Die Fülle der Ausbildungsangebote läßt jedoch gegenwärtig eine Standardisierung vermissen. Die daraus resultierenden Unsicherheiten der einzelnen Gemeinde bei der Auswahl des für ihre spezifische Problemkonstellation geeigneten Mediators können auf kommunaler Ebene Vorbehalte gegenüber diesem Verfahrensansatz begründen. Diese Vorbehalte drohen ferner unter dem Gesichtspunkt fehlender Information der Verwaltung über Möglichkeiten und Grenzen der Nutzung von Mediation im Öffentlichen Recht: So muß bei isolierter Betrachtung des ursprünglichen Mediationskonzepts der Eindruck entstehen, die Verwaltung werde durch dieses Verfahren in die Rolle eines bloßen Teilnehmers gedrängt und übertrage die Verfahrensherrschaft einem außenstehenden Mediator. Diese Befürchtungen werden einer Aufnahme von Mediation in die Verwaltungspraxis kaum förderlich sein. Hier gilt es angesichts der im Gang befindlichen umfassenden Umbruchprozesse, Rücksicht auf die Sorgen einer sich zunehmend verunsichert, überfordert und bedroht fühlenden Verwaltung zu nehmen, will man verwaltungsreformerische Anliegen nicht an der Skepsis der zu ihrer Durchführung notwendigen Verwaltung scheitern lassen. Vor große Probleme sieht sich die Verwaltung bei der Finanzierung mediativer Verfahren gestellt; eine Kostenübernahme oder auch nur -beteiligung durch die teilnehmenden Bürger erscheint unzumutbar, und ob der (potentielle) Investor sich zur Finanzierung eines solch aufwendigen Verfahrens bereit erklären wird, hängt von der noch ungewissen Akzeptanz mediativer Verfahren bei allen Beteiligten ab.

Es bleibt festzuhalten, daß in der Bundesrepublik gegenwärtig keine den USA vergleichbare gesetzliche Institutionalisierung von Mediation existiert. Auch läßt sich die Prognose wagen, daß eine Institutionalisierung und Integration von Mediation in das Verwaltungsverfahrensrecht – wie sie sich in den USA mit Normierung des *Alternative Dispute Resolution Act* und *Negotiated Rulemaking Act*[130] findet – in Deutschland auch langfristig nicht zu erwarten ist[131]. Neuere gesetzliche Regelungen zur Einbeziehung Dritter im Rahmen von Verwaltungsverfahren bieten zwar Ansatzpunkte für die Nutzung mediativer Verfahrensweisen, am weitesten geht insofern der nicht unproblematische § 89 UGB-KommE. Jedoch ist nicht jede dieser Regelungen zur Hinzuzie-

---

[130] Eine aktuelle Fassung findet sich unter http://www.aphis.usda.gov/ppd/rad/guidance/apa.htm v. 10.08.2001.

[131] So hat sich die Bundesregierung noch 1994 ausdrücklich dafür ausgesprochen, daß angesichts der unzureichenden Erfahrungen mit Mediation in der Bundesrepublik „gegenwärtig von einer Regelung abgesehen werden sollte, mit der Mediationsverfahren in das Umweltrecht eingeführt werden", Bericht der Bundesregierung über die Möglichkeiten einer weiteren Beschleunigung und Vereinfachung der immissionsschutzrechtlichen Genehmigungsverfahren, BT-Drs. 12/6923, S. 25.

Auch in der Literatur wird eine Kodifizierung von Mediation überwiegend abgelehnt, vgl. *Schulze-Fielitz*, Der Konfliktmittler als verwaltungsverfahrensrechtliches Problem, in: Hoffmann-Riem/Schmidt-Aßmann (Hrsg.), Konfliktbewältigung, Bd. II, S. 55 (73 ff.); *Fietkau/Weidner*, Umweltverhandeln, S. 320 f.; *ders./Pfingsten*, AfK 34 (1995), 55 (57). Hingegen plädiert *Hill*, DVBl. 1993, 973 (982) zumindest für eine Aufnahme der Grundstrukturen integrativen Verwaltungshandelns, zu dem er auch Mediation zählt, in die allgemeinen Verfahrensgesetze.

hung Dritter für die Nutzung von Mediation konzipiert. Dies hat insbesondere die nähere Betrachtung des § 5 UVPG gezeigt. Angesichts dieses Befunds steht zu erwarten, daß mediationsähnliche Verfahren in der Bundesrepublik weiterhin unter strikter Trennung von dem gesetzlich vorgesehenen Verwaltungsverfahren primär zur Verbesserung der Informationsgrundlagen und Vorbereitung von Verwaltungsentscheidungen herangezogen werden und damit dem Bereich des informellen Verwaltungshandelns zuzuordnen bleiben. Dies muß jedoch kein der (Weiter-)verbreitung solcher Verfahren im Wege stehendes Hindernis sein. Ganz im Gegenteil wird die fehlende gesetzliche Durchformung des informellen Verwaltungshandelns oftmals zu den notwendigen Voraussetzungen seines Erfolgs gezählt und die Befürchtung geäußert, jede rechtliche Durchdringung gefährde dessen wesenseigene Flexibilität[132]. Ein allzu umfassendes Regelwerk zu Organisation und Verfahren von Mediation steht in der Gefahr, ihre konzeptionellen Vorteile zumindest teilweise zunichte zu machen. Dementsprechend wird auch in den USA von durch die Kodifizierung bedingten Problemen der zu starken Einbindung des Verfahrens in konventionelle Politikprozeduren berichtet[133]. Auch wird die Praxis auf eine solche „Reformalisierung" des informellen Verwaltungshandelns mit der Suche nach neuen Formen unregulierter Kooperation reagieren[134].

---

[132] *Schmidt-Aßmann*, Planung als administrative Handlungsform und Rechtsinstitut, in: Berkemann u.a. (Hrsg.), FS Schlichter, S. 3 (24 f.); *ders.*, Das Allgemeine Verwaltungsrecht als Ordnungsidee, S. 271; *Fietkau/Pfingsten*, AfK 34 (1995), 55 (57); *Passavant*, DÖV 1987, 516 (523); *Maurer*, Allgemeines Verwaltungsrecht, § 15 Rdnr. 21.

[133] *Fietkau/Weidner*, Umweltverhandeln, S. 320 f.

[134] Zurecht fühlen sich *Kunig/Rublack*, Jura 1990, 1 (6) durch diesen Prozeß an den Wettlauf von Hase und Igel erinnert.

Zusammenfassung der wichtigsten Ergebnisse

Die Novellierung des Baugesetzbuchs 1998 ist vor dem Gesamthintergrund einer umfassenden Modernisierung und Reform des Öffentlichen Rechts zu sehen. Zu den gegenwärtig wohl markantesten Ausprägungen dieses Wandels zählt zunächst die immer weiter voranschreitende Privatisierung, die mittlerweile unter dem Schlagwort der Verfahrensprivatisierung auch das Verwaltungsverfahren erfaßt hat. Ferner ist eine Vertiefung öffentlich-privater Kooperation und ihre Steigerung zum Rechts- oder doch zumindest politischen Prinzip festzustellen, die insbesondere in einer Stärkung bürgerschaftlicher Eigenverantwortlichkeit und entsprechender Beteiligungsformen resultiert. Schließlich sind vielfältige gesetzgeberische Bemühungen um die Vereinfachung und Beschleunigung von Planungs- und Genehmigungsverfahren zu verzeichnen. Seine Ursachen hat dieser Wandel der Steuerungsmittel und Handlungsmodi insbesondere in der anhaltenden Finanzkrise der Öffentlichen Hände sowie der zunehmenden Globalisierung des Wettbewerbs und der "Internationalisierung" rechtlicher Lösungsmodelle. Darüber hinaus sind jedoch auch soziale Veränderungen wie die Zunahme der gesellschaftlichen Komplexität und der Wandel des Staat-Bürger-Verhältnisses ursächlich.

Auch das Recht der Bauleitplanung reagiert auf diese allgemeinen Veränderungsprozesse mit einer Ausweitung und Intensivierung öffentlich-privater Kooperation. Neben der Überführung der investorbezogenen Handlungsinstrumente des städtebaulichen Vertrags sowie des vorhabenbezogenen Bebauungsplans in das Dauerrecht sieht das BauROG 1998 mit § 4b BauGB die Einbeziehung "Dritter" auch in die Vorbereitung und Durchführung des bauleitplanerischen Verwaltungsverfahrens vor. Dieses Verfahren ist jedoch von eminenter Bedeutung für das abschließende Planungsergebnis und läßt sich von dem zwingend in hoheitlicher Sphäre zu verbleibenden Vorgang der planerischen Abwägung (§ 1 Abs. 6 BauGB) nicht scharf trennen. Folge ist, daß neben schlichtem und bloß vorbereitendem Verwaltungshandeln nunmehr auch hoheitliche Verwaltungshandlungen, insbesondere die im Baugesetzbuch vorgesehenen Beteiligungsverfahren, zunehmend in die Einflußsphäre privaten Handelns gelangen. Damit sind nachhaltige Gefährdungen einer rechtsstaatlichen, objektiven und gemeinwohlbezogenen Planung sowie der (grund-)gesetzlich vorgegebenen Kompetenzordnung für die Aufgabe der Bauleitplanung verbunden. Maßgeblich Ursache dieser Gefährdungen ist die Offenheit und geringe Konkretisierung der die städtebauliche Kooperation regulierenden Normen des Baugesetzbuchs. Um die stets im Fluß befindliche praktische Entwicklung nicht zu hindern und die für den Rechtsanwender so wichtige Flexibilität der anzuwendenden Vorschriften zu gewährleisten, beschränkt sich der Gesetzgeber bei den neueren Novellen zum Baugesetzbuch im wesentlichen auf die Kodifizierung der ohnehin vorherrschenden kommunalen Praxis.

So ist dann auch die Neuregelung des § 4b BauGB unter zwei Aspekten in besonderem Maße interpretationsbedürftig. Es sind dies erstens der nach dieser Norm zulässigerweise auf Private übertragbare Aufgabenumfang und die rechtlichen Modalitäten einer solchen Übertragung sowie zweitens die Person des in der Neuregelung als "Dritter" Bezeichneten. Als problematisch stellt sich ferner die von § 4b BauGB intendierte Implementation des US-amerikanischen Mediationskonzepts in das deutsche Bauplanungsrecht dar.

Mediation ist eine besondere Konfliktbehandlungsmethode, deren Anwendung aller Erfahrung nach nur unter bestimmten einengenden Voraussetzungen erfolgversprechend ist. Als solche lassen sich festhalten die Kompromißfähigkeit des Konflikts, das Bestehen von Verhandlungsanreizen für die involvierten Parteien, eine gewisse Verhärtung der Konfliktsituation zwischen ihnen sowie als wesensprägende Merkmale der Mediation die Bindungswirkung des Verhandlungsergebnisses und die unbedingte Neutralität des Mediators. Trotz der grundsätzlichen Entwicklungsfähigkeit und Entwicklungsnotwendigkeit des deutschen Verwaltungs(verfahrens)-rechts sind bei der Übernahme dieses aus dem US-amerikanischen Recht stammenden Lösungsansatzes Friktionen zu erwarten, die insbesondere aus den strukturellen Unterschieden zwischen dem amerikanischen und dem deutschen Verwaltungsrechtssystem sowie der Tatsache, daß das Öffentliche Recht Verhandlungen nicht in demselben Maße zuläßt wie das Privatrecht, resultieren.

Eine genauere Analyse des Rechts der Bauleitplanung hat jedoch zunächst eine grundsätzliche Eignung dieses Rechtsgebiet für die experimentelle Erprobung eines Einsatzes von Mediation ergeben. Es ist die Innovationsoffenheit und Flexibilität des Bauplanungsrechts sowie seine hohe Kooperationsabhängigkeit, die dem Einsatz von Mediation entgegenkommt. Auch die gewachsene und weiter wachsende Bedeutung von Akzeptanz der Planung durch die "Beplanten" sowie die Neutralitätsgefährdung der planenden Verwaltung durch ihre Mehrfachrolle im Planungsprozeß lassen eine Erprobung von Mediation auf diesem Rechtsgebiet grundsätzlich erfolgversprechend erscheinen. Schließlich bietet das Bauplanungsrecht als final determiniertes Gesetzesprogramm hinreichende Spielräume für Verhandlungsprozesse.

Bei Betrachtung der verfassungsrechtlich vorgegebenen und einfachgesetzlich konkretisierten Grenzen einer Privatisierung des Bauleitplanverfahrens ergibt sich hingegen die Notwendigkeit der Relativierung und Modifizierung des ursprünglichen Mediationskonzepts ebenso zwingend, wie sich hier Vorgaben für die nähere Auslegung des § 4b BauGB gewinnen lassen. Es ist insbesondere der dem Demokratieprinzip, aber auch der in der kommunalen Selbstverwaltungsgarantie des Art. 28 Abs. 2 GG vorgegebenen und im Baugesetzbuch näher konkretisierten Kompetenzordnung zu entnehmende Grundsatz der gemeindlichen Verantwortung für Aufgabe und Verfahren der Bauleitplanung, der Privatisierungsbestrebungen deutliche Grenzen setzt. Die normative Verantwortung für die Bauleitplanung ist den Kommunen in aller Deutlichkeit zugewiesen, womit gleichwohl nicht ausgeschlossen ist, daß es faktisch zu einer gewissen Verantwortungsteilung mit den in den Planungsprozeß eingebundenen Privaten kommt. Es ist jedoch dafür Sorge zu tragen, daß diese faktische Verantwortungsteilung nicht dazu führt, daß von der normativen Verantwortung nicht mehr als eine "leere Hülse" verbleibt. Unter diesem Aspekt ist es unzulässig, Privaten in der Bauleitplanung hoheitliche Aufgaben wie insbesondere die Durchführung der gesetzlichen Beteiligungsverfahren zur eigenständigen und selbstverantwortlichen Durchführung im Sinne einer Beleihung zu übertragen. Den Verfahrensablauf und damit auch das Verfahrensergebnis vorprägende oder mitgestaltende Ermessensentscheidungen hat die einzelne Kommune ebenso selbständig zu treffen, wie sie materielle Abstimmungen eigenständig vorzunehmen hat. Die Hinzuziehung Privater zu Bauleitplanverfahren ist daher nur im Wege der Verwaltungshilfe zulässig; die Gemeinde hat durch die Vertragsgestaltung sowie eine entsprechende Überwachung und Kontrolle sicherzustellen, daß sich die Tätigkeiten Privater auch tatsächlich hierauf beschränken.

Schon hierdurch werden Modifizierungen des US-amerikanischen Mediationskonzepts zwingend erforderlich: Eine völlige Eigenständigkeit und Weisungsfreiheit des Mediators bei der Verfahrensgestaltung kann es unter der deutschen Verantwortungszuweisung für das (Bau-)Planungsrecht nicht geben. Auch der Grundsatz der Gesetzmäßigkeit der Verwaltung setzt Mediation deutliche Grenzen. So scheitert die Schaffung eines rechtsverbindlichen Verhandlungsabschlusses im Bauplanungsrecht an dem Verbot der vertraglichen Begründung eines Anspruchs auf Bauleitplanung (§ 2 Abs. 3 BauGB). Dieses ist jedoch nicht nur einfachgesetzlich normiert, sondern wird auch von dem im Rechtsstaatsprinzip verfassungsrechtlich verankerten Abwägungsgebot vorausgesetzt, das eine klare Entscheidung gegen eine vorzeitige Bindung der Abwägung trifft. Nicht zuletzt auch vor dem Hintergrund der gegenwärtigen Kritik an einer weiteren Ausweitung städtebaulicher Kooperation ist an eine Lockerung dieses Verbots nicht zu denken. Der Vorrang des Gesetzes verpflichtet die Verwaltung ferner zur Einhaltung objektiv-rechtlicher Normvorgaben und setzt damit ihren Spielräumen in Verhandlungen mit Privaten Grenzen. Im Verhandlungswege kann von Normvorgaben nur dort abgewichen werden, wo ausschließlich subjektive Rechtspositionen des Einzelnen berührt sind und dieser hierauf freiwillig verzichtet. Angesichts dieser (verfassungs-)rechtlich vorgezeichneten Relativierungen und Modifizierungen des ursprünglichen Mediationskonzepts stellt sich eine Nutzung dieses "Rumpfkonzepts" in der Verwaltungspraxis nicht als hinreichend bedeutsame Änderung dar, um den Gesetzesvorbehalt auszulösen, so daß hierauf auch ohne besondere gesetzliche Grundlage zurückgegriffen werden kann.

Das Rechtsstaatsprinzip setzt einer Privatisierung des Bauleitplanverfahrens insbesondere durch den Grundsatz der Amtsermittlung und die Verpflichtung zu Neutralität im Verwaltungsverfahren Grenzen. Im Bauplanungsrecht erhält der Amtsermittlungsgrundsatz durch seine Verankerung im verfassungsrechtlich vorgegebenen Abwägungsgebot einen besonderen Stellenwert vermittelt, der es ausschließt, daß sich die Verwaltung im Zuge einer Verfahrensprivatisierung auf eine ausschließlich nachvollziehende Amtsermittlung zurückzieht. Einen besonderen Stellenwert hat im Bauleitplanungsrecht auch die Verpflichtung zu objektiver, neutraler und distanzierter Verfahrensdurchführung, bietet doch die Einbindung Privater auf diesem rechtlich nur schwach determinierten Gebiet diesen zahlreiche Möglichkeiten zu sachwidriger Einflußnahme. Insbesondere den Beteiligungsverfahren in der Bauleitplanung droht eine Entwertung, wenn sie nicht mit der gebotenen Distanz zur beabsichtigten Planung durchgeführt werden. Entsprechend seiner Bedeutung findet sich der Grundsatz der Neutralität rechtlich vielschichtig verankert: Die Befangenheitsvorschriften der §§ 20, 21 VwVfG sind auf das Handeln Privater im Bauleitplanverfahren grundsätzlich zumindest analog anzuwenden; ferner gebieten der Grundsatz der Verfahrensfairneß sowie das Abwägungsgebot eine objektive, neutrale und distanzierte Verfahrensdurchführung.

Zwar stellen die Kooperationsmodelle des städtebaulichen Vertrags sowie des vorhabenbezogenen Bebauungsplans eine partielle Durchbrechung dieser Neutralitätsverpflichtung dar, sie gelten jedoch nur bereichsspezifisch für einzelne Verfahrensbeiträge und entbinden die Verwaltung nicht von der Verpflichtung, das Verfahren in seiner Gesamtheit entsprechend dem Neutralitätsgrundsatz durchzuführen. Hingegen zeigt eine nähere Untersuchung des § 4b BauGB vor dem Hintergund der Grenzen einer Privatisierung des Bauleitplanverfahrens, daß zumindest diese Regelung ausschließlich den neutralen Privaten als "Dritten" im Sinn hat. Während dieses Ergebnis durch eine Auslegung der Vorschrift entsprechend Wortlaut, Systematik und Teleologie getragen wird, hindert es die einzelne Gemeinde gleichwohl nicht, weiterhin auch nicht Neutrale als Verwaltungshelfer in das Bauleitplanverfahren einzuschalten. Da es hierzu eben keiner besonderen gesetzlichen Grundlage bedarf, kann auch die eine andere Intention verfolgende Regelung des § 4b BauGB nicht entgegenstehen. Gleichwohl zeigt die Neuregelung, daß außerhalb der investorbezogenen Kooperationsinstrumente der §§ 11, 12 BauGB das gesetzgeberische Leitbild für eine Einbindung Privater in die Bauleitplanung das Neutralitätserfordernis vorsieht.

Bezüglich der vom Gesetzgeber beabsichtigten Implementation von Mediation hat sich gezeigt, daß die deutsche Konzeption des Planungsrechts jedenfalls eine Mediation i.e.S. nicht zuläßt. Insbesondere die klare gesetzlich vorgegebene Verantwortungsstruktur läßt der eigenverantwortlichen Ausarbeitung einer Verhandlungslösung durch alle Beteiligten keinen Raum. Dennoch lassen sich einzelne Elemente des ursprünglichen Mediationskonzepts in den herkömmlichen Beteiligungsverfahren der Bauleitplanung nutzen, wobei allerdings die Praxis erst noch zu zeigen haben wird, ob sich auch hiermit die ursprünglich der Mediation zugewiesenen Vorteile erreichen lassen.

Die Nutzung mediativer Elemente in den bauleitplanerischen Beteiligungsverfahren bietet sich jedenfalls nicht als Standard an, sondern sollte besonders kontroversen Planungssituationen vorbehalten bleiben. In solchen Konstellationen ist der Einsatz mediativer Verfahrenselemente dann allerdings in sämtlichen Beteiligungsverfahren des Bauleitplanverfahrens denkbar, sofern die für Verhandlungsspielräume unbedingt erforderliche Frühzeitigkeit der Durchführung gewährleistet ist. Auch die Entscheidung über die Organisationsform des Mediators sollte von der Verwaltung situativ getroffen werden; am erfolgversprechendsten erscheint der Rückgriff auf eine privatrechtlich organisierte Gesellschaft in öffentlicher Trägerschaft bzw. einen unabhängigen privaten Mediator. Für letzteren Fall dürfte der "Mediationsboom" der letzten Jahre dazu geführt haben, daß hinreichend qualifizierte und erfahrene Mediatoren zur Verfügung stehen. Problematischer erscheint eine (Weiter)Verbreitung von Mediation dagegen unter dem bisher weitgehend ungeklärten Aspekt der Finanzierung solcher Verfahren sowie der Furcht der kommunalen Praxis, durch mediative Verfahren die eigene Verfahrensherrschaft zu verlieren.

Dennoch lassen neuere gesetzgeberische Tätigkeiten bzw. erkennbare rechtspolitische Absichten für die Zukunft eine weitere Verbreitung von mediativen Verfahren im Öffentlichen Recht erwarten. Ob dabei im Hinblick auf die Besonderheiten des deutschen Öffentlichen Rechts in enger(er) Anlehnung an das ursprüngliche US-amerikanische Mediationskonzept vorgegangen werden kann, erscheint gegenwärtig ebenso zweifelhaft wie die Zweckmäßigkeit eines solchen Vorgehens. Jedenfalls für das Bauplanungsrecht dürfte es nach der letzten Novelle nunmehr angemessen sein, der kommunalen Praxis Zeit zu geben, sich auf das neue Instrumentarium einzustellen und erst nach hinreichender praktischer Erfahrung hiermit von gesetzgeberischer Seite eine Weiterentwicklung – oder auch Revision – zu erwägen.

LITERATURVERZEICHNIS

Alm-Merk, Heidi, Das Verhältnis zwischen Exekutive und der Verwaltungsgerichtsbarkeit sowie zu Inhalt und Grenzen der Mediation im Verwaltungs- und Verwaltungsgerichtsverfahren, NdsVBl. 1997, S. 245 ff.

Arbeitsgemeinschaft der für das Bau-, Wohnungs- und Siedlungswesen zuständigen Minister der Länder (ARGEBAU), Fachkommission „Städtebau" (Hrsg.), Muster-Einführungserlaß zum Investitionserleichterungs- und Wohnbaulandgesetz, Berlin 1993

Dies. (Hrsg.), Muster-Einführungserlaß zum Bau- und Raumordnungsgesetz 1998 (BauROG), Berlin 1997

v. Arnim, Hans Herbert, Rechtsfragen der Privatisierung, Wiesbaden 1995

Barbian, Thomas W. J., Die Neuartigkeit umwelt- und technologiepolitischer Entscheidungsverfahren – Eine erste vergleichende Fallbewertung, in: Zilleßen u.a. (Hrsg.), Die Modernisierung der Demokratie, S. 297 ff.

Battis, Ulrich, Partizipation im Städtebaurecht, Berlin 1976

Ders., Öffentliches Baurecht und Raumordnungsrecht, 3. Aufl., Stuttgart 1992

Ders., Öffentliches Baurecht und Raumordnungsrecht, 4. Aufl., Stuttgart 1998

Ders., Probleme planungsbezogener städtebaulicher Verträge, ZfBR 1999, S. 240 ff.

Ders./Krautzberger, Michael/Löhr, Rolf-Peter, Bundesbaugesetz, München 1985

Dies., Die Neuregelungen des Baugesetzbuchs zum 1.1.98, NVwZ 1997, S. 1145 ff.

Dies., Baugesetzbuch, 5. Aufl., München 1996

Dies., Baugesetzbuch, 6. Aufl., München 1998

Dies., Baugesetzbuch, 7. Aufl., München 1999

Bauer, Hartmut u.a. (Hrsg.), Entwicklungstendenzen des allgemeinen Verwaltungsrechts und des Städtebaurechts: Referate und Diskussionsbeiträge des X. Deutsch-Polnischen Verwaltungskolloqiums vom 8.-12. September 1997 in Posen, Stuttgart 1999

Beaucamp, Guy, Berichte: Rostocker Umweltrechtstag 1998 zum neuen Städtebau- und Raumordnungsrecht, DVBl. 1998, S. 886 ff.

Behr, Alfred, Der größte Marktplatz steht im Schwarzwald, in: FAZ Nr. 58 v. 10.3.1999, S. 15

Benz, Arthur, Verhandlungen, Verträge und Absprachen in der Öffentlichen Verwaltung, DV 23 (1990), S. 83 ff.

Ders., Kooperativer Staat? Gesellschaftliche Einflußnahme auf staatliche Steuerung, in: Klein/Schmalz-Bruns (Hrsg.), Politische Beteiligung und Bürgerengagement in Deutschland, S. 88 ff.

Benz, Arthur, Kooperative Verwaltung, Baden-Baden 1994

Berkemann, Jörg/Gaetzsch, Günter/Halama, Günter/Heeren, Helga/Hien, Eckart/Lemmel, Hans-Peter (Hrsg.), Planung und Plankontrolle – Entwicklungen im Bau- und Fachplanungsrecht. Otto Schlichter zum 65. Geburtstag, Köln 1995

Bielenberg, Walter/Krautzberger, Michael/Söfker, Wilhelm, Baugesetzbuch mit BauNVO, Leitfaden und Kommentierung, 5. Aufl., München 1998

Birk, Hans-Jörg, Die neuen städtebaulichen Verträge nach dem BauGB und BauGBMaßnG seit dem 1.5.1993 unter besonderer Berücksichtigung der Rechtslage in Baden-Württemberg, VwBlBW 1994, S. 4 ff., 88 ff., 130 ff.

Ders., Verträge als Möglichkeit der Problembewältigung in der Bebauungsplan-Abwägung, in: Berkemann u.a. (Hrsg.), FS Schlichter, S. 113 ff.

Ders., Die neuen städtebaulichen Verträge: Inhalte und Leistungsstörungen; Erschließungsvertrag, städtebaulicher Vertrag, freiwillige Bodenordnung, Folgelastenvertrag, Vorhaben- und Erschließungsvertrag, 2. Aufl., Stuttgart 1996

Ders., Die städtebaulichen Verträge nach BauGB 98. Inhalte und Leistungsstörungen, 3. Aufl., Stuttgart 1999

Blümel, Willi, „Demokratisierung der Planung" oder rechtsstaatliche Planung?, in: Schnur (Hrsg.), Festschrift für Ernst Forsthoff, S. 9 ff.

Ders. (Hrsg.), Frühzeitige Bürgerbeteiligung bei Planungen, Berlin 1982

Ders., Grundrechtsschutz durch Verfahrensgestaltung, in: ders. (Hrsg.), Frühzeitige Bürgerbeteiligung bei Planungen, S. 23 ff.

Ders. (Hrsg.), Einschaltung Privater beim Verkehrswegebau – Innenstadtverkehr, Speyer 1993

Böckel, Martin, Projektmanagement in Verwaltungsverfahren, DÖV 1995, S. 102 ff.

Böckenförde, Ernst-Wolfgang, Demokratie als Verfassungsprinzip, in: Isensee/Kirchhof (Hrsg.), Handbuch des Staatsrechts, Bd. I, § 22

Boeddinghaus, Gerhard, Planungsrechtsnovelle 1997. Position der Planerverbände, BBauBl. 1996, S. 256 ff.

Böhm, Bettina, Öffentlich-private Partnerschaften in der kommunalen Stadtentwicklung: öffentlich-rechtliche Vorgaben und gesellschaftsrechtliche Gestaltung, Frankfurt/M. 1999

Böhret, Carl/Hill, Hermann (Hrsg.), Ökologisierung des Rechts- und Verwaltungssystems, Baden-Baden 1994

Bogumil, Jörg/Kißler, Leo (Hrsg.), Verwaltungsmodernisierung und lokale Demokratie. Risiken und Chancen eines Neuen Steuerungsmodells für die lokale Demokratie, Baden-Baden 1997

Bohne, Eberhard, Der informale Rechtsstaat. Eine empirische und rechtliche Untersuchung zum Gesetzesvollzug unter besonderer Berücksichtigung des Immissionsschutzes, Berlin 1981

Bonk, Heinz Joachim, Strukturelle Änderungen des Verwaltungsverfahrens durch das Genehmigungsverfahrensbeschleunigungsgesetz, NVwZ 1997, S. 320 ff.

BRAK-Ausschuß Mediation, Schlußbericht des BRAK-Ausschusses Mediation, BRAK-Mitt. 1996, S. 186 ff.

Breidenbach, Stephan, Mediation. Struktur, Chancen und Risiken von Vermittlung im Konflikt, Köln 1993/94

Ders./Henssler, Martin (Hrsg.), Mediation für Juristen. Konfliktbehandlung ohne gerichtliche Entscheidung, Köln 1997

Breuer, Rüdiger, Verhandlungslösungen aus der Sicht des deutschen Umweltrechtsschutzrechts, in: Hoffmann-Riem/Schmidt-Aßmann (Hrsg.), Konfliktbewältigung, Band. I, S. 231 ff.

Brohm, Winfried, Sachverständige Beratung des Staates, in: Isensee/Kirchhof (Hrsg.), Handbuch des Staatsrechts, Bd. II, § 36

Ders., Verwaltungsverhandlungen mit Hilfe von Konfliktmittlern, DVBl. 1990, S. 321 ff.

Ders., Konfliktmittlung bei der Umweltverträglichkeitsprüfung im Raumordnungsverfahren, in: Hoffmann-Riem/Schmidt-Aßmann (Hrsg.), Konfliktbewältigung, Bd. II, S. 221 ff.

Ders., Beschleunigung der Verwaltungsverfahren – Straffung oder konsensuales Verwaltungshandeln, NVwZ 1991, S. 1025 ff.

Ders., Rechtsstaatliche Vorgaben für informelles Verwaltungshandeln, DVBl. 1994, S. 133 ff.

Ders., Öffentliches Baurecht: Bauplanungs-, Bauordnungs- und Raumordnungsrecht, 2. Aufl., München 1999

Bruns, Dirk/Mohnen, Elgin, Eine Stadt ohne Bürger? Neue Steuerungsinstrumente in Recht, Politik und Verwaltung – ein Appell für eine „bürgerbasierte" Verwaltungsreform, VR 1999, S. 2 ff.

Brügelmann, Hermann, Baugesetzbuch, Kommentar. Mitbegründet von H. Brügelmann, dargestellt und erläutert von Hansjochen Dürr u.a., Stuttgart, 43. Ergänzungslieferung Jan. 2000

v. Brünneck, Alexander, Gemeindliche Ortsplanung (Bauleitplanung) und Eigentum, in: Bauer u.a. (Hrsg.), Entwicklungstendenzen des allgemeinen Verwaltungsrechts und des Städtebaurechts, S. 270 ff.

Budäus, Dietrich, Public Management. Konzepte und Verfahren zur Modernisierung öffentlicher Verwaltungen, Berlin 1995

Ders./Eichhorn, Peter (Hrsg.), Public Private Partnership: neue Formen öffentlicher Aufgabenerfüllung, Baden-Baden 1997

Büchner, Hans/Schlotterbeck, Karlheinz, Baurecht. Eine nach Rechtsgrundlagen gegliederte Handlungsanleitung. 3. Aufl., Stuttgart 1999

Bulling, Manfred, Kooperatives Verwaltungshandeln (Vorverhandlungen, Arrangements, Agreements und Verträge) in der Verwaltungspraxis, DÖV 1989, S. 277 ff.

Bullinger, Martin, Beschleunigung von Investitionen durch Parallelprüfung und Verfahrensmanagement, JZ 1993, S. 492 ff.

Ders., Investitionsförderung durch nachfragegerechte und kooperative Beschleunigung von Genehmigungsverfahren, JZ 1994, S. 1129 ff.

Bundesamt für Bauwesen und Raumordnung (Hrsg.), ExWoSt-Informationen zum Forschungsfeld „Zentren" Nr. 20.5-6, Bonn 1999

Bundesministerium für Raumordnung, Bauwesen und Städtebau (Hrsg.), Praxis der Gemeinden bei der Beteiligung der Bürger an der Bauleitplanung, Bonn 1982

Dass. (Hrsg.), Bericht der Expertenkommission zur Novellierung des BauGB vom 28. 10. 95, Bonn 1996

Dass. (Hrsg.), Zweite Konferenz der Vereinten Nationen über menschliche Siedlungen im Juni 1996 in Istanbul, Bonn 1997

Dass. (Hrsg.), Kostensenkung bei der Erschließung und Bereitstellung von Wohnbauland, Bonn 1998

Bundesministerium für Umwelt, Naturschutz und Reaktorsicherheit (Hrsg.), Umweltgesetzbuch (UGB-KommE). Entwurf der Unabhängigen Sachverständigenkommission beim Bundesministerium für Umwelt, Naturschutz und Reaktorsicherheit, Berlin 1998

Bundesministerium für Verkehr, Bau- und Wohnungswesen (Hrsg.), Stadt – Planung – Akteure. Nationaler Städtebaukongreß v. 17. bis 19. November 1999, Berlin 2000

Bundesministerium für Wirtschaft (Hrsg.), Investitionsförderung durch flexible Genehmigungsverfahren, Bericht der unabhängigen Expertenkommission (Schlichter-Kommission) zur Vereinfachung und Beschleunigung von Planungs- und Genehmigungsverfahren, Baden-Baden 1994

Dass., Leitfaden zur Einbeziehung Privater bei kommunalen Planungsleistungen, Bonn 1994

Bunzel, Arno, Die Baugesetzbuch-Novelle auf dem kommunalen Prüfstand, AfK 36 (1997), S. 254 ff.

Ders./Lau, Petra/Löhr, Rolf-Peter/Schäfer, Rudolf, Planspiel „BauGB-Novelle", Berlin 1997

Ders./Hecker, Lothar/Lau, Petra/Müller-Jökel, Rainer/Schaber, Michael, Neuerungen im Baugesetzbuch 1998 kommentiert für die Praxis, Berlin 1998

Bunzel, Arno/Coulmas, Diana/Schmidt-Eichstaedt, Gerd, Städtebauliche Verträge – ein Handbuch, 2. Aufl., Berlin 1999

Burgi, Martin, Funktionale Privatisierung und Verwaltungshilfe. Staatsaufgabendogmatik – Phänomenologie – Verfassungsrecht, Tübingen 1999

Ders., Privat vorbereitete Verwaltungsentscheidungen und staatliche Strukturschaffungspflicht. Verwaltungsverfassungsrecht im Kooperationsspektrum zwischen Staat und Gesellschaft, DV 33 (2000), S. 183 ff.

Ders., Kommunales Privatisierungsfolgenrecht: Vergabe, Regulierung und Finanzierung, NVwZ 2001, S. 601 ff.

Burmeister, Joachim, Verträge und Absprachen zwischen der Verwaltung und Privaten, VVDStRL 52 (1993), S. 190 ff.

Busse, Jürgen, Kooperatives Recht im Bauplanungsrecht, BayVBl. 1994, S. 353 ff.

Ders., Kooperatives Recht im Bauplanungsrecht, in: Dose/Voigt (Hrsg.), Kooperatives Recht, S. 131 ff.

Ders./Grziwotz, Herbert, VEP – Der Vorhaben- und Erschließungsplan. Das Planungsinstrument in der Praxis, München 1999

Caspar, Johannes, Schlichten statt richten. Möglichkeiten und Wege außergerichtlicher Streitbeilegung, DVBl. 1995, S. 992 ff.

Damkowski, Wulf (Hrsg.), Moderne Verwaltung in Deutschland : Public management in der Praxis, Stuttgart, Berlin, Köln 1998

v. Danwitz, Thomas, Zum Anspruch auf Durchführung des „richtigen" Verwaltungsverfahrens, DVBl. 1993, S. 422 ff.

Denninger, Erhard, Der gebändigte Leviathan, Baden-Baden 1990

Dreier, Johannes, Die normative Steuerung der planerischen Abwägung. Strikte Normen, generelle Planungsleitbegriffe, Planungsleitlinien und Optimierungsgebote, Berlin 1995

Deutscher Ausschuß für die Europäische Kampagne zur Stadterneuerung (Hrsg.), Planen mit dem Bürger. Ausgewählte Beispiele aus der Praxis. Ein Handbuch zu § 2a Bundesbaugesetz, Bonn 1982

Dienel, Peter C., Die Planungszelle: der Bürger plant seine Umwelt ; eine Alternative zur Establishment-Demokratie, Opladen 1978

Di Fabio, Udo, Verwaltung und Verwaltungsrecht zwischen gesellschaftlicher Selbstregulierung und staatlicher Steuerung, VVDStRL 56 (1997), S. 235 ff.

Ders., Risiokoentscheidungen im Rechtsstaat, Tübingen 1994

Ders., Privatisierung und Staatsvorbehalt, JZ 1999, S. 585 ff.

Ders., Das Kooperationsprinzip – ein allgemeiner Rechtsgrundsatz des Umweltrechts, NVwZ 1999, S. 1153 ff.

Dose, Nicolai, Die verhandelnde Verwaltung, Baden-Baden 1997

Ders., Kooperatives Handeln der Umweltschutzverwaltung, in: ders./Voigt (Hrsg.), Kooperatives Recht, S. 91 ff.

Ders./Voigt, Rüdiger (Hrsg.), Kooperatives Recht, Baden-Baden 1995

Dies., Kooperatives Recht in Norm und Praxis, in: dies. (Hrsg.), Kooperatives Recht, S. 11 ff.

Dürr, Hansjochen, Baurecht, 9. Aufl., Baden-Baden 1998

Duve, Christian, Alternative Dispute Resolution (ADR) – die außergerichtliche Streitbeilegung in den USA, BB 1998, Beilage 10, S. 9 ff.

Ders., Alternative Konfliktregelung in den Vereinigten Staaten, in: Vögele (Hrsg.), Mediation – vermitteln – verhandeln – schlichten, S. 40 ff.

Ehlers, Dirk, Verwaltung in Privatrechtsform, Berlin 1984

Eidenmüller, Horst, Effizienz als Rechtsprinzip. Möglichkeiten und Grenzen der ökonomischen Analyse des Rechts, Tübingen 1995

Ellwein, Thomas/Hesse, Joachim Jens/Mayntz, Renate/Scharpf, Fritz W. (Hrsg.), Jahrbuch zur Staats- und Verwaltungswissenschaft 1987, Baden-Baden 1987

Ders./Hesse, Joachim Jens, Der überforderte Staat, Baden-Baden 1994

Erbguth, Wilfried, Beschleunigung von Infrastrukturplanungen versus private oder staatliche Mediation, NVwZ 1992, S. 551 f.

Ders., Umweltschutz im Gegenwind: die Beschleunigungsgesetze, JZ 1994, S. 477 ff.

Ders., Bauleitplanung und private Investitionen – Städtebauliche Verträge – Vorhaben- und Erschließungsplan, BauROG 1998, VerwArch 1998 (89), S. 189 ff.

Ders./Schink, Alexander, Gesetz über die Umweltverträglichkeitsprüfung. Kommentar. 2. Aufl., München 1996

Ders./Wagner, Jörg, Bauplanungsrecht, 3. Aufl., München 1998

Ders./Witte, Markus, Biete Planung, suche Grundstück – Möglichkeiten und Grenzen städtebaulicher Verträge, DVBl. 1999, S. 435 ff.

Ders./Oebbecke, Janbernd/Rengeling, Hans-Werner/Schulte, Martin (Hrsg.), Planung, Festschrift für Werner Hoppe, München 2000

Erichsen, Hans-Uwe (Hrsg.), Allgemeines Verwaltungsrecht, 11. Aufl., Berlin 1998

Ders. (Hrsg.), Kommunale Verwaltung im Wandel. Symposium aus Anlaß des 60jährigen Bestehens des Kommunalwissenschaftlichen Instituts der Westfälischen Wilhelms-Universität zu Münster, Köln 1999

Ernst, Werner/Hoppe, Werner, Das öffentliche Bau- und Bodenrecht, Raumordnungsrecht, 2. Aufl., München 1981

Ders./Zinkahn, Willy/Bielenberg, Walter, Baugesetzbuch, Band. I, München, Stand Nov. 2000

Ewig, Eugen, Mediation aus der Sicht der Anwaltschaft, BRAK-Mitt. 1996, S. 147

Ders., MediationsGuide 2000, Köln 2000

Faber, Angela, Selbstregulierung und Kooperation bei der Bauleitplanung (Vorhaben- und Erschließungsplan § 12 BauGB), in: Erbguth u.a. (Hrsg.), FS Hoppe, S. 425 ff.

Fackler, Christian, Verfassungs- und verwaltungsrechtliche Aspekte eines Individualanspruchs auf Bauleitplanung, Berlin 1989

Ders., Die Bürgerbeteiligung gemäß § 3 BauGB als subjektiv-öffentliches Recht, BayVBl. 1993, S. 353 ff.

Felten, Frank, Die Novellierung des Baugesetzbuchs 1998. Einordnung in die Genese des deutschen Bau- und Planungsrechts und kritische Bewertung, Kassel 1998

Fickert, Hans Carl, Die Bauleitplanung – Grundzüge, Verfahren, Instrumente zu ihrer Sicherung und Durchsetzung, Bonn 1997

Ders., Zum novellierten Baugesetzbuch, insb. zur Erforderlichkeit der Änderung der Gesetzesvorschriften des § 1 des Baugesetzbuchs aus Sicht der Bauleitplanung, BauR 1997, S. 947 ff.

Fiedler, Klaus, Das Mediationsverfahren als Konfliktregelung im Umweltschutz, Der Städtetag 1998, S. 686 ff.

Fietkau, Hans-Joachim/Pfingsten, Karin, Umweltmediation: Verfahrenseffekte und Urteilsperspektiven, AfK 34 (1995), S. 55 ff.

Ders./Weidner, Helmut, Umweltverhandeln. Konzepte, Praxis und Analysen alternativer Konfliktregelungsverfahren – ein erweiterter Projektbericht, Berlin 1998

Finkelnburg, Klaus, Bauleitplanung, Teilungsgenehmigung, Vorkaufsrechte und Zulässigkeit von Vorhaben. Anmerkungen zur Neufassung des Baugesetzbuchs, NJW 1998, S. 1 ff.

Ders./Ortloff, Karsten-Michael, Öffentliches Baurecht. Bd. I: Bauplanungsrecht, 5. Aufl., München 1998

Fischer, Klaus/Fischer, Kristian, Die Bauleitplanung nach der Baurechtsnovelle 1998, Der Landkreis 1998, S. 70 ff.

Fischer-Ohlemacher, Anne/Körber, Stefan, Partizipative Konsensfindung in der Stadtplanung: Das Gevelsberger Tal, in: Zilleßen u.a. (Hrsg.), Die Modernisierung der Demokratie, S. 202 ff.

Franckenstein, Georg, Public Private Partnership in der Bauleitplanung – Möglichkeiten und Grenzen, UPR 2000, S. 288 ff.

Froessler, Rolf/Selle, Klaus (Hrsg.), Auf dem Weg zur sozial und ökologisch orientierten Erneuerung? Der Beitrag intermediärer Organisationen zur Entwicklung städtischer Quartiere, Band II, Dortmund/Darmstadt 1991

Fürst, Dietrich, Komplexitätsverarbeitung in der Planung (Stadt-, Regional- und Landschaftsplanung) – am Beispiel der Regionalplanung, AfK 35 (1996), S. 20 ff.

Ders./Sinning, Heidi, Moderation in der Raum- und Umweltplanung, Der Landkreis 1996, S. 218 ff.

Fuller, Lon, Mediation – Its Forms and Functions, 44 Southern California Law Review 1971, S. 305 ff.

Gaentzsch, Günter, Baugesetzbuch. Kommentar Köln 1991

Gans, Brigitte, Mediation. Ein Weg des Umgangs mit Konflikten in der räumlichen Planung? 2. Aufl., München 1996

Gaßner, Otto, Planungsgewinn und städtebaulicher Vertrag, BayVBl. 1998, S. 577 ff.

Gaßner, Hartmut/Holznagel, Bernd/Lahl, Uwe, Mediation. Verhandlungen als Mittel der Konsensfindung bei Umweltstreitigkeiten, Bonn 1992

Gnatzky, Thomas, Verfahrensliberalisierung im Bauordnungsrecht der Länder: dogmengeschichtliche Entwicklung und Neuausrichtung bauaufsichtlicher Präventivverfahren in Korrelation zu der Risikoverteilung zwischen Staat und privaten Rechtssubjekten, Berlin 1999

Göb, Rüdiger, Mitwirkungsmöglichkeiten im Planungsverfahren, AfK 19 (1980), S. 26 ff.

Goldberg, Stephen B./Sander, Frank E.A./Rogers, Nancy H., Dispute Resolution. Negotiation, Mediation and Other Processes, Boston 1992

Goller, Jost/Maack, Heinrich/Müller-Hedrich, Bernd W. (Hrsg.), Verwaltungsmanagement. Handbuch für öffentliche Verwaltungen und öffentliche Betriebe, Stuttgart, Stand 1996

Greiving, Stefan, Neue Verwaltungssteuerung und ihre Auswirkungen auf die Bauleitplanung, NWVBl. 1999, S. 46 ff.

Grigoleit, Klaus Joachim, Normative Steuerung von kooperativer Planung. Zum Problem der Kommerzialisierung kommunaler Gemeinwohlkonkretisierung, DV 33 (2000), S. 79 ff.

Grimm, Dieter (Hrsg.), Wachsende Staatsaufgaben – sinkende Steuerungsfähigkeit des Rechts, Baden-Baden 1990

Ders., Der Staat in kontinentaleuropäischer Funktion, in: Voigt (Hrsg.), Abschied vom Staat – Rückkehr zum Staat?, S. 27 ff.

Gronemeyer, Steffen, Deregulierung und Entbürokratisierung aus der Sicht der Anwalts- und Beratungspraxis, in: Stober (Hrsg.), Deregulierung im Wirtschafts- und Umweltrecht, S. 59 ff.

Ders. (Hrsg.), Baugesetzbuch. Praxiskommentar, Wiesbaden 1999

Große-Wilde, Hanns W., Public-Private-Partnership – kommunale Wirklichkeit?, NWVBl. 1994, S. 165 f.

Grziwotz, Herbert, Städtebauliche Verträge als Weg zu einer sozialgerechten Bodennutzung?, DVBl. 1994, S. 1048 ff.

Ders., Einführung in die Vertragsgestaltung im öffentlichen Recht, Jus 1998, S. 1113 ff. und Jus 1999, S. 245 ff.

Gusy, Christoph, Verwaltung durch Verhandlung und Vermittlung, ZfU 1990, S. 353 ff.

Ders. (Hrsg.), Privatisierung von Staatsaufgaben: Kriterien – Grenzen – Folgen, Baden-Baden 1998

Ders., Privatisierung als Herausforderung an Rechtspolitik und Rechtsdogmatik, in: ders. (Hrsg.), Privatisierung von Staatsaufgaben, S. 330 ff.

Hadlich, Wolfgang/Rennhack, Michael, Mediation im öffentlichen Baurecht – Chancen einer neuen Planungskultur, LKV 1999, S. 9 ff.

Haft, Fritjof, Intuitives und rationales Verhandeln, BB 1998, Beilage 10, S. 15 ff.

Hansen, Peter, Die Reform in der öffentlichen Verwaltung, VR 1997, S. 204 ff.

Hay, Peter, Einführung in das amerikanische Recht, 4. Aufl., Darmstadt 1995

Hehn, Marcus, Aus- und Weiterbildungsprogramm des Fördervereins Umweltmediation e.V., Konsens 1999, S. 54 ff.

Heinz, Werner, Public Private Partnership, AfK 37 (1998), S. 210 ff.

Ders./Steinfort, Frank, Public Private Partnerships als Instrumente der Stadtentwicklung, Der Städtetag 1995, S. 238 ff.

Ders./Scholz, Carola, Public Private Partnership im Städtebau – Erfahrungen aus der kommunalen Praxis, Berlin 1996

Hekler, Günter/Kaltenbacher, Wolfram/Krautter, Horst/Zimmer, Georg, Mit dem Bürger planen: ein kooperatives Modell in der Praxis, 2. Aufl., Karlsruhe 1992

Hendler, Reinhard, Die bürgerschaftliche Mitwirkung an der städtebaulichen Planung, Göttingen 1977

Ders./Marburger, Peter/Reinhard, Michael/Schröder, Meinhard (Hrsg.), Rückzug des Ordnungsrechts im Umweltschutz. 14. Trierer Kolloqium zum Umwelt- und Technikrecht vom 6. bis 8. September 1998, Berlin 1999

Ders., Gemeindliche Ortsplanung (Bauleitplanung) und private Investitionen, in: Bauer u.a. (Hrsg.), Entwicklungstendenzen des allgemeinen Verwaltungsrechts und des Städtebaurechts, S. 245 ff.

Henneke, Hans-Günter, 30 Jahre LVwG, 20 Jahre VwVfG – Stabilität und Flexibilität des Verwaltungshandelns, DÖV 1997, S. 768 ff.

Henssler, Martin/Koch, Ludwig (Hrsg.), Mediation in der Anwaltspraxis, Bonn 2000

Hermani, Gabriele, Städtische Klinkenputzer zwischen allen Stühlen. City-Manager müssen viel Überzeugungsarbeit leisten / Mittler zwischen Politik, Wirtschaft und Bürgern, FAZ Nr. 295 v. 19.12.1998, S. 51.

Hesse, Hans Gerd/Korbion, Hermann/Mantscheff, Jack/Vygen, Klaus (Hrsg.), Honorarordnung für Architekten und Ingenieure, Kommentar, 5. Aufl., München 1996

Hesse, Joachim Jens, Aufgaben einer Staatslehre heute, in: Ellwein u.a. (Hrsg.), Jahrbuch zur Staats- und Verwaltungswissenschaft 1987, S. 55 ff.

Ders., Verhandlungslösungen und kooperativer Staat, in: Hoffmann-Riem/Schmidt-Aßmann (Hrsg.), Konfliktbewältigung, Bd. I, S. 97 ff.

Hesse, Konrad, Grundzüge des Verfassungsrechts der Bundesrepublik Deutschland, 20. Aufl., Heidelberg 1995

v. Heyl, Arnulf/Prätorius, Rainer, Kommunalverwaltung und Bürgerbeteiligung im Planungsprozeß: Grüne Theorie und graue Praxis, in: Hoffmann-Riem (Hrsg.), Bürgernahe Verwaltung?, S. 260 ff.

Hien, Eckart, Bemerkungen zum städtebaulichen Vertrag, in: Berkemann u.a. (Hrsg.), FS Schlichter, S. 129 ff.

Hill, Hermann (Hrsg.), Verwaltungshandeln durch Verträge und Absprachen, Baden-Baden 1990

Ders., Integratives Verwaltungshandeln – Neue Formen von Kommunikation und Bürgermitwirkung, DVBl. 1993, S. 973 ff.

Ders., Dialoge über Grenzen – Kommunikation bei Public Private Partnership –, in: ders. (Hrsg.), Dialoge über Grenzen, S. 11 ff.

Ders. (Hrsg.), Dialoge über Grenzen: Kommunikation bei Public Private Partnership, Köln 1996

Ders., Die Vielfalt der Akteure. Eine Chance für den Wohnungs- und Städtebau, Der Städtetag 1998, S. 5 ff.

Hoffjan, Andreas, Zur Make-Or-Buy-Problematik in der öffentlichen Verwaltung. Darstellung am Beispiel der Trägerschaft der öffentlichen Jugendhilfe, DV 28 (1995), S. 389 ff.

Hoffmann-Riem, Wolfgang (Hrsg.), Bürgernahe Verwaltung?, Neuwied 1980

Ders., Selbstbindung der Verwaltung, VVDStRL 40 (1982), S. 187 ff.

Ders., Konfliktmittler in Verwaltungsverhandlungen, Heidelberg 1989

Ders., Reform des allgemeinen Verwaltungsrechts als Aufgabe – Ansätze am Beispiel des Umweltschutzes, AöR 115 (1990), S. 400 ff.

Ders., Verhandlungslösungen und Mittlereinsatz im Bereich der Verwaltung: Eine vergleichende Einführung, in: ders./Schmidt-Aßmann (Hrsg.), Konfliktbewältigung durch Verhandlungen, Band I, S. 13 ff.

Ders., Verwaltungsrechtsreform – Ansätze am Beispiel des Umweltschutzes – , in: ders./Schmidt-Aßmann/Schuppert (Hrsg.), Reform des Allgemeinen Verwaltungsrechts, S. 115 ff.

Ders., Verfahren, in: Böhret/Hill (Hrsg.), Ökologisierung des Rechts- und Verwaltungssystems, S. 114 ff.

Ders., Ermöglichung von Flexibilität und Innovationsoffenheit im Verwaltungsrecht, in: ders./Schmidt-Aßmann (Hrsg.), Innovation und Flexibilität des Verwaltungshandelns, S. 9 ff.

Ders., Verfahrensprivatisierung als Modernisierung, in: ders./Schneider (Hrsg.), Verfahrensprivatisierung im Umweltrecht, S. 9 ff.

Ders., Verfahrensprivatisierung als Modernisierung, DVBl. 1996, S. 225 ff.

Ders., Öffentliches Recht und Privatrecht als wechselseitige Auffangordnungen – Systematisierung und Entwicklungsperspektiven, in: ders./Schmidt-Aßmann (Hrsg.), Öffentliches Recht und Privatrecht als wechselseitige Auffangordnungen, S. 261 ff.

Ders., Tendenzen in der Verwaltungsrechtsentwicklung, DÖV 1997, S. 433 ff.

Ders., Konfliktbewältigung in einer angebotsorientierten Rechtsschutzordnung, ZRP 1997, S. 190 ff.

Ders., Innovationssteuerung durch die Verwaltung: Rahmenbedingungen und Beispiele, DV 33 (2000), S. 155 ff.

Ders./Schmidt-Aßmann, Eberhard (Hrsg.), Konfliktbewältigung durch Verhandlungen: Band I: Informelle und mittlergestützte Verhandlungen in Verwaltungsverfahren, Baden-Baden 1990

Dies. (Hrsg.), Konfliktbewältigung durch Verhandlungen: Band II: Konfliktmittlung im Verwaltungsverfahren, Baden-Baden 1990

Dies. (Hrsg.), Innovation und Flexibilität des Verwaltungshandelns, Baden-Baden 1994

Dies. (Hrsg.), Öffentliches Recht und Privatrecht als wechselseitige Auffangordnungen, Baden-Baden 1996

Dies. (Hrsg.), Verwaltungsorganisationsrecht als Steuerungsressource, Baden-Baden 1997

Dies./Schuppert, Gunnar Folke Schuppert (Hrsg.), Reform des Allgemeinen Verwaltungsrechts, Baden-Baden 1993

Hoffmann-Riem, Wolfgang/Schneider, Jens-Peter (Hrsg.), Verfahrensprivatisierung im Umweltrecht, Baden-Baden 1996

Holznagel, Bernd, Einsatz von Konfliktmittlern im amerikanischen Umweltrecht, DV 22 (1989), S. 421 ff.

Ders., Konfliktlösung durch Verhandlungen. Aushandlungsprozesse als Mittel der Konfliktverarbeitung bei der Ansiedlung von Entsorgungsanlagen für besonders überwachungsbedürftige Abfälle in den Vereinigten Staaten und der Bundesrepublik, Baden-Baden 1990

Ders., Mediation im Verwaltungsrecht, in: Breidenbach/Henssler (Hrsg.), Mediation für Juristen, S. 147 ff.

Ders., Mediation im Umwelt- und Planungsrecht, Jura 1999, S. 71 ff.

Hoppe, Werner, Zur Struktur von Normen des Planungsrechts. Bemerkungen zu rechtsstaatlichen Anforderungen an die Begriffsbildung im Planungsrecht, DVBl. 1974, S. 641 ff.

Ders., Die „Zusammenstellung des Abwägungsmaterials" und die „Einstellung der Belange" in die Abwägung „nach Lage der Dinge" bei der Planung, DVBl. 1977, S. 136 ff.

Ders., Rechtsprobleme bei Standortauswahlverfahren für Abfallentsorgungsanlagen durch private Auftragnehmer, DVBl. 1994, S. 255 ff.

Ders., Rechtsprobleme bei der Verfahrensprivatisierung von Standortauswahlverfahren im Abfallrecht – Statement, in: Hoffmann-Riem/Schmidt-Aßmann (Hrsg.), Verfahrensprivatisierung im Umweltrecht, S. 275 ff.

Ders./Beckmann, Martin, Zur rechtlichen Unbedenklichkeit der alternativlosen Übernahme des Projektentwurfs eines privaten Vorhabensträgers durch die planende Gemeinde, DVBl. 1987, S. 1249 ff.

Ders./Bleicher, Herbert, Rechtsprobleme der Verfahrensprivatisierung von Standortauswahlverfahren im Abfallrecht, NVwZ 1996, S. 421 ff.

Ders./Grotefels, Susan, Öffentliches Baurecht, München 1995

Hoppenberg, Michael, Handbuch des öffentlichen Baurechts, München, Stand April 2000

v. Hoyningen-Huene, Dagmar, Mediation – Eine Alternative zum gerichtlichen Verfahren, Jus 1997, S. 352 ff.

Ipsen, Jörn (Hrsg.), Privatisierung öffentlicher Aufgaben: private Finanzierung kommunaler Investitionen. Symposium des Instituts für Kommunalrecht der Universität Osnabrück am 15. September 1993, Köln 1994

Isensee, Josef, Rechtsstaat – Vorgabe und Aufgabe der Einigung Deutschlands, in: ders./Kirchhof (Hrsg.), Handbuch des Staatsrechts, Bd. IX, § 202

Ders./Kirchhof, Paul (Hrsg.), Handbuch des Staatsrechts der Bundesrepublik Deutschland

- Bd. I: Grundlagen von Staat und Verfassung, Heidelberg 1987

- Bd. II: Demokratische Willensbildung – Die Staatsorgane des Bundes, Heidelberg 1987

- Bd. III: Das Handeln des Staates, Heidelberg 1988

- Bd. IX: Die Einung Deutschlands – Festigung und Übergang –, Heidelberg 1997

Jäde, Henning, Präklusion im Anzeigeverfahren?, UPR 1993, S. 4 ff.

Ders., Neue Aspekte städtebaulicher Verträge, BayVBl 1992, S. 549 ff.

Ders./Dirnberger, Franz/Weiss, Josef, Baugesetzbuch: Kommentar, Stuttgart 1998

Dies., Baugesetzbuch, Baunutzungsverordnung: Kommentar, 2. Aufl., Stuttgart 1999

Jarass, Hans, Besonderheiten des amerikanischen Verwaltungsrechts im Vergleich - Zugleich ein Beitrag zum Stellenwert des Verwaltungsverfahrens, DÖV 1985, S. 377 ff.

Jeglitza, Matthias/Hoyer, Carsten, Deutsche Verfahren alternativer Konfliktlösung bei Umweltstreitigkeiten – Eine Dokumentation, in: Zilleßen (Hrsg.), Mediation, S. 137 ff.

Kahl, Wolfgang, Das Kooperationsprinzip im Städtebaurecht, DÖV 2000, S. 793 ff.

Karehnke, Wolfgang, Die rechtsgeschäftliche Bindung kommunaler Bauleitplanung. Zugleich ein Beitrag zur Wirksamkeit und Rückabwicklung öffentlich-rechtlicher Verträge, Frankfurt/M. 1983

Kempf, Eberhard, Nonsens oder Konsens?, Konsens 1999, S. 40 ff.

Kippes, Stephan, Bargaining – Informales Verwaltungshandeln und Kooperation zwischen Verwaltungen, Bürgern und Unternehmen, Köln 1995

Kirchhof, Ferdinand, Die Optimierung der Beteiligung der Träger öffentlicher Belange an Bauleitplanungsverfahren, Stuttgart 1994

Kirchmeier, Johannes, Rechtliches Gehör in der Bauleitplanung, in: Lenz (Hrsg.), FS Gelzer, S. 77 ff.

Kirsch, Daniela, Public Private Partnership: eine empirische Untersuchung der kooperativen Handlungsstrategien in Projekten der Flächenerschließung und Immobilienentwicklung, Köln 1997

Klages, Helmut, Verwaltungsmodernisierung durch „neue Steuerung"?, AfK 34 (1995), S. 203 ff.

Ders., Engagement und Engagementpotential in Deutschland. Erkenntnisse der empirischen Forschung, in: Aus Politik und Zeitgeschichte, Beilage zur Wochenzeitung Das Parlament, B 38/98 vom 11.9.1999, S. 29 ff.

Klein, Ansgar/Schmalz-Bruns, Rainer (Hrsg.), Politische Beteiligung und Bürgerengagement in Deutschland, Bonn 1997

Kloepfer, Michael, Umweltrecht, 2. Aufl., München 1998

Ders./Rehbinder, Eckard/Schmidt-Aßmann, Eberhard, Umweltgesetzbuch: Allgemeiner Teil, 2. Aufl., Berlin 1991

Koch, Hans-Joachim, (Verfahrens-)Privatisierung im öffentlichen Baurecht, in: Hoffmann-Riem/Schneider (Hrsg.), Verfahrensprivatisierung im Umweltrecht, S. 170 ff.

Köbler, Gerhard/Heinze, Meinhard/Hromadka, Wolfgang (Hrsg.), Europas universale rechtsordnungspolitische Aufgabe im Recht des dritten Jahrtausends, Festschrift für Alfred Söllner, München 2000

Köcher, Renate, Vaterlandslose Gesellen – Die Deutschen trauen den Unternehmern wenig Interesse am Gemeinwohl zu, FAZ Nr. 238 v. 13.10.1999, S. 5

Köchling, Peter, Verfahrensprivatisierung bei Standortsuche und Planfeststellungsbeschlüssen für Deponien, in: Hoffmann-Riem/Schneider (Hrsg.), Verfahrensprivatisierung im Umweltrecht, S. 201 ff.

König, Klaus, „Neue" Verwaltung oder Verwaltungsmodernisierung: Verwaltungspolitik in den 90er Jahren, DÖV 1995, S. 349 ff.

König, Rainer/Haßelmann, Uwe, König als Kunde?, VR 1998, S. 410 ff.

Ders., Verwaltungsmodernisierung im internationalen Vergleich, DÖV 1997, S. 265 ff.

Kopp, Ferdinand O./Ramsauer, Ulrich, Verwaltungsverfahrensgesetz, 7. Aufl., München 2000

Kormann, Joachim (Hrsg.), Aktuelle Fragen der Planfeststellung, München 1994

Ders. (Hrsg.), Das neue Bundesbaurecht: erste Erfahrungen, aktuelle Probleme, weitere Perspektiven, München 1994

Korthals, Gernot, Privatisierung öffentlicher Aufgaben, Der Landkreis 1997, S. 18 ff.

Kostka, Dieter, Öffentliches Konfliktmanagement, DV 26 (1993), S. 87 ff.

Ders., Kooperation, Partizipation oder starker Staat – Wohin entwickelt sich öffentliches Konfliktmanagement? –, Konsens 1999, S. 140 ff.

Krautzberger, Michael, Public-Private-Partnership – Kooperationsmodelle aus städtebaulicher Sicht, Städte- und Gemeinderat, 1993, S. 44 ff.

Ders., Zur Entwicklung des Städtebaurechts in der 14. Legislaturperiode, UPR 1999, S. 401 ff.

Krebs, Walter, Zulässigkeit und Wirksamkeit vertraglicher Bindungen kommunaler Bauleitplanung, VerwArch 72 (1981), S. 49 ff.

Ders., Konsensuales Verwaltungshandeln im Städtebaurecht, DÖV 1989, S. 969 ff.

Ders., Bauplanungs- und Bauordnungsrecht, in: Hill (Hrsg.), Verwaltungshandeln durch Verträge und Absprachen, S. 77 ff.

Ders., Verträge und Absprachen zwischen der Verwaltung und Privaten, VVDStRL 52 (1993), S. 248 ff.

Ders., Baurecht, in: Schmidt-Aßmann (Hrsg.), Besonderes Verwaltungsrecht, S. 327 ff.

Kroeschell, Karl (Hrsg.), Recht und Verfahren, Heidelberg 1993

Kühling, Jürgen, Rechtsprechung des Bundesverwaltungsgerichts zum Fachplanungsrecht, DVBl. 1989, S. 221 ff.

Kunig, Philip, Alternativen zum einseitig-hoheitlichen Verwaltungshandeln, in: Hoffmann-Riem/Schmidt-Aßmann (Hrsg.), Konfliktbewältigung, Bd. I, S. 43 ff.

Ders./Rublack, Susanne, Aushandeln statt Entscheiden, Jura 1990, S. 1 ff.

Ladeur, Karl-Heinz, Die Zukunft des Verwaltungsakts – Kann die Handlungsformenlehre aus dem Aufstieg des „informalen Verwaltungshandelns" lernen? –, VerwArch 86 (1995), S. 511 ff.

Lahl, Uwe, Der Bielefelder MVA-Vertrag. Ein Erfahrungsbericht zum konsensualen Verwaltungshandeln, DV 25 (1992), S. 241 ff.

Lankau, Ingo-Endrick, „Lösung statt Prozeß" – Entwicklung und Funktionen der Konfliktregelung durch Mediation in Verwaltungsverfahren –, Konsens 1999, S. 18 ff.

Laubinger, Hans-Werner, Der Verfahrensgedanke im Verwaltungsrecht (noch unveröffentlichtes Manuskript)

Leif, Thomas, Unkonventionelle Beteiligungsverfahren und die Notwendigkeit der Vitalisierung der Bürgergesellschaft in: Aus Politik und Zeitgeschichte, Beilage zur Wochenzeitung Das Parlament, B 38/98 vom 11.9.1998, S. 12 ff.

Lenz, Wolfgang (Hrsg.), Festschrift für Konrad Gelzer zum 75. Geburtstag, Düsseldorf 1991

Lerche, Peter/Schmitt Glaeser, Walter/Schmidt-Aßmann, Eberhard, Verfahren als staats- und verwaltungsrechtliche Kategorie, Heidelberg 1984

Loomann, Gundula, „Ausverkauf von Hoheitsrechten" in Verträgen zwischen Bauherren und Gebietskörperschaften, NJW 1996, S. 1439 ff.

Lübbe-Wolff, Gertrude, Das Kooperationsprinzip im Umweltrecht – Rechtsgrundsatz oder Deckmantel des Vollzugsdefizits?, NuR 1989, S. 295 ff.

Lüder, Klaus, „Triumph des Marktes im öffentlichen Sektor?" – Einige Anmerkungen zur aktuellen Verwaltungsreformdiskussion, DÖV 1996, S. 93 ff.

Lüers, Hartwig, Die Änderungen des Baugesetzbuchs durch das Bau- und Raumordnungsgesetz 1998 – BauROG I, ZfBR 1997, S. 231 ff.

Ders., Die Bauleitplanung nach dem BauROG, DVBl. 1998, S. 433 ff.

Maaß, Rainald, Mediation in immissionsschutzrechtlichen Widerspruchsverfahren, VerwArch 88 (1997), S. 701 ff.

Madigan, Denise/Susskind, Lawrence/Weinstein, Alan, Vorüberlegungen für eine verbesserte Konfliktbewältigung im Umweltbereich, in: Hoffmann-Riem/Schmidt-Aßmann (Hrsg.), Konfliktbewältigung, Band I, S. 151 ff.

Mähler, Hans-Georg/Mähler, Gisela, Streitschlichtung – Anwaltssache, hier: Mediation, NJW 1997, S. 1262 ff.

Maslaton, Martin, Privatisierungstendenzen im Baurecht unter besonderer Berücksichtigung des Vorhaben- und Erschließungsplans, in: Hoffmann-Riem/Schneider (Hrsg.), Verfahrensprivatisierung im Umweltrecht, S. 125 ff.

Maurer, Hartmut, Allgemeines Verwaltungsrecht, 13. Aufl., München 2000

Mayntz, Renate u.a., Vollzugsprobleme der Umweltpolitik. Empirische Untersuchung der Implementation von Gesetzen im Bereich der Luftreinhaltung und des Gewässerschutzes, Stuttgart 1978

Meins, Jon, Verhandeln und Mediation NJW 1998, S. 125 f.

Meißner, Jens, Baugesetzbuch 1998: Synopse, Stuttgart 1997

Metscher, Walter, Beschleunigte Ausweisung von Wohnbauland – Erfahrungen aus der kommunalen Praxis bei der Anwendung von Verfahrenserleichterungen und Präklusionsregelungen nach § 2 BauGB-MaßnahmenG, DÖV 1994, S. 894 ff.

Möller, Klaus-Peter/Reitzmann, Claudia, Mediation in Gesellschaft und Politik – Vermittlung in Konflikten, in: Köbler u.a. (Hrsg.), FS Söllner, S. 761 ff.

Neßler, Volker, Der Neutralitätsgrundsatz im Vergaberecht, NVwZ 1999, S. 1081 ff.

v. Nicolai, Helmuth, Das neue Baugesetzbuch: aktuelle Planungsvorschriften im Original – Gesetzestext mit Kommentierung, Mering 1997

Ders., Vorhabenbezogener Bebauungsplan, in: ders. u.a. (Hrsg.), Verträge des Baugesetzbuchs, S. 73 ff.

Ders./Wagner, Karl/Wecker, Lucia, Verträge des Baugesetzbuchs: Vorhaben- und Erschließungsplan mit Durchführungsvertrag; Erschließungsvertrag; sonstige städtebauliche Verträge; systematische Darstellung mit Mustern für die moderne Bauleitplanung, Kronach 1999

Oebbecke, Janbernd, Die verfassungsrechtlich gewährleistete Planungshoheit der Gemeinden, in: Erbguth u.a. (Hrsg.), FS Hoppe, S. 239 ff.

Oerder, Michael, Städtebaulicher Vertrag nach dem BauROG 1998, NVwZ 1997, S. 1190 ff.

Ders., Praktische Probleme der Städtebaulichen Verträge nach § 11 BauGB, BauR 1998, S. 22 ff.

Oettele, Karl, Elemente der Ökonomisierung des Verwaltungshandelns, DV 32 (1999), S. 291 ff.

Offele, Josef, Bauplanungs- und Bauordnungsrecht, in: Hill (Hrsg.), Verwaltungshandeln durch Verträge und Absprachen, S. 90 ff.

Ohms, Martin J., Städtebaulicher Vertrag statt planerischer Festsetzung – Vorrang konsensualer Instrumente in der Bauleitplanung, BauR 2000, S. 983 ff.

Oldiges, Martin, Baurecht, in: Steiner (Hrsg.), Besonderes Verwaltungsrecht, S. 485 ff.

Ortloff, Karsten-Michael, Richterauftrag und Mediation, in: Breidenbach/Henssler (Hrsg.), Mediation für Juristen, S. 111 ff.

Osterloh, Lerke, Privatisierung von Verwaltungsaufgaben, VVDStRL 54 (1995), S. 204 ff.

Passavant, Oliver, Mittlergestützte Kooperation in komplexen Verwaltungsprojekten, DÖV 1987, S. 516 ff.

Peine, Franz-Joseph, Verfahrensprivatisierung in der Verkehrswegeplanung, in: Hoffmann-Riem/Schneider (Hrsg.), Verfahrensprivatisierung im Umweltrecht, S. 95 ff.

Ders., Grenzen der Privatisierung – verwaltungsrechtliche Aspekte, DÖV 1997, S. 353 ff.

Ders., Öffentliches Baurecht, 3. Aufl., Tübingen 1997

Ders., Die Präklusion öffentlicher Belange, in: Ziekow (Hrsg.), Beschleunigung von Planungs- und Genehmigungsverfahren, S. 249 ff.

Ders., Das neue Bau- und Raumordnungsrecht 1998, JZ 1998, S. 23 ff.

Pelikan, Christa (Hrsg.), Mediationsverfahren. Horizonte, Grenzen, Innensichten, Baden-Baden 1999

Pietzcker, Jost, Das Verwaltungsverfahren zwischen Verwaltungseffizienz und Rechtsschutzauftrag, VVDStRL 41 (1983), S. 193 ff.

Ders., Verfahrensprivatisierung und staatliche Verfahrensverantwortung, in: Hoffmann-Riem/Schmidt-Aßmann (Hrsg.), Verfahrensprivatisierung im Umweltrecht, S. 284 ff.

Pitschas, Rainer, Dienstleistungsverwaltung und serviceorientierte Rechtskonkretisierung, BayVBl. 2000, S. 97 ff.

Ponschab, Reiner, Mediation in der anwaltlichen Tätigkeit, in: Breidenbach/Henssler (Hrsg.), Mediation für Juristen, S. 93 ff.

Preschel, Christina, Das neue Baugesetzbuch, NJ 1998, S. 13 ff.

Proksch, Roland, Mediation in Deutschland – Stand und Perspektiven außergerichtlicher Konfliktregelung durch Mediation, Konsens 1998, S. 7 ff.

Prütting, Hans, Schlichten statt Richten?, JZ 1985, S. 261 ff.

Pschera, Thomas, Aufstellung und Gültigkeit von Bebauungsplänen, Die Gemeinde 1998, S. 464 ff.

Rabe, Klaus/Steinfort, Frank/Heinz, Detlef, Bau- und Planungsrecht, 4. Aufl., Köln 1997

Ramsauer, Ulrich, Mediation im Umweltrecht, in: Breidenbach/Henssler (Hrsg.), Mediation für Juristen, S. 161 ff.

Rehme, Thomas, Einbeziehung Privater in den Verkehrswegebau, in: Stüer (Hrsg.), Verfahrensbeschleunigung, S. 320 ff.

Reidt, Olaf, § 4b BauGB – Die Einschaltung Dritter in die Bauleitplanung, NVwZ 1998, S. 592 ff.

Ders., Der „neue" Vorhaben- und Erschließungsplan/vorhabenbezogene Bebauungsplan nach dem BauROG 1998, BauR 1998, S. 909 ff.

Rengeling, Hans-Werner, Das Kooperationsprinzip im Umweltrecht, Köln 1988

Renn, Ortwin/Oppermann, Bettina, „Bottom-up" statt „Top-down" – Die Forderung nach Bürgermitwirkung als (altes und neues) Mittel zur Lösung von Konflikten in der räumlichen Planung, in: Ritter (Hrsg.), Stadtökologie, S. 257 ff.

Reschke, Hasso, Projektmanagement für die öffentliche Verwaltung, in: Goller u.a. (Hrsg.), Verwaltungsmanagement, B 3.1

Ritter, Ernst-Hasso, Der kooperative Staat, AöR 104 (1979), S. 389 ff.

Ders., Das Recht als Steuerungsmedium im kooperativen Staat, in: Grimm (Hrsg.), Wachsende Staatsaufgaben – sinkende Steuerungsfähigkeit des Rechts, S. 69 ff.

Ders. (Hrsg.), Stadtökologie. Konzeptionen, Erfahrungen, Probleme, Lösungswege, Berlin 1996

Ders., Organisationswandel durch Expertifizierung und Privatisierung im Ordnungs- und Planungsrecht, in: Hoffmann-Riem/Schmidt-Aßmann (Hrsg.), Verwaltungsorganisationsrecht als Steuerungsressource, S. 207 ff.

Röhl, Hans Christian, Verwaltungsverantwortung als dogmatischer Begriff?, DV, Beiheft 2/1999, S. 33 ff.

Rothe, Karl-Heinz, Die Aufstellung von Bauleitplänen. Begründet von Karl-Heinz Rothe, fortgeführt und neu bearbeitet von Karl Müller, 3. Aufl., Stuttgart 2000

Sachverständigenrat „Schlanker" Staat (Hrsg.), Abschlußbericht, 2. Aufl., Bonn 1998

Scharmer, Eckart, Deutsches Städtebaurecht und Standortentscheidungen im Europäischen Binnenmarkt, ZfBR 1993, S. 52 ff.

Scharpf, Fritz W., Die Handlungsfähigkeit des Staates am Ende des zwanzigsten Jahrhunderts, PVS 1991, S. 621 ff.

Schenk, Karl-Ernst/Schmidtchen, Dieter/Streit, Manfred E. (Hrsg.), Vom Hoheitsstaat zum Konsensualstaat: Neue Formen der Kooperation zwischen Staat und Privaten. Jahrbuch für neue politische Ökonomie, Tübingen 1996

Schieferstein, Werner/Krämer, Karl-Anton, Maulkorb für Dobermänner? – Anwälte zwischen Beiß-Tradition und neuen Wegen zum kooperativen Verhandeln –, Konsens 1999, S. 3 ff.

Schlichter, Otto, Investitionsförderung durch flexible Genehmigungsverfahren, DVBl. 1995, S. 173 ff.

Ders./Stich, Rudolf (Hrsg.), Berliner Kommentar zum Baugesetzbuch, 2. Aufl., Köln 1995

Dies. (Hrsg.), Berliner Schwerpunkte-Kommentar zum BauGB 1998, Köln 1998

Schliepkorte, Jörg, Baugesetzbuch-Novelle. Die wichtigsten Änderungen zum 1. Jan. 1998, BBauBl. 1997, S. 610 ff., S. 692 ff.

Schmidt, Frank, Mediation und andere Formen der Partizipation in der öffentlichen Verwaltung, Konsens 1999, S. 290 ff.

Schmidt, Rainer, Die Reform von Verwaltung und Verwaltungsrecht. Reformbedarf – Reformanstöße – Reformansätze, VerwArch 91 (2000), S. 149 ff.

Schmidt-Aßmann, Eberhard, Der Rechtsstaat, in: Isensee/Kirchhof (Hrsg.), Handbuch des Staatsrechts, Bd. I, § 24

Ders., Verwaltungsverfahren, in: Isensee/Kirchhof (Hrsg.), Handbuch des Staatsrechts, Bd. III, § 70

Ders., Die Lehre von den Rechtsformen des Verwaltungshandelns – ihre Bedeutung im System des Verwaltungsrechts und für das verwaltungsrechtliche Denken der Gegenwart, DVBl. 1989, S. 533 ff.

Ders., Konfliktmittlung in der Dogmatik des deutschen Verwaltungsrechts, in: Hoffmann-Riem/Schmidt-Aßmann (Hrsg.), Konfliktbewältigung, Bd. II, S. 9 ff.

Ders., Verwaltungsverträge im Städtebaurecht, in: Lenz (Hrsg.), FS Gelzer, S. 117 ff.

Ders., Zur Reform des Allgemeinen Verwaltungsrechts – Reformbedarf und Reformansätze –, in: Hoffmann-Riem u.a. (Hrsg.), Reform des Allgemeinen Verwaltungsrechts, S. 11 ff.

Ders., Planung als administrative Handlungsform und Rechtsinstitut, in: Berkemann u.a. (Hrsg.), FS Schlichter, S. 3 ff.

Ders., Verwaltungsorganisationsrecht als Steuerungsressource, in: Hoffmann-Riem/Schmidt-Aßmann (Hrsg.), Verwaltungsorganisationsrecht als Steuerungsressource, S. 9 ff.

Ders., Das allgemeine Verwaltungsrecht als Ordnungsidee: Grundlagen und Aufgaben der verwaltungsrechtlichen Systembildung, Berlin 1998

Ders. (Hrsg.), Besonderes Verwaltungsrecht, 11. Aufl., Berlin 1999

Ders./Krebs, Walter, Rechtsfragen städtebaulicher Verträge – Vertragstypen und Vertragsrechtslehren. Rechtsgutachten im Auftrag des Bundesministeriums für Raumordnung, Bauwesen und Städtebau, 1. Aufl., Köln 1988

Dies., Rechtsfragen städtebaulicher Verträge – Vertragstypen und Vertragsrechtslehren. Rechtsgutachten im Auftrag des Bundesministeriums für Raumordnung, Bauwesen und Städtebau, 2. Aufl., Köln 1992

Schmidt-Eichstaedt, Gerd, Das Bau- und Planungsrecht in der Europäischen Union, DÖV 1995, S. 969 ff.

Ders., Verträge im Zusammenhang mit der Aufstellung von Bebauungsplänen: Über die Reichweite und Zulässigkeit von städtebaulichen Verträgen nach § 6 BauGB-Maßnahmengesetz, BauR 1996, S. 1 ff.

Ders., Der Dritte im Baugesetzbuch, BauR 1998, S. 899 ff.

Ders., Städtebaurecht: Einführung und Handbuch mit allen Neuerungen des Bau- und Raumordnungsgesetzes 1998, 3. Aufl., Stuttgart 1998

Ders., Die Einschaltung Dritter in das Bauleitplanverfahren, in: Ziekow (Hrsg.), Bauplanungsrecht vor neuen Herausforderungen, S. 131 ff.

Ders./Metscher, Walter, Verfahrenserleichterungen und Präklusionsregelungen nach § 2 BauGBMaßnG. Forschungsbericht des Bundesministeriums für Raumordnung, Bauwesen und Städtebau, Berlin 1994

Schmidt-Kötters, Thomas, Verfahrensprivatisierung als Element innovativer Gesetzgebungspolitik – Vorstellungen der von der Bundesregierung eingesetzten Beschleunigungskommission am Beispiel des Immissionsschutzrechts, in: Hoffmann-Riem/Schneider (Hrsg.), Verfahrensprivatisierung im Umweltrecht, S. 31 ff.

Schmidt-Preuß, Matthias, Verwaltung und Verwaltungsrecht zwischen gesellschaftlicher Selbstregulierung und staatlicher Steuerung, VDDStRL 56 (1997), S. 160 ff.

Schmitt Glaeser, Walter, Die Position der Bürger als Beteiligte im Entscheidungsverfahren gestaltender Verwaltung, in: Lerche/Schmitt Glaeser/Schmidt-Aßmann, Verfahren als staats- und verwaltungsrechtliche Kategorie, S. 35 ff.

Schmitz, Heribert, Fortentwicklung des Verwaltungsverfahrensrechts im Schlanken Staat, in: Ziekow (Hrsg.), Beschleunigung von Planungs- und Genehmigungsverfahren, S. 171 ff.

Ders./Wessendorf, Franz, Das Genehmigungsverfahrensbeschleunigungsgesetz – Neue Regelungen im Verwaltungsverfahrensgesetz und der Wirtschaftsstandort Deutschland, NVwZ 1996, S. 955 ff.

Schneider, Jens-Peter, Kooperative Verwaltungsverfahren – Problemebenen der Kooperation in multilateralen Interessenstrukturen, aufgezeigt am Beispiel von Nachvollziehender Amtsermittlung, Vorhaben- und Erschließungsplan sowie Konfliktmittlung –, VerwArch 87 (1996), S. 38 ff.

Ders., Kooperative und konsensuale Formen administrativer Entscheidungsprozesse, in: Schenk u.a. (Hrsg.), Vom Hoheitsstaat zum Konsensualstaat, S. 82 ff.

Schnur, Roman (Hrsg.), Festschrift für Ernst Forsthoff, München 1972

Schoch, Friedrich, Der Verfahrensgedanke im Allgemeinen Verwaltungsrecht, DV 25 (1992), S. 21 ff.

Ders., Privatisierung von Verwaltungsaufgaben, DVBl. 1994, S. 962 ff.

Ders., Der Verwaltungsakt zwischen Flexibilität und Stabilität, in: Hoffmann-Riem/Schmidt-Aßmann (Hrsg.), Flexibilität und Innovationsoffenheit des Verwaltungsrechts, S. 199 ff.

Ders., Rechtsfragen der Privatisierung von Abwasserbeseitigung und Abfallentsorgung, in: Ipsen (Hrsg.), Privatisierung öffentlicher Aufgaben, S. 63 ff.

Ders., Die Europäisierung des Allgemeinen Verwaltungsrechts, JZ 1995, S. 109 ff.

Ders., Die Europäisierung des verwaltungsgerichtlichen vorläufigen Rechtsschutzes, DVBl. 1997, S. 289 ff.

Ders., Public Private Partnership, in: Erichsen (Hrsg.), Kommunale Verwaltung im Wandel, S. 101 ff.

Schöbel, Heino, Verhandlungsmanagement und Mediation in der Juristenausbildung, Jus 2000, S. 372 ff.

Schoeneberg, Jörg, Umweltverträglichkeitsprüfung, München 1993

Scholz, Rupert, Privatisierung im Baurecht: Bauordnungs- und verfassungsrechtliche Zulässigkeit der Verlagerung staatlicher Bauaufsicht auf private Eigenverantwortung, Berlin 1997

Schrader, Christian, Das Kooperationsprinzip – ein Rechtsprinzip?, DÖV 1990, S. 326 ff.

Ders., Mediation im Umweltgesetzbuch, Konsens 1999, S. 155 ff.

Schrödter, Hans, Baugesetzbuch: Kommentar. Bearbeitet von Rüdiger Breuer, 6. Aufl., München 1998

Schulte, Martin, Schlichtes Verwaltungshandeln: Verfassungs- und verwaltungsdogmatische Strukturüberlegungen am Beispiel des Umweltrechts, Tübingen 1995

Schulte, Stephan, Möglichkeiten zur Beschleunigung baulicher Vorhaben, Berlin 1996

Schulze-Fielitz, Helmuth, Zur Neubelebung der Staatsdiskussion: Entzauberung des Staats oder „Bringing the state back in?“, Der Staat 28 (1989), S. 91 ff.

Ders., Kooperatives Recht, DVBl. 1994, S. 657 ff.

Ders., Der Konfliktmittler als verwaltungsverfahrensrechtliches Problem, in: Hoffmann-Riem/Schmidt-Aßmann (Hrsg.), Konfliktbewältigung durch Verhandlungen, Band II, S. 55 ff.

Ders., Kooperatives Recht im Spannungsfeld von Rechtsstaatsprinzip und Verfahrensökonomie, in: Dose/Voigt (Hrsg.), Kooperatives Recht, S. 225 ff.

Ders., Rückzug des Staates? Zur Rolle des Staates zwischen Legitimationskrise und politischer Neubestimmung, DÖV 1995, S. 761 ff.

Ders., Der Leviathan auf dem Wege zum nützlichen Haustier?, in: Voigt (Hrsg.), Abschied vom Staat – Rückkehr zum Staat?, S. 95 ff.

Schuppert, Gunnar Folke, Einflußnahme auf die Verwaltung durch Bürgerbeteiligung und kollektive Interessenwahrnehmung, in: Hoffmann-Riem (Hrsg.), Bürgernahe Verwaltung?, S. 279.

Ders., Konfliktmittlung bei Verhandlungen und Verwaltungsverfahren, in: Hoffmann-Riem/Schmidt-Aßmann (Hrsg.), Konfliktbewältigung durch Verhandlungen, Band II, S. 29 ff.

Ders., Die öffentliche Verwaltung im Kooperationsspektrum staatlicher und privater Aufgabenerfüllung – Erscheinungsformen von Public Private Partnership als Herausforderung an Verwaltungsrecht und Verwaltungswissenschaft, in: Budäus/Eichhorn (Hrsg.), Public Private Partnership, S. 93 ff.

Ders., Jenseits von Privatisierung und „schlankem“ Staat: Vorüberlegungen zu einem Konzept von Staatsentlastung durch Verantwortungsteilung, in: Gusy (Hrsg.), Privatisierung von Staatsaufgaben, S. 72 ff.

Ders. (Hrsg.), Jenseits von Privatisierung und „schlankem" Staat: Verantwortungsteilung als Schlüsselbegriff eines sich verändernden Verhältnisses von öffentlichem und privatem Sektor, Baden-Baden 1999

Schwenn, Kerstin, Gold in den Köpfen. Zum Stand der Verwaltungsreform in den Städten und Gemeinden, in: FAZ Nr. 268 v. 17.11.1999, S. 16.

Schwintowski, Hans-Peter, Ökonomische Theorie des Rechts, JZ 1998, S. 581

Seidel, Achim, Privater Sachverstand und staatliche Garantenstellung im Verwaltungsrecht, München 2000

Sendler, Horst, (Un)erhebliches zur planerischen Gestaltungsfreiheit, in: Berkemann u.a. (Hrsg.), FS Schlichter, S. 55 ff.

Ders., Selbstregulierung im Konzept des Umweltgesetzbuches, UPR 1997, S. 381 ff.

Siemon, Susanne, Umfrage des Fördervereins Umweltmediation e.V., in: Förderverein Umweltmediation (Hrsg.), das projekt 4/1998, S. 4

Spannowsky, Willy, Grenzen des Verwaltungshandelns durch Verträge und Absprachen, Berlin 1994

Ders., Der Planer als Rechtsgestalter, DÖV 1996, S. 1017 ff.

Ders., Rechtsprobleme im Schnittfeld zwischen städtebaulichen Verträgen und Satzungen, GewArch 1998, S. 362 ff.

Ders./Krämer, Tim, Die Neuregelungen im Recht der Bauleitplanung aufgrund der Änderungen des BauGB, UPR 1998, S. 44 ff.

Spieß, Gerhard, Der Grundrechtsverzicht, Frankfurt/M. 1997

Söfker, Wilhelm, Der Vorhaben- und Erschließungsplan, in: Berkemann u.a. (Hrsg.), FS Schlichter, S. 389 ff.

Stehlin, Volker, Einschaltung privatrechtlich organisierter Verwaltungseinheiten in die Verkehrswegeplanung, Berlin 1997

Steinbeiß-Winkelmann, Christine, Verfassungsrechtliche Vorgaben und Grenzen der Verfahrensbeschleunigung, in: Ziekow (Hrsg.), Beschleunigung von Planungs- und Genehmigungsverfahren, S. 201 ff.

Steinberg, Rudolf, Kritik an Verhandlungslösungen, insbesondere von mittlerunterstützten Entscheidungen, in: Hoffmann-Riem/Schmidt-Aßmann (Hrsg.), Konfliktbewältigung durch Verhandlungen, Band I, S. 295 ff.

Ders., Staatliche Gewährleistungen bei privatisierten Verkehrswegeplanungen – Diskussionsbeitrag, in: Hoffmann-Riem/Schmid-Aßmann (Hrsg.), Verfahrensprivatisierung im Umweltrecht, S. 116 ff.

Ders./Berg, Thomas/Wickel, Martin, Fachplanung, 3. Aufl., Baden-Baden 2000

Steiner, Udo (Hrsg.), Besonderes Verwaltungsrecht, 6. Aufl., Heidelberg 1999

Steinfort, Frank, Baugesetzbuch für Planer. Mit aktuellen Kommentierungen der Änderungen, Köln 1998

Stelkens, Paul, Verwaltungsgerichtsbarkeit im Umbruch – eine Reform ohne Ende?, NVwZ 1995, S. 325 ff.

Stelkens, Paul/Bonk, Heinz/Sachs, Michael, Verwaltungsverfahrensgesetz, 5. Aufl., München 1998

Stich, Rudolf, Verträge zwischen Gemeinden und privaten Vorhabensträgern nach dem neuen Bundesbaurecht, in: Kormann (Hrsg.), Das neue Bundesbaurecht, S. 9 ff.

Ders., Zum Wirtschaftsstandort Deutschland: Notwendigkeit des Abbaus von Hemmnissen aus dem Planungs-, Bau- und Umweltrecht und seinem Vollzug, WiVerw 1994, S. 1994, S. 83 ff.

Ders., Die heutige Bedeutung vertraglicher Regelungen zwischen Gemeinden und Investoren für die städtebauliche Entwicklung, DVBl. 1997, S. 317 ff.

Ders., Schaffung von Bauland im Innen- und Außenbereich der Gemeinden nach dem geltenden Städtebaurecht, UPR 1997, S. 121 ff.

Ders., Die Rechtsentwicklung von der imperativen zur kooperativen Städtebaupolitik, in: Streich/Kötter (Hrsg.), Planung als Prozeß, S. 285 ff.

Ders., Die Rechtsentwicklung von der imperativen zur kooperativen Städtebaupolitik, WiVerw 1999, S. 22 ff.

Stiftel, Bruce/Sipe, Neil G., Die Durchsetzung von staatlichen Vorschriften zur Deponierung von Abfall in Columbia County, Florida, USA: Eine Fallstudie zu Entscheidungsvorgängen um Technologien hoher Komplexität, in: Zilleßen u.a (Hrsg.), Die Modernisierung der Demokratie, S. 280 ff.

Stober, Rolf (Hrsg.), Deregulierung im Wirtschafts- und Umweltrecht, Köln 1990

Ders., Dimensionen der Deregulierung, in: Ders. (Hrsg.), Deregulierung im Wirtschafts- und Umweltrecht, S. 1 ff.

Ders., Rückzug des Staates im Wirtschaftsverwaltungsrecht: zur Deregulierungsdebatte in Deutschland, Köln 1997

Ders., Allgemeines Wirtschaftsverwaltungsrecht: Grundlagen und Prinzipien; Wirtschaftsverfassungsrecht, 12. Aufl., Stuttgart 2000

Stollmann, Frank, „Steter Tropfen höhlt den Stein!?" - Zum beabsichtigten Wegfall des Anzeigeverfahrens für Bebauungspläne, UPR 1997, S. 9 ff.

Ders., Die Einschaltung Dritter im neuen Städtebaurecht, NuR 1998, S. 578 ff.

Ders., Öffentliches Baurecht, München 1998

Ders., Verwaltung und Wirtschaft – Kooperationsformen im Städtebaurecht, WiVerw 2000, S. 126 ff.

Streich, Bernd/Kötter, Theo (Hrsg.), Planung als Prozeß: von klassischem Denken und Zukunftsentwürfen im Städtebau, Festschrift für Klaus Borchard, Bonn 1998

Strempel, Dieter, Mediation für die Praxis: Recht, Verfahren, Trends, Berlin 1998

Ders., Mediation in Rechtspflege und Gesellschaft – Eine Einführung –, in: ders. (Hrsg.), Mediation für die Praxis, Berlin 1998, S. 7 ff.

Stüer, Bernhard, Der städtebauliche Vertrag – Ein Balanceakt zwischen Vertragsfreiheit, strikter Gesetzesbindung und „subjektiver Abwägungssperre", DVBl. 1995, S. 649 ff.

Ders., Anwaltserfahrungen, NJW 1995, S. 2142 ff.

Ders., Handbuch des Bau- und Fachplanungsrechts, 1. Aufl., München 1997

Ders., Städtebaurecht 1998 – Vom Grundsatz der Planerhaltung zum Grundsatz der Normerhaltung, DVBl. 1997, S. 1201 ff.

Ders. (Hrsg.), Verfahrensbeschleunigung, Osnabrück 1997

Ders., Bürgerbeteiligung und Rechtsschutz im Bau- und Fachplanungsrecht, in: Ziekow (Hrsg.), Beschleunigung von Planungs- und Genehmigungsverfahren, S. 141 ff.

Ders./Hermanns, Caspar David, 12. Deutscher Verwaltungsrichtertag in Mainz, DVBl. 1998, S. 766 ff.

Ders., Möglichkeiten vertraglichen Handelns im Bauplanungsrecht, in: Ziekow (Hrsg.), Bauplanungsrecht vor neuen Herausforderungen, S. 45 ff.

Ders./Rude, Stefan, Neue Aufgabenfelder für Rechtsanwälte? – Mediation im öffentlichen Baurecht, DVBl. 1998, S. 630 ff.

Sünderhauf, Hildegund, Mediation bei der außergerichtlichen Lösung von Umweltkonflikten in Deutschland, Berlin 1997

Susskind, Lawrence/Cruikshank, Jeffrey, Breaking the Impasse. Consensual Approaches to Resolving Public Disputes, New York 1987

Taft, Horst O./Wallraven-Lindl, Marie-Luis, Das Verfahren zur Aufstellung eines Bebauungsplans, 2. Aufl., Berlin 1998

Tettinger, Peter J., Die rechtliche Ausgestaltung von Public Private Partnerships, DÖV 1996, S. 764 ff.

Treiber, Hubert, Probleme der Neutralität staatlichen Handelns; Sicherung von Akzeptanz, in: Hoffmann-Riem/Schmidt-Aßmann (Hrsg.), Konfliktbewältigung durch Verhandlungen, Bd. II, S. 287 ff.

Treutner, Erhard, Verhandlungsstaat oder kooperativer Staat? Eine Analyse der Bedeutung von Subjekten für das Handeln staatlicher Administration unter Berücksichtigung organisationssoziologischer Erkenntnisse, Neubiberg 1999

Troja, Markus, Zulassungsverfahren, Beschleunigung und Mediation. Ansätze zur Verbesserung konfliktträchtiger Verwaltungsentscheidungen im Umweltbereich, ZfU 1997, S. 317 ff.

Trute, Hans-Heinrich, Die Verwaltung und das Verwaltungsrecht zwischen gesellschaftlicher Selbstregulierung und staatlicher Steuerung, DVBl. 1996, S. 950 ff.

Ders., Verzahnungen von öffentlichem und privatem Recht – anhand ausgewählter Beispiele, in: Hoffmann-Riem/Schmidt-Aßmann (Hrsg.), Öffentliches Recht und Privatrecht als wechselseitige Auffangordnungen, S. 167 ff.

Ders., Vom Obrigkeitsstaat zur Kooperation - Zur Entwicklung des Umweltrechtlichen Instrumentariums zwischen klassischem Ordnungsrecht und moderner Verwaltung, in: Hendler/Marburger/Reinhard/Schröder, Rückzug des Ordnungsrechts im Umweltschutz, S. 13 ff.

Ders., Verantwortungsteilung als Schlüsselbegriff eines sich verändernden Verhältnisses von öffentlichem und privatem Sektor, in: Schuppert (Hrsg.), Jenseits von Privatisierung und „schlankem" Staat, S. 13 ff.

Tuma, Thomas, Der Fluch-Hafen, Der Spiegel v. 15.12.1999, S. 42 ff.

Vögele, Wolfgang (Hrsg.), Mediation – vermitteln – verhandeln – schlichten. Rechtspolitische Chancen kooperativer, vorgerichtlicher Konfliktbearbeitung, 2. Aufl., Loccum 1999

Voigt, Rüdiger (Hrsg.), Abschied vom Staat – Rückkehr zum Staat?, Baden-Baden 1993

Ders. (Hrsg.), Der kooperative Staat: Krisenbewältigung durch Verhandlung?, Baden-Baden 1995

Ders., Des Staates neue Kleider – Entwicklungen moderner Staatlichkeit, Baden-Baden 1996

Voßkuhle, Andreas, Gesetzgeberische Regelungsstrategien der Verantwortungsteilung zwischen öffentlichem und privatem Sektor, in: Schuppert (Hrsg.), Jenseits von Privatisierung und „schlankem" Staat, S. 47 ff.

Wagner, Jörg/Baumheier, Ralph, Planungsbeschleunigung – Möglichkeiten und Grenzen legislativer und administrativer Ansätze zur Beschleunigung der Planungsverfahren für Infrastruktur- und private Vorhaben, in: Kormann (Hrsg.), Aktuelle Fragen der Planfeststellung, S. 39 ff.

Ders., Der städtebauliche Vertrag als Mittel zur Baulandmobilisierung, GewArch 1995, S. 231 ff.

Wagner, Jörg, Der Entwurf der Novelle des Baugesetzbuchs, DVBl. 1996, S. 704 ff.

Ders., Bauleitplanverfahren – Änderungen durch die BauGB-Novelle 1998, BauR 1997, S. 709 ff.

Wagner, Karl, Allgemeine städtebauliche Verträge nach § 11 BauGB, in: v. Nicolai/Wagner/Wecker (Hrsg.), Verträge des Baugesetzbuchs, S. 15 ff.

Wagner, Peter D./Knieling, Jörg/Fürst, Dietrich, Plan-Schlichtungsverfahren – ein Beitrag zur Lösung von Flächennutzungskonflikten in der Bauleitplanung, Hannover 1997

Wagner, Volkmar/Engelhardt, Mathias, Mediation im Umwelt- und Planungsrecht als Alternative zur behördlichen oder gerichtlichen Streitentscheidung, NVwZ 2001, S. 370 ff.

Wahl, Rainer, Rechtsfragen der Landesplanung und Landesentwicklung, Band. I, Berlin 1978

Ders., Verwaltungsverfahren zwischen Verwaltungseffizienz und Rechtsschutz, VVDStRL 41 (1983), S. 151 ff.

Ders., Erweiterung des Handlungsspielraums: Die Bedeutung von Kompensation und Entscheidungsverknüpfungen, in: Hoffmann-Riem/Schmidt-Aßmann (Hrsg.), Konfliktbewältigung durch Verhandlungen, Band I, S. 283 ff.

Ders., Die Einschaltung privatrechtlich organisierter Verwaltungseinrichtungen in den Straßenbau, in: Blümel (Hrsg.), Einschaltung Privater beim Verkehrswegebau – Innenstadtverkehr, S. 24 ff.

Ders., Die Einschaltung privatrechtlich organisierter Verwaltungseinrichtungen in den Straßenbau, DVBl. 1993, S. 517 ff.

Ders., Das Verwaltungsverfahren bei Genehmigungsverfahren – Die nachvollziehende Amtsermittlung im UVP-Gesetz, in: Kroeschell (Hrsg.), Recht und Verfahren, S. 155 ff.

Ders., Diskussionsbeitrag, VVDStRL 52 (1993), S. 333.

Ders., Privatisierung im Umweltrecht, in: Gusy (Hrsg.), Privatisierung von Staatsaufgaben, S. 260 ff.

Walcha, Henning, Wege zu partnerschaftlicher Projektentwicklung, in: Walcha/Hermanns (Hrsg.), Partnerschaftliche Stadtentwicklung, S. 136 ff.

Walcha, Henning/Hermanns, Klaus (Hrsg.), Partnerschaftliche Stadtentwicklung, Köln 1995

Wallerath, Maximilian, Verwaltungserneuerung. Auf dem Wege zu einer neuen Verwaltungskultur, VerwArch 88 (1997), S. 1 ff.

Weidemann, Clemens, Die materielle Privatisierung der Hausmüllentsorgung nach § 16 Abs. 2 des Kreislaufwirtschafts- und Abfallgesetzes, DVBl. 1998, S. 661 ff.

Werbeck, Nicola, Beteiligungsrechte und Kompensationsleistungen als Instrumente zur Erhöhung der Akzeptanz von Abfallanlagen, ZAU 1993, S. 210 ff.

Wewer, Göttrik, Vom Bürger zum Kunden? Beteiligungsmodelle und Verwaltungsreform, in: Klein/Schmalz-Bruns (Hrsg.), Politische Beteiligung und Bürgerengagement in Deutschland, S. 448 ff.

Wischnewski, Alexander, Mediation – Bedeutsames Neuland für angehende Juristen, Konsens 1999, S. 98 ff.

Wollmann, Hellmut, Politik- und Verwaltungsmodernisierung in den Kommunen: zwischen Managementlehre und Demokratiegebot, DV 32 (1999), S. 345 ff.

Würtenberger, Thomas, Akzeptanz durch Verwaltungsverfahren, NJW 1991, S. 257 ff.

Ders., Konfliktlösung durch Akzeptanz-Management, in: Zilleßen u.a. (Hrsg.), Die Modernisierung der Demokratie, S. 72 ff.

Ders., Konfliktschlichtung im Erörterungstermin, in: Kroeschell (Hrsg.), Recht und Verfahren, S. 183 ff.

Ders., Die Akzeptanz von Verwaltungsentscheidungen, Baden-Baden 1996

Ziekow, Jan (Hrsg.), Beschleunigung von Planungs- und Genehmigungsverfahren, Vorträge auf dem gleichnamigen Forum vom 25.-27. März 1998 an der Deutschen Hochschule für Verwaltungswissenschaften Speyer, Berlin 1998

Ders., Zügige Verwaltungsverfahren, in: ders. (Hrsg.), Beschleunigung von Planungs- und Genehmigungsverfahren, S. 51 ff.

Ders. (Hrsg.), Bauplanungsrecht vor neuen Herausforderungen. Vorträge auf den Ersten Speyerer Planungsrechtstagen vom 10. bis 12. März 1999 an der Deutschen Hochschule für Verwaltungswissenschaften Speyer, Berlin 1999

Zilleßen, Horst, Die Modernisierung der Demokratie im Zeichen der Umweltproblematik, in: ders. u.a. (Hrsg.), Die Modernisierung der Demokratie, S. 17 ff.

Ders. (Hrsg.), Mediation. Kooperatives Konfliktmanagement in der Umweltpolitik, Opladen 1998

Ders., Mediation als kooperatives Konfliktmanagement, in: ders. (Hrsg.), Mediation, S. 17 ff.

Ders., Das politische, gesellschaftliche und rechtliche Umfeld für Umweltmediation in Deutschland, in: ders. (Hrsg.), Mediation, S. 48 ff.

Ders., Mediation im Spannungsfeld von Umweltpolitik und Umweltrecht, Konsens 1998, S. 24 ff.

Ders., Mediation als neue Form der Partizipation – Eine demokratietheoretische Einordnung der Umweltmediation, in: Pelikan (Hrsg.), Mediationsverfahren, S. 29 ff.

Ders./Dienel, Peter C./Strubelt, Wendelin (Hrsg.), Die Modernisierung der Demokratie, Opladen 1993

Zuck, Rüdiger, Das Recht des Bebauungsplans: Verfahrensgang, Rechtsbindung, Plansicherung, Gerichtskontrolle, 2. Aufl., Stuttgart 1980

VERFASSUNGS- UND VERWALTUNGSRECHT UNTER DEM GRUNDGESETZ

Band 1 Jürgen W. Hidien: Die positive Konkretisierung der öffentlichen Zweckbindung kommunaler Wirtschaftsunternehmen. Zugleich ein Beitrag zu Inhalt und Grenzen der unternehmenswirtschaftlichen Betätigung der Kommunen. 1985.

Band 2 Eckhard Schmidtke: Verfassungsrechtliche Anforderungen an die kassen(zahn-)ärztliche Vergütung unter Berücksichtigung der Kostendämpfungsgesetzgebung des Bundes. 1986.

Band 3 Hans-Michael Wolffgang: Interkommunales Zusammenwirken durch Einbeziehung kreisangehöriger Gemeinden in den Vollzug von Kreisaufgaben. 1987.

Band 4 Friedrich D. Bacmeister: Die Reform des deutschen Kommunalverfassungsrechts durch die britische Besatzungsmacht. Wiedereinführung einer demokratischen Stadtverfassung in Lüneburg 1945 und die Neufassung der Deutschen Gemeindeordnung 1946. 1988.

Band 5 Birgit Spießhofer: Der Störer im allgemeinen und im Sonderpolizeirecht. 1989.

Band 6 Wolfgang Richter: Gentechnologie als Regelungsgegenstand des technischen Sicherheitsrechts. Rechtliche Steuerung unter Bedingungen der Ungewißheit. 1989.

Band 7 Peter Engel: Das schleswig-holsteinische Amt bei Erledigung der Selbstverwaltungsangelegenheiten der amtsangehörigen Gemeinden. 1990.

Band 8 Josef Christ: Raumordnungsziele und Zulässigkeit privater Vorhaben. Bindungswirkung nach der Raumordnungsklausel des § 35 Abs. 3 Satz 3 BauGB. 1990.

Band 9 Helmut Albert: Das Grundrecht auf Leben als Schranke für aufenthaltsbeendende Maßnahmen. 1990.

Band 10 Stephan Dewald: Die privatrechtliche Stiftung als Instrument zur Wahrnehmung öffentlicher Zwecke. 1990.

Band 11 Dimitris Triantafyllou: Haftungsrechtliche Probleme der Staatsaufsicht in der Wirtschaft. Für die Geldwirtschaft dargestellt unter Einbeziehung rechtsvergleichender Befunde. 1991.

Band 12 Wolfgang Buschmann: Kooperationspflichten im Versammlungsrecht. Unter besonderer Berücksichtigung sogenannter Großdemonstrationen. 1990.

Band 13 Armin Teschner: Die Amtshaftung der Gemeinden nach rechtswidrigen Beschlüssen ihrer Kollegialorgane. 1990.

Band 14 Biner Kurt Wenkholm Bähr: Verfassungsmäßigkeit des Einsatzes der Bundeswehr im Rahmen der Vereinten Nationen. 1994.

Band 15 Just Georg Ilgner: Die Rechtsordnung des deutschen Seelotswesens. Eine überkommen ständische Organisation eines staatlich gebundenen Berufs. 1993.

Band 16 Nicola Krekeler: Die Genehmigung gentechnischer Anlagen und Arbeiten nach dem GenTG unter Berücksichtigung europarechtlicher Vorgaben. 1994.

Band 17 Jan van Dyk: Kommunale Elektrizitätsversorgung in den fünf neuen Bundesländern. 1994.

Band 18 David Hawkes: Der Faktor Mensch im Gentechnikrecht. Eine Untersuchung zu den Grenzen probabilistisch geprägter Rechtsbegriffe im Umweltrecht. 1995.

Band 19 Iwan Chotjewitz: Die Organisationsgewalt nach den Verfassungen der deutschen Bundesländer. 1995.

Band 20 Christoph Sieger: Die maßgebende Sach- und Rechtslage für die Beurteilung der Rechtswidrigkeit des Verwaltungsaktes im verwaltungsgerichtlichen Anfechtungsprozeß. 1995.

Band 21 Lars-Hendrik Schröder: Das verwaltungsrechtlich organisatorische Verhältnis der strafverfolgenden Polizei zur Staatsanwaltschaft. 1996.

Band 22 Hans-Peter Donoth: Die Bundesländer in der Europäischen Union. Die bundesstaatliche Ordnung in der Bundesrepublik Deutschland bei der Verwirklichung der Europäischen Union - eine Analyse unter besonderer Berücksichtigung des neugefaßten Art. 23 GG. 1996.

Band 23 Philipp v. Hugo: Die Vorgaben des Eckwertes Nr. 1 der Gemeinsamen Erklärung der beiden deutschen Regierungen vom 15.06.1990 für die Enteignungen in den Jahren 1945-1949. Die Gestaltung der gesamtdeutschen Eigentumsordnung durch ein informelles Regierungsabkommen. 1997.

Band 24 Tilman Giesen: Die Vorbereitung der Grundgesetzänderungen nach der deutschen Wiedervereinigung. Zur Rechtmäßigkeit von Organisation und Verfahren der Gemeinsamen Verfassungskommission. 1997.

Band 25 Conrad Friedrich Rumpf: Richterliches Sozialengagement und Befangenheit. Zugleich eine Stellungnahme für die Befangenheitsablehnung von Amts wegen. 1997.

Band 26 Kathrin Misera-Lang: Dogmatische Grundlagen der Einschränkbarkeit vorbehaltloser Freiheitsgrundrechte. 1999.

Band 27 Bettina Böhm: Öffentlich-private Partnerschaften in der kommunalen Stadtentwicklung. Öffentlich-rechtliche Vorgaben und gesellschaftsrechtliche Gestaltungen. 1999.

Band 28 Bernd Köster: Die Privatisierung des Bauleitplanverfahrens und der Einsatz von Mediation in den Beteiligungsverfahren. 2002.

Jan Gerrit Budäus

Funktion mittlerunterstützter Aushandlungsprozesse für die Lösung der typischen Interessenkonflikte bei raumbezogenen Planungen

Frankfurt/M., Berlin, Bern, Bruxelles, New York, Oxford, Wien, 2001.
249 S., 5 Tab.
Europäische Hochschulschriften: Reihe 2, Rechtswissenschaft. Bd. 3088
ISBN 3-631-37637-5 · br. € 40.40*

An der US-amerikanischen „mediation" orientierte mittlerunterstützte Aushandlungsprozesse werden auch in der deutschen Verwaltungspraxis zur Lösung von Konflikten eingesetzt. Dieses gilt insbesondere für die in der Regel besonders konfliktträchtigen Bauleitplanungen durch Bebauungsplan und Fachplanungen durch Planfeststellung. Neben den hierbei auftretenden rechtlichen Fragestellungen wird eine ökonomische Dimension in die Untersuchung einbezogen. Durch den Einsatz privater Mittler erhofft man sich eine höhere Effizienz der raumplanerischen Verwaltungstätigkeit. Dabei stellt sich aber die Frage, ob eine private Mittlertätigkeit stets effizienter ist als eine Mittlertätigkeit von Angehörigen der öffentlichen Verwaltung. Die Untersuchung wird durch ein Beispiel aus der Verwaltungspraxis ergänzt.

Aus dem Inhalt: An „mediation" orientierte mittlerunterstützte Aushandlungsprozesse als Neuerung in der deutschen Vewaltungspraxis · Rechtliche Aspekte an „mediation" orientierter mittlerunterstützter Aushandlungsprozesse bei der Bauleitplanung durch Bebauungsplan sowie der Fachplanung durch Planfeststellung · Effizienz des Einsatzes von privaten Mittlern aus der Sicht der öffentlichen Verwaltung · Beispiel aus der Verwaltungspraxis: mittlerunterstützter Aushandlungsprozeß bezüglich Deichverlauf

FSC
www.fsc.org
MIX
Papier | Fördert gute Waldnutzung
FSC® C083411

Kolibri 360 GmbH
Ferdinand-Jühlke-Straße 7
99095 Erfurt, Deutschland
produktsicherheit@kolibri360.de

Druck:
CPI Druckdienstleistungen GmbH
im Auftrag der
Kolibri 360 GmbH
Ferdinand-Jühlke-Str. 7
99095 Erfurt